Java Efetivo
Terceira Edição

Joshua Bloch

Java Efetivo
Terceira Edição

As Melhores Práticas para

... a Plataforma Java

ALTA BOOKS
E D I T O R A
Rio de Janeiro, 2019

Java Efetivo: as melhores práticas para a plataforma Java
Copyright © 2019 da Starlin Alta Editora e Consultoria Eireli. ISBN: 978-85-508-0462-0

Translated from original Effective Java. Copyright © 2018 Pearson Education Inc. ISBN 978-0-13-468599-1. This translation is published and sold by permission of Penguin Random House LLC, the owner of all rights to publish and sell the same. PORTUGUESE language edition published by Starlin Alta Editora e Consultoria Eireli, Copyright © 2019 by Starlin Alta Editora e Consultoria Eireli.

Todos os direitos estão reservados e protegidos por Lei. Nenhuma parte deste livro, sem autorização prévia por escrito da editora, poderá ser reproduzida ou transmitida. A violação dos Direitos Autorais é crime estabelecido na Lei nº 9.610/98 e com punição de acordo com o artigo 184 do Código Penal.

A editora não se responsabiliza pelo conteúdo da obra, formulada exclusivamente pelo(s) autor(es).

Marcas Registradas: Todos os termos mencionados e reconhecidos como Marca Registrada e/ou Comercial são de responsabilidade de seus proprietários. A editora informa não estar associada a nenhum produto e/ou fornecedor apresentado no livro.

Impresso no Brasil — 1ª Edição, 2019 — Edição revisada conforme o Acordo Ortográfico da Língua Portuguesa de 2009.

Publique seu livro com a Alta Books. Para mais informações envie um e-mail para autoria@altabooks.com.br

Obra disponível para venda corporativa e/ou personalizada. Para mais informações, fale com projetos@altabooks.com.br

Produção Editorial	**Gerência Editorial**	**Marketing Editorial**	**Vendas Atacado e Varejo**	**Ouvidoria**
Editora Alta Books	Anderson Vieira	marketing@altabooks.com.br	Daniele Fonseca	ouvidoria@altabooks.com.br
Produtor Editorial	**Assistente Editorial**	**Editor de Aquisição**	Viviane Paiva	
Juliana de Oliveira Thiê Alves	Ian Verçosa	José Rugeri j.rugeri@altabooks.com.br	comercial@altabooks.com.br	
Equipe Editorial	Adriano Barros Bianca Teodoro Illysabelle Trajano	Kelry Oliveira Keyciane Botelho Maria de Lourdes Borges	Paulo Gomes Thales Silva Thauan Gomes	
Tradução	**Copidesque**	**Revisão Gramatical**	**Revisão Técnica**	**Diagramação**
Cibelle Ravaglia	Roberto Rezende	Carolina Gaio Thamiris Leiroza	Alline Santos Ferreira Mestra em Modelagem Matemática e Computacional pelo CEFETMG	Daniel Vargas

Erratas e arquivos de apoio: No site da editora relatamos, com a devida correção, qualquer erro encontrado em nossos livros, bem como disponibilizamos arquivos de apoio se aplicáveis à obra em questão.

Acesse o site www.altabooks.com.br e procure pelo título do livro desejado para ter acesso às erratas, aos arquivos de apoio e/ou a outros conteúdos aplicáveis à obra.

Suporte Técnico: A obra é comercializada na forma em que está, sem direito a suporte técnico ou orientação pessoal/exclusiva ao leitor.

A editora não se responsabiliza pela manutenção, atualização e idioma dos sites referidos pelos autores nesta obra.

Dados Internacionais de Catalogação na Publicação (CIP) de acordo com ISBD

B651j   Bloch, Joshua
           Java Efetivo: as Melhores Práticas para a Plataforma Java / Joshua Bloch ; tradução de Cibelle Ravaglia. - Rio de Janeiro : Alta Books, 2019.
           432 p. ; 17cm x 24cm.

           Tradução de: Effective Java
           Inclui bibliografia, índice e anexo.
           ISBN: 978-85-508-0462-0

           1. Computação. 2. Linguagem de programação. 3. Java. I. Ravaglia, Cibelle. II. Título.

2019-466   CDD 005.133
                                CDU 004.43

Elaborado por Vagner Rodolfo da Silva - CRB-8/9410

Rua Viúva Cláudio, 291 — Bairro Industrial do Jacaré
CEP: 20.970-031 — Rio de Janeiro (RJ)
Tels.: (21) 3278-8069 / 3278-8419
www.altabooks.com.br — altabooks@altabooks.com.br
www.facebook.com/altabooks — www.instagram.com/altabooks

Para minha família: Cindy, Tim e Matt

Sumário

Apresentação xi

Prefácio... xiii

Agradecimentos.. xvii

1 Introdução...1

2 Criar e Destruir Objetos 5

Item 1: Considere os métodos static factory em vez dos construtores............. 5

Item 2: Cogite o uso de um builder quando se deparar com muitos
parâmetros no construtor.. 10

Item 3: Implemente a propriedade de um singleton com um construtor
privado ou um tipo enum..18

Item 4: Implemente a não instanciação através de construtores privados 20

Item 5: Dê preferência à injeção de dependência para integrar recursos........ 21

Item 6: Evite a criação de objetos desnecessários 24

Item 7: Elimine referências obsoletas de objetos............................. 28

Item 8: Evite o uso dos finalizadores e dos cleaners............................31

Item 9: Prefira o uso do try-with-resources ao try-finally.......................... 37

3 Métodos Comuns para Todos os Objetos 41

Item 10: Obedeça ao contrato geral ao sobrescrever o equals......................41

Item 11: Sobrescreva sempre o método hashCode ao sobrescrever
o método equals... 54

Item 12: Sobrescreva sempre o toString 60

Item 13: Sobrescreva o clone de modo sensato................................. 63

Item 14: Pense na possibilidade de implementar a Comparable 72

4 Classes e Interfaces 79

Item 15: Reduza ao mínimo a acessibilidade das classes e de
seus membros.. 79

viii *JAVA EFETIVO*

Item 16: Use os métodos getters em classes públicas e não os
campos públicos..84

Item 17: Reduza a mutabilidade das classes ao mínimo 86

Item 18: Prefira a composição à herança 94

Item 19: Projete e documente as classes para a herança ou a iniba.............100

Item 20: Prefira as interfaces em vez das classes abstratas 106

Item 21: Projete as interfaces para a posteridade 112

Item 22: Use as interfaces somente para definir tipos.................................114

Item 23: Dê preferência às hierarquias de classes em vez das
classes tagged..116

Item 24: Prefira as classes membro estáticas às não estáticas 119

Item 25: Limite os arquivos fonte a uma única classe de nível superior.......123

5   Genéricos 125

Item 26: Não use tipos brutos 125

Item 27: Elimine as advertências não verificadas..131

Item 28: Prefira as listas aos arrays..134

Item 29: Priorize os tipos genéricos 138

Item 30: Priorize os métodos genéricos...143

Item 31: Use os wildcards limitados para aumentar a flexibilidade
da API..147

Item 32: Seja criterioso ao combinar os genéricos com os varargs..............154

Item 33: Pense na possibilidade de usar contêineres
heterogêneos typesafe..160

6   Enums e Anotações 167

Item 34: Use enums em vez de constantes `int`...167

Item 35: Use os campos de instância em vez dos valores ordinais 178

Item 36: Use a classe `EnumSet` em vez dos campos de bits 179

Item 37: Use `EnumMap` em vez da indexação ordinal 181

Item 38: Emule enums extensíveis por meio de interfaces...........................186

Item 39: Prefira as anotações aos padrões de nomenclatura........................190

Item 40: Use a anotação Override com frequência 199

Item 41: Use as interfaces marcadoras para definir tipos. 201

7   Lambdas e Streams..205

Item 42: Prefira os lambdas às classes anônimas..205

Item 43: Dê preferência às referências para métodos em vez
dos lambdas...209

Item 44: Prefira o uso das interfaces funcionais padrão..............................211

Item 45: Seja criterioso ao utilizar as streams 216

Item 46: Dê preferência às funções sem efeitos colaterais nas streams 224

Item 47: Dê preferência à Collection como um tipo de retorno em vez
da Stream 230

Item 48: Tenha cuidado ao fazer streams paralelas.................................... 236

8 Métodos 241

Item 49: Verifique a validade dos parâmetros...241

Item 50: Faça cópias defensivas quando necessário................................... 245

Item 51: Projete as assinaturas de método com cuidado 249

Item 52: Utilize a sobrecarga com critério 252

Item 53: Use os varargs com sabedoria 259

Item 54: Retorne coleções ou arrays vazios, em vez de nulos 262

Item 55: Seja criterioso ao retornar opcionais... 264

Item 56: Escreva comentários de documentação para todos os
elementos da API exposta 269

9 Programação Geral..279

Item 57: Minimize o escopo das variáveis locais...................................... 279

Item 58: Dê preferência aos loops for-each em vez dos
tradicionais loops for 282

Item 59: Conheça e utilize as bibliotecas 285

Item 60: Evite o float e o double caso sejam necessárias
respostas exatas 289

Item 61: Dê preferência aos tipos primitivos em vez dos tipos
primitivos empacotados..291

Item 62: Evite as strings onde outros tipos forem mais adequados 295

Item 63: Cuidado com o desempenho da concatenação de strings............. 298

Item 64: Referencie os objetos através das interfaces deles....................... 299

Item 65: Dê preferência às interfaces em vez da reflexão..........................301

Item 66: Utilize os métodos nativos com sabedoria................................... 305

Item 67: Seja criterioso ao otimizar... 306

Item 68: Adote as convenções de nomenclatura geralmente aceitas............310

10 Exceções 315

Item 69: Utilize as exceções somente em circunstâncias excepcionais........315

Item 70: Utilize as exceções verificadas para condições recuperáveis
e exceções de runtime para erros de programação 318

Item 71: Evite o uso desnecessário das exceções verificadas 320

Item 72: Priorize o uso das exceções padrões 323

Item 73: Lance exceções adequadas para a abstração 325

Item 74: Documente todas as exceções lançadas por cada método 327

Item 75: Inclua as informações a respeito das capturas de falhas
nos detalhes da mensagem 329

Item 76: Empenhe-se para obter a atomicidade de falha 331

Item 77: Não ignore as exceções 333

11 Concorrência 335

Item 78: Sincronize o acesso aos dados mutáveis compartilhados 335

Item 79: Evite a sincronização excessiva 340

Item 80: Dê preferência aos executores, às tarefas e às streams em
vez das threads 347

Item 81: Prefira os utilitários de concorrência ao wait e ao notify 349

Item 82: Documente a thread safety 355

Item 83: Utilize a inicialização preguiçosa com parcimônia 358

Item 84: Não dependa do agendador de threads 361

12 Serialização 365

Item 85: Prefira alternativas à serialização Java 365

Item 86: Tenha cautela ao implementar a Serializable 369

Item 87: Pense na possibilidade de usar uma forma serializada
customizada 373

Item 88: Escreva métodos readObject defensivamente 380

Item 89: Dê preferência aos tipos enum em vez do readResolve
para controle de instância 385

Item 90: Pense em usar proxies de serialização em vez de
instâncias serializadas 390

13 Itens Correspondentes aos Itens da Segunda Edição 395

14 Referências 399

15 Índice 405

Apresentação

Se um colega lhe dissesse: "Hoje à noite, meu esposa fabricar um prato inusitado em casa. Vem?" Provavelmente, três coisas se passariam pela sua cabeça: primeira, você ficaria extremamente perplexo, segunda, que o português não é a língua nativa do seu colega e terceira, que você foi convidado para jantar.

Se já estudou um segundo idioma e tentou usá-lo fora da sala de aula, você sabe que existem três fatores que deve dominar: como o idioma está estruturado (gramática), como nomear aquilo de que quer falar (vocabulário) e as formas usuais e efetivas de se dizer os objetos cotidianos (uso). Muitas vezes, apenas os dois primeiros são abordados em sala de aula e, constantemente, você vê os falantes nativos tentando não rir enquanto tenta se fazer entender.

Acontece o mesmo com uma linguagem de programação. Você precisa entender a essência da linguagem: é uma linguagem algorítmica, funcional ou orientada a objetos? Você precisa conhecer o vocabulário: quais são as estruturas de dados, as operações e os recursos fornecidos pelas bibliotecas padrões? E precisa estar familiarizado com as formas usuais e efetivas de estruturar seu código. Os livros sobre linguagens de programação geralmente abordam apenas as duas primeiras premissas citadas anteriormente ou somente analisam usos incorretos. Talvez, seja porque as duas primeiras são, de certo modo, mais fáceis de abordar. A gramática e o vocabulário sozinhos comportam somente as propriedades da linguagem, mas sua utilização é característica de uma comunidade que a usa.

A linguagem de programação Java, por exemplo, é orientada a objetos, apresenta herança única e comporta um estilo de codificação imperativo (orientado a declarações) dentro de cada método. As bibliotecas atendem ao suporte de exibição gráfica, rede, computação distribuída e segurança. Todavia, como usar melhor a linguagem na prática?

Temos outra questão. Os programas, ao contrário da linguagem falada e da maioria dos livros e revistas, provavelmente serão alterados ao longo do tempo. Normalmente, não é suficiente escrever um código que funcione de modo efetivo e seja facilmente compreendido pelas outras pessoas; também é necessário organizar o código para que seja fácil de modificar. Não raro, temos dez modos de escrever um código para determinada tarefa X. Desses dez modos, sete serão incompreensíveis, ineficientes ou confusos. Dos outros três, qual provavelmente será parecido com o código necessário para a tarefa X' na versão do software do próximo ano?

Existe uma série de livros nos quais você pode aprender a gramática da linguagem de programação Java, incluindo o *The Java™ Programming Language*, de Arnold, Gosling e Holmes, ou o *The Java™ Language Specification*, escrito por Gosling, Joy e nosso querido Bracha. Da mesma forma, há dezenas de livros sobre as bibliotecas e APIs associadas à linguagem de programação Java.

Este livro aborda sua terceira necessidade: uso habitual e efetivo. Joshua Bloch passou anos ampliando, implementando e usando a linguagem de programação Java na Sun Microsystems. Ele também leu muitos códigos de outras pessoas, incluindo o meu. Aqui, ele oferece conselhos bons, sistematicamente organizados, sobre como estruturar seu código para que funcione bem, a fim de que as outras pessoas o possam compreender, de modo que as alterações futuras e as melhorias sejam menos propensas a causar dores de cabeças — ou talvez, quem sabe, de modo que seus programas se tornem mais concisos, elegantes e agradáveis.

Guy L. Steele Jr.
Burlington, Massachusetts
Abril de 2001

Prefácio

Prefácio da Terceira Edição

Em 1997, quando o Java era novo, James Gosling (o pai do Java), descreveu-o como uma "linguagem braçal", que era "bastante simples" [Gosling97]. Na mesma época, Bjarne Stroustrup (o pai do C++) descreveu o C++ como uma "linguagem multiparadigmática", que "se distingue propositalmente das linguagens projetadas para atenderem a uma única maneira de escrever programas" [Stroustrup95]. Stroustrup advertiu:

> Grande parte da simplicidade aparente do Java é — como a maioria das linguagens novas — em parte uma ilusão e, em parte, uma característica de sua incompletude. Com o passar do tempo, o Java crescerá de modo significativo em tamanho e complexidade. Dobrará ou triplicará seu tamanho, e as extensões ou bibliotecas dependentes da implementação também crescerão [Stroustrup].

Agora, 20 anos depois, nada mais justo dizer que Gosling e Stroustrup tinham razão. Atualmente, o Java é enorme e complexo, com múltiplas abstrações para muitas coisas, desde a execução paralela à iteração, e, até mesmo, a representação de datas e horários.

Ainda gosto de Java, embora meu entusiasmo tenha esfriado um pouco à medida que a plataforma cresceu. Devido ao aumento de tamanho e complexidade, a necessidade de um guia atualizado de melhores práticas é cada vez mais importante. Nesta terceira edição do *Java Efetivo*, dei o melhor que pude para lhe oferecer um. Espero que esta edição continue a satisfazer a necessidade e continue fiel ao espírito das duas primeiras edições.

O pequeno é bonito, mas a simplicidade não é nada fácil.

San Jose, Califórnia
Novembro de 2017

P.S. Eu seria omisso caso deixasse de mencionar uma prática recomendada no mercado Java que tem tomado uma boa parte do meu tempo ultimamente. Desde o nascimento da nossa área, na década de 1950, reimplementamos as APIs uns dos outros à vontade. Essa prática foi indispensável para o sucesso meteórico da Ciência da Computação. Ainda continuo me esforçando para preservar essa liberdade [CompSci17], e o incentivo a se juntar a mim. É fundamental para a sanidade contínua da nossa profissão que preservemos o direito de reimplementar as APIs uns dos outros.

Prefácio da Segunda Edição

Aconteceu muita coisa com a plataforma Java desde que escrevi a primeira edição deste livro, em 2001, e já é hora de uma segunda. O conjunto mais significativo de mudanças no Java 5 foi a introdução dos genéricos, tipos enum, anotações, autobox e o loop for-each. Logo a seguir, introduziu-se a nova biblioteca concorrente, a java.util.concurrent. Junto com Gilad Bracha, tive a sorte de liderar as equipes que projetaram os recursos novos da linguagem. Tive também o prazer de trabalhar na equipe que projetou e desenvolveu a biblioteca de concorrência, liderada por Doug Lea.

Outra grande mudança na plataforma é a adesão generalizada aos ambientes modernos de desenvolvimento integrado (IDEs), como o Eclipse, o IntelliJ IDEA e NetBeans, e às ferramentas de análise estática, como o FindBugs. Ainda que não envolvido nesses esforços, beneficiei-me imensamente e aprendi como influenciam a experiência de desenvolvimento.

Em 2004, saí da Sun e fui para o Google, mas continuei a participar do desenvolvimento da plataforma Java ao longo dos últimos quatro anos, contribuindo com as APIs de coleções e de concorrência, através dos serviços prestados à Google e à Java Community Process. Tive também o prazer de trabalhar na plataforma Java desenvolvendo as bibliotecas que o Google usa. Agora, sei como é ser um usuário.

Como foi o caso em 2001, quando escrevi a primeira edição, meu principal objetivo é compartilhar minha experiência para que você possa imitar meus êxitos e evitar minhas falhas. O material novo continua a apresentar generosos exemplos do mundo real das bibliotecas da plataforma Java.

A primeira edição superou minhas expectativas mais loucas. Dei meu melhor para continuar fiel ao espírito da primeira edição, enquanto procurei abordar o material novo necessário para atualizar o livro. Era inevitável que o livro crescesse e evoluísse, de 57 Itens para 78. Não adicionei apenas 23 Itens, mas revisei completamente o material original e retirei alguns Itens que atualmente não têm mais serventia. No Apêndice, você vê como o material desta edição se relaciona ao da primeira.

No prefácio da primeira edição, escrevi que a linguagem de programação Java e suas bibliotecas eram convidativas à qualidade e à produtividade, sendo uma alegria trabalhar com elas. As mudanças nas versões 5 e 6 incorporaram bons procedimentos e aperfeiçoaram a linguagem. Agora, a plataforma é muito maior e mais complexa do que era em 2001. Porém, uma vez que aprenda os padrões e as práticas de uso corrente, seus programas ficam melhores, e isso facilita seu trabalho. Espero que esta edição consiga transmitir meu entusiasmo pelo Java, e ajude-o com o uso da plataforma e com os recursos novos, mais efetivos e agradáveis.

San Jose, Califórnia
Novembro de 2008

Prefácio da Primeira Edição

Em 1996, mudei de casa, de emprego, e fui trabalhar na JavaSoft, como era conhecida, pois era lá que as coisas aconteciam. Nos cinco anos seguintes, trabalhei como arquiteto das bibliotecas da plataforma Java. Projetei, implementei e dei suporte a muitas delas, como também fui consultor em muitas outras. Ser o responsável por essas bibliotecas, à medida que a plataforma Java amadurecia, foi uma oportunidade ímpar na minha vida. Não é exagero dizer que tive o privilégio de trabalhar com alguns dos melhores engenheiros de software da nossa geração. Durante o processo, aprendi muito sobre a linguagem de programação Java: o que funciona, o que não funcionava, e como usar a linguagem e suas bibliotecas da melhor forma possível.

Neste livro, tentei compartilhar minha experiência com o intuito de que você tivesse como base meus êxitos e evitasse minhas falhas. Peguei emprestado o formato do *Effective C++*, do Scott Meyers, composto por 50 Itens, cada qual abordando uma regra específica para melhorar seus programas e seus projetos. Achei que o formato era particularmente efetivo, e espero que você também ache.

Em muitos casos, tomei a liberdade de demonstrar os Itens com exemplos reais das bibliotecas da plataforma Java. Ao descrever algo que poderia ter sido feito melhor, tentei apontar as falhas do código que eu escrevia; mas, quase sempre, apontei as falhas de alguma coisa escrita por um colega. Sinceramente, peço desculpas se, apesar de tudo, ofendi alguém. Citei exemplos negativos, não para colocar a culpa em alguém, mas, sim, no sentido de cooperação mútua a fim de que todos pudessem se beneficiar com a experiência daqueles que já tentaram.

Embora este livro não tenha como alvo exclusivo os desenvolvedores de componentes reutilizáveis, não posso deixar de mencionar minha experiência em escrever esses componentes nas últimas duas décadas. Estou falando obviamente das APIs (Interfaces de Programação de Aplicações) exportadas, e o incentivo a pensar nelas. Mesmo que não esteja desenvolvendo componentes reutilizáveis, o uso das APIs tende a melhorar a qualidade do programa que você escreve. Além disso, não é raro escrever um componente reutilizável sem saber: você escreve algo proveitoso, compartilha com seu amigo no corredor e, em pouco tempo, tem meia dúzia de usuários. Nesse ponto, você não tem mais a flexibilidade para alterar a API quando quiser. Portanto, mesmo que se empenhe muito para projetar uma API, você será grato a ela quando escrever o código pela primeira vez.

Meu foco no modelo da API pode parecer um tanto artificial aos devotos das metodologias novas de desenvolvimento de softwares leves, como o Extreme Programming. Essas metodologias ressaltam o desenvolvimento de um programa mais simples que funcione. Caso esteja usando uma dessas metodologias, você acabará descobrindo que o foco no modelo da API o ajuda com o processo de refatoração. Os objetivos principais da refatoração são a melhoria da estrutura do sistema e a prevenção da duplicação do código. Sem APIs bem projetadas para os componentes dos sistemas é impossível atingir esses objetivos.

Nenhuma linguagem é perfeita, mas algumas são excelentes. Tenho dito que linguagem de programação Java e suas bibliotecas são convidativas à qualidade e à produtividade, sendo uma alegria trabalhar com elas. Espero que este livro consiga transmitir meu entusiasmo pelo Java, e ajude-o com o uso da plataforma e com os recursos novos, mais efetivos e agradáveis.

San Jose, Califórnia
Novembro de 2001

Agradecimentos

Agradecimentos da Terceira Edição

Agradeço aos leitores das duas primeiras edições deste livro pela recepção amável e entusiasmada, por terem levado em consideração os comentários desta obra e por me informarem a influência positiva que ela passou a exercer em seus trabalhos. Agradeço aos professores que usaram o livro em suas aulas e as equipes de engenharia que o adotaram.

Agradeço a toda a equipe da editora Addison-Wesley e da Pearson pela bondade, profissionalismo e paciência em circunstâncias de pressão extrema. Apesar das dificuldades, meu editor, Greg Doench, permaneceu imperturbável: um editor excelente e um perfeito cavalheiro. Receio que seu cabelo tenha ficado mais branco por causa deste projeto, e humildemente me desculpo. Agradeço à minha gerente de projeto, Julie Nahil, e à minha editora de projetos, Dana Wilson. Elas foram tudo o que eu poderia esperar: diligentes, rápidas, organizadas e amigáveis. Agradeço ao meu copidesque, Kim Wimpsett, meticuloso e sempre com bom gosto.

Mais uma vez, fui abençoado com a melhor equipe de revisores do mundo e sou profundamente grato a cada um deles. Faziam parte da equipe principal, que revisou a maioria dos capítulos, Cindy Bloch, Brian Kernighan, Kevin Bourrillion, Joe Bowbeer, William Chargin, Joe Darcy, Brian Goetz, Tim Halloran, Stuart Marks, Tim Peierls e Yoshiki Shibata. Outros revisores também estavam envolvidos, Marcus Biel, Dan Bloch, Beth Bottos, Martin Buchholz, Michael Diamond, Charlie Garrod, Tom Hawtin, Doug Lea, Aleksey Shipilëv, Lou Wasserman e Peter Weinberger. Esses revisores fizeram inúmeras sugestões que resultaram em uma série de melhorias, e pouparam-me de muitos constrangimentos.

Agradeço especialmente a William Chargin, Doug Lea e Tim Peierls, que avaliaram cada Item deste livro. William, Doug e Tim foram extremamente generosos com o próprio tempo e conhecimento.

xvii

Finalmente, agradeço à minha esposa, Cindy Bloch, por me incentivar a escrever, por ler cada Item desde o começo, por elaborar o índice, por me ajudar com todos os contratempos que surgem quando você assume um projeto grande, e por me aguentar, enquanto eu escrevia.

Agradecimentos da Segunda Edição

Agradeço aos leitores da primeira edição deste livro pela recepção amável e entusiasmada, por terem levado em consideração os comentários desta obra e por me informarem sobre a influência positiva que ela passou a exercer em seus trabalhos. Agradeço aos professores que usaram o livro em suas aulas e às equipes de engenharia que o adotaram.

Agradeço a toda a equipe da editora Addison-Wesley pela bondade, profissionalismo e paciência em circunstâncias de pressão extrema. Apesar das dificuldades, meu editor, Greg Doench, permaneceu imperturbável: um editor excelente e um perfeito cavalheiro. Agradeço à minha gerente de projeto, Julie Nahil, que foi tudo o que eu poderia esperar: diligente, rápida, organizada e amigável. Agradeço à minha copidesque, Barbara Wood, meticulosa e com bom gosto.

Mais uma vez, fui abençoado com a melhor equipe de revisores do mundo, e sou profundamente grato a cada um deles. Faziam parte da equipe principal, que revisou a maioria dos capítulos, Lexi Baugher, Cindy Bloch, Beth Bottos, Joe Bowbeer, Brian Goetz, Tim Halloran, Brian Kernighan, Rob Konigsberg, Tim Peierls, Bill Pugh, Yoshiki Shibata, Peter Stout, Peter Weinberger, e Frank Yellin. Outros revisores também estavam envolvidos, Pablo Bellver, Dan Bloch, Dan Bornstein, Kevin Bourrillion, Martin Buchholz, Joe Darcy, Neal Gafter, Laurence Gonsalves, Aaron Green-house, Barry Hayes, Peter Jones, Angelika Langer, Doug Lea, Bob Lee, Jeremy Manson, Tom May, Mike McCloskey, Andriy Tereshchenko e Paul Tyma. Esses revisores fizerem inúmeras sugestões que resultaram em uma série de melhorias e pouparam-me de muitos constrangimentos. E, mais uma vez, assumo a responsabilidade por quaisquer constrangimentos.

Agradeço especialmente a William Chargin, Doug Lea e Tim Peierls, que avaliaram cada Item deste livro. William, Doug e Tim foram extremamente generosos com o próprio tempo e conhecimento.

Agradeço à Prabha Krishna, minha diretora do Google, pelo apoio contínuo e incentivo.

Finalmente, agradeço à minha esposa, Cindy Bloch, por me incentivar a escrever, por ler cada Item desde o começo, por me ajudar com o Framemaker, por escrever o índice e por me aguentar, enquanto eu escrevia.

Agradecimentos da Primeira Edição

Agradeço a Patrick Chan, por sugerir que eu escrevesse este livro e por o recomendar a Lisa Friendly, editora-chefe da série. Agradeço a Tim Lindholm, editor técnico da série, a Mike Hendrickson, editor executivo da editora Addison-Wesley. A Lisa, Tim e Mike, por me incentivarem a prosseguir com o projeto e pela paciência sobre-humana e a fé inabalável de que algum dia eu escreveria este livro.

Agradeço a James Gosling e a sua equipe original por me influenciar a escrever. Agradeço aos engenheiros da plataforma Java, que seguiram os passos de James. Em particular, sou grato aos meus colegas do grupo de ferramentas e bibliotecas da Plataforma Java da Sun por suas ideias, incentivo e apoio. Fazem parte da equipe Andrew Bennett, Joe Darcy, Neal Gafter, Iris Garcia, Konstantin Kladko, Ian Little, Mike McCloskey e Mark Reinhold. Incluem-se também os ex-membros Zhenghua Li, Bill Maddox e Naveen Sanjeeva.

Agradeço ao meu gestor, Andrew Bennett, e ao meu diretor, Larry Abrahams, por apoiarem com muito entusiasmo este projeto. Sou grato a Rich Green, vice-presidente de Engenharia de Software do Java, por proporcionar um ambiente em que os engenheiros podem pensar de forma criativa e publicar seus trabalhos.

Fui abençoado com a melhor equipe de revisores do mundo, e sou profundamente grato a cada um deles: Andrew Bennett, Cindy Bloch, Dan Bloch, Beth Bottos, Joe Bowbeer, Gilad Bracha, Mary Campione, Joe Darcy, David Eckhardt, Joe Fialli, Lisa Friendly, James Gosling, Peter Haggar, David Holmes, Brian Kernighan, Konstantin Kladko, Doug Lea, Zhenghua Li, Tim Lindholm, Mike McCloskey, Tim Peierls, Mark Reinhold, Ken Russell, Bill Shannon, Peter Stout, Phil Wadler e dois revisores anônimos. Eles fizerem inúmeras sugestões que resultaram em uma série de melhorias, que, por sua vez, pouparam-me de muitos constrangimentos. Assumo a responsabilidade por quaisquer constrangimentos.

Inúmeros colegas, dentro e fora da Sun, participaram das discussões técnicas que melhoraram a qualidade deste livro. Muitos, como Ben Gomes, Steffen Grarup, Peter Kessler, Richard Roda, John Rose e David Stoutamire, contribuíram com informações úteis. Agradeço especialmente a Doug Lea, que avaliou cada tópico deste livro. Doug foi extremamente generoso com o próprio tempo e conhecimento.

Agradeço a Julie Dinicola, Jacqui Doucette, Mike Hendrickson, Heather Olszyk, Tracy Russ e a toda a equipe da editora Addison-Wesley, pelo apoio e pelo profissionalismo. Mesmo com um horário muito apertado, eles sempre foram amigáveis e gentis.

Sou grato a Guy Steele, por escrever o prefácio. Sinto-me honrado por tê-lo escolhido para participar deste projeto.

Finalmente, agradeço à minha esposa, Cindy Bloch, por me incentivar e quase sempre me ameaçar para escrever este livro, por ler cada Item desde o começo, por me ajudar com o Framemaker, por escrever o índice e por me aguentar, enquanto eu escrevia.

CAPÍTULO 1

Introdução

Este livro foi elaborado para ajudá-lo a utilizar de modo efetivo a linguagem e as bibliotecas de programação Java: `java.lang`, `java.util` e `java.io`, e os subpacotes Java, tais como, o `java.util.concurrent` e o `java.util.function`. Outras bibliotecas são discutidas eventualmente.

Esta obra é composta de 90 Itens, e cada um deles aborda o conhecimento de uma regra. Geralmente, as regras descrevem as práticas consideradas produtivas pelos melhores e mais experientes programadores. Os Itens são agrupados em 11 capítulos, cada qual abrange um aspecto amplo da arquitetura de software. A finalidade da obra não é ser lida do princípio ao fim: cada Item é mais ou menos independente. Os Itens estão amplamente correlacionados; desse modo, você pode facilmente trilhar o próprio caminho através das páginas.

Introduziram-se muitos recursos à plataforma desde a publicação da última edição deste livro. A maioria dos Itens desta obra usa de alguma forma essas funcionalidades. A tabela a seguir lhe mostra onde encontrar as principais funcionalidades elencadas:

Funcionalidade	Itens	Versão
Lambdas	Itens 42–44	Java 8
Streams	Itens 45–48	Java 8
Opcionais	Item 55	Java 8
Métodos padrões nas interfaces	Item 21	Java 8
try-with-resources	Item 9	Java 7
`@SafeVarargs`	Item 32	Java 7
Modules	Item 15	Java 9

A maioria dos Itens demonstra exemplos de programas. A característica fundamental deste livro reside nos exemplos de códigos que ilustram muitos padrões de projetos e práticas correntes de uso. Quando oportuno, eles são correlacionados às obras de referência padrão nessa área [Gamma95].

Muitos Itens apresentam um ou mais exemplos de programas que ilustram algumas práticas a serem evitadas. Esses exemplos, às vezes conhecidos como *antipadrões* [*antipatterns*], são identificados nitidamente com o comentário: `// Nunca faça isso!` Em cada caso, o Item explica por que o exemplo é errado e uma abordagem alternativa é sugerida.

Esta obra não se destina a iniciantes: pressupõe-se que você já esteja familiarizado com o Java. Caso não esteja, considere a leitura de um dos muitos textos introdutórios e excelentes, como o *Java Precisely*, de Peter Sestoft [Sestoft16]. Embora o *Java Efetivo* tenha sido idealizado para ser acessível a qualquer pessoa com um conhecimento prático da linguagem, também deve proporcionar estímulo à reflexão, mesmo para os programadores avançados.

A maior parte das regras deste livro se origina de alguns princípios fundamentais. A clareza e a simplicidade são de suma importância. O comportamento de um componente nunca deve surpreender o usuário, ele deve ser tão pequeno quanto possível, mas não muito pequeno. (Conforme empregado neste livro, o termo *componente* refere-se a qualquer elemento de programa reutilizável, partindo de um método individual a um framework complexo, constituído de vários pacotes.) O código deve ser reutilizado, em vez de copiado. As dependências entre os componentes devem ser as mínimas possíveis. Os erros devem ser detectados assim que possível e logo depois de serem cometidos, de preferência no momento da compilação.

Ainda que as regras da obra não se apliquem 100% das vezes, na maioria dos casos, descrevem as melhores práticas de programação. Você não as deve seguir cegamente; porém, deve violá-las apenas em certas ocasiões, e por um bom motivo. Aprender a arte da programação, como a maioria das outras disciplinas, consiste em primeiro aprender as regras e, depois, infringi-las.

De modo geral, este livro não trata de desempenho. Trata de escrever programas claros, adequados, utilizáveis, robustos, flexíveis e sustentáveis. Quando você consegue isso, obter o desempenho necessário costuma ser uma questão relativamente simples (Item 67). Alguns Itens não deixam de analisar os problemas de desempenho, e alguns desses Itens apresentam os cálculos de desempenho. Esses números, que são introduzidos pela frase "Na minha máquina", devem ser considerados, na melhor das hipóteses, como valores aproximados.

CAPÍTULO 1: INTRODUÇÃO   3

Parece incrível, porém, a minha máquina é antiga, montada em casa com um processador de quatro núcleos Intel Core i7-4770K de 3,5 GHz, de 16 gigabytes de DDR3-1866 CL9 RAM, e executa a versão 9.0.0.15 do *Open Java SE Developement Kit (JDK)*, da Sun, no Microsoft Windows 7 Professional SP1 (64 bit).

Ao abordar as funcionalidades da linguagem de programação Java e suas bibliotecas, às vezes, é necessário consultar versões específicas. Por uma questão de conveniência, usamos codinomes em vez dos nomes das versões oficiais. Esta tabela mostra o mapeamento entre o nome das versões oficiais e os codinomes:

Nome da Versão Oficial	Codinome
JDK 1.0.x	Java 1.0
JDK 1.1.x	Java 1.1
Java 2 Platform, Standard Edition, v1.2	Java 2
Java 2 Platform, Standard Edition, v1.3	Java 3
Java 2 Platform, Standard Edition, v1.4	Java 4
Java 2 Platform, Standard Edition, v5.0	Java 5
Java Platform, Standard Edition 6	Java 6
Java Platform, Standard Edition 7	Java 7
Java Platform, Standard Edition 8	Java 8
Java Platform, Standard Edition 9	Java 9

Os exemplos são razoavelmente completos, todavia, privilegiam a legibilidade em vez da completude. Eles utilizam as classes dos pacotes java.util e java.io à vontade. A fim de compilar os exemplos, você pode ter que adicionar uma ou mais declarações de importação ou outro tipo de código boilerplate. O site do livro, em: http://joshbloch.com/effectivejava, apresenta uma versão expandida de cada exemplo, que você pode compilar e executar.

Na maioria dos casos, usamos os termos técnicos, conforme definidos no *The Java Language Specification, Java SE 8 Edition* [JLS]. Alguns termos merecem uma menção especial. A linguagem é compatível com quatro categorias de tipo: *interfaces* (incluindo as *anotações*), *classes* (incluindo as *enumerações*), *arrays* e *tipos primitivos*. As três primeiras são conhecidas como *tipos por referência*. As instâncias de classe e arrays são *objetos*, já os valores primitivos, não. *Os membros* de uma classe são compostos por seus *campos*, *métodos*, *classes membro* e *interfaces membro*. A *assinatura* de um método é composta por seu nome e os tipos de seus parâmetros oficias; a assinatura *não* inclui o tipo de retorno do método.

Neste livro empregamos alguns termos de uma maneira diferente da qual aparecem na documentação *The Java Language Specification*. Ao contrário do *The Java Language Specification*, nosso livro usa *herança* como sinônimo de *derivação de subclasse*. Em vez de usarmos o termo herança para interfaces, simplesmente afirmamos que uma classe *implementa* uma interface ou que uma interface *estende* outra. O livro descreve o nível de acesso necessário quando não especificado usando o termo *pacote-privado* em vez do termo tecnicamente correto *acesso ao pacote* [JLS, 6.6.1].

O livro também emprega alguns termos técnicos não definidos no *The Java Language Specification*. O termo *API exportada*, ou simplesmente *API*, refere-se a classes, interfaces, construtores, membros e aos objetos serializados, através dos quais um programador acessa uma classe, interface ou pacote. (O termo *API*, abreviação de *application programming interface*, é mais utilizado do que o termo recomendado *interface*, para evitar a confusão relacionada ao conceito da linguagem suscitada por esse nome.) Um programador, ao escrever um programa, que por sua vez usa uma API, é chamado de *usuário* da API. Uma classe cuja implementação usa uma API é denominada como *cliente* da API.

Classes, interfaces, construtores, membros e objetos serializados são juntamente conhecidos como *elementos* da API. Uma API exportada é formada por elementos da API acessados fora do pacote que a define. Esses são os elementos da API que qualquer cliente pode usar, e para os quais o autor da API se compromete a dar suporte. Não por acaso, também são os elementos através dos quais o utilitário Javadoc gera a documentação a partir do modo de operação padrão. Falando de modo geral, a API exportada de um pacote é composta por membros públicos e protegidos e, construtores de todas as classes públicas ou interfaces do pacote.

No Java 9, adicionou-se um *sistema de módulos* à plataforma. Se uma biblioteca utilizar o sistema do módulo, sua API exportada é junção das APIs exportadas de todos os pacotes exportados pela declaração do módulo da biblioteca.

CAPÍTULO 2

Criar e Destruir Objetos

ESTE capítulo aborda a criação e a destruição de objetos: quando e como os criar, quando e como evitar os criar, como garantir que sejam destruídos no momento oportuno e como administrar quaisquer ações de limpeza que precedem a destruição dos objetos.

Item 1: Considere os métodos static factory em vez dos construtores

O modo tradicional para uma classe permitir que um cliente obtenha uma instância é fornecer um construtor público. Há outra técnica que deve fazer parte do conjunto do Java toolkit de todo programador. Uma classe pode fornecer um *método static factory* público, que é simplesmente um método estático que retorna uma instância de classe. A seguir, apresentamos um exemplo bem simples da classe Boolean (a classe que encapsula o tipo primitivo boolean). Esse método converte um valor do tipo primitivo boolean em um objeto de referência Boolean:

```
public static Boolean valueOf(boolean b)
    return b ? Boolean.TRUE : Boolean.FALSE;
}
```

Observe que um método static factory não é o mesmo que o padrão *Método Factory* do *Design Patterns* [Gamma95]. O método static factory descrito nesse Item não tem equivalência direta no *Design Patterns*.

Uma classe pode fornecer a seus clientes métodos static factory em vez de, ou adicionalmente a, construtores públicos. Oferecer um método static factory em vez de um construtor público apresenta vantagens e desvantagens.

Uma das vantagens dos métodos static factory é que, ao contrário dos construtores, eles têm nomes. Se os parâmetros de um construtor não descrevem categoricamente o objeto que está sendo retornado, é mais fácil usar um método static factory com um nome bem escolhido, e o resultante código do cliente também é mais fácil de ler. Por exemplo, o construtor `BigInteger(int, int, Random)`, que retorna um `BigInteger`, provavelmente primo, teria sido melhor projetado como um método static factory designado `BigInteger.probablePrime`. (Esse método foi introduzido no Java 4.)

Uma classe pode ter apenas um único construtor com uma determinada assinatura. Sabe-se que os programadores contornam essa restrição disponibilizando dois construtores cujas listas de parâmetros divergem apenas da ordem dos seus tipos de parâmetros. É uma péssima ideia. O usuário dessa API nunca se lembrará qual é o construtor certo e acabará chamando por engano o construtor errado. Ao lerem um código que usa esses construtores, as pessoas não saberiam o que fazem sem, antes, consultar a documentação da classe.

Como têm nomes, os métodos static factory não compartilham da restrição abordada no parágrafo anterior. Nos casos em que uma classe aparentemente exigir diversos construtores com a mesma assinatura, substitua os construtores por métodos static factory e por nomes escolhidos cuidadosamente, que ressaltem suas diferenças.

A segunda vantagem dos métodos static factory é que, ao contrário dos construtores, não precisam criar um novo objeto sempre que invocados. Isso permite que as classes imutáveis (Item 17) utilizem as instâncias pré-construídas ou armazenem em cache as instâncias, conforme são construídas, e as utilizem repetidas vezes a fim de evitar a criação de objetos duplicados desnecessários. O método `Boolean.valueOf(boolean)` exemplifica essa técnica: *nunca* cria um objeto. Essa técnica é semelhante ao padrão *Flyweigh* [Gamma95]. Ela melhora significativamente o desempenho caso os objetos equivalentes sejam requisitados com frequência, principalmente se a criação deles for custosa.

A capacidade dos métodos static factory de retornar o mesmo objeto a partir de chamadas repetidas possibilita às classes assegurarem o controle rigoroso sobre as instâncias existentes a todo momento. As classes que se comportam desse modo são denominadas de *classes controladoras de instância* (*instance-controlled*). Há várias razões para se escrever uma classe controladora de instâncias. O controle de instância permite que uma classe garanta que ela seja um singleton (Item 3) ou uma classe não instanciável (Item 4). Além disso, permite a uma classe de valor imutável (Item 17) assegurar que não existam duas instâncias iguais: `a.equals(b)` se e somente se `a == b`. Essa é a base do padrão *Flyweight* [Gamma95]. Os tipos enum (Item 34) proporcionam essa garantia.

A terceira vantagem dos métodos static factory é que, ao contrário dos construtores, podem retornar um objeto de qualquer subtipo do próprio tipo de retorno. Isso lhe dá uma grande flexibilidade na escolha da classe do objeto retornado.

Uma das aplicações dessa flexibilidade é que uma API consegue retornar objetos sem tornar suas classes públicas. Ao ocultar as classes de implementação, como resultado, temos uma API muito compacta. Essa técnica é compatível com os *frameworks baseados em interface* (Item 20), em que as interfaces são os tipos de retorno naturais para os métodos static factory.

Antes do Java 8, as interfaces não podiam ter métodos estáticos. Convencionalmente, os métodos static factory para uma interface denominada Type eram colocados em uma *classe complementar não instanciável* (Item 4) designada Types. Por exemplo, o Java Collections Framework apresenta 45 implementações utilitárias para suas interfaces, fornecendo coleções inalteráveis, sincronizadas e similares. Quase todas essas implementações são exportadas por intermédio de métodos static factory através de uma classe não instanciável (`java.util.Collections`). Nenhuma classe dos objetos retornados é pública.

A API do Collections Framework é bem menor do que teria sido caso exportasse 45 classes públicas separadas, uma para cada implementação pertinente. Não é apenas o *volume* da API que é reduzido, mas seu *peso conceitual*: a abundância e a dificuldade dos conceitos que os programadores devem dominar para usar a API. O programador sabe que o objeto retornado tem justamente a API especificada pela sua interface, dessa maneira, não há necessidade de se ler a documentação da classe adicional relacionada à classe de implementação. Ademais, o uso do método static factory exige que o cliente referencie o objeto retornado pela interface em vez de referenciar a classe de implementação, o que geralmente é uma boa prática (Item 64).

A partir do Java 8, aboliu-se a restrição de as interfaces não terem métodos estáticos, portanto, há poucas razões para fornecer uma classe complementar não instanciável a uma interface. Muitos membros estáticos públicos que costumam ser postos em tais classes deveriam ser colocados na própria interface. Observe, no entanto, que ainda pode ser necessário inserir a maior parte do código de implementação por trás desses métodos estáticos em uma classe pacote-privado separada. Isso ocorre porque o Java 8 exige que todos os membros estáticos de uma interface sejam públicos. O Java 9 permite a utilização de métodos estáticos privados, no entanto, exige-se que as classes membro estáticas e os campos estáticos ainda sejam públicos.

A **quarta vantagem das static factories é que a classe do objeto retorna-do pode variar de chamada para chamada, em função dos parâmetros de entrada**. Permite-se qualquer subtipo do tipo de retorno declarado. A classe do objeto retornado também pode variar de versão para versão.

A classe EnumSet (Item 36) não apresenta construtores públicos, somente static factories. Na implementação do OpenJDK, eles retornam uma instância de uma de duas subclasses, dependendo do tamanho do tipo enum subjacente: se tiver 64 elementos ou menos, como os tipos de enum têm, as static factories retornam uma instância RegularEnumSet, que são amparadas por um único long; caso o tipo enum tenha 65 elementos ou mais, as factories retornam uma instân-cia JumboEnumSet, amparadas por um array long.

A existência dessas duas classes de implementação é invisível aos clientes. Se o RegularEnumSet deixasse de oferecer vantagens de desempenho aos tipos pequenos de enum, ele poderia até ser abolido em uma versão futura, sem quais-quer efeitos negativos. Do mesmo modo, uma versão futura poderia incorporar uma terceira ou quarta implementação do EnumSet, caso se comprovassem os benefícios para o desempenho. Os clientes não sabem e nem se preocupam com a classe do objeto que retornam da fábrica; eles só se preocupam que seja alguma subclasse do EnumSet.

A **quinta vantagem das static factories é que não precisa existir a classe do objeto retornado quando a classe contém o método de escrita**. Esses métodos static factory flexíveis formam a base do *service provider frameworks*, como a API do Java Database Connectivity (JDBC). Um service provider framework é um sistema no qual os provedores implementam um serviço, e o sistema disponibiliza as implementações aos clientes, desacoplando os clientes das implementações.

Há três componentes fundamentais em um service provider framework: *uma interface de serviço*, que representa uma implementação; *uma API de registro de provedores*, que os provedores usam para registrar as implementações; e uma *API de acesso ao serviço*, que os clientes utilizam para obter instâncias de ser-viço. A API de acesso ao serviço permite aos clientes especificarem os critérios ao escolher uma implementação. Na ausência desses critérios, a API retorna uma instância de implementação padrão, ou permite que o cliente alterne entre as im-plementações disponíveis. A API de acesso ao serviço é a static factory flexível, que constitui a base do service provider framework.

Um quarto componente opcional do service provider framework é uma in-terface de provedor de serviços que descreve um objeto de fabricação que pro-duz as instâncias da interface de serviço. Na falta de uma interface de prove-dor de serviços, as implementações devem ser instanciadas reflexivamente

(Item 65). No caso do JDBC, o `Connection` desempenha o papel da interface de serviço, o `DriverManager.registerDriver` é a API de registro do provedor, o `DriverManager.getConnection` é a API de acesso ao serviço, e o `Driver` é a interface do provedor de serviços.

Há muitas variações do padrão do service provider framework. Por exemplo, a API de acesso ao serviço pode retornar uma interface de serviço mais caprichada aos clientes do que as APIs disponibilizadas pelos provedores. Esse é o padrão *Bridge* [Gamma95]. Os frameworks injetores de dependência (Item 5) podem ser considerados provedores de serviços poderosos. Desde o Java 6, a plataforma contempla um service provider framework para uso geral, o `java.util.ServiceLoader`, portanto, você não precisa, e geralmente não deve, escrever o próprio service provider framework (Item 59). O JDBC não usa o `ServiceLoader`, já que o primeiro é anterior ao segundo.

A principal limitação de fornecer apenas métodos static factory é que as classes sem construtores públicos ou protegidos não podem ser divididas em subclasses. Por exemplo, é impossível dividir em subclasses qualquer uma das classes pertinentes à implementação no Collections Framework. Provavelmente, isso pode ser uma dádiva disfarçada, pois, incentiva os programadores a usarem a composição em vez da herança (Item 18) exigida pelos tipos imutáveis (Item 17).

A segunda limitação dos métodos static factory é que são difíceis de ser encontrados pelos programadores. Eles não estão destacados na documentação da API do mesmo modo que os construtores, por esse motivo pode ser difícil descobrir como instanciar uma classe que forneça de métodos static factory em vez de construtores. Talvez, algum dia, a ferramenta Javadoc evidencie os métodos static factory. Enquanto isso, você minimiza esse problema ressaltando o uso das static factories na documentação na classe ou da interface, e respeitando as convenções comuns de nomenclatura. Aqui, estão alguns nomes comuns para os métodos static factory. É uma lista longe de ser exaustiva:

- **from** — Um *método de conversão de tipo* que apresenta um único parâmetro e retorna uma instância correspondente desse tipo, por exemplo:

    ```
    Date d = Date.from(instant)
    ```

- **of** — Um *método de agregação* que apresenta diversos parâmetros e retorna uma instância desse tipo que incorpora esses parâmetros, por exemplo:

    ```
    Set<Rank> faceCards = EnumSet.of(JACK, QUEEN, KING);
    ```

- **valueOf** — Uma alternativa mais verbosa para o `from` e para o `of`, por exemplo:

    ```
    BigInteger prime = BigInteger.valueOf(Integer.MAX_VALUE);
    ```

- **instance** ou **getInstance** — Retorna uma instância que é descrita pelos seus parâmetros (se houver), mas não pode ter os mesmos valores, por exemplo:

  ```
  StackWalker luke = StackWalker.getInstance(options);
  ```

- **create** ou **newInstance** — Análogo ao `instance` ou ao `getInstance`, embora, nesse caso, o método garanta que cada chamada retorne uma instância nova, por exemplo:

  ```
  Object newArray = Array.newInstance(classObject, arrayLen);
  ```

- **get*Type*** — Igual ao `getInstance`, porém é usado se o método de fabricação for de uma classe diferente. *Type* é o tipo de objeto retornado por um método de fabricação, por exemplo:

  ```
  FileStore fs = Files.getFileStore(path);
  ```

- **new*Type*** — Igual ao `newInstance`, porém é usado se o método de fabricação for de uma classe diferente. *Type* é o tipo de objeto retornado por um método de fabricação, por exemplo:

  ```
  BufferedReader br = Files.newBufferedReader(path)
  ```

- *type* — Uma alternativa concisa para o get*Type* e para o new*Type*, por exemplo:

  ```
  List<Complaint> litany = Collections.list(legacyLitany)
  ```

Em suma, tanto os métodos static factory como os construtores públicos têm seus usos, e vale a pena compreender seus respectivos pontos positivos. Não raro, recomenda-se o uso dos métodos static factory, assim, evita-se o impulso de empregar construtores públicos sem antes levar em consideração as static factories.

Item 2: Cogite o uso de um builder quando se deparar com muitos parâmetros no construtor

As static factories e os construtores compartilham uma limitação: não se adéquam bem a um grande número de parâmetros opcionais. Analise o caso de uma classe, aqui exemplificada como NutritionFacts, representando um daqueles rótulos de informações nutricionais vinculados nas embalagens de comida. Eles têm alguns campos obrigatórios — a quantidade da porção, a quantidade das porções por embalagem e as calorias por porção — e mais de 20 campos opcionais — gorduras totais, gorduras saturadas, gorduras trans, colesterol, sódio e assim por diante. A maioria dos produtos indica valores diferentes de zero em apenas um desses campos opcionais.

Quais tipos de construtores ou métodos static factory você deveria escrever para essa classe? Tradicionalmente, os programadores têm usado o padrão *telescoping constructor*, no qual você fornece um construtor somente com os parâmetros necessários, outro com um único parâmetro opcional, um terceiro com dois parâmetros opcionais, e assim por diante, resultando em um construtor com todos os parâmetros opcionais. Veja como isso funciona na prática. Para efeitos de síntese, apenas quatro campos opcionais são mostrados:

```java
// Padrão telescoping construtor - não é escalável!
public class NutritionFacts {
    private final int servingSize;  // (mL)            exigido
    private final int servings;     // (per container) exigido
    private final int calories;     // (per serving)   opcional
    private final int fat;          // (g/serving)     opcional
    private final int sodium;       // (mg/serving)    opcional
    private final int carbohydrate; // (g/serving)     opcional

    public NutritionFacts(int servingSize, int servings) {
        this(servingSize, servings, 0);
    }

    public NutritionFacts(int servingSize, int servings,
            int calories) {
        this(servingSize, servings, calories, 0);
    }

    public NutritionFacts(int servingSize, int servings,
            int calories, int fat) {
        this(servingSize, servings, calories, fat, 0);
    }

    public NutritionFacts(int servingSize, int servings,
            int calories, int fat, int sodium) {
        this(servingSize, servings, calories, fat, sodium, 0);
    }
    public NutritionFacts(int servingSize, int servings,
            int calories, int fat, int sodium, int carbohydrate) {
        this.servingSize  = servingSize;
        this.servings     = servings;
        this.calories     = calories;
        this.fat          = fat;
        this.sodium       = sodium;
        this.carbohydrate = carbohydrate;
    }
}
```

Quando quiser criar uma instância, você usa o construtor com a lista de parâmetros mais curta contendo todos os parâmetros que você queira definir:

```
NutritionFacts cocaCola =
    new NutritionFacts(240, 8, 100, 0, 35, 27);
```

Normalmente, essa invocação do construtor exigirá muitos parâmetros que você não quer atribuir, porém você é obrigado a definir um valor aos parâmetros de qualquer maneira. Nesse caso, atribuímos o valor de 0 para fat. Com "apenas" seis parâmetros, pode não ser tão ruim, mas isso sai fora de controle rapidamente à medida que o número de parâmetros aumenta.

Concluindo, **o padrão telescoping constructor funciona, mas é difícil escrever o código do cliente quando se tem muitos parâmetros, e é ainda mais difícil de o ler**. O leitor fica se perguntando o que significam todos esses valores, já que deve calcular cuidadosamente os parâmetros para descobrir. Sequências longas de parâmetros, quando digitadas de forma idêntica, podem causar bugs sutis. Se o cliente inverter acidentalmente dois desses parâmetros, o compilador não reclamará, mas o programa se comportará de modo errado em tempo de execução (Item 51).

Uma segunda alternativa para quando você se deparar com muitos parâmetros opcionais em um construtor é o padrão *JavaBeans*. Com ele, você chama um construtor sem parâmetros para criar o objeto e, em seguida, chama os métodos setter para definir cada parâmetro obrigatório e cada parâmetro opcional de interesse:

```
// Padrão JavaBeans  - Permite a inconsistência, autoriza a mutabilidade
public class NutritionFacts {
    // Parâmetros inicializados para os valores padrões (se houver)
    private int servingSize  = -1; // Exigido; sem valor padrão
    private int servings      = -1; // Exigido; sem valor padrão
    private int calories      = 0;
    private int fat           = 0;
    private int sodium        = 0;
    private int carbohydrate = 0;

    public NutritionFacts() { }

    // Setters
    public void setServingSize(int val)  { servingSize = val; }
    public void setServings(int val)     { servings = val; }
    public void setCalories(int val)     { calories = val; }
    public void setFat(int val)          { fat = val; }
    public void setSodium(int val)       { sodium = val; }
    public void setCarbohydrate(int val) { carbohydrate = val; }
}
```

Esse padrão não tem nenhuma das desvantagens que o padrão telescoping constructor apresenta. Com ele é fácil, embora um tanto prolixo, de criar instâncias, e de ler o código resultante:

```
NutritionFacts cocaCola = new NutritionFacts();
cocaCola.setServingSize(240);
cocaCola.setServings(8);
cocaCola.setCalories(100);
cocaCola.setSodium(35);
cocaCola.setCarbohydrate(27);
```

Infelizmente, o padrão JavaBeans apresenta graves desvantagens. Como a construção é dividida em várias chamadas, **um JavaBean pode apresentar um estado parcialmente inconsistente durante sua construção.** A classe não tem a opção de implementar a consistência apenas verificando a validade dos parâmetros do construtor. As tentativas de usar um objeto quando ele apresenta um estado inconsistente podem causar falhas que estarão bem distantes do código com o bug e, consequentemente, serão difíceis de depurar. Uma das desvantagens relacionadas reside no fato de que **o padrão JavaBeans exclui a possibilidade de uma classe ser imutável** (Item 17) e exige, por parte do programador, um esforço complementar a fim de garantir a segurança da thread.

É possível minimizar essas desvantagens "congelando" manualmente o objeto quando sua construção está completa, e não permitindo o uso dele até estar congelado, porém essa variante é pesada e na prática é raramente usada. Inclusive, ela pode causar erros em tempo de execução, pois o compilador não garante que o programador chame do método de congelamento para um objeto antes de o usar.

Felizmente, há uma terceira alternativa, que combina a segurança do padrão telescoping constructor com a legibilidade do padrão JavaBeans. Trata-se do padrão *Builder* [Gamma95]. Em vez de construir diretamente o objeto pretendido, o cliente chama um construtor (ou uma static factory) com todos os parâmetros necessários e obtém um *objeto builder*. Em seguida, o cliente chama o método do tipo setter no objeto builder para definir cada parâmetro opcional de interesse. Por fim, o cliente chama um método build sem parâmetros para gerar o objeto, normalmente imutável. Em geral, o builder é um membro de classe estática (Item 24) da classe que ele constrói. Veja como isso funciona na prática:

```java
// Padrão Builder
public class NutritionFacts {
    private final int servingSize;
    private final int servings;
    private final int calories;
    private final int fat;
    private final int sodium;
    private final int carbohydrate;

    public static class Builder {
        // Exige parâmetros
        private final int servingSize;
        private final int servings;

        // Parâmetros Opcionais - inicializado para os valores padrão
        private int calories    = 0;
        private int fat         = 0;
        private int sodium      = 0;
        private int carbohydrate = 0;

        public Builder(int servingSize, int servings) {
            this.servingSize = servingSize;
            this.servings    = servings;
        }

        public Builder calories(int val)
            { calories = val;        return this; }
        public Builder fat(int val)
            { fat = val;             return this; }
        public Builder sodium(int val)
            { sodium = val;          return this; }
        public Builder carbohydrate(int val)
            { carbohydrate = val;    return this; }

        public NutritionFacts build() {
            return new NutritionFacts(this);
        }
    }

    private NutritionFacts(Builder builder) {
        servingSize  = builder.servingSize;
        servings     = builder.servings;
        calories     = builder.calories;
        fat          = builder.fat;
        sodium       = builder.sodium;
        carbohydrate = builder.carbohydrate;
    }
}
```

A classe NutritionFacts é imutável, e todos os valores padrão dos parâmetros estão no mesmo lugar. Os métodos setter do builder retornam o próprio builder para as chamadas serem encadeadas, resultando em uma API *fluente*. Veja como é o código do cliente:

CAPÍTULO 2: CRIAR E DESTRUIR OBJETOS 15

```
NutritionFacts cocaCola = new NutritionFacts.Builder(240, 8)
        .calories(100).sodium(35).carbohydrate(27).build();
```

Esse código do cliente é fácil de escrever e, o mais importante, de ler. **O padrão Builder simula os parâmetros opcionais nomeados** como os que encontramos nas linguagens Python e Scala.

Por uma questão de síntese, omitiram-se as verificações de validação. Para identificar os parâmetros inválidos o mais rápido possível, verifique a validade dos parâmetros nos métodos do construtor e no builder. Confira as invariantes envolvendo parâmetros múltiplos no construtor chamado pelo método `build`. Para protegê-las contra ataques, realize as verificações nos campos do objeto, depois de copiar os parâmetros do builder (Item 50). Se a verificação falhar, lance uma `IllegalArgumentException` (Item 72), cuja mensagem detalhada indica quais parâmetros estão inválidos (Item 75).

O padrão Builder se adéqua bem às hierarquias de classe. Use uma hierarquia paralela de builders, cada qual aninhado à classe correspondente. As classes abstratas têm builders abstratos; as classes concretas, builders concretos. Por exemplo, considere uma classe abstrata na raiz de uma hierarquia, aqui representando vários tipos de pizza:

```java
// Padrão Builder para hierarquias de classe
public abstract class Pizza {
    public enum Topping { HAM, MUSHROOM, ONION, PEPPER, SAUSAGE
    final Set<Topping> toppings;

    abstract static class Builder<T extends Builder<T>> {
        EnumSet<Topping> toppings = EnumSet.noneOf(Topping.class);
        public T addTopping(Topping topping) {
            toppings.add(Objects.requireNonNull(topping));
            return self();
        }

        abstract Pizza build();

        // As subclasses devem sobrescrever esse método para retornar "essa
        classe protegida abstrata T;self()
    }
    Pizza(Builder<?> builder) {
        toppings = builder.toppings.clone(); // Veja o Item 50
    }
}
```

Observe que `Pizza.Builder` é um *tipo genérico* com um *parâmetro do tipo recursivo* (Item 30). Isso, juntamente com o método abstrato `self`, permite que o encadeamento do método funcione apropriadamente nas subclasses, sem a necessidade de fazer o cast. Devido ao Java carecer de um tipo de self, esse paleativo é uma prática corrente, conhecida como *tipo de self simulado*.

Veja aqui duas subclasses concretas da Pizza, uma representa a pizza ao estilo nova-iorquino, e a outra é um calzone. A primeira tem o parâmetro de tamanho necessário, enquanto a segunda permite que você especifique se o recheio deve ir dentro ou fora:

```java
public class NyPizza extends Pizza {
    public enum Size { SMALL, MEDIUM, LARGE }
    private final Size size;

    public static class Builder extends Pizza.Builder<Builder> {
        private final Size size;

        public Builder(Size size) {
            this.size = Objects.requireNonNull(size);
        }

        @Override public NyPizza build() {
            return new NyPizza(this);
        }

        @Override protected Builder self() { return this; }
    }

    private NyPizza(Builder builder) {
        super(builder);
        size = builder.size;
    }
}
public class Calzone extends Pizza {
    private final boolean sauceInside;

    public static class Builder extends Pizza.Builder<Builder> {
        private boolean sauceInside = false; // Padrão

        public Builder sauceInside() {
            sauceInside = true;
            return this;
        }

        @Override public Calzone build() {
            return new Calzone(this);
        }

        @Override protected Builder self() { return this; }
    }

    private Calzone(Builder builder) {
        super(builder);
        sauceInside = builder.sauceInside;
    }
}
```

CAPÍTULO 2: CRIAR E DESTRUIR OBJETOS   17

Observe que o método `build` em cada subclasse do builder é declarado para retornar a subclasse correta: o método `build` de `NyPizza.Builder` retorna `NyPizza`, enquanto o outro, em `Calzone.Builder`, retorna `Calzone`. Essa técnica, em que um método de subclasse é declarado para retornar um subtipo do tipo de retorno declarado em uma superclasse, é conhecida como *tipo de retorno covariante*. Ele permite aos clientes usar esses builders sem precisarem fazer o cast.

O código do cliente para esses "builders hierárquicos" é basicamente idêntico ao código do builder simples da `NutritionFacts`. O exemplo de código do cliente mostrado a seguir parte do princípio que as importações estáticas nas constantes das enums são simplificadas:

```
NyPizza pizza = new NyPizza.Builder(SMALL)
        .addTopping(SAUSAGE).addTopping(ONION).build();
Calzone calzone = new Calzone.Builder()
        .addTopping(HAM).sauceInside().build();
```

Uma pequena vantagem dos builders em relação aos construtores é que os builders podem apresentar diversos parâmetros de varargs, pois, cada parâmetro é especificado no próprio método. Por outro lado, os builders podem agregar os parâmetros passados em múltiplas chamadas de um método dentro de um único campo, conforme demonstrado anteriormente no método `addTopping`.

O padrão Builder é relativamente flexível. Um único builder pode ser usado repetidas vezes para criar vários objetos. Os parâmetros do builder podem ser ajustados entre as invocações do método `build` para variar os objetos que são criados. Um builder pode preencher alguns campos automaticamente na criação do objeto, como um número de série que aumenta cada vez que um objeto é criado.

O padrão Builder também apresenta desvantagens. Para criar um objeto, você deve primeiro criar um builder. Embora seja pouco provável que o custo de criação desse builder seja considerável na prática, isso pode ser um problema em situações críticas de desempenho. Além disso, o padrão Builder é mais verboso do que o padrão do telescoping constructor, logo, ele deve ser usado apenas se houver parâmetros suficientes que justifiquem seu uso, digamos que quatro parâmetros ou mais. Contudo, não se esqueça de que você pode precisar incluir mais parâmetros no futuro. Porém, se começar com construtores ou static factories e depois mudar para builders quando as classes chegarem a um ponto em que a quantidade de parâmetros saia fora do controle, as static factories ou os construtores obsoletos irão se tornar verdadeiros inconvenientes. Por essa razão, frequentemente é melhor já começar com um builder.

18 JAVA EFETIVO

Em síntese, **o padrão Builder é uma boa opção ao projetar classes cujos construtores ou static factories tenham mais do que uns poucos parâmetros**, especialmente se muitos dos parâmetros forem opcionais ou do tipo idêntico. É muito mais fácil de ler e escrever o código do cliente com os builders do que com os telescoping constructors, e os builders são muito mais seguros do que os JavaBeans.

Item 3: Implemente a propriedade de um singleton com um construtor privado ou um tipo enum

Um *singleton* é uma classe instanciada exatamente uma vez [Gamma95]. Os singletons representam tanto um objeto sem estado que executa tarefas como uma função (Item 24), ou um componente do sistema intrinsecamente único. **Transformar uma classe em um singleton pode dificultar o teste de seus clientes,** porque é impossível substituir um singleton por implementação simulada, a menos que ela implemente uma interface que funcione como o seu tipo.

Há duas formas comuns de implementar os singletons. Ambas são baseadas em manter o construtor privado e exportar os membros estáticos públicos para permitir acesso à instância única. Na primeira abordagem, o membro é um campo final:

```
// Singleton com campo final público
public class Elvis
    public static final Elvis INSTANCE = new Elvis();
    private Elvis() {

    public void leaveTheBuilding() { ...
}
```

Chama-se o construtor privado apenas uma vez para inicializar o campo final estático público Elvis.INSTANCE A falta de um construtor público ou de um construtor protegido *garante* um universo "mono-elvístico": existirá somente uma instância Elvis uma vez que a classe Elvis for inicializada — nem mais, nem menos. Nada que um cliente faça pode mudar isso, com uma única ressalva: um cliente privilegiado pode invocar o construtor privado premeditadamente (Item 65) com o auxílio do método AccessibleObject.setAccessible. Se você precisa se defender contra esse ataque, modifique o construtor para que ele lance uma exceção, caso seja solicitado a criar uma segunda instância.

Na segunda abordagem de implementação dos singletons, o membro público é um método static factory:

```java
// Singleton com fabricação estática
public class Elvis {
    private static final Elvis INSTANCE = new Elvis();
    private Elvis() { ...
    public static Elvis getInstance()

    public void leaveTheBuilding() { ...
}
```

Todas as chamadas para `Elvis.getInstance` retornam a mesma referência de objeto, e nenhuma outra instância `Elvis` jamais será criada (com a mesma ressalva mencionada anteriormente).

A principal vantagem da abordagem de campo público é que a API deixa bem claro que a classe é um singleton: o campo estático público é final, portanto, sempre terá a mesma referência de objeto. A segunda vantagem é que é mais simples.

Uma vantagem da abordagem static factory reside no fato de ela lhe proporcionar a flexibilidade para mudar de ideia se uma classe é um singleton, sem alterar sua API. O método de fabricação retorna a única instância, mas pode ser modificado para retornar, por assim dizer, uma instância separada para cada thread que a invoca. A segunda vantagem é que você pode escrever uma *fabricação genérica de singleton* caso sua aplicação solicite (Item 30). A última vantagem de usar a static factory é que uma *referência de método* pode ser usada como supplier, por exemplo `Elvis::instance` é um `Supplier<Elvis>`. A menos que uma dessas vantagens seja relevante, a abordagem do campo público é mais aconselhável.

Para tornar *serializável* (Capítulo 12) uma classe singleton que use qualquer uma dessas abordagens, não é suficiente apenas adicionar `implements Serializable` à sua declaração. Para manter a garantia do singleton, declare todos os campos de instância `transient` e forneça um método `readResolve` (Item 89). Caso contrário, cada vez que uma instância serializada for desserializada, uma instância nova será criada, levando, no caso do nosso exemplo, a aparições ilegítimas do `Elvis`. Para evitar que isso aconteça, adicione o método `readResolve` à classe `Elvis`:

20 JAVA EFETIVO

```java
// Método readResolve que preserva adequadamente o singleton
private Object readResolve() {
    // Retorna um Elvis true e deixa o garbage collector
    // cuidar do imitador de Elvis.
    return INSTANCE;
}
```

Um terceira maneira de implementar um singleton é declarar um enum com um elemento único

```java
// Enum singleton - abordagem aconselhável
public enum Elvis {
    INSTANCE;

    public void leaveTheBuilding() { ... }
}
```

Essa abordagem é semelhante à do campo público, porém é mais concisa, fornece de maneira descomplicada o mecanismo de serialização e oferece garantia sólida contra as instâncias múltiplas, mesmo em casos de ataques sofisticados de serialização ou ataques por reflexão. Ela pode até parecer um pouco artificial, mas **um tipo enum de elemento único é muitas vezes a melhor forma de implementar um singleton**. Repare que você não pode empregá-la caso seu singleton deva estender outra superclasse que não seja a Enum (ainda que você *possa* declarar uma enum para implementar as interfaces).

Item 4: Implemente a não instanciação através de construtores privados

Em certas ocasiões, você quer escrever uma classe que seja apenas um agrupamento de métodos e campos estáticos. Essas classes têm má reputação, pois algumas pessoas abusaram muito de seu uso para não ter que pensar em termos de objeto, porém elas ainda são bem úteis. Elas podem ser usadas para agrupar métodos relacionados aos valores primitivos ou arrays, como as de java.lang.Math ou java.util.Arrays. Também podem ser utilizadas para agrupar métodos estáticos, incluindo factories (Item 1), para objetos que implementam uma interface específica, como a do java.util.Collections. (A partir do Java 8, você pode colocar esses métodos *na* interface, partindo do princípio que ela é sua para a modificar.) Por fim, essas classes podem ser empregadas para agrupar métodos em classes finais, já que você não os pode colocar nas subclasses.

Não se projetou essas *classes utilitárias* para ser instanciadas: seria um disparate ter uma instância nessas classes. Na ausência de construtores explícitos, contudo, o compilador fornece um *construtor padrão* público, sem parâmetros.

Para um usuário, esse construtor é parecido com qualquer outro. Não é raro ver classes involuntariamente instanciáveis publicadas em APIs.

Tentar implementar a não instanciação ao transformar uma classe utilitária em uma abstrata não funciona. A classe pode gerar subclasses, e as subclasses podem ser instanciadas. Além do mais, isso induz o usuário a pensar erroneamente que a classe foi projetada para herança (Item 19). Há, no entanto, uma forma de garantir a não instanciação. Um construtor padrão é gerado apenas se a classe não apresentar construtores explícitos; dessa maneira, **pode-se fazer com que uma classe seja não instanciável através da inclusão de construtores privados:**

```
// Classe utilitária não instanciável
public class UtilityClass {
    // Suprima o construtor padrão para a não instanciação
    private UtilityClass() {
        throw new AssertionError();
    }
    ...  // 0 restante foi omitido
}
```

Como o construtor explícito é privado, ele é inacessível fora da classe. O AssertionError não é estritamente necessário, mas oferece proteção no caso de o construtor ser invocado acidentalmente dentro da classe. Isso garante que a classe nunca será instanciada, sob quaisquer circunstâncias. Essa prática de uso é um pouco contrária ao senso comum porque o construtor é fornecido expressamente para que não seja invocado. Portanto, aconselha-se incluir um comentário, conforme mostrado anteriormente.

Como efeito colateral, essa prática também impede que a classe gere subclasses. Todos os construtores devem invocar um construtor de superclasse, explícita ou implicitamente, caso contrário, uma subclasse não teria nenhum construtor de superclasse acessível para invocar.

Item 5: Dê preferência à injeção de dependência para integrar recursos

Muitas classes dependem de um ou mais recursos subjacentes. Por exemplo, um corretor ortográfico depende de um dicionário. Não é raro ver essas classes implementadas como classes utilitárias estáticas (Item 4):

```java
// Uso inapropriado da classe utilitária estática - inflexível, não dá para testar!
public class SpellChecker {
    private static final Lexicon dictionary = ...;

    private SpellChecker() {} // Noninstantiable

    public static boolean isValid(String word) { ... }
    public static List<String> suggestions(String typo) { ... }
}
```

Do mesmo modo, não é incomum vê-las implementadas como singletons (Item 3):

```java
// Uso inapropriado do singleton - inflexível, não dá para testar!
public class SpellChecker {
    private final Lexicon dictionary = ...;

    private SpellChecker(...) {}
    public static SpellChecker INSTANCE = new SpellChecker(...);

    public boolean isValid(String word) { ... }
    public List<String> suggestions(String typo) { ... }
}
```

Nenhuma dessas abordagens é satisfatória, porque elas supõem que existe apenas um dicionário que valha a pena usar. Na prática, cada idioma possui seu próprio dicionário, e dicionários específicos são usados para vocabulários distintos. Além disso, pode ser necessário utilizar um dicionário específico para os testes. É mera ilusão acreditar que um único dicionário sempre será o bastante.

Você pode tentar fazer com que o SpellChecker suporte vários dicionários, tornando o campo dictionary não final, e adicionando um método para modificar o dicionário em um corretor ortográfico existente, porém isso seria estranho, estaria sujeito a erros, e é impraticável em uma configuração concorrente. **As classes utilitárias estáticas e os singletons são inapropriados para as classes cujo comportamento é parametrizado por um recurso subjacente.**

Portanto, o necessário é ter a capacidade para suportar diversas instâncias da classe (em nosso exemplo, SpellChecker), em que cada uma delas usa os recursos exigidos pelo cliente (em nosso exemplo, o dicionário). Um padrão simples para atender esse requisito **é passar o recurso no construtor ao criar uma instância nova.** Essa é uma forma de *injeção de dependência*: o dicionário é a *dependência* do corretor ortográfico e é *injetado* dentro do corretor ortográfico quando ele é criado.

```java
// A injeção de dependência proporciona flexibidade e testabilidade
public class SpellChecker {
    private final Lexicon dictionary;

    public SpellChecker(Lexicon dictionary)
        this.dictionary = Objects.requireNonNull(dictionary);
    }

    public boolean isValid(String word) { ...
    public List<String> suggestions(String typo) { ...
}
```

O padrão de injeção de dependência é simples a ponto de muitos programadores o usarem durante anos, sem ao menos saberem que ele tem um nome. Enquanto nosso corretor ortográfico tinha somente um único recurso (o dicionário), a injeção de dependência trabalha com um número arbitrário de recursos e diagramas de dependência arbitrários. Como preserva a imutabilidade (Item 17), diversos clientes podem compartilhar objetos dependentes (supondo que os clientes queiram os mesmos recursos subjacentes). A injeção de dependência é igualmente aplicável aos construtores, às static factories (Item 1) e aos builders (Item 2).

Uma variante útil desse padrão é passar um recurso factory para o construtor. Uma fábrica é um objeto que pode ser chamado repetidas vezes para criar instâncias de um tipo. Essas fábricas incorporam o padrão *Factory Method* [Gamma95]. A interface Supplier<T>, introduzida no Java 8, é perfeita para representar as fábricas. Os métodos que aceitam uma Supplier<T> como entrada normalmente devem delimitar o parâmetro de tipo da fábrica usando um *tipo de wildcard limitado* (Item 31) para permitir ao cliente passar uma fábrica que crie qualquer subtipo de um tipo especificado. Por exemplo, aqui temos um método que faz um mosaico usando uma fábrica fornecida pelo cliente para produzir cada azulejo:

```java
Mosaic create(Supplier<? extends Tile> tileFactory) { ... }
```

Embora a injeção de dependência melhore consideravelmente a flexibilidade e a testabilidade, sobrecarrega projetos grandes, que normalmente têm milhares de dependências. Elimina-se essa sobrecarga utilizando um *framework de injeção de dependência*, tais como o Dagger [Dagger], Guice [Guice] ou a Spring [Spring]. O uso desses frameworks foge ao escopo deste livro, mas observe que as APIs projetadas para injeção de dependência manual são facilmente adaptáveis para ser usadas por esses frameworks.

JAVA EFETIVO

Em suma, não utilize um singleton ou uma classe utilitária estática para implementar uma classe que depende de um ou mais recursos subjacentes cujo comportamento afete o da classe, fazendo com que ela acabe criando esses recursos diretamente. Em vez disso, passe os recursos ou as fábricas para o construtor (ou static factory ou builder) para criá-los. Essa prática, conhecida como injeção de dependência, potencializará de modo significativo a flexibilidade, a reutilização e a testabilidade de uma classe.

Item 6: Evite a criação de objetos desnecessários

Via de regra, indica-se a reutilização de um único objeto em vez de criar um objeto novo funcionalmente equivalente sempre que necessário. A reutilização é mais rápida e mais sofisticada. Se um objeto for imutável, sempre pode ser reutilizado (Item 17).

Examine esta instrução como exemplo extremo daquilo que não se deve fazer:

```
String s = new String("bikini");  // NÃO FAÇA ISSO!
```

A instrução cria uma nova instância String sempre que é executada, e nenhuma dessas criações de objeto é necessária. O argumento para o construtor String ("bikini") é em si uma instância String, funcionalmente idêntica a todos os objetos criados pelo construtor. Se esse uso ocorre em um loop ou em um método invocado com frequência, milhões de instâncias de String podem ser criadas sem a menor necessidade.

A versão aprimorada é a seguinte:

```
String s = "bikini";
```

Em vez de criar uma instância nova sempre que é executada, essa versão usa uma única instância String. Ademais, garante-se que o objeto será reutilizado por qualquer outro código executado na mesma máquina virtual que, porventura, tenha o mesmo literal de string [JLS, 3.10.5].

Muitas vezes, você pode evitar a criação de objetos desnecessários usando os *métodos static factory* (Item 1) em lugar dos construtores em classes imutáveis que fornecem ambos. Por exemplo, o método factory Boolean.valueOf(String) é mais aconselhável que o construtor Boolean(String), obsoleto no Java 9. O construtor *deve* criar um objeto novo cada vez que é chamado, enquanto nunca se exige que o método de fabricação faça isso, mesmo porque, na prática, ele não o fará. Além de reutilizar os objetos imutáveis, você também pode reutilizar os mutáveis, caso saiba que não serão modificados.

Algumas criações de objetos são mais trabalhosas do que outras. Se precisar de um "objeto trabalhoso" em muitas ocasiões, aconselha-se armazená-lo em cache para reutilização. Infelizmente, nem sempre as coisas são tão simples quando você está criando esse objeto. Suponha que você queira escrever um método para determinar se uma string é um número romano válido. Veja aqui o modo mais fácil de se fazer isso usando uma expressão regular:

```
// O desempenho pode ser melhorado e muito!
static boolean isRomanNumeral(String s)
    return s.matches("^(?=.)M*(C[MD]|D?C{0,3})"
            + "(X[CL]|L?X{0,3})(I[XV]|V?I{0,3})$");
}
```

O problema dessa implementação é que ela se baseia no método String. matches. **Enquanto o String.matches é o jeito mais fácil de verificar se uma string corresponde a uma expressão regular, ele não é apropriado para uso repetido em situações críticas de desempenho**. A questão é que ele cria internamente uma instância Pattern para a expressão regular, utilizando-a apenas uma vez. Depois disso, habilita-se a instância para o garbage collection. A criação de uma instância de Pattern é trabalhosa porque exige que se compile a expressão regular em uma máquina de estados finita.

Para aprimorar o desempenho, compile explicitamente a expressão regular em uma instância Pattern (que é imutável) como parte da inicialização da classe, armazene-a em cache e reutilize a mesma instância para cada invocação do método isRomanNumeral:

```
// Reúso do objeto trabalhoso para melhorar o desempenho
public class RomanNumerals
    private static final Pattern ROMAN = Pattern.compile(
            "^(?=.)M*(C[MD]|D?C{0,3})"
            + "(X[CL]|L?X{0,3})(I[XV]|V?I{0,3})$");

    static boolean isRomanNumeral(String s)
        return ROMAN.matcher(s).matches();
    }
}
```

A versão aprimorada do isRomanNumeral proporciona ganhos significativos de desempenho se invocada com frequência. Na minha máquina, a versão original leva 1.1 μs em uma cadeia de entrada de 8 caracteres, enquanto a versão aprimorada leva 0,17 μs, que é 6,5 vezes mais rápida. Indiscutivelmente, o desempenho não apenas melhorou, como a legibilidade também. Ao transformar um campo final estático em uma instância `Pattern`, outrora invisível, podemos nomeá-la, fazendo com que fique muito mais legível que a própria expressão regular.

Se a classe contendo a versão aprimorada do método `isRomanNumeral` for inicializada, o método nunca será invocado, e o campo `ROMAN` será inicializado sem necessidade. Seria possível suprimir a inicialização por meio da *inicialização preguiçosa* do campo (Item 83) na primeira vez em que o método `isRomanNumeral` fosse invocado, porém, isso *não* é recomendado. Como muitas vezes acontece com a inicialização preguiçosa, isso complicaria a implementação e não ocasionaria melhoras consideráveis de desempenho (Item 67).

Quando um objeto é imutável, é evidente que pode ser reutilizado com segurança, porém, em algumas situações, isso não é tão óbvio, chegando a ser contrário à lógica. Leve em consideração o caso dos *adaptadores* [Gamma95], também conhecidos como *views*. Um adaptador é um objeto que delega a outro objeto, fornecendo uma interface alternativa. Como um adaptador não tem nenhum estado além de seu objeto base, não é necessário criar mais de uma instância de um determinado adaptador para um determinado objeto.

Por exemplo, o método `keySet` da interface `Map` retorna uma view `Set` do objeto `Map`, composta por todas as chaves no map. Hipoteticamente, cada chamada para o `keySet` teria que criar uma nova instância `Set`, porém, cada chamada para o `keySet` em um determinado objeto `Map` pode retornar a mesma instância `Set`. Embora a instância `Set` retornada seja geralmente mutável, todos os objetos retornados são funcionalmente idênticos: quando um dos objetos retornados se modifica, o mesmo acontece com todos os outros, pois todos são suportados pela mesma instância da `Map`. Apesar de não haver perigo em criar diversas instâncias do objeto da view `keySet`, é um procedimento desnecessário, que não oferece vantagem alguma.

Outro modo de se criarem objetos desnecessários é o *autoboxing*, que permite ao programador combinar tipos primitivos e tipos primitivos empacotados, fazendo o autoboxing e autounboxing automaticamente, conforme necessário. **O autoboxing distorce, mas não apaga, a distinção entre os tipos primitivos e tipos primitivos empacotados.** Há distinções semânticas tênues e diferenças de desempenho nada sutis (Item 61). Analise o método a seguir, que calcula a soma de todos os valores positivos `int`. Para fazer isso, o programa precisa usar um dado numérico inteiro do tipo `long`, porque um tipo `int` não é grande o bastante para manter a soma de todos os valores positivos `int`:

```
// Absurdamente lento! Você consegue identificar a criação do objeto?
private static long sum()
    Long sum = 0L
    for (long i = 0; i <= Integer.MAX_VALUE; i++)
        sum += i;

    return sum;
}
```

Esse programa recebe a resposta certa, mas fica muito mais lento do que deveria por causa de um erro tipográfico de caractere. Declara-se a variável sum com um tipo Long em vez de um tipo long, o que significa que o programa constrói cerca de 2^{31} instâncias Long desnecessárias (aproximadamente uma, cada vez que se adiciona o long i ao Long sum). Alterar a declaração do sum de um Long para um long diminui o tempo de execução de 6,3 segundos para 0,59 segundos, na minha máquina. A lição é clara: **dê preferência aos tipos primitivos do que aos tipos primitivos empacotados, e tome cuidado com o autoboxing involuntário.**

Esse Item não deve ser mal interpretado, não presuma que a criação de objetos dê muito trabalho e precise ser evitada. Pelo contrário, a criação e a recuperação de objetos pequenos cujos construtores são pouco trabalhosos é simples, sobretudo nas implementações modernas do JVM (Java Virtual Machine). Criar objetos complementares para aumentar a legibilidade, a simplicidade ou a potência de um programa geralmente é uma coisa boa.

Por outro lado, evitar a criação de objetos ao manter o próprio *pool de objetos* é uma péssima ideia, a menos que os objetos no pool sejam extremamente pesados. O exemplo clássico de um objeto que justifica um pool de objetos é uma conexão de banco de dados. O custo de estabelecer essa conexão é tão alto que faz sentido reutilizar esses objetos. De um modo geral, entretanto, manter os próprios pools de objetos desordena seu código, aumenta o volume da memória e prejudica o desempenho. As implementações modernas da JVM apresentam garbage collectors altamente otimizados, que ultrapassam facilmente o desempenho desses pools em objetos leves.

O contraponto desse Item é o Item 50, que aborda as *cópias defensivas*. O presente Item diz: "Não crie um objeto novo quando você deve reutilizar um já existente", ao passo que o Item 50 diz: "Não reutilize um objeto existente quando deve criar um novo." Veja que o inconveniente de se reutilizar um objeto quando uma cópia defensiva deveria ter sido utilizada é muito maior que o inconveniente de se criar sem necessidade um objeto duplicado. Não fazer cópias defensivas sempre que necessário pode acarretar bugs graves e falhas de segurança. A criação de objetos desnecessários compromete somente o estilo e o desempenho.

Item 7: Elimine referências obsoletas de objetos

Caso você passe de uma linguagem com o gerenciamento manual de memória, como C ou C++, para uma que tenha um garbage collector, como o Java, seu trabalho como programador será muito mais fácil, uma vez que seus objetos são automaticamente descartados quando não foram mais utilizados. Parece até mágica quando você usa o garbage collection pela primeira vez. Tem-se a impressão de que você não precisa mais se preocupar com o gerenciamento de memória, porém não é bem assim.

Examine a implementação de uma simples classe stack (pilha) a seguir:

```java
// Você pode identificar esse "vazamento de memória"?
public class Stack {
    private Object[] elements;
    private int size = 0;
    private static final int DEFAULT_INITIAL_CAPACITY = 16;

    public Stack() {
        elements = new Object[DEFAULT_INITIAL_CAPACITY]
    }

    public void push(Object e) {
        ensureCapacity();
        elements[size++] = e;
    }

    public Object pop() {
        if (size == 0)
            throw new EmptyStackException();
        return elements[--size];
    }
    /**
     * Ensure space for at least one more element, roughly
     * doubling the capacity each time the array needs to grow.
     */
    private void ensureCapacity() {
        if (elements.length == size)
            elements = Arrays.copyOf(elements, 2 * size + 1);
    }
}
```

Obviamente, não há nada de errado com esse programa (mas veja o Item 29 para uma versão genérica). Você poderia testá-lo exaustivamente, e ele passaria em todos os testes sem a menor dúvida, porém, existe um problema rondando à espreita. Grosso modo, o programa tem um "vazamento de memória", manifestado silenciosamente como uma perda de desempenho, devido ao aumento da atividade do garbage collector ou ao crescimento do volume da memória. Em casos extremos, esses vazamentos de memória causam paginação de disco e até falha do programa, com um `OutOfMemoryError`, mas essas falhas são relativamente raras.

Mas onde fica o vazamento de memória? Se uma pilha cresce e, em seguida, diminui, os objetos que foram removidos da pilha não serão coletados pelo garbage collector, mesmo se o programa que usa a pilha não tiver mais as referências deles. Isso ocorre porque a pilha armazena as *referências obsoletas* desses objetos. Uma referência obsoleta é simplesmente uma referência que nunca mais será desreferenciada outra vez. Nesse caso, quaisquer referências fora da "parte ativa" do array de elementos são obsoletas. A parte ativa é constituída dos elementos cujo índice é menor que o `size`.

Os vazamentos de memória em linguagens que possuem o garbage collector (mais propriamente conhecidas como *retenções involuntárias de objetos*) são traiçoeiros. Se uma referência de objeto for retida involuntariamente, além de esse objeto ser excluído do garbage collection, todos os outros objetos referenciados por ele também o serão, e assim por diante. Mesmo que as referências de objetos retidas involuntariamente sejam poucas, uma quantidade absurda de objetos pode ser impossibilitada de ser coletada, resultando em impactos extremamente negativos para o desempenho.

A correção para esse tipo de problema é simples: invalide as referências quando se tornarem obsoletas. No caso da nossa classe `Stack`, a referência de um Item torna-se obsoleta assim que é removida da pilha. A seguir, temos a versão corrigida do método pop:

```
public Object pop()
    if (size == 0)
        throw new EmptyStackException();
    Object result = elements[--size];
    elements[size] = null; // Elimine as referências obsoletas
    return result;
}
```

A vantagem complementar de se invalidar as referências obsoletas é que, se mais tarde forem desreferenciadas por engano, o programa falhará imediatamente no `NullPointerException`, em vez de se comportar erroneamente. É sempre bom detectar erros de programação o mais rápido possível.

Quando esse problema incomoda os programadores pela primeira vez, eles tendem a o compensar excessivamente, atribuindo null a todas as referências de objeto quando o programa termina de usá-las. Isso não é necessário, tampouco aconselhável, porque faz com que o programa fique confuso. **Atribuir null às referências de objeto deve ser uma exceção, e não regra.** A melhor forma de eliminar uma referência obsoleta é deixar a variável que contém a referência fora do escopo. Isso acontece naturalmente se você definir cada variável em um escopo que seja o mais limitado possível (Item 57).

Desse modo, quando você deve anular uma referência? Qual aspecto da classe Stack faz com que os vazamentos de memória sejam suscetíveis? Em termos práticos, ela *administra a própria memória.* O *pool de armazenamento* é composto pelos elementos do array elements (as células de referência do objeto, e não os próprios objetos). Os elementos na parte ativa do array (conforme definido anteriormente) são *alocados*, e aqueles que sobraram são *liberados*. O garbage collector não tem como saber disso; para o garbage collector, todas as referências de objeto no array elements são igualmente válidas. Só o programador sabe que a parte inativa do array não é importante. Basicamente, o programador comunica esse fato ao garbage collector, atribuindo manualmente um null aos elementos do array, assim que eles se tornarem uma parcela da parte inativa.

De um modo geral, **sempre que uma classe administra a própria memória, o programador deve ficar atento com os vazamentos de memória**. Sempre que um elemento é liberado, qualquer referência de objeto contida no elemento deve ser anulada.

Outra fonte comum de vazamentos de memória são os caches. Uma vez que você coloque uma referência de objeto em um cache, é fácil esquecer que ela está lá, a referência se torna irrelevante caso você a deixe por muito tempo no cache. Há várias soluções para esse problema. Se tiver sucesso de implementar um cache para o qual uma entrada é exatamente adequada, desde que haja referências para sua chave fora dele, represente-o como um WeakHashMap; as entradas serão removidas automaticamente, depois de se tornarem obsoletas. Lembre-se de que o WeakHashMap só ajuda se o tempo de vida útil desejado das entradas de cache for determinado pelas referências externas à chave, e não pelo valor.

Normalmente, fica difícil mensurar a vida útil de uma entrada de cache, pois as entradas se tornam menos significativas ao longo do tempo. Nessas circunstâncias, o cache deve ser limpo, de tempos em tempos, e as entradas que não são mais usadas devem ser eliminadas. Isso pode ser realizado por uma thread em background (talvez, um ScheduledThreadPoolExecutor) ou como um efeito colateral de adicionar novas entradas ao cache. A classe `LinkedHashMap` facilita a última abordagem com seu método `removeEldestEntry`. Para caches mais sofisticados, você pode precisar utilizar diretamente o `java.lang.ref`.

Uma terceira fonte comum de vazamentos de memória são os listeners e outras funções de callback. Se você implementar uma API na qual os clientes registrem os callbacks, mas não cancelem os registros explicitamente, eles se acumulam, a menos que você tome alguma providência. Um modo de garantir que os callbacks sejam coletados pelo garbage collector o mais rápido possível é armazenar somente *referências fracas* para eles, como, por exemplo, armazenando-as como chaves em um `WeakHashMap`.

Em razão de os vazamentos de memória normalmente não se manifestarem como falhas evidentes, podem permanecer em um sistema por anos. Na maior parte dos casos, eles só são identificados devido ao resultado de uma inspeção detalhada do código ou com a ajuda de uma ferramenta de depuração conhecida como *heap profiler*. Sendo assim, é melhor aprender a antecipar problemas como esses antes que ocorram, a fim de prevenir que aconteçam.

Item 8: Evite o uso dos finalizadores e dos cleaners

Os finalizadores são imprevisíveis, perigosíssimos e quase sempre desnecessários. Seu uso pode causar comportamento instável, desempenho insatisfatório e problemas de portabilidade. Os finalizadores apresentam alguns usos aplicáveis, que abordaremos mais adiante nesse Item; mas, como regra, você deve evitá-los. A partir do Java 9, os finalizadores ficaram obsoletos, porém ainda estão sendo utilizados pelas bibliotecas Java. O Java 9 substituiu os finalizadores pelos *cleaners*. **Os cleaners são menos perigosos do que os finalizadores, mas ainda são imprevisíveis, lentos e geralmente desnecessários**.

Aconselha-se que os programadores de C++ não pensem que os finalizadores ou cleaners que existem no Java sejam análogos aos destrutores do C++. Em C++, os destrutores são o modo normal de se recuperarem os recursos associados a um objeto, uma contrapartida necessária aos construtores. No Java, o garbage collector recupera o armazenamento associado a um objeto quando este se torna inacessível, e isso não exige nenhum esforço extraordinário por parte do programador. Os destruidores C++ também são usados para recuperar outros recursos não relacionados à memória. No Java, é utilizado um bloco `try-with-resources` ou um bloco `try-finally` (Item 9) para atender a essa finalidade.

O ponto fraco dos finalizadores e dos cleaners é que não há garantia de que serão executados pontualmente [JLS, 12.6]. Pode levar um tempo arbitrariamente longo entre o momento em que um objeto se torna inacessível e aquele em que o finalizador ou o cleaner é executado. **Isso significa que você nunca deve fazer nada com um finalizador ou um cleaner que dependa criticamente do tempo.** Por exemplo, depender de um finalizador ou de um cleaner para fechar os arquivos é um erro grave, pois os descritores dos arquivos abertos são um recurso limitado. Caso muitos arquivos fiquem abertos em razão da demora do sistema em executar os finalizadores e os cleaners, o programa pode falhar porque não consegue mais abrir arquivos.

A execução rápida dos finalizadores e dos cleaners é devida a uma função do algoritmo do garbage collector, que varia consideravelmente em todas as implementações. O comportamento de um programa dependente da imediata execução do finalizador ou do cleaner pode variar da mesma maneira. É plenamente possível que o programa funcione perfeitamente na JVM em que você o testa e, em seguida, falhe miseravelmente na JVM preferida do seu cliente mais importante.

A finalização lenta não é apenas um problema teórico. Disponibilizar um finalizador para uma classe pode atrasar muito a recuperação de suas instâncias. Um colega depurou uma aplicação GUI (Interface gráfica do usuário) de longa duração que morria misteriosamente com um `OutOfMemoryError`. A análise revelou que, no momento de sua morte, a aplicação apresentava uma quantidade enorme de objetos gráficos na fila do finalizador, esperando apenas para ser finalizados e recuperados. Infelizmente, a thread do finalizador estava sendo executada com prioridade mais baixa que a outra thread da aplicação, de modo que os objetos não estavam sendo finalizados na velocidade em que se tornam habilitados para a finalização. A especificação da linguagem não garante qual thread executará os finalizadores, portanto, não há uma maneira portável de se evitar esse tipo de problema, a não ser deixar de usar os finalizadores. Nesse aspecto, os cleaners são um pouco melhores do que os finalizadores, porque os autores da classe têm controle sobre as próprias threads do cleaner, mas ainda funcionam em background, controlados pelo garbage collector; assim, não há nenhuma garantia de limpeza imediata.

Além de a especificação não garantir que os finalizadores ou os cleaners funcionarão de modo imediato, também não oferece de modo algum a garantia de que serão executados. É completamente possível, até mesmo provável, que um programa encerre sem os executar em alguns objetos que não são mais acessíveis. **Consequentemente, você nunca deve depender de um finalizador ou de um cleaner para atualizar o estado persistente**. Por exemplo, depender de um finalizador ou de um cleaner para liberar um lock persistente em um recurso compartilhado, como em um banco de dados, compromete seriamente seu sistema distribuído.

Não se deixe seduzir pelos métodos `System.gc` e `System.runFinalization`. Eles até aumentam as probabilidades de os finalizadores e cleaners serem executados, mas não as garantem. Alega-se que dois métodos oferecem essa garantia: o `System.runFinalizersOnExit` e seu gêmeo maligno, o `Runtime.runFinalizersOnExit`. Esses métodos são catastroficamente falhos e estão obsoletos há décadas [ThreadStop].

Outro problema a respeito dos finalizadores é uma exceção não detectada lançada durante a finalização. Ela é ignorada, e a finalização desse objeto se encerra [JLS, 12.6]. As exceções não detectadas podem deixar os objetos corrompidos. Caso outra thread tente usar esse objeto corrompido, pode ocasionar o comportamento arbitrário não determinístico da thread. Normalmente, uma exceção não detectada encerrará a thread e exibirá o rastreamento da pilha; se isso ocorrer com um finalizador, nenhuma advertência será exibida. Já os cleaners não têm esse problema, pois uma biblioteca que utiliza um cleaner controla a própria thread.

As consequências para o desempenho ao usar os finalizadores e os cleaners são graves. Na minha máquina, levou 12 nanossegundos (ns) para se criar um simples objeto com o `AutoCloseable`, fechá-lo usando um `try-with-resources` e fazer com que o garbage collector o recuperasse. A utilização do finalizador aumenta esse tempo para 550ns. Em outras palavras, é cerca de 50 vezes mais lento criar e destruir objetos com os finalizadores. Isso acontece, em primeiro lugar, porque os finalizadores inibem a coleta eficiente do garbage collection. No tocante à velocidade, os cleaners são semelhantes aos finalizadores, se você usá-los para limpar todas as instâncias da classe (na minha máquina, levou 500ns por instância). Porém, eles são muito mais rápidos se você utilizá-los somente como rede de segurança, conforme discutido a seguir. Nessas circunstâncias, na minha máquina, criar, limpar e destruir um objeto leva cerca de 66ns, o que significa que você paga um fator de cinco (não 50) pela proteção de uma rede de segurança se não a usar.

Os finalizadores apresentam um problema grave de segurança: deixam sua classe vulnerável aos *ataques finalizadores*. A ideia por trás de um ataque finalizador é simples: se uma exceção for lançada de um construtor ou de sua serialização equivalente — através dos métodos `readObject` e do `readResolve` (Capítulo 12) —, o finalizador de uma subclasse maliciosa pode continuar executando o objeto parcialmente construído, que não deveria sequer "ter nascido". Esse finalizador pode gravar uma referência do objeto em um campo estático, impedindo que ele seja coletado pelo garbage collector. Uma vez que o objeto malformado foi gravado, é uma questão simples invocar métodos arbitrários para esses objetos, métodos que, a princípio, nem deveriam ter a permissão de ser invocados. **Lançar uma exceção de um construtor deve ser o bastante para evitar que um objeto seja criado; todavia, na presença dos finalizadores, isso não é o bastante**. Esses ataques têm consequências desastrosas. As classes finais são imunes aos ataques finalizadores, pois ninguém pode escrever uma subclasse maliciosa de uma classe final. **Para proteger as classes não finais dos ataques finalizadores, escreva um método final `finalize` que não execute nada**.

À vista disso, o que você deve fazer, em vez de escrever um finalizador ou um cleaner para uma classe cujos objetos encapsulam recursos que necessitam de um encerramento, como arquivos ou threads? **Basta que sua classe implemente a `AutoCloseable`** e exija de seus clientes a invocação do método `close` em cada instância quando ela não for mais necessária, normalmente usando o try-with-resources para garantir o encerramento, mesmo diante de exceções (Item 9). Um detalhe que vale a pena mencionar é que a instância deve manter o registro se ela foi fechada: o método `close` deve gravar em um campo que o objeto não é mais válido, e outros métodos devem verificar esse campo e lançar a `IllegalStateException` na hipótese de eles serem chamados depois de o objeto ter sido fechado.

Desse modo, qual é a serventia, se é que servem para alguma coisa, dos cleaners e dos finalizadores? Talvez, eles tenham dois usos que se justifiquem. Um deles é agir como uma rede de segurança, no caso de o proprietário de um recurso negligenciar a chamada do método `close`. Embora não haja garantia de que o cleaner ou o finalizador seja executado de modo imediato (nem se serão executados), é melhor liberar o recurso em atraso do que nunca o liberar se o cliente não o fizer. Se você está pensando em escrever esse finalizador de rede de segurança, analise bem se a proteção vale a pena. Algumas classes da biblioteca Java, como a `FileInputStream`, a `FileOutputStream` e a `ThreadPoolExecutor` têm finalizadores que servem como redes de segurança.

O segundo uso justificado dos cleaners está relacionado aos objetos com *pares nativos*. Um par nativo é um objeto nativo (não Java) que por intermédio de um objeto normal delega métodos nativos. Como um par nativo não é um objeto normal, o garbage collector não sabe disso e, assim, não pode resgatá-lo quando seu par Java é recuperado. Um cleaner ou finalizador pode ser o veículo apropriado para executar essa tarefa, presumindo que o desempenho seja tolerável e que o par nativo não apresente recursos críticos. Caso o desempenho seja inaceitável ou o par nativo tenha recursos que precisem ser recuperados imediatamente, a classe deve ter um método close, conforme descrito anteriormente.

O uso dos cleaners é um pouco complicado. A seguir, temos uma classe simples Room que exemplifica essa funcionalidade. Vamos supor que os cômodos devem ser limpos antes de serem recuperados. A classe Room implementa o AutoCloseable; o fato de sua rede de segurança de limpeza automática utilizar um cleaner é meramente um detalhe de implementação. Ao contrário dos finalizadores, os cleaners não poluem a API pública de uma classe:

```java
// Uma clase Autocloseable usando um cleaner como rede de segurança
public class Room implements AutoCloseable {
    private static final Cleaner cleaner = Cleaner.create();

    // Recursos que exigem limpeza.    Não referencie a Room!
    private static class State implements Runnable {
        int numJunkPiles; // Quantidade de pilhas de lixo (junk) nesta sala

        State(int numJunkPiles) {
            this.numJunkPiles = numJunkPiles;
        }

        // Invocado pelo método close ou pelo cleaner
        @Override public void run() {
            System.out.println("Cleaning room");
            numJunkPiles = 0;
        }
    }

    // O estado dessa sala, compartilhado com nosso estado
    final privado estado da cleanable;

    // Nossa cleanable. Limpa a sala quando ela é elegível
    para a classe final privada Cleaner.Cleanable cleanable;

    public Room(int numJunkPiles) {
        state = new State(numJunkPiles);
        cleanable = cleaner.register(this, state);
    }

    @Override public void close() {
        cleanable.clean();
    }
}
```

A classe aninhada estática State mantém os recursos de que o cleaner precisa para limpar o cômodo. Nesse caso, ele é simplesmente o campo numJunkPiles, que representa a quantidade de bagunça no cômodo. De um modo mais realista, pode ser um long final com um ponteiro para um par nativo. A State implementa a Runnable, e seu método run é chamado no máximo uma vez pela Cleanable, que recebemos quando registramos nossa instância State com o nosso cleaner no construtor Room. A chamada do método `run` será acionada por uma dessas duas coisas: geralmente ela é acionada por uma chamada ao método `close` da Room, que chama o método de limpeza `Cleanable`. Se o cliente não conseguir chamar o método `close` no momento em que a instância Room estiver habilitada para a coleta do garbage collection, o cleaner chamará (assim se espera) o método `run` da `State`.

É fundamental que uma instância `State` não referencie sua instância Room. Se ela o fizer, provocaria uma circularidade que impediria a instância Room de ser habilitada para o garbage collection (e para a limpeza automática). Portanto, a `State` deve ser uma classe aninhada *estática*, porque as classes aninhadas não estáticas contêm referências a suas instâncias inclusas (Item 24). De modo semelhante, aconselha-se a não usar um lambda, porque eles podem facilmente capturar as referências de objetos fechados.

Como dissemos anteriormente, o cleaner da Room é usado apenas como uma rede de segurança. Se os clientes circundam todas as instanciações da Room em blocos try-with-resources, nunca será necessária uma limpeza automática. Veja como esse cliente bem-comportado se apresenta:

```java
public class Adult {
    public static void main(String[] args)
        try (Room myRoom = new Room(7))
            System.out.println("Goodbye");
        }
    }
}
```

Como seria de se esperar, ao executar o programa `Adult`, ele imprime o `Goodbye`, seguido por um `Cleaning room`. Mas e quanto a esse programa malcomportado, que nunca limpa seu cômodo?

```java
public class Teenager
    public static void main(String[] args)
        new Room(99);
        System.out.println("Peace out");
    }
}
```

Você pode esperar que ele exiba um `Peace out`, seguido de `Cleaning room`, mas, na minha máquina, ele nunca exibe o `Cleaning room`, ele apenas encerra. Essa é a imprevisibilidade da qual falamos posteriormente. A especificação do

Cleaner diz: "O comportamento dos cleaners durante o System.exit é específico da implementação. Não há nenhuma garantia de que as ações de limpeza serão invocadas ou não." Embora a especificação não diga, o mesmo vale para a saída normal do programa. Na minha máquina, adicionar a linha System.gc() ao método Teenager main é o suficiente para exibir o Cleaning room antes da saída, mas não há garantia de que você verá o mesmo comportamento em sua máquina.

Em resumo, não use os cleaners ou os finalizadores em versões anteriores ao Java 9, exceto como rede de segurança ou para encerrar recursos nativos que não são críticos. Mesmo assim, fique atento para as consequências de desempenho e irregularidade.

Item 9: Prefira o uso do **try-with-resources** ao **try-finally**

As bibliotecas Java possuem muitos recursos que devem ser fechados manualmente, invocando um método close. Os exemplos incluem o InputStream, OutputStream e o java.sql.Connection. O fechamento de recursos é muitas vezes ignorado pelos clientes e provoca consequências de desempenho terríveis e previsíveis. Embora muitos desses recursos usem os finalizadores como rede de segurança, eles não funcionam muito bem (Item 8).

Historicamente, uma instrução try-finally era a melhor maneira de garantir que um recurso fosse fechado corretamente, mesmo em casos de exceção ou retorno:

```
// try-finally - Não é mais a melhor maneira de fechar os recursos!
static String firstLineOfFile(String path) throws IOException
    BufferedReader br =
    try {
        return br.readLine();
    } finally {
        br.close();
    }
}
```

Aparentemente isso não é ruim, porém fica bem pior quando você adiciona um segundo recurso:

```java
// try-finally é feio quando usado em mais de um recurso!
static void copy(String src, String dst) throws IOException
    InputStream in = new FileInputStream(src);
    try {
        OutputStream out = new FileOutputStream(dst);
        try {
            byte[] buf = new byte[BUFFER_SIZE];
            int n;
            while ((n = in.read(buf)) >= 0)
                out.write(buf, 0, n);
        } finally {
            out.close();
        }
    } finally {
        in.close();
    }
}
```

Pode ser difícil de se acreditar, mas até os bons programadores entenderam isso errado na maioria das vezes. Para os novatos, eu mesmo me enganei e fiz tudo errado, na página 88 do *Java Puzzlers* [Bloch05], e ninguém nem sequer percebeu. Na verdade, dois terços dos usos dos métodos de fechamento nas bibliotecas Javas estavam errados em 2007.

Ainda escrevendo o código correto para fechar os recursos com as instruções try-finally, conforme ilustrado nos dois exemplos dos códigos anteriores, temos um deficiência sutil. O código no bloco try e no finally é capaz de lançar exceções. Por exemplo, no método firstLineOfFile, a chamada para a readLine pode lançar uma exceção devido a uma falha no dispositivo físico subjacente, e a chamada para o close pode falhar pelo mesmo motivo. Nessas circunstâncias, a segunda exceção destrói completamente a primeira. Não há registro da primeira exceção no rastreamento da pilha de exceções, o que pode complicar muito a depuração em sistemas reais — geralmente é a primeira exceção que você quer ver para diagnosticar o problema. Ainda que seja possível escrever código para suprimir a segunda exceção em favor da primeira, na prática, ninguém a fez, porque é muito verbosa.

Resolveram-se todos esses problemas de uma vez só quando o Java 7 introduziu a instrução try-with-resources [JLS, 14.20.3]. Para essa construção ser aproveitada, um recurso deve implementar a interface AutoCloseable, composta de um único método que retorna void, o método close. Atualmente, muitas classes e interfaces nas bibliotecas Java e em bibliotecas de terceiros implementam ou estendem a AutoCloseable. Se você escrever uma classe que represente um recurso que deve ser fechado, sua classe também deve implementar a AutoCloseable.

Veja como nosso primeiro exemplo apresenta o uso do try-with-resources:

```
// try-with-resources - a melhor maneira de fechar os recursos!
static String firstLineOfFile(String path) throws IOException {
    try (BufferedReader br = new BufferedReader(
            new FileReader(path)))
        return br.readLine();
    }
}
```

E, aqui, veja como ficou nosso segundo exemplo usando o try-with-resources:

```
// try-with-resources em diversos recursos - rápido e fácil
static void copy(String src, String dst) throws IOException {
    try (InputStream   in = new FileInputStream(src);
         OutputStream out = new FileOutputStream(dst)) {
        byte[] buf = new byte[BUFFER_SIZE];
        int n;
        while ((n = in.read(buf)) >= 0)
            out.write(buf, 0, n)
    }
}
```

As versões do try-with-resources não são apenas mais curtas e mais legíveis que as originais, como também fornecem diagnósticos bem melhores. Analise o método firstLineOfFile. Se lançarmos as exceções tanto pela chamada readLine quanto pelo close (invisível), a segunda exceção é suprimida em favor da primeira. Aliás, muitas exceções podem ser suprimidas para preservar a exceção que você realmente quer ver. Essas exceções suprimidas não são meramente descartadas; elas são exibidas no rastreamento da pilha com uma notação dizendo que foram suprimidas. Você também pode as acessar de modo programático com o método getSuppressed, que foi incluído ao Throwable no Java 7.

Você pode inserir cláusulas catch nas instruções try-with-resources, bem como em instruções regulares try-finally. Isso permite que você trate as exceções sem poluir seu código com outra camada de aninhamento. Veja um exemplo um pouco elaborado, uma versão do nosso método firstLineOfFile que não lança exceções, mas assume um valor padrão para retornar, caso não possa abrir o arquivo ou o ler:

```java
// try-with-resources com a clásula catch
static String firstLineOfFile(String path, String defaultVal) {
    try (BufferedReader br = new BufferedReader(
            new FileReader(path))) {
        return br.readLine();
    } catch (IOException e) {
        return defaultVal;
    }
}
```

A lição é clara: use sempre o try-with-resources em vez do try-finally ao trabalhar com recursos que devem ser fechados. O código resultante é mais curto e compreensível, e as exceções que ele gera são mais úteis. A instrução try-with-resources facilita a escrita correta do código usando recursos que devem ser fechados, o que era praticamente impossível com o try-finally.

CAPÍTULO 3

Métodos Comuns para Todos os Objetos

AINDA que a Object seja uma classe concreta, é projetada sobretudo para a extensão. Todos os seus métodos não finais (o equals, hashCode, toString, clone e o finalize) têm uma espécie de *contrato geral* explícito, já que foram projetados para ser sobrescritos. Cada classe é responsável por sobrescrever esses métodos a fim de obedecer a seus contratos gerais; caso não o faça, impedirá que as outras classes dependentes dos contratos (como a HashMap e a HashSet), funcionem de modo adequado em conjunto com a classe.

Este capítulo mostra como e quando sobrescrever os métodos não finais de Object. O método finalize foi omitido deste capítulo porque foi discutido no Item 8. Mesmo não sendo um método de Object, o Comparable.compareTo é discutido neste capítulo porque tem um caráter similar.

Item 10: Obedeça ao contrato geral ao sobrescrever o equals

Parece simples sobrescrever o método equals, porém existem inúmeras formas de se fazer isso errado, e as consequências podem ser terríveis. A forma mais fácil de se evitar problemas é não sobrescrever o método equals, nesses casos, cada instância da classe será igual apenas a si própria. Essa é a coisa certa a fazer se qualquer uma das condições a seguir for verdadeira:

- **Cada instância da classe é inerentemente exclusiva.** Isso se aplica às classes como a Thread, que representam entidades ativas em vez de entidades de valores. A implementação do equals fornecida pela Object tem exatamente o comportamento adequado para essas classes.

- **Não há necessidade de a classe estipular um teste de "igualdade lógica".** Por exemplo, o java.util.regex.Pattern poderia ter sobrescrito o equals para verificar se duas instâncias `Pattern` representavam exatamente a mesma expressão regular, todavia os arquitetos acharam que os clientes não precisavam ou não queriam essa funcionalidade. Nessas circunstâncias, o ideal é que a implementação do `equals` seja herdada da `Object`.

- **Uma superclasse que já tenha sobrescrito o `equals` apresenta um comportamento apropriado para essa classe.** Por exemplo, a maioria das implementações do `Set` herda suas implementações da implementação do `equals` da `AbstractSet`. Por sua vez, as implementações da `List` vêm da `AbstractList` e as implementações da `Map`, da `AbstractMap`.

- **Quando a classe é privada ou pacote-privado, e você tem certeza de que seu método `equals` nunca será invocado.** Se não gosta de correr riscos, você pode sobrescrever o método `equals` para assegurar que não seja acidentalmente invocado:

```
@Override public boolean equals(Object o)
    throw new AssertionError(); // O método nunca é chamado
}
```

Desse modo, quando é apropriado sobrescrever o `equals`? Quando uma classe apresenta um sentido de *igualdade lógica* que diverge da simples identidade do objeto, e quando uma superclasse ainda não sobrescreveu o `equals`. Normalmente, esse é o caso das *classes de valor*. Uma classe de valor é meramente uma classe que representa um valor, como a `Integer` ou a `String`. Um programador que compara as referências aos objetos de valor empregando o método `equals` espera constatar se eles são logicamente equivalentes, não se referenciam o mesmo objeto. Não se trata de apenas sobrescrever o método `equals` necessário para atender às expectativas dos programadores, trata-se de possibilitar que as instâncias funcionem como chaves da map ou elementos da set com comportamento previsível e desejado.

Um tipo de classe de valor que *não* exige que o método `equals` seja sobrescrito é uma classe que usa o controle de instância (Item 1) para garantir que exista no máximo um objeto com cada valor. Os tipos enum (Item 34) fazem parte dessa categoria. Para essas classes, a igualdade lógica é a mesma que a identidade do objeto, de forma que o método `Object equals` funciona como um método `equals` lógico.

Ao sobrescrever o método `equal`, você deve obedecer a seu contrato geral. A seguir, veja o contrato da especificação da `Object`:

O método `equals` implementa uma *relação de equivalência*, que tem as seguintes propriedades:

- *Reflexivo*: Para qualquer valor de referência não nulo x, `x.equals(x)` deve retornar `true`.

- *Simétrica*: Para quaisquer valores de referência não nulos x e y, `x.equals(y)` deve retornar `true`, se, e somente se, `y.equals(x)` retornar `true`.

- *Transitiva*: Para quaisquer valores de referência não nulos x, y, z, se `x.equals(y)` retornar `true` e `y.equals(z)` também retornar `true`, assim, `x.equals(z)`, deve retornar `true`.

- *Consistente*: Para quaisquer valores de referência não nulos x e y, inúmeras invocações de `x.equals(y)` devem retornar consistentemente `true` ou retornar consistentemente `false`, desde que nenhuma informação usada nas comparações do `equals` seja modificada.

- Para qualquer valor de referência não nulo x, `x.equals(null)` deve retornar `false`.

A menos que você seja um gênio matemático, isso pode parecer um pouco assustador, porém, não ignore essas regras! Se infringi-las, você descobrirá que seu programa se comporta de modo irregular ou falho, e pode ser complexo determinar a origem da falha. Parafraseando John Donne, nenhuma classe é uma ilha. As instâncias de uma classe são constantemente passadas para outras classes. Muitas classes, incluindo todas as classes das coleções, dependem dos objetos passados para elas obedecerem ao contrato do `equals`.

Agora que você está a par dos riscos de se violar o contrato do `equals`, observemos o contrato detalhadamente. A notícia boa é que, apesar das aparências, não é muito complicado. Uma vez que você o entender, não é difícil de o cumprir. Assim sendo, o que é uma relação de equivalência? A grosso modo, é um operador que divide um conjunto de elementos em subconjuntos cujos elementos são considerados iguais uns aos outros. Esses subconjuntos são conhecidos como *classes de equivalência*. Para que um método `equals` seja eficaz, todos os elementos em cada classe de equivalência devem ser intercambiáveis da perspectiva do usuário. Daqui em diante, examinaremos os cinco requisitos individualmente:

Reflexividade — O primeiro requisito simplesmente diz que um objeto deve ser igual a si próprio. É meio que impossível violar essa condição acidentalmente. Caso você a violasse e, em seguida, inserisse uma instância de sua classe em uma coleção, o método `contains` indicaria que a coleção não contém a instância que você acabou de adicionar.

Simetria — O segundo requisito diz que quaisquer dois objetos devem chegar a um acordo quanto a sua igualdade. Ao contrário do primeiro requisito, é possível violá-lo involuntariamente. Por exemplo, examine a seguinte classe, que implementa uma string de case sensitive (sem considerar maiúsculas ou minúsculas). O caso da string é mantido pelo toString, mas é ignorado nas comparações do equals:

```java
// Quebrado - viola a simetria!
public final class CaseInsensitiveString {
    private final String s;

    public CaseInsensitiveString(String s) {
        this.s = Objects.requireNonNull(s);
    }

    // Quebrado - viola a simetria!
    @Override public boolean equals(Object o) {
        if (o instanceof CaseInsensitiveString)
            return s.equalsIgnoreCase(
                ((CaseInsensitiveString) o).s);
        if (o instanceof String)  // Interoperabilidade unilateral!
            return s.equalsIgnoreCase((String) o);
        return false;
    }
    ...  // Restante omitido
}
```

Ingenuamente, o método bem-intencionado do equals nessa classe tenta se interligar às strings comuns. Imagine que temos uma string de case sensitive e uma string comum:

```java
CaseInsensitiveString cis = new CaseInsensitiveString("Polish");
String s = "polish";
```

Conforme o esperado, o cis.equals(s) retornou true. O problema é que, embora o método equals no CaseInsensitiveString conheça as strings comuns, o método equals na String é alheio à existência das strings de case insensitive. Portanto, se o s.equals(cis) retornar false, temos uma violação óbvia da simetria. Suponha que você insira uma string de case sensitive em uma coleção:

```java
List<CaseInsensitiveString> list = new ArrayList<>();
list.add(cis);
```

Nesse momento, o que o list.contains(s) retorna? Quem sabe? Na implementação atual do OpenJDK, ele retorna false, mas isso é apenas uma ferramenta de implementação. Em outra implementação, ele poderia facilmente retornar true ou lançar uma exceção no momento da execução. **Uma vez que violou o contrato do equals, você simplesmente não sabe como os outros objetos se comportarão ao serem confrontados com seu objeto.**

Para sanar o problema, basta remover a tentativa mal planejada de se interligar a String ao método equals. Depois de fazer isso, você pode refatorar o método em uma única instrução de retorno:

```java
@Override public boolean equals(Object o) {
    return o instanceof CaseInsensitiveString &&
        ((CaseInsensitiveString) o).s.equalsIgnoreCase(s);
}
```

Transitividade — O terceiro requisito do contrato do equals afirma que se um objeto é igual a um segundo, e se o segundo objeto é igual a um terceiro, logo, o primeiro objeto deve ser igual ao terceiro. Mais uma vez, não é impossível violar esse requisito acidentalmente. Analise o caso de uma subclasse que acrescenta um *componente de valor* novo à sua superclasse. Em outras palavras, a subclasse adiciona uma informação que afeta as comparações dos equals. Vamos começar com uma simples classe point integer bidimensional imutável:

```java
public class Point {
    private final int x;
    private final int y;

    public Point(int x, int y) {
        this.x = x;
        this.y = y;
    }

    @Override public boolean equals(Object o) {
        if (!(o instanceof Point))
            return false;
        Point p = (Point)o;
        return p.x == x && p.y == y;
    }

    ... // Restante omitido
}
```

Imagine que você queira estender essa classe, acrescentando uma noção de cor ao ponto:

```java
public class ColorPoint extends Point {
    private final Color color;

    public ColorPoint(int x, int y, Color color) {
        super(x, y);
        this.color = color;
    }

    ... // Restante omitido
}
```

Como deve ser o método equals? Se você omiti-lo, herda-se a implementação da Point e ignoram-se as informações de cor nas comparações do equals. Mesmo que isso não viole o contrato do equals, é absolutamente inaceitável. Suponha que você escreva um método equals que retorne true apenas se seu argumento for um ponto colorido com a mesma posição e cor:

```
// Quebrado - viola a simetria!
@Override public boolean equals(Object o) {
    if (!(o instanceof ColorPoint))
        return false;
    return super.equals(o) && ((ColorPoint) o).color == color;
}
```

O problema com esse método é que você pode ter resultados diferentes ao comparar um ponto com um ponto colorido e vice-versa. A primeira comparação ignora a cor, ao passo que a segunda sempre retorna false porque o tipo do argumento está incorreto. Para concretizar isso, vamos criar um ponto e um ponto colorido:

```
Point p = new Point(1, 2);
ColorPoint cp = new ColorPoint(1, 2, Color.RED);
```

Nesse caso, o p.equals(cp) retorna true, enquanto o cp.equals(p) retorna false. Você pode tentar corrigir o problema através do ColorPoint.equals, ignorando a cor nas "comparações misturadas":

```
// Quebrado - viola a transitividade!
@Override public boolean equals(Object o) {
    if (!(o instanceof Point))
        return false;

    // Se o é um Point normal, faça uma comparação daltônica
    if (!(o instanceof ColorPoint))
        return o.equals(this);

    // é um ColorPoint; faça uma comparação completa.
    return super.equals(o) && ((ColorPoint) o).color == color;
}
```

Essa abordagem viabiliza a simetria, porém, à custa da transitividade:

```
ColorPoint p1 = new ColorPoint(1, 2, Color.RED);
Point p2 = new Point(1, 2);
ColorPoint p3 = new ColorPoint(1, 2, Color.BLUE);
```

Veja que, agora, o p1.equals(p2) e o p2.equals(p3) retornam true, enquanto que o p1.equals(p3) retorna false, uma violação evidente da transitividade. As duas primeiras comparações são "cegas com relação à cor", enquanto a terceira leva a cor em consideração.

Além disso, essa abordagem pode provocar a recursividade infinita: imagine que existam duas subclasses da Point, uma ColorPoint e a outra SmellPoint, cada qual com um tipo de método equals. Então, uma chamada para a myColorPoint.equals(mySmellPoint) lançará uma StackOverflowError.

Qual é a solução? Ocorre que esse é um problema inerente às relações de equivalência nas linguagens orientadas a objetos. **Não há como expandir uma classe instanciável e adicionar um componente de valor enquanto se mantém o contrato do equals**, a não ser que você esteja disposto a abrir mão da abstração orientada a objetos.

Às vezes, ouve-se dizer que você pode estender uma classe instanciável e acrescentar um componente de valor ao mesmo tempo em que preserva o contrato do equals através de um getClass em lugar do teste instanceof no método do equals:

```java
// Quebrado - viola o princípio de substituição de Liskov (página 43)
@Override public boolean equals(Object o) {
    if (o == null || o.getClass() != getClass())
        return false;
    Point p = (Point) o;
    return p.x == x && p.y == y;
}
```

Isso só influencia os objetos equivalentes se eles tiverem a mesma classe de implementação. À primeira vista, isso não é tão ruim, mas as consequências são inaceitáveis: uma instância de uma subclasse de uma Point ainda é uma Point, e precisa funcionar como uma; todavia, ela não conseguirá fazer isso caso você adote essa abordagem! Suponhamos que queiramos escrever um método para saber se uma point está no círculo da unidade. Veja uma das formas de fazê-lo:

```java
// Inicializa o unitCircle para abarcar todas as Points no unit circle
private static final Set<Point> unitCircle = Set.of(
        new Point( 1,  0), new Point( 0,  1),
        new Point(-1,  0), new Point( 0, -1));

public static boolean onUnitCircle(Point p) {
    return unitCircle.contains(p);
}
```

48 *JAVA EFETIVO*

Embora esse não seja o modo mais rápido de implementar a funcionalidade, funciona bem. Suponha que você estenda a `Point` de um modo insignificante que não adicione um componente de valor que recorra a seu construtor para acompanhar o desenvolvimento do número de instâncias que estão sendo criadas:

```java
public class CounterPoint extends Point {
    private static final AtomicInteger counter =
        new AtomicInteger();

    public CounterPoint(int x, int y) {
        super(x, y);
        counter.incrementAndGet();
    }
    public static int numberCreated() { return counter.get(); }
}
```

O *princípio de substituição de Liskov* afirma que qualquer propriedade importante de um tipo também deve se aplicar a todos os seus subtipos, a fim de que qualquer método escrito para o tipo funcione uniformemente bem em seus subtipos [Liskov87]. Essa é a declaração formal da nossa alegação anterior de que uma subclasse da `Point` (como a `CounterPoint`) ainda é uma `Point` e deve agir como uma. Porém, suponha que passemos o `CounterPoint` para o método `onUnitCircle`. Ainda que a `Point` use um método `equals` baseado no `getClass`, o método `onUnitCircle` retornará `false`, a despeito das coordenadas x e y da instância do `CounterPoint`. Isso ocorre porque a maioria das coleções, incluindo a `Set` empregada pelo método `onUnitCircle`, usa o método `equals` para testar a contenção, e nenhuma instância do `CounterPoint` é igual a qualquer `Point`. Se, no entanto, você utilizar um método `equals` em uma `Point` específica, tendo como base a `instanceof`, o mesmo método `onUnitCircle` funciona bem quando submetido a uma instância do `CounterPoint`.

Embora não exista uma maneira satisfatória de se estender uma classe instanciável e adicionar um componente de valor, existe uma solução temporária excelente: siga o conselho do Item 18: "Prefira composição à herança." Em vez de fazer `ColorPoint` estender a `Point`, dê um campo privado `Point` a `ColorPoint` e um método de *view* público (Item 6) que retorne a point na mesma posição que esse ponto colorido:

```java
// Adicione os componentes de valores sem violar o contrato do equals
public class ColorPoint {
    private final Point point;
    private final Color color;
```

```java
    public ColorPoint(int x, int y, Color color) {
        point = new Point(x, y);
        this.color = Objects.requireNonNull(color);
    }

    /**
     * Retorne a view da point desse ponto colorido.
     */
    public Point asPoint() {
        return point;
    }

    @Override public boolean equals(Object o) {
        if (!(o instanceof ColorPoint))
            return false;
        ColorPoint cp = (ColorPoint) o;
        return cp.point.equals(point) && cp.color.equals(color);
    }

    ...  // Restante omitido
}
```

Há algumas classes nas bibliotecas da plataforma Java que estendem uma classe instanciável e acrescentam um componente de valor. Por exemplo, a `java.sql.Timestamp` estende a `java.util.Date` e adiciona um campo `nanoseconds`. A implementação do `equals` da `Timestamp` viola a simetria e pode provocar o comportamento imprevisível caso os objetos da `Timestamp` e da `Date` sejam utilizados na mesma coleção ou estejam de alguma forma misturados. A classe `Timestamp` tem um aviso de advertência para os programadores contra o uso combinado das datas e horas do sistema (timestamps). Você não terá problemas, desde que as deixe separadas. Não há nada que o impeça de as misturar, porém, os erros provenientes dessa ação são difíceis de depurar. Esse comportamento da classe `Timestamp` foi um erro que não deve ser reproduzido.

Observe que você *pode* adicionar um componente de valor a uma subclasse de uma classe *abstrata* sem violar o contrato do `equals`. Isso é importante para o tipo de hierarquias de classe que você define ao seguir o conselho do Item 23: "Dê preferência às hierarquias de classe em vez das classes tagged." Por exemplo, você poderia ter uma classe abstrata `Shape` sem componentes de valor, uma subclasse `Circle` que adicionasse um campo `radius` e uma subclasse `Rectangle`, que, por sua vez, acrescentasse os campos `length` e `width`. Problemas dessa categoria, conforme mostrados anteriormente, não ocorrerão, uma vez que não é possível criar uma instância da superclasse diretamente.

Consistência — O quarto requisito do contrato do `equals` determina que, se dois objetos forem iguais, devem continuar sempre iguais, a menos que um (ou ambos) seja modificado. Ou seja, os objetos mutáveis podem ser iguais aos objetos diferentes, em momentos distintos, enquanto os objetos imutáveis não podem. Ao escrever uma classe, analise seriamente se ela deve ser imutável (Item 17). Caso decida que deve, faça questão de que seu método `equals` coloque em prática a restrição de que os objetos iguais permaneçam iguais, e os objetos desiguais continuem sempre desiguais.

Independente de uma classe ser imutável ou não, **não escreva um método `equals` que dependa de recursos duvidosos**. É extremamente difícil atender ao requisito de consistência se você infringir essa proibição. Por exemplo, o método `equals` da `java.net.URL` depende da comparação dos endereços de IP dos hosts associados às URLs. Converter um host name em um endereço de IP pode exigir acesso à rede, e não se tem garantia de que os mesmos resultados sejam alcançados ao longo do tempo. Isso pode fazer com que o método URL `equal` viole o contrato do `equals` e cause problemas na prática. O comportamento do método URL `equals` foi um grande erro e não deve ser reproduzido. Infelizmente, ele não pode ser modificado por causa dos requisitos de compatibilidade. Para se evitar esse tipo de problema, os métodos `equals` devem executar apenas cálculos determinísticos em objetos residentes em memória.

Não nulidade — O último requisito não apresenta um nome oficial, então, tomei a liberdade de o chamar de "não nulidade". Ele sustenta que todos os objetos devem ser desiguais a `null`. Mesmo que seja improvável de se imaginar que um `true` retorne acidentalmente como resposta à invocação do `o.equals(null)`, não é difícil de se imaginar que uma `NullPointerException` seja lançada por acidente. O contrato geral proíbe isso. Muitas classes têm métodos `equals` que se protegem contra essa exceção através de um teste explícito para o `null`:

```java
@Override public boolean equals(Object o) {
    if (o == null)
        return false;
    ...
}
```

Esse teste é desnecessário. Ao testar seu argumento em termos de igualdade, o método `equals` deve primeiro lançar seu argumento para um tipo apropriado, a fim de que seus getters sejam invocados, ou seus campos sejam acessados. Antes de fazer o cast, o método deve usar o operador `instanceof` para verificar se o argumento é do tipo correto:

```java
@Override public boolean equals(Object o) {
    if (!(o instanceof MyType))
        return false;
    MyType mt = (MyType) o;
    ...
}
```

CAPÍTULO 3: MÉTODOS COMUNS PARA TODOS OS OBJETOS 51

Ainda que a verificação de tipo falhe, e o método `equals` deixe passar um argumento do tipo errado, o método `equals` lançaria uma `ClassCastException`, que viola o contrato do `equals`. Todavia, o operador da `instanceof` é especificado para retornar `false` caso seu primeiro operando seja `null`, seja qual for o tipo que se manifeste no segundo operando [JLS, 15.20.2]. Assim sendo, a verificação de tipo retornará `false` se o `null` passar, e, assim, você não precisa de uma verificação `null` explícita.

Juntando todas as peças, veja aqui uma receita de um método `equals` de alta qualidade:

1. **Use o operador `==` com o propósito de verificar se o argumento é uma referência ao objeto.** Se for, retornará `true`. Essa é apenas uma otimização de desempenho, mas que vale a pena executar caso a comparação seja trabalhosa.

2. **Use o operador `instanceof` para verificar se o argumento apresenta o tipo correto.** Caso não apresente, retornará `false`. Normalmente, o tipo correto é a classe em que o método está presente. Algumas vezes, é alguma interface implementada por essa classe. Utilize uma interface se a classe implementar uma interface que melhore o contrato do `equals` no sentido de viabilizar as comparações entre as classes que implementam a interface. As Interfaces Collection como as `Set`, `List`, `Map` e `Map.Entry` dispõem dessa propriedade.

3. **Faça o cast do argumento para o tipo correto.** Como esse cast foi precedido por um teste de uma `instanceof`, o êxito é garantido.

4. **Para cada campo "significativo" na classe, verifique se o campo do argumento coincide com o correspondente do objeto.** Se todos esses testes forem bem-sucedidos, retornará `true`; caso contrário, retornará `false`. Agora, caso o tipo no Passo 2 seja uma interface, você deve acessar o campo do argumento através da interface do método. Se o tipo é uma classe, você conseguirá acessar os campos diretamente, dependendo da acessibilidade deles.

   Para os campos primitivos, cujo tipo não é `float` ou `double`, use o operador `==` para comparações. Para os campos de referência de objeto, chame recursivamente o método `equals`. Nos campos `float`, use o método estático `Float.compare(float, float)` e, para os campos `double`, utilize o `Double.compare(double, double)`. O tratamento especial dos campos `float` e `double` é necessário em função da existência do `Float.NaN -0.0f` e dos valores análogos do `double`. Para mais detalhes, consulte a JLS 15.21.1 ou a documentação sobre o `Float.equals`. Embora você possa comparar os campos `float` e `double` com os métodos estáticos `Float.equals` e `Double.equals`, isso envolveria um autoboxing de cada comparação, resultando em baixo desempenho. Aplique essas orientações em cada elemento nos campos do array. Se cada elemento em um campo do array for significativo, use um dos métodos `Arrays.equals`.

Alguns campos de referência do objeto podem legitimamente conter um `null`. Com o intuito de evitar a possibilidade de uma `NullPointerException`, verifique esses campos em termos de igualdade usando o método estático `Objects.equals(Object, Object)`.

Em algumas classes, como a `CaseInsensitiveString` descrita anteriormente, as comparações de campo são mais complexas do que os simples testes de igualdade. Se esse for o caso, você precisa armazenar uma *forma canônica* do campo para que o método `equals` consiga realizar uma comparação exata e descomplicada dessas formas, em vez de realizar uma comparação não padronizada e dispendiosa. Essa técnica é mais adequada em classes imutáveis (Item 17). Caso o objeto possa ser alterado, a forma canônica deve ser atualizada.

A ordem em que os campos são comparados pode impactar o desempenho do método `equals`. Para um desempenho melhor, primeiro, você deve comparar os campos que têm maior probabilidade de divergência, os que dão menos trabalho para se comparar, ou, de preferência, ambos. Não compare campos que não fazem parte do estado lógico de um objeto, como os campos de bloqueio usados para sincronizar operações. Não é necessário comparar os *campos derivados*, que podem ser calculados a partir de "campos significativos"; porém, ao compará-los, você pode melhorar o desempenho do método `equals`. Se um campo derivado corresponder a uma descrição sumária de todo o objeto, ao compará-lo, você será poupado da comparação dispendiosa dos dados reais, caso ela falhe. Por exemplo, imagine que tenha uma classe `Polygon`, e você armazena em cache a área dessa classe. Se dois polígonos tiverem áreas desiguais, você não precisará se preocupar em comparar suas bordas e vértices.

Ao terminar de escrever seu método equals, questione-se com três perguntas: o método é simétrico? É transitivo? É consistente? E não apenas se pergunte; escreva testes unitários para verificá-lo, a menos que você use o AutoValue (página 49) para gerar seu método `equals`, caso em que não precisa fazer os testes. Na hipótese de as propriedades não conseguirem o executar, descubra o porquê e altere o método `equals` adequadamente. É claro que seu método `equals` também deve atender às outras duas propriedades (reflexividade e a não nulidade), mas essas duas geralmente se encarregam de si próprias.

Um método `equals` construído de acordo com a receita anterior é mostrado na classe `PhoneNumber` a seguir:

```java
// Classe usando um típico método equals
public final class PhoneNumber {
    private final short areaCode, prefix, lineNum;

    public PhoneNumber(int areaCode, int prefix, int lineNum) {
        this.areaCode = rangeCheck(areaCode, 999, "area code");
        this.prefix   = rangeCheck(prefix,    999, "prefix");
        this.lineNum  = rangeCheck(lineNum, 9999, "line num");
    }

    private static short rangeCheck(int val, int max, String arg) {
        if (val < 0 || val > max)
            throw new IllegalArgumentException(arg + ": " + val);
        return (short) val;
    }

    @Override public boolean equals(Object o) {
        if (o == this)
            return true;
        if (!(o instanceof PhoneNumber))
            return false;
        PhoneNumber pn = (PhoneNumber)o;
        return pn.lineNum == lineNum && pn.prefix == prefix
                && pn.areaCode == areaCode;
    }
    ... // Restante omitido
}
```

Agora, vejamos as últimas ressalvas:

- **Sempre sobrescreva o hashCode ao sobrescrever o equals** (Item 11).

- Não banque o gênio. Se você simplesmente testar a igualdade dos campos, não é difícil de cumprir o contrato do equals. Agora, caso esteja muito determinado na busca pela equivalência, é bem fácil arranjar problemas. Em geral, é uma péssima ideia levar em consideração qualquer tipo de aliasing. Por exemplo, a classe File não deve tentar comparar links simbólicos referentes ao mesmo arquivo. Ainda bem que ela não faz isso.

- **Não substitua Object por outro tipo na declaração do equals.** Não raro, um programador escreve um método equals como a seguir e, depois, passa horas a fio tentando decifrar o porquê de o método não funcionar corretamente:

```java
// Quebrado - o tipo de patâmetro dever ser a Object!
public boolean equals(MyClass o) {
    ...
}
```

O problema é que esse método não *sobrescreve* o Object.equals, cujo argumento é do tipo Object, em vez disso, acaba por *sobrecarregá-lo* (Item 52). É inaceitável disponibilizar um método equals tão "fortemente tipado", mesmo para complementar o método normal, pois isso pode causar anotações Override nas subclasses, gerar falsos positivos, e passar uma falsa sensação de segurança.

O uso coerente da anotação Override, conforme ilustrado ao longo deste Item, impossibilitará que você cometa esse erro (Item 40). O método equals não compilará e a mensagem de erro lhe informará exatamente o que está errado:

```java
// Continua quebrado, mas não compila.
@Override public boolean equals(MyClass o) {
    ...
}
```

Escrever e testar métodos equals (e métodos hashCode) é entediante, e o código resultante não tem nada de mais. Uma alternativa excelente para escrever e testar esses métodos manualmente é utilizar o framework do AutoValue, que tem o código-fonte aberto, do Google, que gera automaticamente esses métodos para você, acionados por uma única anotação na classe. Na maioria dos casos, os métodos gerados pelo AutoValue são basicamente idênticos aos que você escreveria.

Os IDEs (Ambiente Integral de Desenvolvimento) também apresentam infraestrutura para gerar métodos equals e métodos hashCode, porém, o código-fonte resultante é mais verboso e menos legível do que o código que utiliza o AutoValue. Ele também não rastreia automaticamente as alterações nas classes e, portanto, exige testes. Dito isso, é preferível o uso de IDEs para gerar os métodos equals (e hashCode) do que o fazer manualmente, pois eles não cometem erros imprudentes como os seres humanos.

Em síntese, não sobrescreva o método equals, a menos que precise: em muitos casos, a implementação herdada da Object faz exatamente o que você quer. Se tiver que sobrescrever os equals, faça questão de comparar todos os campos significativos da classe e também de os comparar de modo a preservar todas as cinco regras do contrato do equals.

Item 11: Sobrescreva sempre o método hashCode ao sobrescrever o método equals

Você deve sobrescrever o hashCode em cada classe que sobrescreve o equals. Se não conseguir o fazer, sua classe violará o contrato geral para o hashCode, o que impedirá que ele funcione adequadamente nas coleções, como a HashMap e a HashSet. Veja o contrato, adaptado da especificação do Object:

CAPÍTULO 3: MÉTODOS COMUNS PARA TODOS OS OBJETOS 55

- Quando o método `hashCode` é invocado repetidas vezes em um objeto durante a execução de uma aplicação, deve sistematicamente retornar o mesmo valor, desde que nenhuma informação usada nas comparações do `equals` seja modificada. Não é necessário que esse valor se mantenha consistente entre uma execução de uma aplicação e outra.

- Se dois objetos forem iguais de acordo com o método `equals(Object)`, então, a chamada do `hashCode` para os dois objetos deve produzir o mesmo resultado inteiro.

- Segundo o método `equals(Object)`, caso dois objetos sejam desiguais, não é necessário que a chamada do `hashCode` em cada um dos objetos produza resultados distintos. No entanto, o programador deve estar ciente de que a produção de resultados distintos em objetos desiguais melhora o desempenho das tabelas hash.

Ao não sobrescrever o `hashCode`, você viola a segunda regra fundamental: os objetos iguais devem ter hash codes iguais. Duas instâncias diferentes podem ser logicamente iguais, conforme o método `equals` de uma classe, mas com o método `hashCode` da `Object` elas são apenas dois objetos com nada em comum. Logo, o método `hashCode` do `Object` retorna dois números aparentemente aleatórios em vez de dois números iguais, conforme o contrato exige.

Por exemplo, suponha que você tente usar as instâncias da classe `PhoneNumber` do Item 10 como chaves em uma `HashMap`:

```
Map<PhoneNumber, String> m = new HashMap<>();
m.put(new PhoneNumber(707, 867, 5309), "Jenny");
```

Nesse momento, você poderia esperar um `m.get(new PhoneNumber(707, 867, 5309))` para retornar "Jenny", mas, em vez disso, ele retorna `null`. Perceba que as duas instâncias `PhoneNumber` estão envolvidas: uma é usada para inserção na `HashMap`, e uma segunda instância igual é utilizada para a recuperação (tentativa). A falha da classe `PhoneNumber` em sobrescrever o `hashCode` faz com que as duas instâncias iguais tenham hash codes desiguais, transgredindo o contrato do `hashCode`. Portanto, é provável que o método `get` procure o número de telefone em um bucket da hash diferente daquele em que foi armazenado pelo método `put`. Mesmo que as duas instâncias criem um hash para o mesmo bucket, é quase certo que o método `get` retornará `null`, porque a `HashMap` conta com uma otimização que armazena em cache o hash code associado a cada entrada, e não se dá ao trabalho de verificar a igualdade do objeto, caso os hashcodes não correspondam.

Corrigir esse problema é tão simples como escrever um método `hashCode` apropriado para a `PhoneNumber`. Então, como deve ser um método `hashCode`? É bem comum escrever um ruim. Este aqui, por exemplo, é até permitido, porém, nunca deve ser usado:

```java
// A pior implementação que se permite do hashCode - nunca use!
@Override public int hashCode() { return 42; }
```

Ao mesmo tempo em que se é permitida, porque assegura que os objetos iguais tenham o mesmo hashcode, é também deplorável, porque garante que *todo* objeto tenha o mesmo hashcode. Assim sendo, cada objeto é jogado no mesmo bucket, e as tabelas hash se degeneram em listas vinculadas. Dessa maneira, programas que deveriam ser executados em tempo linear são executados em tempo quadrático. Para as tabelas hash grandes, essa é a diferença entre funcionar e não funcionar.

Uma boa função de hash tende a produzir hash codes desiguais para instâncias desiguais. Esse é exatamente o conceito da terceira parte do contrato do hashCode. Em teoria, uma função hash deve distribuir qualquer coleção razoável de instâncias desiguais uniformemente entre todos os valores int. Pode ser difícil alcançar esse ideal. Por sorte, não é muito difícil atingir uma aproximação justa. Veja a seguir uma receita simples:

1. Declare uma variável int chamada result, inicialize-a no hashcode c para o primeiro campo significativo em seu objeto, conforme calculado na etapa 2.a (lembre-se do Item 10, em que um campo significativo é um campo que afeta as comparações de igualdade).

2. Para cada campo significativo restante f no seu objeto, faça o seguinte:

   a. Calcule um int hash code c para o campo:

      i. Se o campo for de um tipo primitivo, calcule *Type*.hashCode(f), onde *Type* é a classe primitiva empacotada correspondente ao tipo f.

      ii. Se o campo é uma referência de objeto e o método equals dessa classe comparar o campo ao invocar recursivamente o equals, invoque recursivamente o hashCode no campo. Caso seja necessária uma comparação mais profunda, calcule uma "representação canônica" para esse campo e invoque hashCode dessa representação. Se o valor do campo for null, use 0 (ou alguma outra constante, mas 0 é a tradicional).

      iii. Se o campo é um array, trate-o como se cada elemento significativo fosse um campo separado. Ou seja, compute um hash code para cada elemento significativo mediante a aplicação recursiva dessas regras, e associe os valores segundo a etapa 2.b. Caso o array não tenha elementos significativos, use uma constante que não seja 0. Na hipótese de todos os elementos serem significativos, utilize o Arrays.hashCode.

b. Combine o hashcode `c` calculado no passo 2.a na variável `result` como a seguir:

$$result = 31 * result + c;$$

3. Retorne o `result`.

Quando você terminar de escrever o método `hashCode`, pergunte-se se as instâncias iguais apresentam hashcodes iguais. Desenvolva testes unitários para comprovar sua intuição (a menos que você use AutoValue para gerar seus métodos `equals` e os métodos `hashCode`, situação em que você pode seguramente deixar de fazer esses testes). Caso as instâncias iguais tenham hashcodes desiguais, descubra o porquê e corrija o problema.

Você pode excluir os *campos derivados* do cálculo do hashcode. Em outras palavras, pode desconsiderar qualquer campo cujo valor possa ser computado a partir de campos incluídos nesse cálculo. Você *deve* excluir todos os campos que não são usados nas comparações do `equals`, ou correr o risco de violar a segunda regra do contrato do `hashCode`.

A multiplicação no passo 2.b faz com que o resultado dependa da ordem dos campos, originando uma função hash muito melhor, no caso de a classe apresentar vários campos similares. Por exemplo, se a multiplicação fosse omitida de uma função hash para a classe `String`, todos os anagramas teriam hashcodes idênticos. Escolheu-se o valor 31 porque é um número ímpar primo. Se fosse par, e a multiplicação provocasse um overflow, a informação seria perdida, pois a multiplicação por 2 equivale a uma operação de shift. A vantagem de usar um número primo não é tão clara, mas é de uso tradicional. Uma propriedade interessante do 31 é que a multiplicação pode ser substituída por uma operação shift e uma subtração para um desempenho melhor em algumas arquiteturas: `31 * i == (i << 5) i`. As VMs modernas fazem esse tipo de otimização automaticamente.

Vamos aplicar a receita anterior à classe `PhoneNumber`:

```java
// Método haschCode típico
@Override public int hashCode()
    int result = Short.hashCode(areaCode);
    result = 31 * result + Short.hashCode(prefix)
    result = 31 * result + Short.hashCode(lineNum);
    return result;
}
```

Como esse método retorna o resultado de um cálculo determinístico simples cujas únicas entradas são os três campos significativos em uma instância `PhoneNumber`, fica evidente que as instâncias iguais do `PhoneNumber` têm

58 *JAVA EFETIVO*

hashcodes iguais. Na verdade, esse método é uma implementação perfeita do hashCode para a PhoneNumber, no mesmo nível daquelas nas bibliotecas da plataforma Java. É simples, razoavelmente rápida e desempenha um trabalho considerável ao dispersar os números de telefone desiguais em buckets de hash diferentes.

Embora a receita desse Item produza funções de hash suficientemente boas, não são ultrainovadoras. Em termos de qualidade, são comparáveis às funções de hash encontradas nos tipos de valor das bibliotecas da plataforma Java e são eficientes o bastante para a maioria dos usos. Caso você tenha realmente a necessidade de produzir funções de hash que sejam menos propensas a conflitos, acesse o site Guava da com.google.common.hash.Hashing [Guava].

A classe Objects tem um método estático que aceita um número arbitrário de objetos e retorna um hashcode para eles. Esse método, chamado hash, permite que você escreva métodos hashCode de uma linha cuja qualidade seja comparável àqueles escritos segundo a receita nesse Item. Infelizmente, a execução deles é mais lenta em razão da criação de um array para passar um número variável de argumentos, bem como das conversões autoboxing e unboxing, caso algum dos argumentos seja de tipo primitivo. Recomenda-se o uso desse estilo de função hash apenas nas situações em que o desempenho não é importante. Veja uma função de hash escrita para a PhoneNumber usando esta técnica:

```java
// Método hashCode de uma linha - desempenho fraco
@Override public int hashCode() {
    return Objects.hash(lineNum, prefix, areaCode);
}
```

Se uma classe é imutável, e a estimativa do cálculo do hashcode é expressiva, você pode optar por armazenar em cache o hashcode no objeto, em vez de recalculá-lo sempre que for solicitado. Caso julgue que a maioria dos objetos desse tipo será usado como chaves hash, você deve calcular o hashcode ao criar a instância. Além disso, pode escolher *inicializar preguiçosamente* o hashcode na primeira vez em que o hashCode for invocado. Recomenda-se atenção para garantir que a classe se mantenha thread-safe na presença de um campo inicializado preguiçosamente (Item 83). Nossa classe PhoneNumber não merece esse tratamento, todavia, apenas para mostrar como isso é feito na prática, veja o exemplo a seguir. Observe que o valor inicial para o campo hashCode (nesse caso, 0) não deve ser o hashcode de uma instância normalmente criada:

```
// Método hashCode inicializado preguiçosamente, com o hash code armazenado em cache
private int hashCode; // Inicializado automaticamente até 0

@Override public int hashCode() {
    int result = hashCode;
    if (result == 0) {
        result = Short.hashCode(areaCode);
        result = 31 * result + Short.hashCode(prefix);
        result = 31 * result + Short.hashCode(lineNum);
        hashCode = result;
    }
    return result;
}
```

Resista à tentação de excluir campos significativos do cálculo de hashcode para melhorar o desempenho. Embora a função de hash resultante possa ser executada mais rápido, sua baixa qualidade prejudica o desempenho das tabelas hash a ponto de se tornarem inutilizáveis. A função hash, em especial, pode ser confrontada por uma ampla coleção de instâncias que diferem sobretudo nas regiões que você desconsiderou. Se isso acontecer, a função hash mapeará todas essas instâncias em alguns hashcodes, e em vez dos programas serem executados em tempo linear, serão executados em tempo quadrático.

Isso não é apenas um problema teórico. Antes do Java 2, a função hash da classe String utilizava, no máximo, dezesseis caracteres uniformemente espaçados ao longo da string, começando com o primeiro caractere. Para grandes coleções de nomes hierárquicos, como as URLs, a função exibia exatamente o comportamento patológico descrito anteriormente.

Não forneça uma especificação detalhada para o valor retornado pelo hashCode, senão os clientes podem depender regularmente desse valor. Isso lhe proporciona a flexibilidade de alterá-lo. Muitas classes nas bibliotecas Java, como a String e a Integer, especificam o valor exato retornado através do método hashCode como uma função de valor da instância. Apesar de não ser uma boa ideia, é um erro com o qual somos obrigados a conviver: isso impede que a função hash seja aprimorada nas próximas versões. Se você deixar os detalhes não especificados e uma falha for encontrada na função hash ou uma função hash melhor for descoberta, você poderá mudá-la em uma versão subsequente.

Para concluir, você *deve* sobrescrever o hashCode toda vez que sobrescrever o equals, ou seu programa não será executado de forma correta. Seu método hashCode deve obedecer ao contrato geral especificado na Object e executar adequadamente, atribuindo hash codes desiguais a instâncias desiguais. Não é difícil de conseguir isso, ainda que seja um pouco entediante, usando a receita

60 *JAVA EFETIVO*

da página 51. Conforme mencionado no Item 10, o framework AutoValue oferece uma ótima alternativa para escrever métodos `equals` e `hashCode` manualmente, e os IDEs também apresentam algumas dessas funcionalidades.

Item 12: Sobrescreva sempre o `toString`

Apesar da `Object` fornecer uma implementação do método `toString`, a string que ela retorna geralmente não é a que o usuário de sua classe quer ver. Ela é composta pelo nome da classe seguido por um sinal "arroba" (@) e a representação hexadecimal sem sinal do hashcode, como, por exemplo, `PhoneNumber@adbbd`. O contrato geral do `toString` afirma que a string retornada deve ser "uma representação concisa, mas informativa, que seja legível para uma pessoa". Embora se possa sustentar que a `PhoneNumber@adbbd` é concisa e simples de se ler, ela não é muito informativa quando comparada ao 707-867-5309. O contrato `toString` ainda reitera: "Recomenda-se que todas as subclasses sobrescrevam este método." Um ótimo conselho, na verdade!

Apesar de não ser tão crítico quanto obedecer aos contratos do `equals` e do `hashCode` (Itens 10 e 11), **fornecer uma boa implementação do `toString` faz com que sua classe seja mais agradável de se usar e com que os sistemas que a usam fiquem mais fáceis de depurar**. O método `toString` é invocado automaticamente quando um objeto é passado para o `println`, o `printf`, o operador de concatenação de string, ou o `assert`, ou ainda quando é exibido por um depurador. Mesmo que você nunca chame um `toString` em um objeto, outros podem chamá-lo. Por exemplo, um componente que tenha uma referência a seu objeto pode incluir a representação da string do objeto em uma mensagem de log de erro. Se você não sobrescrever o `toString`, a mensagem pode até aparecer, mas não será de muita ajuda.

Agora, se você forneceu um bom método `toString` para a `PhoneNumber`, gerar uma mensagem de diagnóstico útil é tão fácil quanto você pode ver a seguir:

```
System.out.println("Failed to connect to " + phoneNumber)
```

Os programadores gerarão mensagens de diagnóstico dessa maneira, quer você sobrescreva o `toString` ou não. Porém, as mensagens só serão úteis se você sobrescrevê-lo. As vantagens de elaborar um bom método `toString` não se limitam somente às instâncias da classe, mas também a objetos contendo referências a essas instâncias, especialmente as coleções. O que você gostaria de ver ao imprimir um map: {Jenny=PhoneNumber@adbbd} ou {Jenny=707-867-5309}?

Quando viável, o método `toString` deve retornar todas as informações pertinentes contidas no objeto, conforme mostrado no exemplo do número de telefone. Isso é inviável caso o objeto seja muito grande ou apresente um estado que não seja favorável para a representação em string. Nessas circunstâncias, o `toString` deve retornar um resumo, como o `Manhattan residential phone directory (1487536 listings)` ou `Thread[main,5,main]`. Se possível, a string deve ser autoexplicativa (o exemplo da `Thread` falha nesse teste). Uma das consequências particularmente irritantes de não se incluírem todas as informações pertinentes de um objeto em sua representação em string são relatórios de falha de teste que se parecem com isto:

```
Assertion failure: expected {abc, 123}, but was {abc, 123}.
```

Você precisará tomar uma decisão importante ao implementar um método `toString`. Você deve decidir se especifica o formato do valor de retorno na documentação. Recomenda-se que faça isso para as *classes de valor*, como um número do telefone ou matriz. A vantagem de especificar o formato é que ele funciona como uma representação padronizada do objeto, nítida e legível por pessoas. Essa representação pode ser utilizada para entrada e saída, e também em objetos de dados persistentes e legíveis aos usuários, como os arquivos CSV. Se você especificar o formato, geralmente é uma boa ideia fornecer uma static factory ou um construtor correspondente, pois assim os programadores podem facilmente ir e vir entre o objeto e sua representação em string. Essa é a abordagem adotada por muitas classes de valor nas bibliotecas da plataforma Java, incluindo a `BigInteger`, `BigDecimal` e a maioria das classes primitivas empacotadas.

A desvantagem de especificar o formato do valor de retorno do `toString` é que, uma vez que o tenha especificado, você está preso a ele para todo o sempre, presumindo que sua classe seja amplamente utilizada. Os programadores escreverão o código para analisar a representação, para a gerar e inserir em dados persistentes. Caso modifique a representação em uma versão futura, você quebrará o código e os dados deles e eles vão chiar. Ao escolher não especificar um formato, você preserva a flexibilidade para acrescentar informações ou aprimorar o formato em uma versão futura.

Independente de optar por especificar ou não o formato, você deve documentar suas razões de forma clara. Caso especifique o formato, deve fazê-lo rigorosamente. Aqui, temos um exemplo do `toString` que acompanha a classe `PhoneNumber` no Item 11:

```
/**
 * Retorne a representação da string para essa phone number (classe).
 * A string é composta de doze caracteres cujo formato é
 * "XXX-YYY-ZZZZ", onde XXX é o código de área, e YYY é o conjunto
 * do prefixo, e ZZZZ é o número da linha. Cada uma das letras
 * maiúsculas representa um único dígito decimal.
 *
 * Caso uma das três partes da phone number seja pequena demais
 * para preencher esses campos, eles são preenchidos com zeros inicias.
 * Por exemplo, se o valor de um número liner é 123, os últimos quatro
 * carateres da representação da string serão "0123".
 */
@Override public String toString() {
    return String.format("%03d-%03d-%04d",
            areaCode, prefix, lineNum);
}
```

Caso não especifique um formato, o comentário na documentação a ser lido deve se parecer com isso:

```
/**
 * Retorna uma descrição suscinta dessa parte. Os detalhes exatos
 * da representação não são especificados e estão sujeitos à alterações,
 * mas se pode considerar normal o que se segue:
 *
 * "[Potion #9: type=love, smell=turpentine, look=india ink]"
 */
@Override public String toString() { ... }
```

Após ler esse comentário, os programadores que escrevem código ou dados persistentes que dependam dos detalhes do formato não poderão culpar ninguém a não ser a si próprios caso o formato seja alterado.

Independente de você especificar o formato ou não, forneça acesso programático às informações contidas no valor retornado pelo toString. Por exemplo, a classe PhoneNumber deve incluir acessadores para o código de área, prefixo e o número da linha. Se não conseguir fazer isso, você *força* os programadores que precisam dessas informações a analisar a string. Além de reduzir o desempenho e fazer com que os programadores tenham um trabalho desnecessário, esse processo está suscetível a erros e dá origem a sistemas vulneráveis, que falham caso você altere o formato. Ao não disponibilizar os getters, na realidade, você transforma o formato da string em uma API, mesmo que tenha especificado que ela está sujeita a alterações.

Não faz o menor sentido escrever um método toString em uma classe utilitária estática (Item 4). Você também não deve escrever um método toString para a maioria dos tipos enum (Item 34), porque o Java disponibiliza um excelente para você. Contudo, você deve escrever um método toString em qualquer classe abstrata cujas subclasses compartilhem uma representação em string comum. Por exemplo, na maioria das implementações das coleções, os métodos toString são herdados das classes abstratas da coleção.

O sistema AutoValue do Google, que tem o código-fonte aberto e que foi discutido no Item 10, gerará um método toString para você, assim como a maioria dos IDEs. Esses métodos são ótimos para revelar o conteúdo de cada campo, porém, não são especializados para o *significado* da classe. Desse modo, por exemplo, seria inadequado usar um método toString gerado automaticamente para a nossa classe PhoneNumber (já que os números de telefone têm uma representação de string padrão), mas seria perfeitamente aceitável usar para nossa classe Potion. Dito isso, é mais apropriado utilizar um método toString gerado automaticamente do que aquele herdado da Object, que não informa *nada* a respeito do valor de um objeto.

Recapitulando, sobrescreva a implementação do toString da Object em todas as classes instanciáveis que você escreve, a menos que uma superclasse já tenha feito esse processo. Isso faz com que as classes se tornem mais maleáveis de se usar e auxilia na depuração. O método toString deve retornar uma descrição breve e útil do objeto, em um formato esteticamente agradável.

Item 13: Sobrescreva o clone de modo sensato

A interface Cloneable foi concebida como uma *interface combinada* (Item 20) a fim de que as classes manifestassem a permissão para a clonagem. Infelizmente, ela não consegue atender a esse propósito. Sua principal falha é que ela não dispõe de um método clone, e o método clone da Object é protegido. Você não pode, sem recorrer à *reflexão* (Item 65), invocar o clone em um objeto simplesmente porque ele implementa a Cloneable. Uma invocação reflexiva pode até mesmo falhar, porque não há garantia de que o objeto tenha um método clone acessível. Apesar dessa falha e de muitas outras, esse recurso é amplamente utilizado, e, por esse motivo, vale a pena entendê-lo. Esse Item lhe mostra como implementar um método clone bem-comportado, discute quando é apropriado fazê-lo e apresenta alternativas.

Sendo assim, o que a Cloneable faz, visto que não contém métodos? Ela influencia o comportamento da implementação do clone protegido da Object: se uma classe implementar a Cloneable, o método clone da Object retorna uma cópia campo a campo do objeto, caso contrário, lança uma CloneNotSupportedException. Esse é um uso bem atípico das interfaces, e não deve ser reproduzido. Normalmente, a implementação de uma interface indica algo a respeito do que uma classe pode fazer para seus clientes. Nesse caso, ela modifica o comportamento de um método protegido em uma superclasse.

Embora a especificação não mencione isso, **na prática, espera-se que uma classe ao implementar a Cloneable forneça um método clone público que funcione corretamente.** A fim de alcançar esse objetivo, a classe e todas as suas superclasses devem obedecer a um protocolo complexo, que não tem como ser imposto e pouco documentado. O mecanismo resultante é frágil, perigoso e *extralinguístico*: ele cria objetos sem chamar um construtor.

O contrato geral para o método clone é precário. Veja, aqui está, copiado da especificação Object:

Cria e retorna uma cópia desse objeto. O significado exato de "cópia" pode depender da classe do objeto. A ideia geral é que, para qualquer objeto x, a expressão

```
x.clone() != x
```

deve ser true, e a expressão

```
x.clone().getClass() == x.getClass()
```

deve ser true, porém esses não são requisitos absolutos. Embora, seja geralmente o caso em que

```
x.clone().equals(x)
```

deve ser true, esse não é um requisito definitivo.

Convencionalmente, o objeto retornado por esse método deve ser obtido chamando o super.clone. Se uma classe e todas as suas superclasses (exceto a Object) obedecerem a essa convenção, será o caso em que

```
x.clone().getClass() == x.getClass()
```

Por convenção, o objeto retornado deve ser independente do que está sendo clonado. Para obter essa independência, pode ser necessário modificar um ou mais campos do objeto retornado pelo super.clone antes de executá-lo.

Esse mecanismo se assemelha vagamente ao encadeamento de construtor, exceto que ele não é imposto: se o método clone de uma classe retorna uma instância que não é oriunda da chamada do super.clone, mas, sim, da chamada de um construtor, o compilador não reclamará; todavia, caso uma subclasse dessa classe chame o super.clone, o objeto resultante terá a classe errada, impedindo

CAPÍTULO 3: MÉTODOS COMUNS PARA TODOS OS OBJETOS   65

que a subclasse do método clone funcione adequadamente. Quando uma classe que sobrescreve o clone é final, essa convenção pode ser seguramente ignorada, pois não há subclasses com que se preocupar. Mas, caso uma classe final tenha um método clone que não invoque o super.clone, não há razão alguma para a classe implementar a Cloneable, já que ela não depende do comportamento da implementação do clone da Object.

Imagine que você queira implementar a Cloneable em uma classe cuja superclasse forneça um método clone que se comporte bem. Primeiro, chame o super.clone. O objeto que você recuperar será uma réplica totalmente funcional do original, do mesmo modo que todos os campos declarados em sua classe terão valores idênticos aos do original. Se cada campo apresentar um valor primitivo ou uma referência a um objeto imutável, o objeto retornado pode ser exatamente o que você precisa, caso em que nenhum processamento adicional é necessário. Esse é o caso, por exemplo, da classe PhoneNumber, no Item 11, mas observe que **as classes imutáveis nunca devem fornecer um clone**, porque isso incentiva uma cópia supérflua. Feita essa observação, veja como é um método clone para a PhoneNumber:

```
// Método de clonagem para a classe sem nenhuma referência de estado mutável
@Override public PhoneNumber clone() {
    try {
        return (PhoneNumber) super.clone();
    } catch (CloneNotSupportedException e) {
        throw new AssertionError();  // Não pode acontecer
    }
}
```

Para que esse método funcione, a declaração da classe para a PhoneNumber deve ser modificada com o objetivo de sinalizar que ela implementa a Cloneable. Ainda que o método clone da Object retorne Object, esse método clone retorna a PhoneNumber. Aconselha-se e permite-se fazer isso devido ao Java suportar os *tipos de retorno covariantes*. Em outras palavras, o tipo de retorno de um método pode ser a subclassse do tipo de retorno do método sobrescrito. Isso elimina a necessidade de se fazer o cast nos clientes. Devemos lançar o resultado do super. clone da Object na PhoneNumber antes de retorná-lo, já que temos certeza de que o cast funcionará.

A chamada para o super.clone está inserida em um bloco try-catch. Isso se deve ao fato de a Object declarar que seu método clone lança a CloneNotSupportedException, uma *exceção verificada*. Como a PhoneNumber implementa a Cloneable, sabemos que a chamada para o super.clone funcionará A necessidade desse boilerplate indica que a CloneNotSupportedException deveria ter sido não verificada (Item 71).

Se um objeto contiver campos que referenciam objetos mutáveis, a simples implementação do clone mostrada anteriormente pode ser desastrosa. Por exemplo, considere a classe Stack, no Item 7:

```java
public class Stack {
    private Object[] elements;
    private int size = 0;
    private static final int DEFAULT_INITIAL_CAPACITY = 16;

    public Stack() {
        this.elements = new Object[DEFAULT_INITIAL_CAPACITY];
    }

    public void push(Object e) {
        ensureCapacity();
        elements[size++] = e;
    }

    public Object pop() {
        if (size == 0)
            throw new EmptyStackException();
        Object result = elements[--size];
        elements[size] = null; // Elimina a referência obsoleta
        return result;
    }

    // Garantir espaço para pelo menos mais um elemento
    private void ensureCapacity() {
        if (elements.length == size)
            elements = Arrays.copyOf(elements, 2 * size + 1);
    }
}
```

Suponha que você queira fazer com que essa classe seja clonável. Se o método clone somente retornar o super.clone(), a instância Stack decorrente terá o valor correto em seu campo size; todavia, seu campo elements referenciará o mesmo array que a instância Stack original. A modificação do original destruirá as invariantes no clone e vice-versa. Mais do que depressa, você descobrirá que seu programa apresenta resultados sem sentido ou lança uma NullPointerException.

Essa situação nunca poderia acontecer como resultado da chamada do único construtor na classe Stack. **De fato, o método clone funciona como um construtor; assegure que ele não prejudique o objeto original e que implemente adequadamente as invariantes no clone**. Para que o método clone funcione apropriadamente na Stack, deve copiar os internos da pilha. O modo mais fácil de se fazer isso é chamar o clone recursivamente no array do elements:

```
// Método de clonagem para classe com referência ao estado mutável
@Override public Stack clone() {
    try {
        Stack result = (Stack) super.clone();
        result.elements = elements.clone();
        return result;
    } catch (CloneNotSupportedException e) {
        throw new AssertionError();
    }
}
```

Observe que não precisamos fazer o cast do resultado do `elements.clone` para a `Object[]`. A chamada do `clone` em um array retorna um array cujos tipos em tempo de execução de compilação são idênticos aos do array que está sendo clonado. Recomenda-se essa prática corrente para duplicar um array. Na realidade, o único uso interessante do recurso `clone` são os arrays.

Constata-se também que a solução anterior não funcionaria se o campo `elements` fosse final, pois o `clone` proibiria a atribuição de um valor novo ao campo. Esse é um problema substancial: tal qual a serialização, **a arquitetura da `Cloneable` é incompatível com o uso normal dos campos finais que referenciam os objetos mutáveis**, salvo os casos em que os objetos mutáveis podem ser compartilhados seguramente entre um objeto e seu clone. Para que uma classe seja clonável, pode ser necessário remover os modificadores `final` de alguns campos.

Nem sempre é suficiente chamar o `clone` recursivamente. Por exemplo, imagine que esteja escrevendo um método `clone` para uma tabela hash cujos internos são compostos por uma série de buckets, cada um deles referenciando a primeira entrada em uma lista vinculada de pares chave-valor. Para o desempenho, a classe implementa a própria lista vinculada, em vez de usar internamente a `java.util.LinkedList`:

```
public class HashTable implements Cloneable {
    private Entry[] buckets = ...;
    private static class Entry {
        final Object key;
        Object value;
        Entry  next;

        Entry(Object key, Object value, Entry next) {
            this.key   = key;
            this.value = value;
            this.next  = next;
        }
    }
    ... // Restante omitido
}
```

Suponha que você clone apenas o array de buckets recursivamente, como fizemos com a Stack:

```java
// Método de clonagem quebrado - provoca um estado mutável compartilhado!
@Override public HashTable clone() {
    try {
        HashTable result = (HashTable) super.clone();
        result.buckets = buckets.clone();
        return result;
    } catch (CloneNotSupportedException e) {
        throw new AssertionError();
    }
}
```

Embora o clone tenha o próprio array de buckets, esse array referencia as mesmas listas vinculadas que o original, o que facilmente provoca um comportamento não determinista no clone e no original. Para corrigir esse problema, você terá que copiar a lista vinculada que representa cada bucket. Veja a seguir uma abordagem comum:

```java
// Método de clonagem recursivo para classe com estado mutável complexo
public class HashTable implements Cloneable {
    private Entry[] buckets = ...;

    private static class Entry {
        final Object key;
        Object value;
        Entry  next;

        Entry(Object key, Object value, Entry next) {
            this.key   = key;
            this.value = value;
            this.next  = next;
        }

        //Copie recursivamente a lista vinculada comandada por essa Entry
        Entry deepCopy() {
            return new Entry(key, value,
                next == null ? null : next.deepCopy());
        }
    }

    @Override public HashTable clone() {
        try {
            HashTable result = (HashTable) super.clone();
            result.buckets = new Entry[buckets.length];
            for (int i = 0; i < buckets.length; i++)
                if (buckets[i] != null)
                    result.buckets[i] = buckets[i].deepCopy();
            return result;
        } catch (CloneNotSupportedException e) {
            throw new AssertionError();
        }
    }
    ... // Restante omitido
}
```

Ampliou-se a classe privada `HashTable.Entry` para acomodar um método de "deep copy". O método `clone` na `HashTable` aloca um array novo dos `buckets` de tamanho apropriado e faz a iteração sobre o array dos `buckets` originais, fazendo a deep copy de cada bucket que não esteja vazio. O método `deepCopy` na `Entry` se autoinvoca recursivamente para copiar toda a lista vinculada encabeçada pela entrada. Mesmo que essa técnica seja simpática e funcione bem, caso os buckets não sejam muito extensos, não é uma boa forma de clonar uma lista vinculada, porque consome um frame de pilha para cada elemento da lista. Se a lista for longa, isso facilmente provoca um overflow da pilha. Para evitar que isso aconteça, substitua a recursão da deepCopy pela iteração:

```
// Copie interativamente a lista vinculada comandada por essa Entry
Entry deepCopy() {
    Entry result = new Entry(key, value, next);
    for (Entry p = result; p.next != null; p = p.next)
        p.next = new Entry(p.next.key, p.next.value, p.next.next);
    return result;
}
```

Uma última abordagem para a clonagem de objetos mutáveis complexos é chamar o `super.clone`, voltar todos os campos no objeto resultante para o estado inicial e, em seguida, chamar os métodos de grau mais elevado para regenerar o estado do objeto original. No caso do nosso exemplo da `HashTable`, o campo `buckets` seria inicializado para um array novo de buckets, e o método `put(key, value)` (não mostrado) seria invocado para cada mapeamento chave-valor na tabela hash que está sendo clonada. Em geral, essa abordagem produz um método `clone`, simples e sofisticado na medida do possível, que não funciona tão rápido como aquele que manipula diretamente as entranhas do clone. Embora seja uma abordagem limpa, é antitética à arquitetura da `Cloneable`, pois sobrescreve cegamente a cópia campo a campo do objeto que constitui a base da arquitetura.

Como um construtor, um método `clone` nunca deve invocar um método que possa ser sobrescrito em um clone em construção (Item 19). Se o `clone` invoca um método que é sobrescrito em uma subclasse, esse método será executado antes que a subclasse tenha tido a possibilidade de corrigir seu estado no clone, ocasionando a possível corrupção no clone e no original. Portanto, o método `put(key, value)`, analisado no parágrafo anterior, deve ser final ou privado. (Se é privado, provavelmente é o "método auxiliar" para um método público não final.)

O método `clone` da `Object` declara que ele pode lançar uma `CloneNotSupportedException`, porém os métodos sobrescritos não precisam disso. **Os métodos `clone` públicos devem omitir a cláusula de throws**, pois os métodos que não lançam exceções verificadas são mais fáceis de usar (Item 71).

Você tem duas opções ao projetar uma classe para herança (Item 19), mas, qualquer uma que escolha, *não* deve implementar a `Cloneable`. Você pode optar por simular o comportamento da `Object` implementando um método de `clone` protegido que funcione apropriadamente e que declare lançar uma `CloneNotSupportedException`. Isso permite que as subclasses tenham a liberdade de implementar a `Cloneable` ou não, como se estendessem diretamente a `Object`. Alternativamente, você pode decidir por *não* implementar um método `clone` funcional e evitar que as subclasses implementem um através da implementação do `clone` degenerado a seguir:

```java
// Método de clonagem para classe extensível que não comporta a Cloneable
@Override
protected final Object clone() throws CloneNotSupportedException {
    throw new CloneNotSupportedException();
}
```

Há mais um detalhe que vale a pena mencionar. Se você escrever uma classe segura para thread que implemente a `Cloneable`, lembre-se de que seu método `clone` deve ser sincronizado adequadamente, bem como qualquer outro método (Item 78). O método `clone` da `Object` não está sincronizado, logo, mesmo que sua implementação seja satisfatória, talvez seja necessário escrever um método `clone` sincronizado que retorne o `super.clone()`.

Recapitulando, todas as classes que implementam a `Cloneable` devem sobrescrever o `clone` com um método público cujo tipo de retorno é a própria classe. Primeiro, esse método deve chamar o `super.clone` e, em seguida, corrigir os campos que precisam ser retificados. Normalmente, isso indica copiar quaisquer objetos mutáveis que compõem a "estrutura profunda" interna do objeto e substituir as referências do clone pelos objetos com as referências às cópias deles próprios.

Embora essas cópias internas geralmente possam ser feitas chamando o `clone` recursivamente, não é sempre a melhor abordagem. Se a classe apresentar somente campos primitivos ou referências a objetos imutáveis, é provável que não seja necessário corrigir nenhum campo. Há exceções que fogem a essa regra. Por exemplo, um campo que represente um número de série ou outro ID único precisará ser corrigido mesmo que seja primitivo ou imutável.

Toda essa complexidade é realmente necessária? Raras vezes. Na hipótese de você estender uma classe que já implementa a `Cloneable`, não lhe resta muita escolha além de implementar um método `clone` que se comporte bem. Caso contrário, vale mais você fornecer um meio alternativo de cópia do objeto. **Uma das melhores abordagens para copiar objetos é fornecer um *construtor de cópia***

ou uma *fábrica de cópia*. Um construtor de cópia é simplesmente um construtor que aceita um único argumento cujo tipo é a classe que contém o construtor, por exemplo:

```
// Construtor de cópia
public Yum(Yum yum) { ... };
```

Uma fábrica de cópias é o análogo da static factory (Item 1) para um construtor de cópia:

```
// Fábrica de cópia
public static Yum newInstance(Yum yum) { ... };
```

A estratégia do construtor de cópia e sua variante static factory apresentam muitas vantagens em relação à `Cloneable/clone`: não dependem de um mecanismo de criação de objetos extralinguísticos suscetível a risco; não exigem adesão a regras pouco documentadas que não têm como ser impostas; não entram em conflito com o uso apropriado dos campos finais; não lançam exceções verificadas desnecessárias; e não precisam de cast.

Ademais, uma cópia de construtor ou fábrica pode aceitar um argumento cujo tipo seja uma interface implementada pela classe. Por exemplo, por convenção, todas as implementações de coleção de uso geral fornecem um construtor cujo argumento é do tipo `Collection` ou `Map`. Interfaces baseadas em cópias de construtores e fábricas, mais propriamente conhecidos como *fábricas de conversão* e *construtores de conversão*, permitem ao cliente escolher o tipo de implementação de cópia, em vez de forçá-lo a aceitar o tipo de implementação do original. Por exemplo, suponha que você tenha uma `HashSet`, s, e queira copiá-la como uma `TreeSet`. O método `clone` não pode disponibilizar essa funcionalidade, mas é fácil de executá-la com um construtor de conversão: `new TreeSet<>(s)`.

Face a todos os problemas associados à `Cloneable`, as interfaces novas não a devem estender, e as classes novas extensíveis não a devem implementar. Ainda que seja menos prejudicial às classes finais implementar a `Cloneable`, isso deve ser considerado uma otimização de desempenho, reservada para os casos raros em que é justificada (Item 67). Via de regra, a funcionalidade de cópia é melhor atendida pelos construtores ou fábricas. Uma exceção digna de nota que foge a essa regra são os arrays, que são melhores copiados com o método clone.

Item 14: Pense na possibilidade de implementar a Comparable

Diferente dos outros métodos discutidos neste capítulo, o método compareTo não é declarado na Object. Pelo contrário, é o único método na interface Comparable. É semelhante ao caráter do método equals da Object, exceto pelo fato de admitir comparações de ordem, além das comparações de igualdade simples, e é genérico. Ao implementar a Comparable, uma classe indica que suas instâncias têm uma *ordenação natural*. A ordenação de um array de objetos que implementam a Comparable é tão simples quanto esta:

```
Arrays.sort(a);
```

É igualmente fácil pesquisar, calcular valores extremos e manter coleções ordenadas automaticamente de objetos Comparable. Por exemplo, o seguinte programa, que se baseia no fato de a String implementar a Comparable, imprime uma lista em ordem alfabética de seus argumentos de linha de comando com as duplicatas eliminadas:

```java
public class WordList {
    public static void main(String[] args) {
        Set<String> s = new TreeSet<>();
        Collections.addAll(s, args);
        System.out.println(s);
    }
}
```

Ao implementar a Comparable, você permite que sua classe funcione em conjunto com todos os algoritmos genéricos, que são muitos, e com as implementações de coleção que dependem dessa interface. Você ganha uma capacidade tremenda em troca de um esforço mínimo. Praticamente todas as classes de valor nas bibliotecas da plataforma Java, bem como todos os tipos enum (Item 34), implementam a Comparable. Se estiver escrevendo uma classe de valor com uma ordem natural óbvia, como em ordem alfabética, numérica ou cronológica, você deve implementar a interface Comparable:

```java
public interface Comparable<T> {
    int compareTo(T t);
}
```

O contrato geral do método compareTo é parecido com o do equals:

Compara esse objeto com o especificado para a ordem. Retorna um número inteiro negativo, zero ou um número inteiro positivo, pois esse objeto é menor que, igual ou maior que o objeto especificado. Lança uma `ClassCastException` se o tipo de objeto especificado impedir que seja comparado a esse objeto.

Na descrição a seguir, a notação `sgn` (*expressão*) designa a função *sinal* matemática, que é definida para retornar -1, 0 ou 1, conforme o valor da expressão seja negativo, zero ou positivo.

- O implementador deve assegurar que `sgn(x.compareTo(y)) == -sgn(y.compareTo(x))` para todos os x e y. (Isso sugere que `x.compareTo(y)` deve lançar uma exceção se e apenas se o `y.compareTo(x)` lançar uma exceção.)

- O implementador também deve assegurar que a relação seja transitiva: `(x.compareTo(y) > 0 && y.compareTo(z) > 0)` implica em `x.compareTo(z) > 0`.

- Finalmente, o implementador deve garantir que `x.compareTo(y) == 0` implica em `sgn(x.compareTo(z)) == sgn(y.compareTo(z))`, para todos os valores z.

- É altamente recomendável, porém, não obrigatório, que `(x.compareTo(y) == 0) == (x.equals(y))`. De um modo geral, qualquer classe que implemente a interface `Comparable` e viole essa condição deve indicar de modo claro tal violação. A maneira recomendada de se indicar isso é "Observação: esta classe tem uma ordem natural que é inconsistente com o `equals`."

Não fique intimidado com a natureza matemática desse contrato. Como o contrato do `equals` (Item 10), esse contrato não é tão complicado quanto parece. Ao contrário do método `equals`, que impõe uma relação completa de equivalência em todos os objetos, o `compareTo` não precisa executar em objetos de tipos diferentes: ao ser confrontado com objetos de tipos diferentes, é permitido que compareTo lance a `ClassCastException`. Normalmente, é exatamente isso que ele faz. O contrato *permite* comparações entre tipos, que geralmente são definidas em uma interface implementada pelos objetos que estão sendo comparados.

Assim como uma classe que viola o contrato da `hashCode` quebra outras classes que dependem de hashing, uma classe que viole o contrato do `compareTo` quebra outras classes que dependam da comparação. As classes que dependem da comparação incluem as coleções ordenadas `TreeSet` e `TreeMap`, e as classes utilitárias `Collections` e `Arrays`, que possuem algoritmos de pesquisa e ordenação.

Vamos examinar as regras do contrato do `compareTo`. A primeira regra afirma que, se você inverter a direção de uma comparação entre duas referências de objetos, o esperado acontece: caso o primeiro objeto seja menor do que o segundo, o segundo deve ser maior do que o primeiro; caso o primeiro objeto seja igual ao segundo, então, o segundo deve ser igual ao primeiro; e, se o primeiro objeto for maior do que o segundo, o segundo deve ser menor que o primeiro. A segunda regra postula que, se um objeto for maior do que um segundo e este, do que um terceiro, o primeiro deve ser maior que o terceiro. A última regra reitera que todos os objetos que se comparam como iguais devem apresentar os mesmos resultados quando comparados a qualquer outro objeto.

Uma das consequências dessas três regras é que o teste de igualdade imposto por um método compareTo deve obedecer às mesmas restrições impostas pelo contrato do equals: reflexividade, simetria e transitividade. Portanto, a mesma ressalva se aplica: não há como expandir uma classe instanciável com um novo componente de valor preservando o contrato do compareTo, a menos que você esteja disposto a abrir mão das vantagens da abstração orientada a objetos (Item 10). A mesma solução provisória também se aplica. Se quiser adicionar um componente de valor a uma classe que implemente a Comparable, não a estenda; escreva uma classe não relacionada que tenha uma instância da primeira classe. Em seguida, forneça um método "view", que retorna a instância contida. Isso o deixa livre para implementar qualquer método compareTo que preferir na classe externa, ao passo que permite a seu cliente visualizar uma instância da classe externa como uma instância da classe contida quando necessário.

O último parágrafo do contrato do compareTo, que é mais uma sugestão fortíssima do que um requisito obrigatório, simplesmente afirma que o teste de igualdade imposto pelo método compareTo geralmente deve retornar os mesmos resultados que o método equals. Se essa regra for obedecida, afirma-se que a ordenação imposta pelo método compareTo é *compatível com o equals*. Agora, se for violada, a ordenação é considerada *incompatível com o equals*. Uma classe cujo método compareTo imponha uma ordem incompatível com equals ainda funcionará, mas as coleções ordenadas contendo os elementos da classe podem não obedecer ao contrato geral das interfaces das coleções adequadas (Collection, Set ou Map). Isso ocorre porque os contratos gerais para essas interfaces são definidos nos termos do método equals, mas as coleções ordenadas usam o teste de igualdade imposto pelo compareTo em lugar do teste do equals. Caso isso aconteça, não será uma catástrofe, porém é bom estar a par disso.

Por exemplo, considere a classe BigDecimal, cujo método compareTo é incompatível com o equals. Se você criar uma instância HashSet vazia e, em seguida, adicionar um novo BigDecimal("1.0") e um novo BigDecimal("1.00"), o conjunto conterá dois elementos, porque as duas instâncias BigDecimal adicionadas ao conjunto são desiguais quando comparadas usando o método equals. Se, no entanto, você executar o mesmo procedimento usando uma TreeSet em vez de uma HashSet, o conjunto conterá apenas um elemento, porque as duas instâncias BigDecimal são iguais quando comparadas usando o método compareTo. (Consulte a documentação do BigDecimal para obter mais detalhes.)

CAPÍTULO 3: MÉTODOS COMUNS PARA TODOS OS OBJETOS 75

Escrever um método `compareTo` é semelhante a escrever um `equals`, porém, há algumas diferenças importantes. Como a interface `Comparable` está parametrizada, o método `compareTo` é estaticamente tipado, então você não precisa fazer uma checagem de tipo ou um cast no argumento. Se o argumento for do tipo errado, a invocação nem sequer compilará. Se o argumento for `null`, a invocação deve lançar uma `NullPointerException`, e é assim que o método tenta acessar seus membros.

Em um método `compareTo`, os campos são comparados pela ordem, e não pela igualdade. Para comparar os campos de referência de objeto, invoque o método `compareTo` recursivamente. Se um campo não implementar a `Comparable` ou você precisar de uma ordenação não padrão, utilize um `Comparator`. Você pode escrever o próprio comparador ou usar um existente, como neste método `compareTo` para `CaseInsensitiveString`, no Item 10:

```
// Único campo da Comparable com campo de referência do objeto
public final class CaseInsensitiveString
        implements Comparable<CaseInsensitiveString> {
    public int compareTo(CaseInsensitiveString cis) {
        return String.CASE_INSENSITIVE_ORDER.compare(s, cis.s);
    }
    ... // Restante omitido
}
```

Observe que o `CaseInsensitiveString` implementa o `Comparable<CaseInsensitiveString>`. Isso significa que uma referência da `CaseInsensitiveString` pode ser comparada apenas com outra referência `CaseInsensitiveString`. Esse é o padrão normal a seguir ao declarar que uma classe implementa a `Comparable`.

As edições anteriores deste livro recomendavam que os métodos `compareTo` comparassem os campos primitivos integrantes usando os operadores relacionais < e >, e os campos primitivos de ponto flutuante usando os métodos estáticos `Double.compare` e `Float.compare`. No Java 7, os métodos `compare` estáticos foram adicionados a todas as classes primitivas empacotadas Java. **O uso dos operadores relacionais < e > nos métodos `compareTo` é verboso, sujeito a erros, e não é mais recomendado**.

Se uma classe possui múltiplos campos significativos, a ordem na qual você os compara é importante. Comece com o campo mais significativo e prossiga em sequência. Se uma comparação resultar em algo diferente de zero (que representa igualdade), você concluiu; apenas retorne o resultado. Se o campo mais significativo for igual, compare o próximo campo mais significativo, e assim por diante, até encontrar um campo desigual ou comparar o campo menos significativo. Veja um método compareTo para a classe PhoneNumber no Item 11 que demonstra essa técnica:

```java
// Múltiplos campos da Comparable com campos primitivos
public int compareTo(PhoneNumber pn) {
    int result = Short.compare(areaCode, pn.areaCode);
    if (result == 0)  {
        result = Short.compare(prefix, pn.prefix);
        if (result == 0)
            result = Short.compare(lineNum, pn.lineNum);
    }
    return result;
}
```

No Java 8, a interface Comparator foi repaginada com um conjunto de *métodos de construção de comparadores*, que permitem a construção harmoniosa de comparadores. Depois, esses comparadores podem ser utilizados para implementar um método compareTo, conforme exigido pela interface Comparable. Muitos programadores preferem a concisão dessa abordagem, embora apresente um impacto razoável de desempenho: enumerar os arrays de instâncias do PhoneNumber é cerca de 10% mais lento na minha máquina. Ao usar essa abordagem, pense na possibilidade de utilizar o recurso Java *static import* para que possa referenciar os métodos de construção de comparadores estáticos pelos seus nomes simples, para se ter clareza e concisão. Veja como o método compareTo para o PhoneNumber se parece usando essa abordagem:

```java
// Comparable com métodos de construção comparadores
private static final Comparator<PhoneNumber> COMPARATOR =
        comparingInt((PhoneNumber pn) -> pn.areaCode)
          .thenComparingInt(pn -> pn.prefix)
          .thenComparingInt(pn -> pn.lineNum);

public int compareTo(PhoneNumber pn) {
    return COMPARATOR.compare(this, pn);
}
```

Essa implementação cria um comparador no momento da inicialização da classe, usando dois métodos de construção do comparador. O primeiro é o comparingInt. Ele é um método estático que aceita uma *Função extratora de chave* que mapeia uma referência de objeto para uma chave de tipo int e retorna um comparador que ordena as instâncias de acordo com essa chave. No exemplo anterior, o comparingInt tem um *lambda* () que extrai o código de área de um PhoneNumber e retorna um Comparator<PhoneNumber>, que, por

CAPÍTULO 3: *MÉTODOS COMUNS PARA TODOS OS OBJETOS* 77

sua vez, sistematiza os números de telefone conforme seus códigos de área. Observe que o lambda especifica categoricamente o tipo do seu parâmetro de entrada (PhoneNumber pn). No final das contas, nessa situação, a inferência de tipo do Java não é poderosa o bastante para descobrir o tipo por si própria, por esse motivo, somos obrigados a ajudá-lo a compilar o programa.

Se dois números de telefone tiverem o mesmo código de área, precisamos refinar ainda mais a comparação, e é exatamente isso que o segundo método de construção do comparador faz, o thenComparingInt. Esse é um método de instância no Comparator que aceita uma função extratora de função int e retorna um comparador que, primeiro, aplica o comparador original, e, em seguida, usa a chave extraída para decidir os empates. Você pode empilhar quantas chamadas quiser para o thenComparingInt, resultando em um *ordenamento lexicográfico*. No exemplo anterior, empilhamos duas chamadas para o thenComparingInt, provocando uma ordem cuja chave secundária é o prefixo, e cuja chave terciária é o número da linha. Veja que não precisamos especificar o tipo de parâmetro da função extratora de chave passada para qualquer uma das chamadas para o thenComparingInt: a inferência de tipo do Java foi esperta o suficiente para descobrir isso por si mesma.

A classe do Comparator dispõe de um complemento integral de métodos de construção. Há complementos similares ao comparingInt e ao thenComparingInt para os tipos primitivos long e double. As versões int também podem ser usadas para os tipos integrais mais limitados, como o short, como no nosso exemplo do PhoneNumber. As versões do double também podem ser utilizadas para o float. Isso proporciona a abrangência a todos os tipos primitivos numéricos do Java. Há também métodos de construção de comparadores para tipos de referência de objetos.

O método estático, chamado comparing, apresenta duas sobrecargas. Um aceita um extrator de chave e usa a ordem natural das chaves. O segundo aceita um extrator de chaves e um comparador para serem empregados nas chaves extraídas. Há três sobrecargas do método de instância, que é chamada de thenComparing. Uma sobrecarga requer apenas um comparador e o usa para fornecer uma ordem secundária. Uma segunda sobrecarga exige apenas um extrator de chaves e usa a ordem natural da chave como uma ordem secundária. A última sobrecarga aceita tanto um extrator de chaves quanto um comparador para serem usados nas chaves extraídas.

Algumas vezes, você pode ver métodos compareTo ou compare que dependem da diferença entre dois valores ser negativa, caso o primeiro valor seja menor que o segundo, zero caso os dois valores forem iguais e positivos se o primeiro valor for maior. Aqui está um exemplo:

```java
// QUEBRADO - comparador com base na diferença - viola a transitividade
static Comparator<Object> hashCodeOrder = new Comparator<>() {
    public int compare(Object o1, Object o2) {
        return o1.hashCode() - o2.hashCode();
    }
};
```

Não use essa técnica. Ela é repleta de perigos por causa do overflow do integer ou da dupla precisão do ponto aritmético flutuante, o IEEE 754 [JLS 15.20.1, 15.21.1]. Além disso, é pouco provável que os métodos decorrentes sejam significativamente mais rápidos do que os métodos escritos usando as técnicas apresentadas nesse Item. Utilize também o método estático compare:

```java
// Comparador baseado no método estático compare
static Comparator<Object> hashCodeOrder = new Comparator<>() {
    public int compare(Object o1, Object o2) {
        return Integer.compare(o1.hashCode(), o2.hashCode());
    }
};
```

ou um método de construção do comparador:

```java
// Comparador baseado no método Comparator de construção
static Comparator<Object> hashCodeOrder =
        Comparator.comparingInt(o -> o.hashCode());
```

Em suma, quando você implementa uma classe de valor que tem uma ordenação razoável, deve fazer a classe implementar a interface Comparable para que suas instâncias sejam facilmente ordenadas, pesquisadas e usadas em coleções baseadas em comparação. Ao comparar os valores de campo nas implementações dos métodos compareTo, evite o uso dos operadores < e >. Em vez disso, use os métodos estáticos compare nas classes primitivas empacotadas ou os métodos de construção de comparador na interface Comparator.

CAPÍTULO 4

Classes e Interfaces

As classes e as interfaces constituem o ponto nevrálgico da linguagem de programação Java. Eles são basicamente unidades de abstração. A linguagem disponibiliza muitos elementos poderosos que você pode usar para projetar classes e interfaces. Este capítulo apresenta as orientações para ajudá-lo a usar melhor esses elementos a fim de que suas classes e interfaces sejam funcionais, robustas e flexíveis.

Item 15: Reduza ao mínimo a acessibilidade das classes e de seus membros

O fator mais importante que distingue um componente bem projetado de um com má qualidade é o grau em que o componente esconde seus dados internos e outros detalhes de implementação de outros componentes. Um componente bem projetado oculta todos os seus detalhes de implementação, separando cuidadosamente sua API da própria implementação. Assim, os componentes se comunicam somente através de suas APIs e permanecem alheios ao funcionamento interno de cada um. Esse conceito, conhecido como *ocultação de informação* ou *encapsulamento,* é um princípio elementar do design de software [Parnas72].

A ocultação de informações é importante por muitas razões, a maioria das quais reside no fato de que ela *desacopla* os componentes que compõem um sistema, possibilitando que sejam desenvolvidos, testados, otimizados, usados, entendidos e modificados isoladamente. Isso acelera o desenvolvimento do sistema porque os componentes podem ser desenvolvidos paralelamente. Alivia a sobrecarga da manutenção, pois os componentes podem ser compreendidos mais rapidamente, depurados ou substituídos sem o menor receio de se danificarem outros componentes. Embora a ocultação de informação não resulte, por si só, em um bom desempenho, viabiliza o ajuste eficaz do desempenho: uma vez que um sistema está completo e o profiling determinou quais componentes estão causando problemas de desempenho (Item 67), esses componentes podem ser otimizados sem afetar a correção de outros. A ocultação de informações também aumenta a reutilização de software porque componentes que não são fortemente acoplados geralmente são úteis em outros contextos além daqueles em que foram desenvolvidos. Por fim, a ocultação de informações diminui o risco na construção de grandes sistemas, dado que componentes individuais podem ser criados com êxito, mesmo que o sistema falhe.

Java oferece muitos recursos que auxiliam a ocultação de informações. O mecanismo de *controle de acesso* [JLS, 6.6] delimita a *acessibilidade* das classes, interfaces e dos membros. A acessibilidade de uma entidade é determinada pela localização de sua declaração e, se houver, dos modificadores de acesso (`private`, `protected`, e `public`) que estão presentes na declaração. O uso adequado desses modificadores é essencial para a ocultação de informações.

O princípio básico é simples: **faça com que cada classe ou membro seja o mais inacessível possível**. Ou seja, utilize o menor nível possível de acesso, compatível com o funcionamento apropriado do programa que você está escrevendo.

Para as classes e interfaces de nível superior (não aninhadas), existem somente dois níveis possíveis de acesso: *pacote-privado* e *público*. Se você declarar uma classe ou interface de nível superior com o modificador `public`, ela será `public`; do contrário, será pacote-privado. Caso uma classe ou interface de nível superior possa ser pacote-privado, ela deve ser. Ao torná-la pacote-privado, você faz com que faça parte da implementação em vez da API exportada, podendo modificar, substituir ou eliminar uma versão futura, sem receio de prejudicar os clientes existentes. Agora, se você torná-la pública, é obrigado a ajudar a mantê--la para sempre em prol da compatibilidade.

Se uma classe ou interface pacote-privado de nível superior é usada por uma única classe, pense na possibilidade de transformar essa classe de nível superior em uma classe aninhada estática privada da única classe que a usa (Item 24). Isso restringe sua acessibilidade apenas à classe que a usa em vez de todas as classes em seu pacote. Porém, é importante delimitar a acessibilidade de uma classe pública desnecessária do que de uma classe pacote-privado de nível superior: a classe pública faz parte da API do pacote, enquanto a pacote-privado de nível superior já faz parte de sua implementação.

Para membros (campos, métodos, classes aninhadas e interfaces aninhadas), há quatro níveis possíveis de acesso, listados aqui em ordem crescente de acessibilidade:

- **privado** — O membro é acessível apenas da classe de nível superior em que é declarado.

- **pacote-privado** — O membro é acessível a partir de qualquer classe no pacote em que é declarado. Tecnicamente conhecido como acesso *de pacote*, esse é o nível de acesso que você consegue se nenhum modificador de acesso for especificado (exceto para membros da interface, que são públicos por padrão).

- **protected** — O membro é acessível a partir das subclasses da classe em que é declarado (sujeito a algumas restrições [JLS, 6.6.2]) e de qualquer classe no pacote em que é declarado.

- **público** — O membro é acessível de qualquer lugar.

Depois de projetar minuciosamente a API pública de sua classe, seu reflexo deve ser o de fazer com que todos os outros membros sejam privados. Apenas se outra classe no mesmo pacote realmente precisar acessar um membro, você deve remover o modificador `private` e torná-la um membro pacote-privado. Caso se pegue fazendo isso muitas vezes, você deve reexaminar o design do seu sistema a fim de verificar se outra decomposição pode gerar classes que estejam melhor desacopladas umas das outras. Dito isso, tanto os membros privados quanto os pacote-privado fazem parte da implementação de uma classe e, normalmente, não impactam sua API exportada. Esses campos podem, no entanto, "vazar" na API exportada caso a classe implemente a `Serializable` (Itens 86 e 87).

Para membros das classes públicas, quando o nível de acesso passa de empacotado privado para protegido, ocorre um aumento enorme de acessibilidade. Um membro protegido faz parte da API exportada da classe e deve ser mantido para sempre. Além disso, um membro protegido de uma classe exportada representa um comprometimento sério com os detalhes de implementação (Item 19). A necessidade de ter membros protegidos deve ocorrer apenas em ocasiões excepcionais.

Há uma regra importante que restringe sua capacidade de diminuir a acessibilidade dos métodos. Se um método sobrescreve um método de superclasse, não pode ter um nível de acesso mais restrito na subclasse do que na superclasse [JLS, 8.4.8.3]. Isso é necessário para assegurar que uma instância da subclasse seja utilizável em qualquer lugar em que uma instância da superclasse seja utilizável (*princípio de substituição de Liskov*, consulte o Item 15). Caso viole essa regra, o compilador gerará uma mensagem de erro quando você tentar compilar a subclasse. Um caso especial dessa regra é que, se uma classe implementa uma interface, todos os métodos da classe que estão na interface devem ser declarados como públicos na classe.

JAVA EFETIVO

Para facilitar o teste do seu código, você pode se sentir tentado a deixar a classe, a interface ou o membro mais acessíveis do que seria necessário. Não faz mal fazer isso, até certo ponto. É aceitável transformar em pacote-privado um membro privado de uma classe pública para testá-lo, mas é inaceitável aumentar sua acessibilidade em qualquer nível mais alto. Em outras palavras, não é aceitável fazer uma classe, interface ou membro se tornar parte da API exportada de um pacote para facilitar o teste. Por sorte, isso também não se faz necessário, pois os testes podem ser criados de forma a serem executados como parte do pacote que está sendo testado, acessando, desse modo, seus elementos pacote-privado.

Os campos de instância das classes públicas raramente devem ser públicos (Item 16). Se um campo de instância for não final ou for uma referência a um objeto mutável, então, ao torná-lo público, você abre mão da capacidade de limitar os valores que podem ser armazenados no campo. Isso significa que você abdica do habilidade de impor as invariantes relativas ao campo. Além do mais, abre mão dos meios de definir qualquer ação quando o campo é modificado; portanto, **as classes com campos mutáveis públicos geralmente não são thread-safe**. Mesmo que um campo seja final e referencie um objeto imutável, ao torná-lo público, você abre mão da flexibilidade de alterar para uma nova representação interna de dados na qual esse campo não exista.

O mesmo conselho vale para os campos estáticos, salvo uma exceção. Você pode expor constantes através de campos finais estáticos públicos, partindo do princípio que as constantes formem uma parte integral da abstração fornecida pela classe. Convencionalmente, esses campos apresentam nomes formados por letras maiúsculas, com palavras separadas por sinais underscores (_) (Item 68). É vital que esses campos contenham valores primitivos ou referências a objetos imutáveis (Item 17). Um campo com uma referência a um objeto mutável apresenta todas as desvantagens de um campo não final. Embora a referência não possa ser modificada, o objeto referenciado pode — provocando resultados desastrosos.

Observe que um array com comprimento diferente de zero é sempre mutável, portanto, **é incorreto que uma classe tenha um campo final estático público de array ou um getter que retorne esse campo**. Se uma classe apresentar esse campo ou um getter, os clientes poderão modificar o conteúdo do array. Esta é uma fonte comum de falhas de segurança:

```
// Falha de segurança em potencial!
public static final Thing[] VALUES = { ... };
```

CAPÍTULO 4: CLASSES E INTERFACES   83

Tome cuidado com o fato de que alguns IDEs geram getters que retornam referências a campos de array privados, provocando exatamente esse problema. Há
duas maneiras de corrigi-lo. Você pode tornar privado um array público e acrescentar uma lista pública imutável:

```
private static final Thing[] PRIVATE_VALUES = { ... };
public static final List<Thing> VALUES =
    Collections.unmodifiableList(Arrays.asList(PRIVATE_VALUES));
```

Como alternativa, pode fazer com que o array seja privado e adicionar um
método público que retorne uma cópia de um array privado:

```
private static final Thing[] PRIVATE_VALUES = { ... };
public static final Thing[] values() {
    return PRIVATE_VALUES.clone();
}
```

Para escolher uma dessas alternativas, pense no que o cliente provavelmente fará
com o resultado. Qual tipo de retorno será mais conveniente? Quais deles ofere-
cerão um melhor desempenho?

A partir do Java 9, introduziu-se dois níveis de acesso implícitos e adicionais
como parte do *sistema de módulos*. Um módulo é um agrupamento de pacotes,
assim como um pacote é um agrupamento de classes. Um módulo pode exportar
explicitamente alguns de seus pacotes através de *declarações de exportação* em
sua *declaração de módulo* (a qual, por convenção, está contida em um arquivo
fonte chamado `module-info.java`). Os membros públicos e protegidos dos pacotes não exportados em um módulo são inacessíveis fora dele. Dentro do módulo,
as declarações de exportação não impactam a acessibilidade. A utilização do
sistema de módulos permite o compartilhamento das classes entre os pacotes
dentro de um módulo fazendo com que elas não sejam visíveis para todo mundo.
Os membros públicos e protegidos das classes públicas em pacotes não exportados geram dois níveis de acesso implícitos, que são análogos intramodulares
dos níveis normais de acesso público e protegido. A necessidade desse tipo de
compartilhamento é relativamente rara e frequentemente pode ser eliminada ao
se rearranjar as classes dentro de seus pacotes.

Ao contrário dos quatro níveis principais de acesso, os dois baseados nos módulos são basicamente informativos. Se você colocar o arquivo JAR de um módulo no caminho das classes de sua aplicação em vez de inseri-lo no caminho de
módulos, os pacotes no módulo voltam a se comportar como não modulares: todos os membros públicos e protegidos das classes públicas dos pacotes possuem
acessibilidade normal, mesmo se os pacotes não forem exportados pelo módulo

84   *JAVA EFETIVO*

[Reinhold, 1.2]. O único lugar em que os níveis de acesso recém-introduzidos são rigorosamente implementados é no próprio JDK: os pacotes não exportados nas bibliotecas Java são totalmente inacessíveis fora de seus módulos.

Não apenas a proteção de acesso garantida pelos módulos é de utilidade limitada para o típico programador Java, e basicamente de natureza apenas informativa; mas, para poder tirar vantagem dela, você deve agrupar seus pacotes em módulos, tornar explícitas todas as dependências deles em declarações de módulos, reorganizar sua árvore de códigos-fonte e tomar medidas especiais para acomodar qualquer acesso aos pacotes não modularizados dentro de seus módulos [Reinhold, 3]. Ainda é cedo para dizer se o uso dos módulos se difundirá além do próprio JDK. Neste ínterim, é bom evitá-los, a menos que você tenha uma necessidade irrefutável.

Para resumir, você deve restringir a acessibilidade dos elementos do programa tanto quanto possível (dentro dos limites razoáveis). Depois de projetar cuidadosamente uma API pública mínima, você deve impedir que quaisquer classes, interfaces ou membros perdidos se tornem parte da API. Salvos os casos dos campos finais estáticos públicos, que servem como constantes, as classes públicas não devem ter campos públicos. Garanta que os objetos referenciados por campos finais estáticos públicos sejam imutáveis.

Item 16: Use os métodos getters em classes públicas e não os campos públicos

De vez em quando, você pode se sentir tentado a escrever classes degeneradas que não atendem a nenhum objetivo a não ser agrupar campos de instância:

```java
// Classes degeneradas como esta, não devem ser públicas!
class Point {
    public double x;
    public double y;
}
```

Como os campos de dados dessas classes são acessados diretamente, elas não oferecem as vantagens do *encapsulamento* (Item 15). Você não pode modificar a representação sem alterar a API, não pode impor invariantes e nem pode tomar medidas auxiliares quando um campo é acessado. Os programadores de linguagem orientada a objetos mais intransigentes acham que tais classes são uma abominação e sempre devem ser substituídas pelas classes com campos privados e *métodos de acesso* público (getters) e, para classes mutáveis, *muta-dores* (setters):

```java
// Encapsulamento de dados através dos métodos getters e setters
class Point {
    private double x;
    private double y;

    public Point(double x, double y) {
        this.x = x;
        this.y = y;
    }

    public double getX() { return x; }
    public double getY() { return y; }

    public void setX(double x) { this.x = x; }
    public void setY(double y) { this.y = y; }
}
```

Não restam dúvidas de que os mais inflexíveis estão certos quando se trata de classes públicas: **se uma classe é acessível fora do seu pacote, forneça métodos getters** a fim de preservar a flexibilidade para alterar a representação interna da classe. Se uma classe pública expõe seus campos de dados, perdem-se todas as esperanças de alterar sua representação, pois o código do cliente pode estar distribuído por toda parte.

Todavia, **se uma classe for pacote-privado ou for uma classe privada aninhada, não há nada inerentemente de errado com a exposição de seus campos de dados** — supondo que eles funcionem adequadamente ao descreverem a abstração fornecida pela classe. Essa abordagem ocasiona menos poluição visual do que a abordagem do método getter, tanto na definição da classe quanto no código do cliente que a usa. Enquanto o código do cliente está vinculado à representação interna da classe, esse código é delimitado ao pacote que a contém. Caso uma alteração na representação seja necessária, você pode realizá-la sem tocar em nenhum código fora do pacote. No caso de uma classe aninhada privada, o escopo da alteração é mais limitado à classe que contém a aninhada.

Diversas classes nas bibliotecas da plataforma Java violam a recomendação de que as classes públicas não devem expor diretamente os campos. Dentre os exemplos relevantes, temos as classes `Point` e `Dimension` no pacote `java.awt`. Em vez de esses exemplos serem reproduzidos, deve-se considerar a história destas, a cuja moral devemos prestar atenção. Conforme descrito no Item 67, a decisão de expor os internos da classe `Dimension` ocasionou um problema grave de desempenho, que, ainda hoje, permanece conosco.

86 *JAVA EFETIVO*

Embora nunca seja uma boa ideia a classe pública expor diretamente os próprios campos, é menos perigoso nos casos em que os campos são imutáveis. Você não pode alterar a representação dessa classe sem modificar sua API, e não pode tomar as medidas auxiliares quando um campo é lido, mas pode implementar invariantes. Por exemplo, a classe a seguir garante que cada instância represente um tempo válido:

```java
// Classes públicas com campos imutáveis expostos - questionável
public final class Time {
    private static final int HOURS_PER_DAY    = 24;
    private static final int MINUTES_PER_HOUR = 60;

    public final int hour;
    public final int minute;

    public Time(int hour, int minute) {
        if (hour < 0 || hour >= HOURS_PER_DAY)
            throw new IllegalArgumentException("Hour: " + hour);
        if (minute < 0 || minute >= MINUTES_PER_HOUR)
            throw new IllegalArgumentException("Min: " + minute);
        this.hour = hour;
        this.minute = minute;
    }
    ... // Restante omitido
}
```

Em suma, as classes públicas nunca devem expor campos mutáveis. Apesar de ser menos nocivo que as classes exponham os campos imutáveis, é um tanto questionável. No entanto, às vezes é necessário que as classes pacote-privado ou as privadas aninhadas exponham seus campos, mutáveis ou imutáveis.

Item 17: Reduza a mutabilidade das classes ao mínimo

Uma classe imutável é simplesmente uma classe cujas instâncias não podem ser modificadas. Todas as informações contidas em cada instância são fixas durante a vida útil do objeto, portanto, nenhuma alteração jamais será vista. As bibliotecas da plataforma Java contêm muitas classes imutáveis, incluindo a String, as classes boxed primitive, a BigInteger e a BigDecimal. Há muitas razões boas para isso: as classes imutáveis são mais fáceis de projetar, implementar e de usar do que as mutáveis. Elas estão sujeitas a poucos erros e são mais seguras.

Para desenvolver uma classe imutável, siga estas cincos regras:

1. **Não forneça métodos que modifiquem o estado do objeto** (conhecidos como *setters*).

CAPÍTULO 4: CLASSES E INTERFACES 87

2. **Garanta que a classe não possa ser estendida.** Isso evita que subclasses descuidadas e maliciosas prejudiquem o comportamento imutável da classe ao se comportarem como se o estado do objeto mudasse. Em geral, impede-se que as classes se subdividam em subclasses quando se torna a classe final, porém há outra alternativa, que discutiremos mais tarde.

3. **Faça com que todos os campos sejam finais.** Isso manifesta claramente sua intenção de uma maneira que é reforçada pelo sistema. Além disso, é necessário assegurar o comportamento correto, caso uma referência a uma instância recém--criada seja passada de uma thread para outra sem sincronização, conforme explicado em detalhes no *modelo de memória* [JLS, 17.5; Goetz06, 16].

4. **Faça com que todos os campos sejam privados.** Isso impede que os clientes acessem os objetos mutáveis referenciados pelos campos e os modifiquem diretamente. Ainda que seja tecnicamente permitido que as classes imutáveis tenham campos finais públicos com valores primitivos ou referências a objetos imutáveis, não é recomendável, pois isso impossibilita a alteração da representação interna em uma versão posterior (Itens 15 e 16).

5. **Garanta o acesso exclusivo a quaisquer componentes mutáveis.** Caso sua classe tenha campos que se refiram a objetos mutáveis, garanta que os clientes da classe não possam referenciar esses objetos. Nunca inicialize esse campo em uma referência de objeto fornecida pelo cliente ou retorne esse campo de um getter. Faça *cópias defensivas* (Item 50) em construtores, getters e métodos `readObject` (Item 88).

Muitas das classes dos exemplos anteriores são imutáveis. Uma dessas classes é a `PhoneNumber`, no Item 11, que dispõe de getters para cada atributo, mas não tem setters correspondentes. Veja um exemplo um pouco mais complexo:

```java
// Exemplo complexo de classe number imutável
public final class Complex {
    private final double re;
    private final double im;

    public Complex(double re, double im) {
        this.re = re;
        this.im = im;
    }

    public double realPart()      { return re; }
    public double imaginaryPart() { return im; }

    public Complex plus(Complex c) {
        return new Complex(re + c.re, im + c.im);
    }

    public Complex minus(Complex c) {
        return new Complex(re - c.re, im - c.im);
    }
```

```java
    public Complex times(Complex c) {
        return new Complex(re * c.re - im * c.im,
                           re * c.im + im * c.re);
    }

    public Complex dividedBy(Complex c) {
        double tmp = c.re * c.re + c.im * c.im;
        return new Complex((re * c.re + im * c.im) / tmp,
                           (im * c.re - re * c.im) / tmp);
    }

    @Override public boolean equals(Object o) {
        if (o == this)
            return true;
        if (!(o instanceof Complex))
            return false;
        Complex c = (Complex) o;

        // Consulte a pág. 47 para descobrir como se usa o compare em vez do ==
        return Double.compare(c.re, re) == 0
            && Double.compare(c.im, im) == 0;
    }
    @Override public int hashCode() {
        return 31 * Double.hashCode(re) + Double.hashCode(im);
    }

    @Override public String toString() {
        return "(" + re + " + " + im + "i)";
    }
}
```

Essa classe representa um *número complexo* (um número com partes reais e imaginárias). Além dos métodos padrão da classe `Object`, ela fornece getters para as partes reais e imaginárias e viabiliza as quatro operações aritméticas básicas: adição, subtração, multiplicação e divisão. Observe como as operações aritméticas criam e retornam uma nova instância `Complex` ao invés de modificá-la. Esse padrão é conhecido como abordagem *funcional*, porque os métodos retornam o resultado de uma função aplicada a seu operando, sem modificá-lo, em contraste com a abordagem *processual* ou *imperativa*, em que os métodos aplicam um procedimento a seu operando, fazendo com que seu estado mude. Repare que os nomes dos métodos são preposições (como `plus`), em vez de verbos (como `add`). Isso salienta o fato de que os métodos não alteram os valores dos objetos. As classes `BigInteger` e `BigDecimal` não obedeceram a essa convenção de nomenclatura, e isso acarretou muitos erros de uso.

A abordagem funcional pode parecer artificial se você não estiver familiarizado com ela, mas permite a imutabilidade, que, por sua vez, oferece muitas vantagens. **Objetos imutáveis são simples**. Um objeto imutável pode estar em exatamente um estado, o estado em que foi criado. Caso você assegure que todos os construtores estabeleçam as invariáveis da classe, desse modo, garante-se que essas invariantes permaneçam verdadeiras para sempre, sem muito esforço de sua parte ou da parte do programador que a utiliza. Os objetos mutáveis, por outro lado, podem ter espaços de estados arbitrariamente complexos. Se a documentação não fornecer uma descrição meticulosa das transições de estado executadas pelos métodos setters, pode ser difícil, até mesmo impossível, usar uma classe mutável de forma confiável.

Os objetos imutáveis são intrinsecamente thread-safe; não exigem sincronização. Eles não podem ser corrompidos por múltiplas threads acessando-os concorrentemente. Essa é, de longe, a estratégia mais fácil para garantir a segurança da thread. Uma vez que nenhuma thread vai observar qualquer efeito de outra em um objeto imutável, **os objetos imutáveis podem ser compartilhados livremente**. As classes imutáveis devem, portanto, incentivar os clientes a reutilizar as instâncias existentes sempre que possível. Um modo fácil de fazer isso é fornecer constantes finais estáticas públicas para valores comumente usados. Por exemplo, a classe Complex fornece estas constantes:

```
public static final Complex ZERO = new Complex(0, 0);
public static final Complex ONE  = new Complex(1, 0);
public static final Complex I    = new Complex(0, 1);
```

Essa abordagem pode ser levada um pouco mais além. Uma classe imutável pode disponibilizar static factories (Item 1), que armazenam em cache as instâncias que sempre são solicitadas, a fim de evitar a criação de instâncias novas quando as existentes já bastam. Todas as classes boxed primitive e a BigInteger fazem isso. O uso dessas static factories leva os clientes a compartilhar as instâncias em vez de criar instâncias novas, reduzindo os impactos do volume de memória e do garbage collection. Optar pelas static factories em lugar dos construtores públicos ao projetar uma classe nova proporciona a flexibilidade para adicionar mais tarde o caching, sem modificar os clientes.

Consequentemente, os objetos imutáveis podem ser compartilhados à vontade, e você nunca precisa fazer *cópias defensivas* deles (Item 50). Na verdade, você nunca precisa fazer as cópias, porque elas sempre são equivalentes aos originais. Portanto, você não precisa e não deve fornecer um método clone ou um *construtor de cópia* (Item 13) para uma classe imutável. Isso não foi bem compreendido na fase inicial da plataforma Java, assim, a String tem um construtor de cópia, mas quase nunca, ou nunca, deve ser usado (Item 6).

Além de você conseguir compartilhar os objetos imutáveis, eles também podem compartilhar seus internos. Por exemplo, a classe BigInteger usa internamente uma representação de sinal-magnitude. O sinal é representado por um int e a magnitude, por um array int. O método negate cria um BigInteger novo de magnitude semelhante e com sinal oposto. Não é necessário copiar o array, mesmo que ele seja mutável; o BigInteger recém-criado aponta para o mesmo array interno do original.

Os objetos imutáveis são ótimos blocos de construção para outros objetos, mutáveis ou imutáveis. É mais fácil manter as invariantes de um objeto complexo se você souber que seus objetos componentes não serão alterados por trás dos panos. Um caso específico desse princípio é que os objetos imutáveis são ótimas chaves de map e elementos de sets: você não precisa se preocupar com seus valores serem alterados, uma vez que estejam na map ou no set, o que destruiria as invariantes do map ou do conjunto.

Os objetos imutáveis fornecem atomicidade de falha de graça (Item 76). O estado deles nunca muda; desse modo, não há possibilidade de uma inconsistência temporária.

A principal desvantagem das classes imutáveis é que elas exigem um objeto separado para cada valor distinto. Criar esses objetos pode ser trabalhoso, ainda mais se forem grandes. Por exemplo, imagine que você tenha uma BigInteger de um milhão de bits e queira alterar seu bit de baixa ordem:

```
BigInteger moby = ...
moby = moby.flipBit(0);
```

O método flipBit cria uma instância nova de BigInteger, também com um milhão de bits de comprimento, os quais diferem do original em apenas um bit. A operação exige tempo e espaço proporcional ao tamanho da BigInteger. Compare isso com a java.util.BitSet. Como a BigInteger, a BitSet representa uma sequência arbitrariamente longa de bits; mas, ao contrário da BigInteger, a BitSet é mutável. A classe BitSet fornece um método que permite alterar o estado de um único bit de uma instância com um milhão de bits em tempo constante:

```
BitSet moby = ...;
moby.flip(0);
```

O problema de desempenho é potencializado caso você execute uma operação de múltiplas etapas em que um objeto é gerado a cada etapa, e, por fim, todos acabam sendo descartados, exceto o resultado final. Há duas abordagens para lidar com esse problema. A primeira delas é deduzir quais operações de múltiplas etapas serão normalmente exigidas e disponibilizá-las como primitivas. Se uma operação de múltiplas etapas for fornecida como primitiva, a classe imutável não precisa criar um objeto separado em cada etapa. Internamente, a classe imutável pode ser arbitrariamente inteligente. Por exemplo, a `BigInteger` tem uma "classe complementar" mutável pacote-privado que usa para acelerar as operações de múltiplas etapas, como a exponenciação modular. É muito mais difícil usar a classe complementar mutável do que a `BigInteger`, à vista de todas as razões descritas anteriormente. Felizmente, você não precisa usá-la: os implementadores da `BigInteger` fizeram o trabalho mais difícil para você.

A abordagem da classe pacote-privado complementar mutável funciona bem se você puder diagnosticar com precisão quais operações complexas os clientes precisarão executar em sua classe imutável. Do contrário, sua melhor opção é fornecer uma classe complementar mutável *pública*. O exemplo mais relevante dessa abordagem nas bibliotecas da plataforma Java é a classe `String`, cuja classe complementar é a `StringBuilder` (e sua antecessora obsoleta, a `StringBuffer`).

Agora que você sabe como criar uma classe imutável e entende os prós e os contras da imutabilidade, vamos falar sobre algumas alternativas de modelagem. Lembre-se de que, para garantir a imutabilidade, uma classe não se deve deixar subdividir em subclasses. Isso pode ser feito desenvolvendo uma classe final, no entanto, há outra alternativa mais flexível. Em vez de criar uma classe final imutável, você pode tornar todos os seus construtores privados ou pacote-privado e adicionar static factories públicas no lugar dos construtores públicos (Item 1). Para concretizar isso, veja a seguir como é a `Complex`, caso queira adotar essa abordagem:

```java
// Classe imutável com fabricações estáticas em vez de construtores
public class Complex {
    private final double re;
    private final double im;

    private Complex(double re, double im) {
        this.re = re;
        this.im = im;
    }

    public static Complex valueOf(double re, double im) {
        return new Complex(re, im);
    }
    ... // Restante sem alterações
}
```

Muitas vezes essa abordagem é a melhor alternativa. É também a mais flexível, porque admite o uso de múltiplas classes de implementação package-private. Para os clientes que se situam fora do seu pacote, na prática, a classe imutável é efetivamente final, pois é impossível estender uma classe que vem de outro pacote e que não dispõe de um construtor público ou protegido. Além de viabilizar a flexibilidade de múltiplas classes de implementação, essa abordagem possibilita ajustar o desempenho da classe em versões futuras ao promover as condições de armazenamento de objetos em cache das static factories.

Não se compreendia bem que as classes imutáveis tinham que ser definitivas quando a `BigInteger` e a `BigDecimal` foram escritas, dessa maneira, todos os seus métodos podem ser sobrescritos. Infelizmente, isso não pode ser corrigido sem comprometer a compatibilidade entre as versões anteriores. Caso você escreva uma classe cuja segurança dependa da imutabilidade de um argumento `BigInteger` ou `BigDecimal` oriundo de um cliente duvidoso, você deve examinar se o argumento é uma "autêntica" `BigInteger` ou `BigDecimal`, em vez de ser uma instância de uma subclasse questionável. Caso seja uma instância, você deve copiá-la defensivamente na hipótese de ela ser mutável (Item 50):

```java
public static BigInteger safeInstance(BigInteger val) {
    return val.getClass() == BigInteger.class ?
            val : new BigInteger(val.toByteArray());
}
```

A lista de regras para as classes imutáveis no início desse Item determina que nenhum método pode modificar o objeto, e que todos os seus campos devem ser finais. Na verdade, essas regras são mais restritas do que o necessário e podem ser mais maleáveis a fim de melhorar o desempenho. Na verdade, nenhum método pode produzir uma mudança *externamente visível* no estado do objeto. No entanto, algumas classes imutáveis têm um ou mais campos não finais que armazenam em cache os resultados de cálculos dispendiosos quando estes são solicitados pela primeira vez. Se o mesmo valor for solicitado novamente, o valor em cache será retornado, minimizando o impacto do recálculo. Esse macete funciona precisamente porque o objeto é imutável, o que garante que o cálculo produziria o mesmo resultado caso fosse repetido.

Por exemplo, o método `hashCode` da `PhoneNumber` (Item 11, página 53) computa o hash code na primeira vez em que é invocado, armazenando-o em cache, caso seja invocado de novo. Essa técnica, um exemplo de *inicialização preguiçosa* (Item 83), também é usada pela `String`.

Uma ressalva deve ser feita a respeito da serialização. Caso você decida que uma classe imutável implemente a `Serializable` e que apresente um ou mais campos que referenciem objetos mutáveis, você deve fornecer um método explícito `readObject` ou `readResolve`, ou ainda, utilizar os métodos `ObjectOutputStream.writeUnshared` ou o `ObjectInputStream.readUnshared`, mesmo que a forma serializada padrão seja aceitável. Caso contrário, um invasor pode criar uma instância mutável da sua classe. Este tópico é abordado detalhadamente no Item 88.

Em suma, resista ao impulso de escrever um setter para cada getter. **As classes devem ser imutáveis, a menos que haja uma razão muito boa para que sejam mutáveis**. As classes imutáveis oferecem muitas vantagens, a única desvantagem é a probabilidade de impactos no desempenho em determinadas circunstâncias. Você sempre deve tornar imutáveis objetos de valores pequenos, como PhoneNumber e Complex (Há várias classes nas bibliotecas da plataforma Java, como a java.util.Date e a java.awt.Point, que deveriam ser imutáveis, mas não são.) Você deve pensar seriamente em também tornar imutáveis objetos de maior valor, como String e BigInteger. *Apenas* forneça uma classe complementar mutável pública à sua classe imutável se você comprovar a necessidade disso para atingir um desempenho satisfatório (Item 67).

A imutabilidade é impraticável em algumas classes. **Caso não se possa criar uma classe para ser imutável, restrinja a mutabilidade dessa classe o máximo possível**. Reduzir o número de estados que um objeto pode ter facilita analisar e raciocinar a codificação do seu objeto e reduz a probabilidade de erros. Portanto, faça com que todos os campos sejam finais, a menos que haja uma razão convincente para que sejam não finais. Ao combinar as recomendações deste Item com as do Item 15, a tendência natural é **declarar cada campo como private final, a menos que haja um bom motivo para se fazer o contrário**.

Os construtores devem criar objetos totalmente inicializados com todas as suas invariantes implementadas. Não forneça um método de inicialização público que esteja separado do construtor ou da static factory, a não ser que você tenha uma razão *irrefutável* para fazer isso. Da mesma forma, não forneça um método de "reinicialização" que deixe um objeto ser reutilizado como se tivesse sido construído com um estado inicial diferente. Em termos gerais de desempenho, esses métodos oferecem pouca ou nenhuma vantagem à custa de uma enorme complexidade.

A classe CountDownLatch exemplifica essas regras. Ela é mutável, mas seu espaço de estado é intencionalmente pequeno. Você cria uma instância, usa somente uma vez e pronto: uma vez que o cálculo da CountDownLatch atinja zero, você não pode reutilizá-la.

Uma última observação relacionada à classe Complex deve ser adicionada a este Item. Este exemplo foi feito apenas para demonstrar a imutabilidade. Não é uma implementação de número complexo extremamente meticulosa. O exemplo utiliza as fórmulas padrões para operações complexas de multiplicação e divisão, que não estão adequadamente arredondadas e fornecem uma análise semântica satisfatória para os NaNs e infinitos complexos [Kahan91, Smith62, Thomas94].

Item 18: Prefira a composição à herança

A herança é uma via poderosa para conseguir reutilizar o código, mas nem sempre é a melhor ferramenta para essa função. Caso seja utilizada de forma inapropriada, leva à vulnerabilidade do software. É seguro usar a herança dentro de um pacote, onde a subclasse e as implementações da superclasse estão sob o controle dos mesmos programadores. Também é seguro utilizar a herança ao estender as classes especificamente projetadas e documentadas para extensão (Item 19). A herança de classes concretas simples que ultrapassem as fronteiras do pacote, no entanto, é perigosa. Como lembrete, este livro usa a palavra "herança" para representar *herança de implementação* (quando uma classe estende outra). Os problemas discutidos neste Item não se aplicam à *herança da interface* (quando uma classe implementa uma interface ou quando uma interface estende outra).

Ao contrário da invocação do método, a herança viola o encapsulamento [Snyder86]. Em outras palavras, uma subclasse depende dos detalhes de implementação de sua superclasse para seu funcionamento adequado. A implementação da superclasse pode mudar de versão para versão, e, caso mude, a subclasse pode quebrar, mesmo que seu código não tenha sido mexido. Consequentemente, uma subclasse deve se desenvolver em conjunto com sua superclasse, a menos que os autores da superclasse a tenham projetado e documentado especificamente para ser estendida.

Para exemplificar isso, vamos imaginar que temos um programa que usa uma HashSet. Para ajustar o desempenho do nosso programa, precisamos consultar a HashSet para saber quantos elementos foram adicionados a ela desde sua criação (não confundir com seu tamanho atual, que se reduz quando um elemento é removido). Para viabilizar essa funcionalidade, escrevemos uma variante da HashSet que mantém a contagem do número de tentativas de inserções de elementos e exporta um getter para essa contagem. A classe HashSet tem dois métodos capazes de adicionar elementos, o add e o addAll; assim, sobrescrevemos esses dois métodos:

```java
// Quebrado - Uso inapropriado da herança!
public class InstrumentedHashSet<E> extends HashSet<E> {
    // O número de tentativas inseridas
    private int addCount = 0;

    public InstrumentedHashSet() {
    }

    public InstrumentedHashSet(int initCap, float loadFactor) {
        super(initCap, loadFactor);
    }
```

```
        @Override public boolean add(E e) {
            addCount++;
            return super.add(e);
        }
        @Override public boolean addAll(Collection<? extends E> c) {
            addCount += c.size();
            return super.addAll(c);
        }
        public int getAddCount() {
            return addCount;
        }
    }
```

Essa classe parece até plausível, mas não funciona. Imagine que criamos uma instância e adicionamos três elementos usando o método addAll. A propósito, observe que criamos uma lista utilizando o método static factory List.of, que foi introduzido no Java 9; se estiver usando uma versão anterior, use o Arrays. asList em vez disso:

```
InstrumentedHashSet<String> s = new InstrumentedHashSet<>();
s.addAll(List.of("Snap", "Crackle", "Pop"));
```

Era de se esperar que nesse ponto o método getAddCount retornasse três, mas retorna seis. O que deu errado? Internamente, o método addAll da HashSet é implementado por cima do seu método add, embora a HashSet, de modo bem razoável, não documente esses detalhes de implementação. O addAll em InstrumentedHashSet adicionou três para o addCount e, em seguida, invocou a implementação do addAll da HashSet usando o super.addAll, que invocou o método add, conforme sobrescrito no InstrumentedHashSet, uma vez para cada elemento. Cada uma dessas três invocações adicionou mais uma para o addCount, o que resultou no aumento total de seis: cada elemento adicionado com o método addAll é contabilizado duas vezes.

Poderíamos "consertar" a subclasse, eliminando sua sobrescrita do método addAll. Por mais que a classe resultante vá funcionar, ela dependeria para seu funcionamento adequado do fato de que o método addAll da HashSet é implementado em cima de seu método add. Essa "autoutilização" é um detalhe de implementação, que não tem garantia de funcionar em todas as implementações da plataforma Java e está sujeito a mudanças de versão para versão. Portanto, a classe InstrumentedHashSe decorrente seria instável.

Seria um pouco melhor sobrescrever o método addAll para iterar na coleção especificada, chamando o método add uma vez para cada elemento. Isso garantiria o resultado correto, independente de o método addAll da HashSet ter sido implementado sobre seu método `add`, pois a implementação `addAll` da `HashSet` não seria mais invocada. Essa técnica, no entanto, não resolve todos os nossos problemas. Isso seria como reimplementar os métodos da superclasse que podem resultar ou não em autoutilização, o que é difícil, demorado, suscetível a erros e reduz o desempenho. Além disso, isso nem sempre é possível, porque alguns métodos não podem ser implementados sem acesso aos campos privados inacessíveis à subclasse.

Uma causa relacionada à vulnerabilidade em subclasses é que sua superclasse pode adquirir métodos novos em versões futuras. Suponha que um programa dependa para sua segurança do fato de que todos os elementos inseridos em alguma coleção atendem a algum predicado de função booleana. Pode-se garantir isso subclasseando a coleção e sobrescrevendo cada método capaz de adicionar um elemento para assegurar que o predicado seja atendido antes de se adicionar um elemento. Isso funciona bem até que um método novo, capaz de inserir um elemento, seja adicionado à superclasse em uma versão posterior. Uma vez que isso aconteça, é possível adicionar um elemento "ilícito" apenas invocando o método novo, que não é sobrescrito na subclasse. Esse não é um problema puramente teórico. Inúmeras brechas de segurança dessa natureza tiveram que ser corrigidos quando a `Hashtable` e o `Vector` foram remodelados para integrar a Collections Framework.

Ambos os problemas decorrem de métodos sobrescritos. Você pode pensar que é seguro estender uma classe, caso simplesmente acrescente métodos novos e deixe de sobrescrever os existentes. Embora esse tipo de extensão seja muito mais segura, não está isenta de riscos. Se a superclasse ganhar um método novo em uma versão futura e você tiver sido azarado de ter dado à subclasse um método com a mesma assinatura e um tipo de retorno diferente, sua subclasse não compilará mais [JLS, 8.4.8.3]. Agora, se deu à subclasse um método com a mesma assinatura e o mesmo tipo de retorno, conforme o método novo da superclasse, então, além de sobrescrevê-lo, você está sujeito aos problemas descritos anteriormente. Ademais, é pouco provável que seu método cumpra o contrato do método novo da superclasse, porque esse contrato ainda não havia sido escrito quando você escreveu o método da subclasse.

Por sorte, existe um modo de evitar todos os problemas descritos anteriormente. Em vez de estender uma classe existente, dê à sua classe nova um campo privado, que referencie a instância de uma classe existente. Esse design é chamado de *composição* porque a classe existente se torna um componente da nova classe. Cada método da instância na classe nova invoca o método correspondente na instância contida da classe existente e retorna os resultados. Isso é conhecido como *encaminhamento*, e os métodos na classe nova são conhecidos como *métodos de encaminhamento.* A classe decorrente será extremamente segura, sem depender dos detalhes de implementação da existente. Mesmo a adição de métodos novos à classe existente não impactará a classe nova. Como exemplo disso, temos aqui uma substituição para a `InstrumentedHashSet`, que usa a abordagem de composição e encaminhamento. Observe que a implementação é dividida em duas partes, a própria classe e uma *classe de encaminhamento* reutilizável, que contém todos os métodos de encaminhamento e nada mais:

```java
// Classe Wrapper (classe empacotadora) - usa composição em vez de herança
public class InstrumentedSet<E> extends ForwardingSet<E> {
    private int addCount = 0;

    public InstrumentedSet(Set<E> s) {
        super(s);
    }

    @Override public boolean add(E e) {
        addCount++;
        return super.add(e);
    }
    @Override public boolean addAll(Collection<? extends E> c) {
        addCount += c.size();
        return super.addAll(c);
    }
    public int getAddCount() {
        return addCount;
    }
}

// Classe de encaminhamento reutilizável
public class ForwardingSet<E> implements Set<E> {
    private final Set<E> s;
    public ForwardingSet(Set<E> s) { this.s = s; }

    public void clear()                 { s.clear();            }
    public boolean contains(Object o) { return s.contains(o); }
    public boolean isEmpty()          { return s.isEmpty();   }
    public int size()                 { return s.size();      }
    public Iterator<E> iterator()     { return s.iterator();  }
    public boolean add(E e)           { return s.add(e);      }
    public boolean remove(Object o)   { return s.remove(o);   }
    public boolean containsAll(Collection<?> c)
                                       { return s.containsAll(c); }
    public boolean addAll(Collection<? extends E> c)
                                       { return s.addAll(c);     }
    public boolean removeAll(Collection<?> c)
                                       { return s.removeAll(c);  }
    public boolean retainAll(Collection<?> c)
                                       { return s.retainAll(c);  }
    public Object[] toArray()          { return s.toArray();  }
    public <T> T[] toArray(T[] a)      { return s.toArray(a); }
    @Override public boolean equals(Object o)
                                       { return s.equals(o);  }
    @Override public int hashCode()    { return s.hashCode(); }
    @Override public String toString() { return s.toString(); }
}
```

98   *JAVA EFETIVO*

O design da classe `InstrumentedSet` é possibilitado pela existência da interface `Set`, que captura a funcionalidade da classe `HashSet`. Além de ser robusto, esse design é extremamente flexível. A classe `InstrumentedSet` implementa a interface `Set` e apresenta um único construtor cujo argumento é também do tipo `Set`. Basicamente, a classe transforma um `Set` em outro, adicionando a funcionalidade da instrumentação. Ao contrário da abordagem baseada em herança, que funciona apenas para uma única classe concreta e requer um construtor separado para cada construtor suportado na superclasse, a classe wrapper pode ser usada para instrumentar qualquer implementação da `Set` e funcionará em conjunto com qualquer construtor preexistente:

```
Set<Instant> times = new InstrumentedSet<>(new TreeSet<>(cmp));
Set<E> s = new InstrumentedSet<>(new HashSet<>(INIT_CAPACITY));
```

A classe `InstrumentedSet` pode até ser usada para instrumentar temporariamente uma instância de set que já foi usada sem instrumentação:

```
static void walk(Set<Dog> dogs) {
    InstrumentedSet<Dog> iDogs = new InstrumentedSet<>(dogs);
    ... // Com este método se usa iDogs para instanciar dogs
}
```

A classe `InstrumentedSet` é conhecida como uma classe *wrapper* porque cada instância `InstrumentedSet` contém ("wrap") outra instância `Set`. Isso também é conhecido como padrão *Decorator* [Gamma95] porque a classe `InstrumentedSet` "decora" um set ao adicionar a instrumentação. Às vezes, a combinação de composição e encaminhamento é vagamente mencionada como *delegação*. Tecnicamente, isso não é delegação, a menos que o objeto que contém (wrapper) passe a si mesmo para o objeto contido (wrapped) [Lieberman86; Gamma95].

As classes wrapper apresentam poucas desvantagens. A única ressalva é que as classes wrapper não são recomendadas para o uso em *callback frameworks*, em que os objetos passam autorreferências para outros objetos para futuras invocações ("callbacks"). Como um objeto contido (wrapped) não sabe nada sobre o objeto que o contém (wrapper), ele passa uma referência a si próprio (this), e os callbacks ignoram o wrapper. Isso é conhecido como o *problema SELF* [Lieberman86]. Algumas pessoas ficam preocupadas com o impacto das invocações do métodos de encaminhamento no desempenho ou com o impacto do volume de memória dos objetos wrapper. Na prática, acaba por não ter muito impacto. É entediante escrever métodos de encaminhamento, porém você precisa escrever a classe de encaminhamento reutilizável para cada interface apenas uma vez, e classes de encaminhamento podem ser fornecidas a você. Por exemplo, o Google Guava fornece classes de encaminhamento para todas as interfaces de coleção [Guava].

A herança é indicada somente em circunstâncias em que a subclasse realmente é um *subtipo* da superclasse. Em outras palavras, uma classe *B* deve estender uma classe *A* apenas se existir uma relação "Is-a ("É-um")" entre as duas classes. Caso você se sinta tentado a fazer uma classe *B* estender uma classe *A*, pergunte-se: será que todo *B* é realmente um *A*? Se você não conseguir responder sinceramente a essa pergunta com um sim, a classe *B* não deve estender a classe *A*. Se a resposta for não, normalmente é o caso em que a classe *B* deve conter uma instância privada de *A* e expor uma API diferente: *A* não é uma parte essencial de *B*, é um mero detalhe de sua implementação.

Há um número considerável de violações indiscutíveis desse princípio nas bibliotecas da plataforma Java. Por exemplo, uma pilha não é um vetor, portanto, `Stack` não deveria estender `Vector`. Da mesma forma, uma lista de propriedades não é uma tabela hash, portanto, `Properties` não deveria estender `Hashtable`. Em ambos os casos, a composição teria sido a melhor escolha.

Se você usar herança onde a composição teria sido mais apropriada, você expõe desnecessariamente os detalhes da implementação. A API resultante o vincula à implementação original, restringindo o desempenho de sua classe para sempre. E pior, ao expor os internos, você deixa que os clientes os acessem diretamente. No mínimo, isso resulta em uma semântica pra lá de confusa. Por exemplo, se p referencia uma instância de `Properties`, então `p.getProperty(key)` pode gerar resultados diferentes de `p.get(key)`: o primeiro método leva em consideração os padrões, enquanto o segundo método, que é herdado da `Hashtable`, não leva. Para piorar um pouco mais, o cliente pode conseguir corromper as invariantes da subclasse, modificando diretamente a superclasse. No caso da `Properties`, os arquitetos pretendiam que apenas as strings fossem permitidas como chaves e valores, todavia o acesso direto à `Hashtable` subjacente possibilita a violação desta invariante. Uma vez violada, não é mais possível usar as outras partes da API `Properties` (`load` e `store`). No momento em que esse problema foi descoberto, já era tarde demais para corrigi-lo, pois os clientes dependiam do uso de chaves e valores não string.

Há uma última série de perguntas que você deve se fazer antes de decidir usar a herança em vez da composição. A classe que pretende estender tem alguma falha na API? Em caso afirmativo, você está à vontade propagando essas falhas na API de sua classe? A herança propaga quaisquer falhas na API da superclasse, enquanto a composição permite que você projete uma API nova que as esconda.

Por fim, a herança é poderosa; todavia, problemática, pois viola o encapsulamento. Ela somente é recomendada quando existe uma relação autêntica de subtipo entre a subclasse e a superclasse. Mesmo assim, a herança leva à vulnerabilidade se a subclasse estiver em um pacote diferente da superclasse, e se a superclasse não for projetada para herança. Para evitar a fragilidade, use a composição e o encaminhamento em vez da herança, especialmente se existir uma interface adequada para implementar uma classe wrapper. Além de as wrapper serem mais robustas que as subclasses, também são mais poderosas.

Item 19: Projete e documente as classes para a herança ou a iniba

O Item 18 o advertiu para os perigos da subclasse de uma classe "estrangeira" que não foi projetada e documentada para herança. Desse modo, o que se entende por uma classe projetada e documentada para herança?

Primeiro, a classe deve documentar com precisão os efeitos da sobrescrição de qualquer método. Ou seja, **a classe deve documentar a *autoutilização* de métodos passíveis de serem sobrescritos**. Para cada método público ou protegido, a documentação deve indicar quais aqueles passíveis de serem sobrescritos que o método invoca, em que sequência e como os resultados de cada invocação influenciam o próximo processamento. (Por *passíveis de serem sobrescritos* queremos dizer não final, público ou protegido.) De um modo mais geral, uma classe deve documentar qualquer circunstância em que possa invocar um método passível de ser sobrescrito. Por exemplo, as invocações podem vir de threads em background ou de inicializadores estáticos.

Um método que invoca métodos passíveis de serem sobrescritos apresenta uma descrição dessas invocações no final de seu comentário da documentação. A descrição está em uma seção especial da especificação, rotulada como "Requisitos de Implementação", que é gerada pela tag do Javadoc @implSpec. Essa seção descreve o funcionamento interno do método. Veja a seguir um exemplo, copiado da especificação para a java.util.AbstractCollection:

```
public boolean remove(Object o)
```

Remove uma única instância do elemento especificado dessa coleção, caso ele esteja presente (operação opcional). De um modo mais formal, remove um elemento e tal que Objects.equals(o, e), se essa coleção tiver um ou mais desses elementos. Retorna true, caso a coleção contenha o elemento especificado (ou, de forma equivalente, na hipótese de a coleção ter sido alterada como resultado da chamada).

Requisitos de Implementação: Essa implementação faz iterações na coleção procurando o elemento especificado. Caso o encontre, remove o elemento da coleção usando o método `remove` do iterador. Observe que essa implementação lança uma `UnsupportedOperationException` se o iterador retornado pelo método `iterator` dessa coleção não implementar o método `remove` e caso essa coleção contenha o objeto especificado.

Essa documentação não deixa dúvidas de que a sobrescrita do método iterador afetará o comportamento do método `remove`. Ele também descreve exatamente como o comportamento do `Iterator` retornado pelo método do `iterator` influenciará o comportamento do método `remove`. Compare isso à situação no Item 18, em que o programador ao criar uma subclasse da `HashSet` simplesmente não poderia dizer se a sobrescrita do método `add` afetaria o comportamento do método `addAll`.

Mas isso não viola a máxima de que uma boa documentação de API deve descrever *o que* um determinado método faz e não *como*? Sim! Essa é uma consequência lamentável oriunda do fato de que a herança viola o encapsulamento. Para documentar uma classe a fim de que seja estendida em subclasses de forma segura, você deve descrever os detalhes da implementação, que, de outro modo, não deveriam ser especificados.

A tag `@implSpec` foi introduzida no Java 8 e foi muito utilizada no Java 9. Por padrão, essa tag deveria vir habilitada, mas, no Java 9, o utilitário Javadoc ainda ignora isso, a menos que você passe a opção de linha de comando `-tag` "`implSpec :a: Implementation Requirements :`".

Projetar para herança envolve mais do que apenas documentar os padrões de autoutilização. Para permitir que os programadores escrevam subclasses eficientes sem terem muita dor de cabeça, **uma classe pode ter que fornecer hooks para seu funcionamento interno na forma de métodos protegidos escolhidos criteriosamente ou, em casos raros, campos protegidos**. Por exemplo, considere o método `removeRange` da `java.util.AbstractList`:

```
protected void removeRange(int fromIndex, int toIndex)
```

Remove dessa lista todos os elementos cujo índice está entre o `fromIndex`, incluído, e o `toIndex`, não incluído. Desloca quaisquer elementos subsequentes para a esquerda (reduzindo o índice deles). Essa chamada diminui a lista em (toIndex - fromIndex) elementos. (Se toIndex == fromIndex, essa operação não tem qualquer efeito.)

Esse método é chamado nessa lista e em suas sublistas pela operação clear. Sobrescrevê-lo para se beneficiar dos internos da implementação da lista melhora substancialmente o desempenho da operação clear nessa lista e em suas sublistas.

Requisitos de Implementação: Essa implementação obtém um iterador da lista posicionado antes do fromIndex, e chama repetidamente o ListIterator.next seguido do ListIterator.remove, até que todo o range tenha sido removido. Observação: **Se o ListIterator.remove exigir um tempo linear, essa implementação exigirá um tempo quadrático.**

Parâmetros:

fromIndex   índice do primeiro elemento a ser removido.

toIndex   índice do último elemento a ser removido.

Esse método não interessa aos usuários finais de uma implementação List. Ele é disponibilizado unicamente para facilitar que as subclasses forneçam um método clear rápido em suas sublistas. Na falta de um método removeRange, as subclasses teriam que lidar com o desempenho quadrático quando o método clear fosse invocado nas sublistas ou teriam que reescrever todo o mecanismo subList do zero — uma tarefa nada fácil!

À vista disso, quais os membros protegidos que você deve expor e como escolhê-los ao projetar uma classe para herança? Infelizmente, não existe uma solução mágica. O melhor que você pode fazer é pensar seriamente, avaliar a melhor hipótese, e, depois, testá-la quando escrever as subclasses. Exponha o menor número possível de membros protegidos, pois cada um deles representa um compromisso com algum detalhe de implementação. Por outro lado, você não deve expor poucos membros, porque um membro protegido ausente pode fazer com que uma classe se torne praticamente inutilizável para herança.

O *único* modo de testar uma classe projetada para herança é escrever subclasses. Caso você omita um membro protegido que seja de extrema importância, ao tentar escrever uma subclasse, a omissão será extremamente perceptível. Em contrapartida, caso muitas classes sejam escritas e nenhuma delas use um dado membro protegido, provavelmente você deveria torná-lo privado. A experiência demonstra que três subclasses são geralmente suficientes para testar uma classe extensível. Uma ou mais dessas subclasses devem ser escritas por alguém que não seja o autor da superclasse.

Porém, ao projetar para herança uma classe que provavelmente será muito usada, perceba que você está se comprometendo *para sempre* com os padrões de autoutilização documentados e com as decisões de implementação implícitas em seus métodos e campos protegidos. Esses compromissos podem tornar difícil, ou até mesmo impossível, a melhoria do desempenho ou das funcionalidades dessa classe nas versões subsequentes. Portanto, **você deve testar sua classe escrevendo as subclasses** *antes* **de liberar**.

Além do mais, observe que a documentação especial exigida para a herança faz uma desordem na documentação normal, que é desenvolvida para os programadores, que criam instâncias de sua classe e invocam métodos dentro delas. Até o momento da escrita desse livro, existiam poucas ferramentas à mão para separar a documentação comum da API de informações que interessam apenas aos programadores que implementam subclasses.

Há mais algumas restrições que uma classe deve obedecer para permitir a herança. **Os construtores não devem invocar métodos passíveis de serem sobrescritos**, nem diretamente, nem indiretamente. Se você transgredir essa regra, o programa falhará. O construtor da superclasse é executado antes do construtor da subclasse, logo, o método sobrescrito na subclasse será invocado antes do construtor da subclasse ter sido executado. Se o método sobrescrito depender de qualquer inicialização realizada pelo construtor da subclasse, o método não se comportará como o esperado. Para exemplificar isso, veja aqui uma classe que viola essa regra:

```
public class Super {
    // Quebrado - o construtor invoca um método de sobrescrita
    public Super() {
        overrideMe();
    }
    public void overrideMe() {
    }
}
```

Agora, veja uma subclasse que sobrescreve o método overrideMe, que é invocado erroneamente pelo único construtor da Super:

```
public final class Sub extends Super {
    // Último espaço, definido pelo construtor
    private final Instant instant;

    Sub() {
        instant = Instant.now();
    }
```

```
    // Método override invocado pelo construtor da superclasse
    @Override public void overrideMe() {
        System.out.println(instant);
    }

    public static void main(String[] args) {
        Sub sub = new Sub();
        sub.overrideMe();
    }
}
```

Espera-se que esse programa exiba a `instant` duas vezes, mas ele exibe `null` na primeira vez porque o `overrideMe` é invocado pelo construtor Super antes que o construtor Sub tenha a chance de inicializar o campo `instant`. Observe que esse programa tem um campo final com dois estados diferentes! Observe também que se o `overrideMe` tivesse invocado qualquer método na `instant`, teria lançado uma `NullPointerException` quando o construtor Super invocasse o `overrideMe`. A única razão pela qual esse programa não lança uma `NullPointerException` do jeito que está é que o método `println` tolera parâmetros nulos.

Repare que *é* seguro invocar em um construtor os métodos privados, os finais e os estáticos, já que nenhum deles pode ser sobrescrito.

As interfaces `Cloneable` e `Serializable` ocasionam alguns inconvenientes excepcionais ao se projetar para herança. Geralmente, não é uma boa ideia uma classe projetada para a herança implementar qualquer uma dessas interfaces, pois isso impõe uma carga considerável aos programadores que estendem as classes. No entanto, você pode tomar algumas medidas especiais para permitir que as subclasses implementem essas interfaces sem obrigar que elas façam isso. Essas ações estão descritas no Item 13 e no Item 86.

Se você decidir implementar a `Cloneable` ou a `Serializable` em uma classe projetada para herança, deve estar ciente de que, em razão dos métodos `clone` e `readObject` se comportarem muito como construtores, aplica-se uma restrição semelhante: **nem o `clone` nem o `readObject` podem invocar um método passível de ser sobrescrito, seja direta ou indiretamente**. No caso do `readObject`, o método sobrescrito na subclasse será executado antes que o estado da subclasse tenha sido desserializado. Agora, no caso do `clone`, o método sobrescrito na subclasse será executado antes que o método `clone` da subclasse tenha a possibilidade de corrigir o estado do clone. Em ambos os casos, o programa acusará uma falha. No caso do `clone`, essa falha pode danificar o objeto original, bem como o clone. Isso pode acontecer, por exemplo, caso o método sobrescrito na subclasse assuma que está modificando a cópia do clone da estrutura profunda do objeto, mas a cópia ainda não tiver sido feita.

CAPÍTULO 4: CLASSES E INTERFACES   105

Por último, caso você decida implementar a `Serializable` em uma classe projetada para herança, e a classe tiver um método `readResolve` ou um `writeReplace`, você deve fazer com que método `readResolve` ou o `writeReplace` seja protegido e não privado. Se esses métodos forem privados, serão solenemente ignorados pelas subclasses. Esse é mais um caso em que um detalhe de implementação se torna parte da API de uma classe para permitir a herança.

A essa altura, deve estar bem claro que **projetar uma classe para herança exige muito esforço e impõe limitações substanciais à classe**. Essa não é uma decisão fácil de tomar. Há situações em que isso é claramente a coisa certa a se fazer, como nos casos das classes abstratas, incluindo as *implementações esqueléticas* das interfaces (Item 20). Porém, há situações em que isso é claramente a coisa errada a se fazer, como nos casos das classes imutáveis (Item 17).

Mas, e as classes concretas simples? Tradicionalmente, elas não são nem finais, nem são projetadas e documentadas para serem estendidas em subclasses; todavia, essas circunstâncias são perigosas. Toda vez que se faz uma mudança nesse tipo de classe, há a possibilidade de quebrar as subclasses que a estendem. Esse não é apenas um problema teórico. Não é incomum receber relatórios de bugs relacionados a subclasses após a modificação dos internos de uma classe concreta não final, que não foi projetada nem documentada para herança.

A melhor solução para resolver esse problema é inibir a criação de subclasse de classes que não foram projetadas e documentadas para serem estendidas seguramente em subclasses. Há duas maneiras de inibir a derivação de classes. A mais fácil das duas é declarar uma classe como final. A alternativa é fazer com que todos os construtores sejam privados ou sejam pacote-privado e adicionar static factories públicas no lugar dos construtores. Essa alternativa, que proporciona a flexibilidade para usar as subclasses internamente, é discutida no Item 17. Ambas as abordagens são aceitáveis.

Esse conselho pode ser um tanto quanto controverso, porque muitos programadores se habituaram a subdividir as classes concretas simples em subclasses a fim de se adicionarem recursos, tais como a instrumentação, a notificação e a sincronização, ou até mesmo para delimitar essas funcionalidades. Se uma classe implementa alguma interface que capture sua essência, como a `Set`, `List`, ou a `Map`, você não deve ter nenhum escrúpulo ao inibir a subdivisão de classes. O *padrão de classe wrapper*, descrito no Item 18, oferece uma alternativa melhor que a herança para aumentar a funcionalidade.

Na hipótese de uma classe concreta não implementar uma interface padrão, você pode incomodar alguns programadores ao inibir a herança. Caso sinta que deve permitir a herança da classe, uma abordagem razoável é assegurar que a classe nunca invoque nenhum de seus métodos passíveis de serem sobrescritos e documentar esse fato. Em outras palavras, elimine completamente da classe a autoutilização de métodos passíveis de serem sobrescritos. Ao fazê-lo, você criará uma classe que será razoavelmente segura para ser estendida em subclasses. A sobrescrição de um método nunca afetará o comportamento de qualquer outro.

Você pode eliminar da classe a autoutilização de métodos passíveis de serem sobrescritos mecanicamente sem alterar seu comportamento. Mova o corpo de cada método passível de ser sobrescrito para um "método auxiliar" privado e faça cada método passível de ser sobrescrito invocar seu método auxiliar privado. Em seguida, substitua cada autoutilização de um método passível de sobrescrita por uma invocação direta do método auxiliar privado desse método passível de sobrescrita.

Em resumo, projetar uma classe para herança é muito trabalhoso. Você deve documentar todos os seus padrões de autoutilização e, uma vez que você os documentou, a classe fica comprometida com eles para sempre. Se não conseguir fazer isso, as subclasses podem se tornar dependentes dos detalhes da implementação da superclasse e podem quebrar caso a implementação da superclasse seja alterada. Para permitir que outros escrevam subclasses *eficientes*, você pode também exportar um ou mais métodos protegidos. A menos que exista uma verdadeira necessidade de se terem subclasses, provavelmente será melhor que você iniba a herança declarando a classe como final ou garantindo que não haja construtores acessíveis.

Item 20: Prefira as interfaces em vez das classes abstratas

O Java conta com dois mecanismos para definir um tipo que permite múltiplas implementações: as interfaces e as classes abstratas. Desde a introdução dos *métodos padrões* nas interfaces do Java 8 [JLS 9.4.3], ambos os mecanismos permitem que você forneça implementações para alguns métodos de instância. A grande diferença é que, para implementar o tipo definido por uma classe abstrata, a classe deve ser uma subclasse da abstrata. Como o Java permite apenas uma única herança, essa restrição nas classes abstratas limita seriamente sua utilização como definições de tipo. Qualquer classe que defina todos os métodos necessários e obedeça ao contrato geral tem a permissão de implementar uma interface, seja qual for o lugar que a classe ocupe na hierarquia de classes.

As classes atuais podem ser facilmente remodeladas para implementarem uma interface nova. Tudo o que você precisa fazer é adicionar os métodos necessários, caso ainda não existam, e acrescentar a cláusula implements à declaração da classe. Por exemplo, muitas classes disponíveis foram remodeladas para implementar as interfaces `Comparable`, `Iterable`, e a `AutoCloseable`, quando essas interfaces foram adicionadas na plataforma. Em geral, as classes existentes não podem ser remodeladas para estender uma classe nova abstrata. Se quiser que duas classes estendam a mesma classe abstrata, você deve colocá-la no topo da hierarquia de tipos, onde é uma ancestral de ambas as classes. Infelizmente, isso pode provocar grandes efeitos colaterais à hierarquia de tipos, obrigando todos os descendentes da nova classe abstrata a dividi-la em subclasses, independentemente de isso ser ou não adequado.

As interfaces são perfeitas para a definição de mixins. Via de regra, um *mixin* é um tipo que uma classe implementa além de seu "tipo primário", com a finalidade de declarar que ela oferece algum comportamento opcional. Por exemplo, a `Comparable` é uma interface mixin, pois deixa que uma classe declare que suas instâncias são ordenadas em relação a outros objetos reciprocamente comparáveis. Essa interface é chamada de mixin em razão de permitir que a funcionalidade opcional seja "misturada (mixed in)" à funcionalidade principal do tipo. As classes abstratas não podem ser utilizadas para a definição de mixins pelo mesmo motivo que não podem ser remodeladas às existentes: uma classe não pode ter mais do que uma classe pai e não existe um lugar aceitável em sua hierarquia para inserir um mixin.

As interfaces permitem a construção de frameworks de tipos não hierárquicos. As hierarquias de tipos são ótimas para organizar algumas coisas, mas existem coisas que não se enquadram bem em uma hierarquia rígida. Por exemplo, imagine que temos uma interface que represente um cantor e outra que represente um compositor:

```
public interface Singer {
    AudioClip sing(Song s);
}
public interface Songwriter {
    Song compose(int chartPosition);
}
```

Na vida real, alguns cantores também são compositores. Como usamos interfaces em vez de classes abstratas para definir esses tipos, é perfeitamente admissível que uma única classe implemente tanto o `Singer` como o `Songwriter`. Na verdade, podemos definir uma terceira interface que estenda tanto o `Singer` como o `Songwriter` e adicione métodos novos apropriados à combinação:

```
public interface SingerSongwriter extends Singer, Songwriter {
    AudioClip strum();
    void actSensitive();
}
```

Não é sempre que você precisa desse nível de flexibilidade; mas, quando precisar, as interfaces são de grande ajuda. A alternativa é uma hierarquia de classes inchada que tenha uma classe separada para cada combinação de atributos compatíveis. Se existirem n atributos no sistema de tipo, teremos 2^n combinações possíveis que você pode ter que suportar. Isso é conhecido como *explosão combinatória*. As hierarquias de classes inchadas podem resultar em classes inchadas que, por sua vez, apresentam muitos métodos que diferem apenas no tipo de seus argumentos em virtude de não existirem tipos na hierarquia de classes para capturar os comportamentos comuns.

As interfaces promovem aprimoramentos seguros e robustos de funcionalidades por intermédio das práticas correntes da classe wrapper (Item 18). Se você usar classes abstratas para definir os tipos, deixa o programador que quer acrescentar uma funcionalidade sem outra alternativa a não ser a herança. As classes oriundas são menos robustas e mais vulneráveis do que as wrapper.

Quando houver uma implementação óbvia de um método da interface em termos de outros métodos da interface, cogite oferecer uma assistência de implementação aos programadores sob a forma de um método padrão. Para analisar um exemplo dessa técnica, consulte o método `removeIf`, na página 113. Se fornecer métodos padrões, não se esqueça de documentá-los para herança usando a tag `@implSpec` do Javadoc (Item 19).

Há alguns limites a respeito de quanto auxílio de implementação você pode oferecer com os métodos padrões. Mesmo que muitas interfaces especifiquem o comportamento dos métodos de `Object`, como o `equals` e o `hashCode`, você não tem permissão para fornecer métodos padrões para eles. Ademais, as interfaces não podem ter campos de instância ou membros estáticos não públicos (salvo os métodos estáticos privados). Por último, você não pode adicionar métodos padrão em uma interface que não controla.

Você pode, no entanto, combinar as vantagens das interfaces e das classes abstratas, fornecendo uma *implementação esquelética* da classe abstrata para acompanhar uma interface. A interface define o tipo, disponibilizando talvez alguns métodos padrões, ao passo que a classe de implementação esquelética implementa os métodos de interface não primitivos restantes sobre os métodos da interface primitiva. Estender uma implementação esquelética elimina a maior parte do trabalho de implementar uma interface. Esse é o padrão *Template Method* [Gamma95].

Convencionalmente, as classes de implementação esquelética são chamadas pela Abstract*Interface*, onde a *Interface* é o nome da interface que elas implementam. Por exemplo, a Collections Framework disponibiliza uma implementação esquelética para acompanhar cada interface de uma coleção principal: a AbstractCollection, a AbstractSet, a AbstractList, e a AbstractMap. Sem dúvidas, faria sentido chamá-las de SkeletalCollection, SkeletalSet, SkeletalList, e SkeletalMap, porém a convenção Abstract já está solidamente consolidada. Quando projetada corretamente, as implementações do tipo esquelética (seja de uma classe abstrata separada, ou composta apenas de métodos padrão em uma interface) podem facilitar *muito* aos programadores a disponibilização de suas próprias implementações de interface. Por exemplo, veja a seguir um método static factory que inclui uma implementação completa e totalmente funcional da List sobre a AbstractList:

```java
// Implementação concreta construída em cima da implementação skeletal
static List<Integer> intArrayAsList(int[] a) {
    Objects.requireNonNull(a);

    // O operador <> somente é permitido no Java 9 e versões posteioras
    // Se você está usando uma versão anterior, especifique <Integer>
    return new AbstractList<>() {
        @Override public Integer get(int i) {
            return a[i];  // Autoboxing (Item 6)
        }

        @Override public Integer set(int i, Integer val) {
            int oldVal = a[i];
            a[i] = val;       // Autounboxing
            return oldVal;    // Autoboxing
        }

        @Override public int size() {
            return a.length;
        }
    };
}
```

Esse exemplo é uma demonstração impressionante do poder das implementações do tipo esquelética quando você pensa em tudo o que a implementação da List faz para você. A propósito, esse exemplo é um *Adaptador* [Gamma95], que permite que um array int seja visualizado como uma lista de instâncias Integer. Por causa de toda a transposição de um lado para o outro entre os valores int e instâncias Integer (boxing e unboxing), seu desempenho não é muito bom. Observe que a implementação assume a forma de uma *classe anônima* (Item 24).

A grandeza das classes de implementação esquelética é que elas oferecem todas as assistências de implementação das classes abstratas sem impor as restrições severas que as classes abstratas impõem quando servem como definições de tipo. Para a maioria dos implementadores de uma interface com uma classe de implementação esquelética, estender essa classe é a escolha óbvia, todavia é estritamente opcional. Caso não seja possível fazer uma classe para estender a implementação esquelética, ela sempre pode implementar a interface diretamente. A classe ainda usufrui de qualquer método padrão presente na própria interface. Além disso, a implementação esquelética ainda auxilia com as atividades do implementador. A classe que implementa a interface pode encaminhar as invocações dos métodos da interface para uma instância contida de uma classe interna privada, que, por sua vez, estende a implementação esquelética. Essa técnica, conhecida como *herança múltipla simulada*, está intimamente relacionada às práticas de uso comum da classe wrapper discutida no Item 18. Ela proporciona uma série de vantagens de herança múltipla, ao mesmo tempo em que evita as armadilhas.

Escrever uma implementação esquelética é um processo relativamente simples, ainda que maçante. Primeiro, estude a interface e decida quais são os métodos primitivos em termos dos quais os outros podem ser implementados. Esses métodos primitivos serão os métodos abstratos em sua implementação esquelética. Em seguida, forneça para a interface os métodos padrões para todos os métodos que possam ser implementados diretamente sobre os primitivos, porém, lembre-se de que você não pode fornecer métodos padrões para os métodos de Object, tais como o equals e o hashCode. Se os métodos primitivos e os padrões abrangerem a interface, você terminou o procedimento e não precisa de uma classe de implementação esquelética. Caso contrário, escreva uma classe declarada para implementar a interface, com as implementações de todos os métodos restantes da interface. A classe pode ter quaisquer campos ou métodos não públicos apropriados para a tarefa.

Vamos analisar esse simples exemplo da interface Map.Entry. Os primitivos evidentes são a getKey, getValue e (opcionalmente) o setValue. A interface especifica o comportamento do equals e do hashCode, e há uma implementação óbvia da toString em termos dos primitivos. Como você não tem permissão para fornecer implementações padrão para os métodos de Object, todas as implementações são colocadas na classe da implementação esquelética:

```java
// Classe de implementação skeletal
public abstract class AbstractMapEntry<K,V>
        implements Map.Entry<K,V> {
    // Entradas em uma map alterável devem sobrescrever esse método
    @Override public V setValue(V value) {
        throw new UnsupportedOperationException();
    }
```

```java
    // Implementa o contrato geral da Map.Entry.equals
    @Override public boolean equals(Object o) {
        if (o == this)
            return true;
        if (!(o instanceof Map.Entry))
            return false;
        Map.Entry<?,?> e = (Map.Entry) o;
        return Objects.equals(e.getKey(),   getKey())
            && Objects.equals(e.getValue(), getValue());
    }

    // Implementa o contrato geral da Map.Entry.hashCode
    @Override public int hashCode() {
        return Objects.hashCode(getKey())
            ^ Objects.hashCode(getValue());
    }

    @Override public String toString() {
        return getKey() + "=" + getValue();
    }
}
```

Observe que essa implementação esquelética não pôde ser implementada na interface Map.Entry ou em uma subinterface em razão de os métodos padrões não terem permissão para sobrescreverem os métodos de Object, como o equals, o hashCode e o toString.

Uma vez que as implementações esqueléticas são projetadas para herança, você deve seguir todas as normas de design e todas as normas de documentação do Item 19. Para fins de concisão, omitiram-se os comentários do exemplo anterior, mas uma **boa documentação é essencial em uma implementação esquelética**, seja composta de métodos padrões em uma interface, seja uma classe abstrata separada.

Uma pequena variação da implementação esquelética é a *implementação simples*, exemplificada pela AbstractMap.SimpleEntry. Por um lado, uma implementação simples é como uma implementação esquelética, em que se implementa uma interface que é projetada para herança. Por outro lado, ela diverge da implementação esquelética por não ser abstrata: é a implementação funcional mais simples possível. Você pode usá-la do modo como está ou dividi-la em subclasses, conforme as circunstâncias determinarem.

Em suma, uma interface geralmente é a melhor forma de definir um tipo que permite múltiplas implementações. Se exportar uma interface que não seja comum, pense seriamente em fornecer uma implementação esquelética para

112   *JAVA EFETIVO*

acompanhar. Na medida do possível, você deve fornecer a implementação esquelética por meio de métodos padrões na interface para que todos os implementadores da interface possam usar. Dito isso, as restrições às interfaces normalmente exigem que uma implementação esquelética assuma a forma de classe abstrata.

Item 21: Projete as interfaces para a posteridade

Antes do Java 8, era impossível adicionar métodos às interfaces sem quebrar as implementações existentes. Caso acrescentasse um método novo a uma interface, as implementações disponíveis normalmente não teriam o método, ocasionando um erro no momento da compilação. No Java 8, introduziu-se o construto *método padrão* [JLS 9.4], com o intuito de permitir a adição de métodos às interfaces existentes. Porém, adicionar métodos novos às interfaces existentes envolve uma série de riscos.

A declaração para um método padrão inclui uma *implementação padrão*, que é utilizada por todas as classes que implementam a interface, mas não implementam o método padrão. Ao mesmo tempo que a adição de métodos padrão no Java faz com que seja possível acrescentar métodos a uma interface existente, não há garantia de que esses métodos funcionem em todas as implementações preexistentes. Os métodos padrão são "injetados" nas implementações existentes sem que os implementadores saibam ou tenham autorizado. Antes do Java 8, subentendia-se que ao escrever essas implementações as interfaces *nunca* passariam a ter métodos novos.

Acrescentaram-se muitos novos métodos padrões às interfaces das coleções fundamentais do Java 8, principalmente para facilitar o uso dos lambdas (Capítulo 7). Os métodos padrões das bibliotecas Java são implementações de uso geral de altíssima qualidade e, na maioria dos casos, funcionam bem. Mas **nem sempre é possível escrever um método padrão que mantenha todas as invariantes de todas as possíveis implementações**.

Por exemplo, analise o método `removeIf`, que foi adicionado à interface `Collection`, no Java 8. Esse método remove todos os elementos para os quais uma determinada função booleana (ou *predicado)* retorna `true`. A implementação padrão é especificada para percorrer a coleção usando seu iterador, invocando o predicado em cada elemento e utilizando o método `remove` do iterador para remover os elementos para os quais o predicado retorna `true`. Provavelmente, a declaração se parecerá com algo deste tipo:

CAPÍTULO 4: CLASSES E INTERFACES 113

```java
// Método padrão adicionado à interface Collection no Java 8
default boolean removeIf(Predicate<? super E> filter) {
    Objects.requireNonNull(filter);
    boolean result = false;
    for (Iterator<E> it = iterator(); it.hasNext(); ) {
        if (filter.test(it.next())) {
            it.remove();
            result = true;
        }
    }
    return result;
}
```

Essa é a melhor implementação para uso geral que se poderia escrever para o método `removeIf`. Todavia, infelizmente, não surte efeito em algumas implementações reais da `Collection`. Por exemplo, vejamos a `org.apache.commons.collections4.collection.SynchronizedCollection`. Essa classe, da biblioteca Apache Commons, é semelhante àquela retornada pela static factory `Collections.synchronizedCollection` do `java.util`. A versão Apache, além disso, oferece os meios de usar um objeto fornecido pelo cliente para efetuar o locking, em vez da coleção. Em outras palavras, é uma classe wrapper (Item 18), cujos métodos são sincronizados em um objeto de locking antes de delegá-lo à coleção que foi envolvida.

A classe `SynchronizedCollection` do Apache ainda está sendo ativamente mantida, mas até a data de escrita desse livro, não sobrescrevia o método `removeIf`. Caso essa classe seja utilizada em conjunto com o Java 8, consequentemente herdará a implementação padrão do `removeIf`, que não mantém, de fato, *não tem como manter*, a promessa fundamental da classe: sincronizar automaticamente cada invocação de método. A implementação padrão não sabe da sincronização e não tem acesso ao campo que contém o objeto de locking. Se um cliente chama o método `removeIf` em uma instância `SynchronizedCollection` quando uma modificação concorrente da coleção por outra thread estiver ocorrendo, a exceção `ConcurrentModificationException` ou outro comportamento não especificado podem acontecer.

A fim de evitar que algo semelhante acontecesse com as implementações das bibliotecas da plataforma Java, como a classe pacote-privado retornada pela `Collections.synchronizedCollection`, os administradores do JDK tiveram que sobrescrever a implementação do `removeIf` padrão e de outros métodos parecidos com ele para executarem a sincronização necessária antes de invocar a implementação padrão. As implementações preexistentes das coleções que não fazem parte da plataforma Java não tiveram a oportunidade de fazer as mudanças parecidas em sincronia com a da interface, e algumas ainda não a realizaram.

114 *JAVA EFETIVO*

Perante os métodos padrão, as implementações existentes de uma interface podem compilar sem erro ou sem nenhuma advertência; porém, falhar no momento da execução. Embora não seja muito comum, esse problema não é um incidente isolado. Alguns dos métodos adicionados às interfaces de coleções no Java 8 são conhecidos por serem vulneráveis, e um punhado das implementações existentes foi sabidamente afetado.

Deve-se evitar o uso dos métodos padrões para adicionar métodos novos às interfaces existentes, a menos que seja crucial, caso em que você deve pensar muito bem se uma implementação já existente dessa interface pode ser quebrada por sua implementação do método padrão. No entanto, os métodos padrões são extremamente úteis para fornecer implementações padrão de métodos quando uma interface é criada e facilita a tarefa de implementar a interface (Item 20).

Vale a pena também salientar que os métodos padrões não foram projetados para suportar a remoção de métodos das interfaces ou a alteração das assinaturas de métodos existentes. Nenhuma dessas mudanças na interface é possível sem que os clientes quebrem.

Moral da história: mesmo que os métodos padrões sejam atualmente parte da plataforma Java, **ainda é extremamente importante ter muita cautela ao projetar as interfaces**. Ainda que seja *possível* adicionar métodos às interfaces existentes por intermédio dos métodos padrões, existe um grande risco ao fazê--lo. Se uma interface contém uma falha mínima que seja, isso pode deixar seus usuários irritados para sempre. Se uma interface for severamente deficiente, ela condena a API que a contém.

Portanto, é extremamente importante testar cada interface nova antes de liberá-la. Múltiplos programadores devem implementar cada interface de maneiras diferentes. No mínimo, você deve dispor de três implementações diversificadas. Também é importante escrever vários programas cliente que usam instâncias de cada interface nova a fim de executar múltiplas tarefas. Isso ajudará a garantir que cada interface atenda a seus usos previstos. Esses passos permitem a descoberta de falhas nas interfaces, antes que elas sejam liberadas, quando você ainda pode corrigir facilmente. **Embora seja possível corrigir algumas falhas da interface após sua liberação, você não deve contar com isso.**

Item 22: Use as interfaces somente para definir tipos

Quando uma classe implementa uma interface, a interface funciona como um *tipo* que pode ser usado para se referir a instâncias da classe. Portanto, quando uma classe implementa uma interface, isso deve dar uma ideia do que o cliente pode fazer com as instâncias da classe. Não é adequado definir uma interface para qualquer outra finalidade.

Um tipo de interface que falha nesse teste é a chamada *interface constante*. Essa interface não apresenta métodos. É composta apenas de campos finais estáticos, cada qual exportando uma constante. Classes que usam essas constantes implementam a interface a fim de burlar a exigência de qualificar os nomes das constantes com um nome de classe. Veja um exemplo:

```java
// Interface constante antipadrão - não use!
public interface PhysicalConstants {
    // Número do Avogrado (1/mol)
    static final double AVOGADROS_NUMBER   = 6.022_140_857e23;

    // Constante Boltzmann (J/K)
    static final double BOLTZMANN_CONSTANT = 1.380_648_52e-23;

    // Massa do elétron (kg)
    static final double ELECTRON_MASS      = 9.109_383_56e-31;
}
```

O uso do padrão da interface constante deixa a desejar. O fato de uma classe utilizar algumas constantes internamente é um detalhe da implementação. A implementação de uma interface constante faz com que esses detalhes de implementação vazem na API exportada da classe. Não é relevante para os usuários de uma classe se ela implementa uma interface constante. Na verdade, isso pode até confundi-los. E, pior, representa um comprometimento: se em uma versão futura a classe for alterada para que não precise mais utilizar as constantes, deve implementar a interface para assegurar a compatibilidade binária. Caso uma classe não final implemente uma interface constante, todas as suas subclasses ficarão com seus namespaces poluídos pelas constantes da interface.

Existem várias interfaces constantes nas bibliotecas da plataforma Java, como a java.io.ObjectStreamConstants. Deve-se considerar essas interfaces como anomalias, e elas não devem ser imitadas.

Se você quer exportar as constantes, há inúmeras opções aceitáveis. Caso as constantes estejam fortemente ligadas a uma classe ou interface existente, você deve adicioná-las à classe ou à interface. Por exemplo, todas as classes numéricas primitivas empacotadas, como a Integer e a Double, exportam as constantes MIN_VALUE e MAX_VALUE. Se as constantes são consideradas como membros de um tipo enumerado, você as deve exportar com um *tipo enum* (Item 34). Caso contrário, deve exportar as constantes com uma *classe utilitária* não instanciável (Item 4). Veja a seguir uma versão de classe utilitária do exemplo PhysicalConstants mostrado anteriormente:

```java
// Classe utilitária constante
package com.effectivejava.science;

public class PhysicalConstants {
  private PhysicalConstants() { }  // Evita a instanciação

  public static final double AVOGADROS_NUMBER = 6.022_140_857e23;
  public static final double BOLTZMANN_CONST  = 1.380_648_52e-23;
  public static final double ELECTRON_MASS    = 9.109_383_56e-31;
}
```

Diga-se de passagem, observe o uso do caractere de underscore (_) nos literais numéricos. Os underscores, reconhecidos desde o Java 7, não afetam os valores dos literais numéricos, mas podem fazer com que sejam mais fáceis de ler se usados com responsabilidade. Pense na possibilidade de adicionar underscores aos literais numéricos, fixos ou de ponto flutuante, caso tenham cinco ou mais dígitos consecutivos. Para os literais de base dez, seja integral ou de ponto flutuante, você deve utilizar os underscores para separar os literais em grupos de três dígitos indicando as potências positivas e negativas de mil.

Normalmente, uma classe utilitária exige que os clientes qualifiquem os nomes das constantes com um nome de classe, por exemplo, PhysicalConstants. AVOGADROS_NUMBER . Caso utilize intensamente as constantes exportadas por uma classe utilitária, você pode evitar a necessidade de qualificar as constantes com o nome da classe fazendo uso do recurso de *importação estática*:

```java
// Use da importação estática para evitar que as constantes sejam elegíveis
import static com.effectivejava.science.PhysicalConstants.*;

public class Test {
    double atoms(double mols) {
        return AVOGADROS_NUMBER * mols;
    }
    ...
    // Muitos mais usos da PhysicalConstants justificam importação estática
}
```

Em resumo, as interfaces devem ser usadas somente para definir tipos. Elas não devem ser utilizadas apenas para exportar constantes.

Item 23: Dê preferência às hierarquias de classes em vez das classes tagged

Em certas ocasiões você pode se deparar com uma classe cujas instâncias vêm em duas ou mais opções e contêm uma *tag* indicando a opção da instância. Por exemplo, analise esta classe, que representa um círculo ou um retângulo:

```java
// Classe tagged - substancialmente inferior à hierarquia de classe!
class Figure {
    enum Shape { RECTANGLE, CIRCLE };

    // Campo da tag - a forma da figura
    final Shape shape;

    // Estes campos são usados apenas se a forma for um RETÂNGULO
    double length;
    double width;

    // Este campo é usado apenas se a forma for um CÍRCULO
    double radius;

    // Construtor do círculo
    Figure(double radius) {
        shape = Shape.CIRCLE;
        this.radius = radius;
    }

    // Construtor do retângulo
    Figure(double length, double width) {
        shape = Shape.RECTANGLE;
        this.length = length;
        this.width = width;
    }

    double area() {
        switch(shape) {
          case RECTANGLE:
            return length * width;
          case CIRCLE:
            return Math.PI * (radius * radius);
          default:
            throw new AssertionError(shape);
        }
    }
}
```

As *classes tagged* apresentam inúmeros inconvenientes. Elas estão repletas de boilerplates, incluindo declarações enum, campos de tags e instruções switch. Prejudica-se substancialmente a legibilidade porque existem inúmeras implementações emaranhadas dentro de uma única classe. O volume de memória aumenta, pois as instâncias são carregadas com campos irrelevantes pertencentes às outras opções. Os campos não podem ser definidos como finais, a menos que os construtores inicializem os campos irrelevantes, resultando em mais boilerplate. Os construtores devem definir o campo da tag e inicializar os campos de dados corretos sem ajuda do compilador: se você inicializar os campos errados, o programa falhará no momento da execução. Você não pode adicionar uma opção a uma classe tagged a menos que possa modificar seu arquivo de origem. Caso adicione uma opção, deve se lembrar de adicionar um case para cada instrução switch, ou a classe falhará no momento da execução. Por fim, o tipo de dado de uma instância não dá pistas sobre sua opção. Em suma, **as classes tagged são verbosas, sujeitas a erros e ineficientes**.

118   *JAVA EFETIVO*

Felizmente, as linguagens orientadas a objetos, como o Java, oferecem uma alternativa muito melhor para definir um único tipo de dados capaz de representar objetos com várias opções: subtipagem. **Uma classe tagged é apenas uma imitação pálida de uma hierarquia de classes**.

Para transformar uma classe tagged em uma hierarquia de classes, primeiro, defina uma classe abstrata com um método abstrato para cada método na classe tagged cujo comportamento dependa do valor da tag. Na classe Figure, existe apenas um desses métodos, area. Essa classe abstrata é a raiz da hierarquia de classes. Se houver algum método cujo comportamento não dependa do valor da tag, insira-os nessa classe. Da mesma forma, se houver algum campo de dados usado por todos as distribuições, insira-os nessa classe. Não há métodos ou campos independentes das opções na classe Figure.

Em seguida, defina uma subclasse concreta da classe raiz para cada opção da classe tagged original. No nosso exemplo, existem duas: círculo e retângulo. Inclua em cada subclasse os campos de dados específicos para sua opção. No nosso exemplo, radius é específico para o círculo, e o length e a width são específicos para o retângulo. Inclua também em cada subclasse a implementação apropriada de cada método abstrato na classe raiz.

Veja aqui a hierarquia de classes correspondente à classe original Figure:

```
// Substituição de hierarquia de classe para uma classe tagged
abstract class Figure {
    abstract double area();
}

class Circle extends Figure {
    final double radius;

    Circle(double radius) { this.radius = radius; }

    @Override double area() { return Math.PI * (radius * radius); }
}
class Rectangle extends Figure {
    final double length;
    final double width;

    Rectangle(double length, double width) {
        this.length = length;
        this.width  = width;
    }
    @Override double area() { return length * width; }
}
```

Essa hierarquia de classes corrige todas as limitações das classes tagged notadas anteriormente. O código é simples e claro, sem nenhum dos elementos boilerplate encontrados no original. A implementação de cada opção é atribuída à própria classe, e nenhuma dessas classes é sobrecarregada por campos de dados irrelevantes. Todos os campos são finais. O compilador assegura que o construtor de cada classe inicialize seus campos de dados e que cada classe tenha uma implementação para cada método abstrato declarado na classe raiz. Isso elimina a possibilidade de falha no momento da execução devido à falta de um case do switch. Inúmeros programadores podem estender a hierarquia de forma independente e interoperável sem acessar o código-fonte da classe raiz. Existe um tipo de dado separado associado a cada opção, permitindo aos programadores indicar a opção de uma variável e restringir as variáveis e os parâmetros de entrada a uma em particular.

Outra vantagem das hierarquias de classe é que podem ser feitas para refletir relacionamentos hierárquicos naturais entre os tipos, proporcionando maior flexibilidade e melhor verificação de tipo na compilação. Imagine que a classe tagged no exemplo original também permitisse quadrados. A hierarquia de classe poderia ser feita para refletir o fato de que um quadrado é um tipo especial de retângulo (assumindo que ambos são imutáveis):

```
class Square extends Rectangle {
    Square(double side) {
        super(side, side);
    }
}
```

Observe que os campos da hierarquia acima são acessados diretamente em vez de serem acessados pelos métodos getters. Isso foi feito para resumir e seria um projeto ruim se a hierarquia fosse pública (Item 16).

Em suma, as classes tagged raramente são adequadas para o uso. Se você se sentir tentado a escrever uma classe com um campo de tag explícito, pense se a tag pode ser eliminada e a classe, substituída por uma hierarquia. Quando encontrar uma classe existente com um campo de tag, pense na possibilidade de refatorar em hierarquia.

Item 24: Prefira as classes membro estáticas às não estáticas

Uma *classe aninhada* é definida dentro de outra. Uma classe aninhada deve existir apenas para atender a sua classe envolvente. Se uma classe aninhada for de utilidade em algum outro contexto, então, deveria ser uma classe de nível superior. Há quatro tipos de classes aninhadas: *classes membro estáticas*, *classes membro não estáticas*, *classes anônimas* e *classes locais*. Todas, exceto o primeiro tipo, são conhecidos como *classes internas*. Esse Item lhe explica quando usar qual tipo de classe aninhada e o porquê.

120   *JAVA EFETIVO*

Uma classe membro estática é o tipo mais simples de classe aninhada. Pense nela como uma classe comum, que por acaso está declarada dentro de outra e tem acesso a todos os membros da classe envolvente, mesmo aqueles declarados como privados. Uma classe membro estática é um membro estático de sua classe envolvente e obedece às mesmas regras de acessibilidade que os outros membros estáticos. Se for declarada privada, é acessível somente dentro da classe envolvente, e assim por diante.

Um uso comum de uma classe membro estática é o de uma classe auxiliar pública, útil apenas em conjunto com sua classe externa. Por exemplo, imagine um enum descrevendo as operações suportadas por uma calculadora (Item 34). O Enum `Operation` deve ser uma classe membro estática pública da classe `Calculator`. Desse modo, os clientes da `Calculator` podem consultar as operações usando nomes como `Calculator.Operation.PLUS` e `Calculator.Operation.MINUS`.

Sintaticamente, a única diferença entre as classes membro estáticas e as não estáticas é que as primeiras têm o modificador `static` em suas declarações. Apesar da semelhança sintática, esses dois tipos de classes aninhadas são muito distintos. Cada instância de uma classe membro não estática está implicitamente associada a uma *instância envolvente* da classe que a contém. Nos métodos de instância de uma classe de membros não estáticos, você pode invocar os métodos na instância envolvente ou obter uma referência à instância envolvente usando o construtor *this qualificado* [JLS, 15.8.4]. Se uma instância de uma classe aninhada puder existir isoladamente de uma instância de sua classe envolvente, então a classe aninhada *deve* ser uma classe membro estática: é impossível criar uma instância de uma classe membro não estática sem uma instância envolvente.

A associação entre uma instância da classe membro não estática e sua instância envolvente é estabelecida quando a instância de classe membro é criada, e não pode ser modificada posteriormente. Em geral, a associação é estabelecida automaticamente ao invocar um construtor de classe membro não estática de dentro de um método de instância da classe envolvente. É possível, embora raro, estabelecer a associação manualmente usando a expressão `enclosingInstance. new MemberClass(args)`. Como seria de esperar, a associação ocupa espaço na instância da classe membro não estática e soma tempo à sua construção.

Um uso bem comum de uma classe membro não estática é definir um *Adaptador* [Gamma95], que possibilita que uma instância da classe externa seja vista como uma instância de alguma classe não relacionada. Por exemplo, as implementações da interface `Map` geralmente usam classes membros não estáticas para implementar suas *views de coleções*, que são retornadas pelos métodos `keySet`, `entrySet` e `values` da `Map`. Da mesma forma, as implementações das interfaces das coleções, como a Set e a List, geralmente usam classes membros não estáticas para implementar seus iteradores:

```java
// Uso típico de uma classe de membro de não estático
public class MySet<E> extends AbstractSet<E> {
    ... // A maior parte da classe omitida

    @Override public Iterator<E> iterator() {
        return new MyIterator();
    }

    private class MyIterator implements Iterator<E> {
        ...
    }
}
```

Se você declarar uma classe membro que não exija acesso a uma instância envolvente, coloque *sempre* o modificador static em sua declaração, tornando-a uma classe membro estática em vez de não estática. Caso você omita esse modificador, cada instância terá uma referência externa oculta à sua instância envolvente. Como mencionado anteriormente, armazenar essa referência exige tempo e espaço. Mais grave, isso pode provocar a retenção da instância envolvente em vez de ela ficar elegível para o garbage collector (Item 7). O vazamento de memória resultante pode ser catastrófico. Muitas vezes, é difícil de detectá-lo, porque a referência é invisível.

Um uso comum das classes membro estáticas privadas é representar componentes do objeto representados por sua classe envolvente. Por exemplo, imagine uma instância Map, que associa chaves com valores. Muitas implementações Map têm um objeto interno Entry (entrada) para cada par chave-valor no map. Embora cada Entry esteja associado a um map, os métodos de um Entry (getKey, getValue e setValue) não precisam acessá-lo. Portanto, seria um desperdício usar uma classe membro não estática para representar as entradas: uma classe membro estática privada é a melhor opção. Caso você omita por acidente o modificador static na declaração da entrada, o map ainda funcionará, mas cada entrada terá uma referência supérflua ao map, desperdiçando tempo e espaço.

É ainda mais importante escolher corretamente entre uma classe membro estática e não estática se a classe em questão for um membro público ou protegido de uma classe exportada. Nesse caso, a classe membro é um elemento da API exportada e não pode ser alterada de uma classe não estática para estática em uma futura versão sem violar a compatibilidade com as versões anteriores.

Como era de se esperar, uma classe anônima não tem nome. Não é um membro de sua classe envolvente. Em vez de ser declarada junto aos outros membros, é declarada simultaneamente e instanciada no momento da utilização. Permitem-se as classes anônimas em qualquer local do código em que uma expressão seja aceitável. As classes anônimas têm instâncias envolventes se e apenas se ocorrerem em um contexto não estático. Todavia, ainda que ocorram em um contexto estático, não podem ter outros membros estáticos além de *variáveis constantes*, que são do tipo primitivas finais ou campos de string inicializados com expressões constantes [JLS, 4.12.4].

Há uma série de limitações sobre a aplicabilidade das classes anônimas. Você não as pode instanciar, exceto no momento em que são declaradas. Não é possível executar os testes da `instanceof` ou fazer qualquer outra coisa que exija a nomeação da classe. É impossível declarar uma classe anônima para implementar muitas interfaces ou estender uma classe e implementar uma interface ao mesmo tempo. Os clientes de uma classe anônima não podem invocar nenhum membro, exceto aqueles que ela herda do seu supertipo. Como as classes anônimas estão presentes em meio a expressões, devem permanecer curtas — cerca de dez linhas ou menos —, ou a legibilidade será comprometida.

Antes de os lambdas serem introduzidos no Java (Capítulo 7), as classes anônimas eram os meios preferidos para criar pequenos *objetos de função* e *objetos de processo* na hora, mas agora o mais recomendado são os lambdas (Item 42). Outro uso comum das classes anônimas é a implementação de métodos static factory (consulte o `intArrayAsList` no Item 20).

As classes locais são as menos utilizadas dos quatro tipos de classes aninhadas. Uma classe local pode ser declarada basicamente em qualquer lugar que uma variável local pode ser declarada e obedece às mesmas regras de escopo. As classes locais apresentam atributos em comum com cada um dos outros tipos de classes aninhadas. Como classes membro, têm nomes e podem ser utilizadas repetidas vezes. Como as classes anônimas, dispõem de instâncias envolventes apenas se forem definidas em um contexto não estático e não podem ter membros estáticos. E, também como as classes anônimas, devem ser curtas para não comprometer a legibilidade.

Recapitulando, existem quatro tipos diferentes de classes aninhadas, e cada uma ocupa um lugar. Se uma classe aninhada precisa ser visível fora de um único método ou é muito longa para se encaixar confortavelmente dentro de um método, use uma classe membro. Se cada instância de uma classe membro precisa de referência à sua instância envolvente, torne-a não estática, caso contrário, deixe-a estática. Supondo que a classe esteja dentro de um método, caso você precise criar instâncias apenas de um local e exista um tipo preexistente que caracterize a classe, torne-a uma classe anônima, do contrário, torne-a uma classe local.

Item 25: Limite os arquivos fonte a uma única classe de nível superior

Mesmo que o compilador Java permita que você defina várias classes de nível superior em um único arquivo fonte, não há vantagens associadas a isso, e há riscos significativos. Os riscos decorrem do fato de que a definição de múltiplas classes de nível superior em um arquivo fonte faz com que seja possível fornecer várias definições para uma classe. A definição utilizada é afetada pela ordem em que os arquivos fonte são passados para o compilador.

Para tornar isso concreto, veja este arquivo fonte, com apenas uma classe Main referenciando membros de duas outras classes de nível superior (Utensil e Dessert):

```java
public class Main {
    public static void main(String[] args) {
        System.out.println(Utensil.NAME + Dessert.NAME);
    }
}
```

Agora, suponha que você defina Utensil e Dessert em um único arquivo fonte chamado:

```java
// Duas classes definidas em um arquivo. Nem pense em fazer isso!
class Utensil {
    static final String NAME = "pan";
}

class Dessert {
    static final String NAME = "cake";
}
```

Obviamente, o programa principal imprime pancake.

Agora, imagine que você fez por acidente outro arquivo fonte chamado Dessert.java que define as duas mesmas classes:

```java
// Duas classes definidas em um arquivo. Nem pense em fazer isso!
class Utensil {
    static final String NAME = "pot";
}

class Dessert {
    static final String NAME = "pie";
}
```

Caso tenha sorte o bastante de compilar o programa com o comando command javac Main.java Dessert.java, a compilação falhará, e o compilador lhe informará que você multiplicou as classes `Utensil` e `Dessert`. Isso ocorre pois o compilador compilará primeiro o `Main.java`, e, quando vir a referência à `Utensil` (que precede a referência à `Dessert`), ele procurará em `Utensil.java` por essa classe e encontrará tanto `Utensil` quanto `Dessert`. O compilador, ao encontrar a `Dessert.java` na linha de comando, pegará também esse arquivo, fazendo com que ele encontre as definições de `Utensil` e `Dessert`.

Se você compilar o programa com o comando `javac Main.java` ou o `javac Main.java Utensil.java`, ele se comportará como antes de escrever o arquivo `Dessert.java`, imprimindo a pancake. Porém, caso compile o programa com o `javac Dessert.java Main.java`, ele imprimirá a potpie. O comportamento do programa é afetado desse modo por causa da ordem em que os arquivos de origem são passados para o compilador, o que é inaceitável.

A solução do problema é tão simples como dividir as classes de nível superior (`Utensil` e `Dessert`, no caso do nosso exemplo) em arquivos fonte separados. Na hipótese de você se sentir tentado a inserir várias classes de nível superior em um único arquivo fonte, pense na possibilidade de usar as classes membro estáticas (Item 24) como uma alternativa à divisão de classes em arquivos fonte separados. Se as classes são subordinadas à outra, em geral, transformá-las em classes membros estáticas é a melhor alternativa porque aumenta a legibilidade e faz com que seja possível reduzir a acessibilidade das classes as declarando como privadas (Item 15). Veja como nosso exemplo se parece com as classes membro estáticas:

```java
// Classes de membros estáticos em vez de muitas classes de nível superior
public class Test {
    public static void main(String[] args) {
        System.out.println(Utensil.NAME + Dessert.NAME);
    }

    private static class Utensil {
        static final String NAME = "pan";
    }

    private static class Dessert {
        static final String NAME = "cake";
    }
}
```

A lição é clara: **nunca insira muitas classes ou interfaces de nível superior em um único arquivo fonte**. Ao seguir essa regra, você garante que não haverá várias definições para uma única classe no momento da compilação. Isso, por sua vez, garante que os arquivos de classe gerados pela compilação e o comportamento do programa resultante sejam independentes da ordem em que os arquivos fontes são passados para o compilador.

CAPÍTULO 5

Genéricos

Os tipos genéricos fazem parte da linguagem desde o Java 5. Antes dos genéricos, você tinha que realizar um cast em cada objeto lido de uma coleção. Caso alguém inserisse acidentalmente um objeto de tipo errado, os casts podiam falhar no momento da execução. Com os genéricos, você informa ao compilador quais os tipos de objetos são permitidos dentro de cada coleção. O compilador insere os casts para você de modo automático, e, caso você tente inserir um objeto de tipo errado, o compilador lhe informa no *momento da compilação*. Como resultado, temos programas mais seguros e claros, porém essas vantagens, que não estão restritas às coleções, têm um preço. Este capítulo explica como maximizar as vantagens e minimizar as complicações.

Item 26: Não use tipos brutos

Primeiro, esclareceremos alguns termos. Uma classe ou interface cuja declaração apresente um ou mais *parâmetros de tipos* é uma classe ou interface *genérica* [JLS, 8.1.2, 9.1.2]. Por exemplo, a interface List tem um único parâmetro, E, que representa seu tipo de elemento. O nome completo da interface é List<E> (leia-se "lista de E"), todavia, na maioria das vezes, as pessoas falam List para abreviar. Comumente, as classes e interfaces genéricas são conhecidas como *tipos genéricos*.

Todo tipo genérico define um conjunto de *tipos parametrizados*, composto do nome da classe ou da interface, seguido por uma lista entre parênteses angulares dos tipos de *parâmetros reais* correspondentes aos formais de tipos dos tipos genéricos [JLS, 4.4, 4.5]. Por exemplo, a List<String> (leia-se "lista de string") é o tipo parametrizado que representa uma lista cujos elementos são do tipo String. (String é o parâmetro do tipo atual correspondente ao parâmetro formal de tipo E.)

126 *JAVA EFETIVO*

Por último, cada tipo genérico define um *tipo bruto*, nome do tipo genérico usado sem quaisquer parâmetros de tipo associados [JLS, 4.8]. Por exemplo, o tipo bruto correspondente à List<E> é uma List. Os tipos brutos comportam-se como se todas as informações do tipo genérico fossem apagadas da declaração de tipo. Eles existem sobretudo por causa da compatibilidade com os códigos pré-genéricos.

Antes de os genéricos serem introduzidos no Java, o código a seguir teria sido uma declaração de coleção exemplar. A partir do Java 9, ela ainda é aceitável, porém, está longe de ser exemplar:

```
// Tipo de coleção bruto - não faça isso!
// Minha stamp collection contém apenas instâncias Stamp.
private final Collection stamps = ... ;
```

Hoje, se usar essa declaração e, acidentalmente, inserir uma moeda em sua coleção de selos, essa inserção errada compila e é executada sem erro (embora o compilador emita uma vaga advertência):

```
// Inserção errônea de uma moeda dentro da coleção de selos (stamp)
stamps.add(new Coin( ... )); // Emitiu-se a advertência da "chamada não verificada"
```

Você não recebe um erro até tentar recuperar a moeda da coleção de selos:

```
// Tipo de iterador bruto - não faça isso!
for (Iterator i = stamps.iterator(); i.hasNext(); ) {
    Stamp stamp = (Stamp) i.next(); // Lança uma ClassCastException
        stamp.cancel();
```

Conforme mencionado ao longo deste livro, vale a pena identificar os erros o quanto antes, assim que forem cometidos, de preferência no momento da compilação. Nesse caso, você não consegue identificar no momento da compilação, mas o detecta bem depois de ele ser cometido em um código que pode estar longe daquele com o erro. Uma vez que a ClassCastException é vista, você tem que procurar na base de códigos pelo método de invocação que inseriu a moeda na coleção de selos. O compilador não pode o ajudar, porque não consegue entender o comentário "Contém apenas instâncias Stamp".

Com os genéricos, a declaração de tipo apresenta a informação, não o comentário:

```
// Tipo de coleção parametrizada - typesafe
private final Collection<Stamp> stamps = ... ;
```

CAPÍTULO 5: GENÉRICOS **127**

A partir dessa declaração, o compilador sabe que `stamps` deve conter apenas instâncias `Stamp` e *garante* que isso seja verdadeiro, presumindo que toda a sua base de código compile sem emitir (ou sem suprimir; consulte o Item 27) quaisquer advertências. Ao declarar `stamps` por meio da declaração de tipo parametrizado, a inserção errônea gera uma mensagem de erro em tempo de compilação que lhe informa *exatamente* o que está errado:

```
Test.java:9: error: incompatible types: Coin cannot be converted
to Stamp
    stamps.add(new Coin());
           ^
```

O compilador insere casts invisíveis para você ao recuperar os elementos das coleções e garante que não falhem (supondo, mais uma vez, que todo o seu código não tenha gerado ou suprimido quaisquer advertências). Embora a possibilidade de inserir por acidente uma moeda na coleção de selos pareça exagerada, o problema é real. Por exemplo, é fácil imaginar que se pode inserir um `BigInteger` em uma coleção que, teoricamente, tenha apenas instâncias `BigDecimal`.

Conforme observado anteriormente, permite-se a utilização dos tipos brutos (tipos genéricos sem seus parâmetros de tipo), porém você nunca deve usar. **Se você usar os tipos brutos, abrirá mão de todas as vantagens de segurança e expressividade oferecidas pelos genéricos**. Visto que você não deve utilizar, por qual motivo, antes de mais nada, os arquitetos Java permitiram que os tipos brutos existissem? Devido à compatibilidade. O Java estava prestes a completar duas décadas quando se adicionaram os genéricos, e havia uma quantidade enorme de códigos em funcionamento que não os usavam. Considerou-se de suma importância que os códigos continuassem válidos e interoperáveis com códigos mais novos que utilizassem os genéricos. Deveria ser permitido passar instâncias de tipos parametrizados para métodos projetados para o uso com tipos brutos, e vice-versa. Esse requisito, conhecido como *compatibilidade de migração*, guiou a decisão de dar suporte aos tipos brutos e de implementar os genéricos através do processo *erasure* (Item 28).

Embora você não possa utilizar os tipos brutos como o `List`, não há problemas em se utilizar tipos que sejam parametrizados que permitem a inserção de objetos arbitrários, como o `List<Object>`. Qual é a diferença entre o tipo bruto `List` e o parametrizado `List<Object>`? Em linhas gerais, o primeiro fez a opção de ficar fora do sistema de tipos genéricos, ao passo que o segundo informa de modo explícito ao compilador que ele consegue comportar objetos de qualquer tipo. Ainda que consiga passar uma `List<String>` para um parâmetro do tipo

List, você não pode passar para um parâmetro do tipo List<Object>. Existem regras de subtipagem para os genéricos, e a List<String> é um subtipo do tipo bruto List, e não do tipo parametrizado List<Object> (Item 28). Consequentemente, **você perde a type safety caso utilize um tipo bruto como o List, mas não se usar um tipo parametrizado como o List<Object>.**

Para materializar isso, analise o seguinte programa:

```java
// Falha no momento da execução - método unsafeAdd usa um tipo bruto (List)!
public static void main(String[] args) {
    List<String> strings = new ArrayList<>();
    unsafeAdd(strings, Integer.valueOf(42));
    String s = strings.get(0); // Tem cast compilado gerado
}

private static void unsafeAdd(List list, Object o) {
    list.add(o);
}
```

Esse programa compila porque usa o tipo bruto List, porém você recebe uma advertência:

```
Test.java:10: warning: [unchecked] unchecked call to add(E) as a
member of the raw type List
    list.add(o);
        ^
```

E, de fato, se você executar o programa, receberá uma ClassCastException quando ele tentar realizar o cast para uma String do resultado da invocação de strings.get(0), que é um Integer. Esse é um cast gerado pelo compilador, portanto, normalmente se tem a garantia de que funcione; todavia, nesse caso, ignoramos uma advertência do compilador e pagamos o preço.

Se você substituir o tipo bruto List pelo parametrizado List<Object> na declaração unsafeAdd e tentar recompilar o programa, descobrirá que ele não compila mais; contudo, emite uma mensagem de erro:

```
Test.java:5: error: incompatible types: List<String> cannot be
converted to List<Object>
    unsafeAdd(strings, Integer.valueOf(42));
        ^
```

Você pode se sentir tentado a utilizar um tipo bruto para uma coleção cujos tipos de elementos sejam desconhecidos e não tenham importância. Por exemplo, suponha que queira escrever um método que aceite dois conjuntos e retorne o número de elementos que eles têm em comum. Caso seja novato com o uso dos genéricos, veja como escrever o método:

```
// Uso de um tipo bruto para um tipo de elemento desconhecido - não faça isso!
static int numElementsInCommon(Set s1, Set s2) {
    int result = 0;
    for (Object o1 : s1)
        if (s2.contains(o1))
            result++;
    return result;
}
```

Esse método funciona, mas usa os tipos brutos, que são perigosos. A alternativa mais segura é utilizar os *tipos wildcard ilimitados*. Caso queira usar um tipo genérico, mas não saiba ou não se importe com o formato do parâmetro real, você pode empregar o sinal do ponto de interrogação para substituí-lo. Por exemplo, o tipo wildcard ilimitado para o tipo genérico Set<E> é Set<?> (leia-se "set de algum tipo "). É o tipo parametrizado Set mais geral, e consegue conter *qualquer* set. A seguir, veja como a declaração numElementsInCommon fica com os tipos wildcard ilimitados:

```
// Usa o tipo de wildcard ilimitado - typesafe e flexível
static int numElementsInCommon(Set<?> s1, Set<?> s2) { ... }
```

Qual é a diferença entre o tipo wildcard ilimitado Set<?> e o bruto Set? Será que o ponto de interrogação realmente faz diferença? Não que eu queira insistir o tempo todo nessa questão, mas o wildcard é seguro e o tipo bruto, não. Você pode inserir qualquer elemento em uma coleção com um tipo bruto, corrompendo facilmente a invariante de tipo da coleção (conforme demonstrado pelo método unsafeAdd, na página 128). **O que você não pode é inserir um elemento qualquer (além de null) em uma coleção Collection<?>.** Ao tentar fazer isso, será gerada uma mensagem de erro em tempo de compilação parecida com esta:

```
WildCard.java:13: error: incompatible types: String cannot be
converted to CAP#1
        c.add("verboten");
        ^
    where CAP#1 is a fresh type-variable:
    CAP#1 extends Object from capture of ?
```

Não restam dúvidas de que essa mensagem de erro deixa um pouco a desejar, porém o compilador cumpriu sua missão, impedindo que você corrompesse a invariante de tipo da coleção, seja lá qual for o tipo de seu elemento. Agora, além de não conseguir inserir qualquer elemento (diferente de null) na Collection<?>, você também não pode assumir nada com relação ao tipo dos objetos que retira dela. Caso essas restrições sejam inaceitáveis para você, use os *métodos genéricos* (Item 30) ou os *tipos wildcard limitados* (Item 31).

130 *JAVA EFETIVO*

Há pouquíssimas exceções que fogem à regra de não poder usar os tipos brutos. **Você deve utilizá-los em literais de classe**. A especificação não permite a utilização de tipos parametrizados (embora permita os tipos array e primitivos) [JLS, 15.8.2]. Em outras palavras, as classes List.class, String[].class, e a int.class são permitidas, porém as classes List<String>.class e a List<?>. class, não.

A segunda exceção que foge à regra é o operador instanceof. Como as informações do tipo genérico são apagadas no momento da execução, não se permite usar o operador instanceof em tipos parametrizados diferentes de tipos wildcard ilimitados. A utilização dos tipos wildcard ilimitados em vez dos brutos não influencia de forma alguma o comportamento do operador instanceof. Nesse caso, os parênteses angulares e os pontos de interrogações são apenas informações irrelevantes. **Esse é o modo preferido para se usar o operador instanceof com os tipos genéricos:**

```
// Uso legítimo do tipo bruto - operador instanceof
if (o instanceof Set) {        // Tipo bruto
    Set<?> s = (Set<?>) o;     // Tipo de wildcard
    ...
}
```

Observe que, uma vez determinado que o o é um Set, você deve realizar o cast dele e transformá-lo em um tipo wildcard Set<?>, e não em um tipo bruto Set. Esse é um cast verificado, por isso o compilador não gera nenhuma advertência.

Em síntese, o uso dos tipos brutos provoca exceções em tempo de execução, portanto, não os utilize. Eles são disponibilizados exclusivamente para a compatibilidade e a interoperabilidade com códigos legados anteriores à introdução dos genéricos na plataforma Java. Uma breve recapitulação: o Set<Object> é um tipo parametrizado que representa um set com objetos de algum tipo desconhecido, e o Set é um tipo bruto, que escolhe não fazer parte do sistema de tipo genérico. O primeiro é seguro; o segundo, não.

Para uma consulta rápida, os termos introduzidos nesse Item (e outros que serão apresentados mais adiante neste capítulo) estão resumidos na tabela a seguir:

Termo	Exemplo	Item
Tipo parametrizado	List<String>	Item 26
Parâmetro de tipo real	String	Item 26
Tipo genérico	List<E>	Itens 26, 29

Parâmetro de tipo formal	E	Item 26
Tipo wildcard ilimitado	List<?>	Item 26
Tipo bruto	List	Item 26
Parâmetro de tipo limitado	<E extends Number>	Item 29
Associação de tipo recursiva	<T extends Comparable<T>>	Item 30
Tipo wildcard limitado	List<? extends Number>	Item 31
Método genérico	static <E> List<E> asList(E[] a)	Item 30
Tipo token	String.class	Item 33

Item 27: Elimine as advertências não verificadas

Ao programar com genéricos, você verá que o compilador gera muitas advertências: de cast não verificado, de invocação de métodos não verificados, de tipo de vararg parametrizado não verificado e de conversões não verificadas. Quanto mais experiência você adquirir usando os genéricos, menos advertências receberá, mas não espere escrever um código novo que compile de forma limpa.

É fácil eliminar a maioria das advertências não verificadas. Por exemplo, imagine que você escreveu acidentalmente esta declaração:

```
Set<Lark> exaltation = new HashSet();
```

O compilador gentilmente o avisará sobre o que você fez de errado:

```
Venery.java:4: warning: [unchecked] unchecked conversion
        Set<Lark> exaltation = new HashSet();
                               ^
    required: Set<Lark>
    found:    HashSet
```

Assim, você pode corrigir o problema, conforme indicado, fazendo com que a advertência desapareça. Observe que, na verdade, você não precisa especificar o parâmetro de tipo apenas para indicar que ele está presente no *operador diamante* (<>), introduzido no Java 7. O compilador *deduzirá* o parâmetro de tipo atual correto (neste caso, Lark):

```
Set<Lark> exaltation = new HashSet
```

Algumas advertências serão *mais* difíceis de ser eliminadas. Este capítulo apresenta exemplos abundantes dessas advertências. Ao receber uma advertência em que você precise pensar muito bem sobre o que fazer, reflita e não desista! **Elimine todas as advertências não verificadas que conseguir.** Ao eliminar todas elas, você garante que seu código seja typesafe, o que é uma coisa muito boa. Ou seja, você não estará sujeito a uma ClassCastException em tempo de execução, e isso lhe dá a confiança de que o programa se comportará conforme o planejado.

Caso não consiga eliminar uma advertência, mas consiga comprovar que o código que a provocou é typesafe, então (somente nesse caso) suprima a advertência com uma anotação @SuppressWarnings("unchecked"). Se suprimir as advertências sem antes comprovar que o código é typesafe, você estará se enganado com uma falsa sensação de segurança. O código pode até compilar sem emitir nenhuma advertência, porém ainda pode lançar uma ClassCastException em tempo de execução. No entanto, se ignorar as advertências não verificadas, aquelas que sabe que são seguras (em vez de suprimi-las), você não perceberá quando aparecer uma advertência nova acusando um problema real. Ela se perderá em meio a todos os alarmes falsos que você não silenciou.

A anotação SuppressWarnings pode ser usada em qualquer declaração, de uma declaração de variável local individual a toda uma classe. **Utilize sempre a anotação SuppressWarnings em um escopo que seja o menor possível.** Normalmente será uma declaração variável, ou de um método bem pequeno ou de construtor. Nunca use a SuppressWarnings em toda a classe. Proceder dessa forma pode fazer com que advertências críticas sejam mascaradas.

Sempre que se encontrar usando a anotação SuppressWarnings em um método ou em um construtor com mais de uma linha, você pode movê-la para uma declaração de variável local. Você pode ter que declarar uma variável local nova, todavia, mas isso vale a pena. Por exemplo, analise este método toArray, que vem do ArrayList:

```
public <T> T[] toArray(T[] a) {
    if (a.length < size)
        return (T[]) Arrays.copyOf(elements, size, a.getClass());
    System.arraycopy(elements, 0, a, 0, size);
    if (a.length > size)
        a[size] = null;
    return a;
}
```

Se compilar o `ArrayList`, o método gera esta advertência:

```
ArrayList.java:305: warning: [unchecked] unchecked cast
        return (T[]) Arrays.copyOf(elements, size, a.getClass());
                                   ^
    required: T[]
    found:    Object[]
```

Não se permite inserir a anotação `SuppressWarnings` em uma declaração de retorno porque ela não é uma declaração [JLS, 9.7]. Você pode se sentir tentado a inseri-la em todo o método, porém, não faça isso. Em vez disso, declare uma variável local para segurar o valor de retorno e anotar essa declaração, deste modo:

```
// Adicionar uma variável local para reduzir o escopo da @SuppressWarnings
public <T> T[] toArray(T[] a) {
    if (a.length < size) {
        // Este cast está certo porque é o array que estamos criando
        // Este é o mesmo tipo que o tipo passado, que é T[].
        @SuppressWarnings("unchecked") T[] result =
            (T[]) Arrays.copyOf(elements, size, a.getClass());
        return result;
    }
    System.arraycopy(elements, 0, a, 0, size);
    if (a.length > size)
        a[size] = null;
    return a;
}
```

O método resultante compila e minimiza completamente o escopo no qual se suprimiram as advertências não verificadas.

Toda vez que você usar a anotação @SuppressWarnings("unchecked"), adicione um comentário dizendo por que é seguro utilizá-la. Isso ajudará as outras pessoas a entenderem o código, e, o mais importante, diminuirá as chances de que alguém altere o código fazendo com que ele realize cálculos inseguros. Se achar difícil escrever esse comentário, continue a pensar nisso. Você acabará descobrindo que a operação não verificada, no final das contas, não é segura.

Em resumo, as advertências não verificadas são importantes. Não as ignore. Toda advertência não verificada representa uma possível `ClassCastException` em tempo de execução. Faça o melhor que puder para eliminar essas advertências. Na hipótese de você não conseguir eliminar e conseguir provar que o código que as ocasionou é typesafe, suprima o aviso com uma anotação `@SuppressWarnings("unchecked")` em um escopo que seja o menor possível. Registre a lógica de sua decisão de suprimir o aviso em um comentário.

Item 28: Prefira as listas aos arrays

Os arrays distinguem-se dos tipos genéricos de duas formas importantes. Em primeiro lugar, os arrays são *covariantes*. Essa palavra que passa uma impressão assustadora significa apenas que se Sub é um subtipo de Super, então o tipo de array Sub[] é um subtipo do tipo de array Super[]. Em contrapartida, os genéricos são *invariantes*: para dois tipos diferentes Type1 e Type2, a List<Type1> não é subtipo nem supertipo da List<Type2> [JLS, 4.10; Naftalin07, 2.5]. Você pode pensar que isso significa que os genéricos são defeituosos, porém, indiscutivelmente, são os arrays que são defeituosos. Este fragmento de código é válido:

```
// Falha no momento da execução!
Object[] objectArray = new Long[1];
objectArray[0] = "I don't fit in"; // Lança uma ArrayStoreException
```

mas este, não:

```
// Não compilará!
List<Object> ol = new ArrayList<Long>(); // Tipos incompatíveis
ol.add("I don't fit in");
```

Seja como for, você não pode inserir uma String em um contêiner Long, mas, com um array, descobre que cometeu um erro em tempo de execução; já com uma lista, você descobre em tempo de compilação. Obviamente, você prefere descobrir em tempo de compilação.

A segunda maior diferença entre os arrays e os genéricos reside no fato de os arrays serem *reificados* [JLS, 4.7]. Isso significa que os arrays conhecem e fazem valer o tipo dos seus elementos em tempo de execução. Conforme observado anteriormente, se tentar inserir uma String em um array de Long, você receberá uma ArrayStoreException. Em contrapartida, os genéricos são implementados pelo processo de *erasure* [JLS, 4.6]. Isso significa que os genéricos implementam suas restrições de tipo somente no momento da compilação e descartam (ou apagam [*erase*]) as informações sobre os tipos dos elementos em tempo de execução. Foi o processo de erasure que permitiu aos tipos genéricos interoperarem à vontade junto aos códigos legados que não usavam os genéricos (Item 26), assegurando a transição estável dos genéricos para o Java 5.

Devido a essas diferenças fundamentais, os arrays e os genéricos não se combinam muito bem. Por exemplo, não se permite a criação de um array de um tipo genérico, de um tipo parametrizado, ou um parâmetro de tipo. Desse modo,

CAPÍTULO 5: GENÉRICOS   135

nenhuma dessas criações de arrays são permitidas: new List<E>[], new List<String>[], new E[]. Todos eles levarão a erros de *criação de arrays genéricos* em tempo de compilação.

Por que não se permite a criação de um array genérico? Porque o array não é typesafe. Caso fosse permitido, os casts gerados pelo compilador em um programa aparentemente correto poderiam falhar em tempo de execução gerando uma ClassCastException. Seria uma violação da principal garantia oferecida pelo sistema de tipo genérico.

Para tornar isso mais concreto, veja o exemplo do seguinte fragmento de código:

```
// Por qual motivo não se permite a criação de array - não compilará!
List<String>[] stringLists = new List<String>[1];   // (1)
List<Integer> intList = List.of(42);                 // (2)
Object[] objects = stringLists;                      // (3)
objects[0] = intList;                                // (4)
String s = stringLists[0].get(0);                    // (5)
```

Vamos fazer de conta que a linha 1, que cria um array genérico, é permitida. A linha 2 cria e inicializa uma List<Integer> com um único elemento. A linha 3 armazena o array List<String> em uma variável array Object, o que é permitido porque os arrays são covariantes. A linha 4 armazena a List<Integer> dentro do único elemento do array Object, que funciona porque os genéricos são implementados pelo procedimento erasure: o tipo em tempo de execução de uma instância List<Integer> é simplesmente uma List, e o tipo em tempo de execução de uma instância List<String>[] é uma List[], desse modo, essa tarefa não gera uma ArrayStoreException. Porém, agora nós temos um problema. Armazenamos uma instância List<Integer> em um array declarado como comportando apenas instâncias List<String>. Na linha 5, recuperamos o único elemento da única lista desse array. O compilador automaticamente realiza o cast do elemento recuperado para a String, mas ele é um Integer, desse modo, recebemos uma ClassCastException em tempo de execução. A fim de evitar que isso aconteça, a linha 1 (que criou o array genérico) deve gerar um erro em tempo de compilação.

Os tipos como E, List<E> e List<String> são tecnicamente conhecidos como tipos *não reificados* [JLS, 4.7]. Intuitivamente, um tipo não reificado é aquele cuja representação em tempo de execução apresenta menos informações que a representação em tempo de compilação. Devido ao processo do erasure, apenas os tipos parametrizados reificados são tipos wildcards ilimitados, como a

List<?> e a Map<?,?> (Item 26). Permite-se, embora raramente seja prático, criar arrays de tipos wildcard ilimitados.

A proibição da criação de arrays genéricos pode ser um tanto desagradável. Isso significa, por exemplo, que geralmente não é possível para uma coleção genérica retornar um array de seu tipo de elemento (mas consulte o Item 33 para uma solução paliativa). Também significa que você recebe advertências confusas quando usa os métodos varargs (Item 53) juntamente com tipos genéricos. Isso ocorre porque, toda vez que você invoca um método varargs, um array é criado para acomodar os parâmetros varargs. Se o tipo de elemento desse array não for reificável, você recebe uma advertência. A anotação SafeVarargs pode ser usada para solucionar esse problema (Item 32).

Quando você recebe um erro de criação de array ou uma advertência de um cast não verificado em um tipo de array, muitas vezes a melhor solução é utilizar o tipo de coleção List<E> em detrimento do tipo de array E[]. Você pode até sacrificar um pouco de concisão ou desempenho, porém, em contrapartida, você garante que a type safety e a interoperabilidade sejam melhores.

Por exemplo, imagine que queira escrever uma classe Chooser com um construtor que aceite uma coleção, e um método único que retorna um elemento da coleção escolhido de modo aleatório. Dependendo da coleção que for passada para o construtor, você poderia usar a classe chooser como um dado para jogos, como uma bola de cristal, ou como uma fonte de dados para uma simulação Monte Carlo. Veja esta implementação bem simples sem o uso dos genéricos:

```java
// Chooser - uma classe que precisa urgentemente dos genéricos!
public class Chooser {
    private final Object[] choiceArray;

    public Chooser(Collection choices) {
        choiceArray = choices.toArray();
    }

    public Object choose() {
        Random rnd = ThreadLocalRandom.current();
        return choiceArray[rnd.nextInt(choiceArray.length)];
    }
}
```

Para usar essa classe, você deve fazer o cast do valor de retorno do método choose de Object para o do tipo pretendido toda vez que invocar o método, e o cast falhará em tempo de execução se você fizer o cast errado. Seguindo à risca o conselho do Item 29, podemos tentar transformar a Chooser em um genérico. As alterações são mostradas em negrito:

```
// O primeiro passo para transformar a Chooser em um genérico - não compilará
public class Chooser<T> {
    private final T[] choiceArray;

    public Chooser(Collection<T> choices) {
        choiceArray = choices.toArray();
    }

    // método choose inalterado
}
```

Se você tentar compilar essa classe, receberá esta mensagem de erro:

```
Chooser.java:9: error: incompatible types: Object[] cannot be
converted to T[]
        choiceArray = choices.toArray();
                                      ^
  where T is a type-variable:
    T extends Object declared in class Chooser
```

"Nada demais", diz você, "farei o cast do array Object para o array T:

```
choiceArray = (T[]) choices.toArray();
```

Isso faz com que você se livre do erro, porém recebe uma advertência:

```
Chooser.java:9: warning: [unchecked] unchecked cast
        choiceArray = (T[]) choices.toArray();
                                            ^
  required: T[], found: Object[]
  where T is a type-variable:
T extends Object declared in class Chooser
```

O compilador está lhe informando que não pode garantir a segurança do cast em tempo de execução porque o programa não saberá o que o tipo T representa — lembre-se, as informações de tipo do elemento são apagadas em tempo de execução. O programa funcionará? Sim, todavia o compilador não consegue comprovar isso para si próprio. Você poderia provar isso para si mesmo, colocar a prova nos comentários e suprimir a advertência com uma anotação, mas é melhor que elimine a causa da advertência (Item 27).

Para eliminar a advertência de cast não verificado, use uma lista em vez de um array. Veja a seguir uma versão da classe Chooser que compila sem erro ou advertência:

138 *JAVA EFETIVO*

```java
// Chooser baseada em List - typesafe
public class Chooser<T> {
    private final List<T> choiceList;

    public Chooser(Collection<T> choices) {
        choiceList = new ArrayList<>(choices);
    }

    public T choose() {
        Random rnd = ThreadLocalRandom.current();
        return choiceList.get(rnd.nextInt(choiceList.size()));
    }
}
```

Essa versão é um pouco mais verbosa, e, talvez, mais lenta, mas vale a tranquilidade de não se receber uma ClassCastException em tempo de execução.

Em suma, os arrays e os genéricos apresentam muitas regras de tipos diferentes. Os arrays são covariantes e reificados; os genéricos são invariantes e apagados (erased). Assim sendo, os arrays proporcionam type safety em tempo de execução, mas não na hora da compilação, e o contrário se aplica aos genéricos. Via de regra, os arrays e os genéricos não se combinam bem. Caso você se encontre misturando e recebendo advertências ou erros na hora da compilação, a primeira coisa que deve fazer é substituir os arrays por listas.

Item 29: Priorize os tipos genéricos

Em geral, não é muito difícil parametrizar suas declarações e usar os tipos e métodos genéricos fornecidos pela JDK. Agora, escrever os próprios tipos genéricos já é mais difícil, mas vale a pena se esforçar para aprender como escrevê-los.

Analise a simples implementação de pilha do Item 7:

```java
// Coleção baseada no objeto - uma candidata excelente para os genéticos
public class Stack {
    private Object[] elements;
    private int size = 0;
    private static final int DEFAULT_INITIAL_CAPACITY = 16;

    public Stack() {
        elements = new Object[DEFAULT_INITIAL_CAPACITY];
    }

    public void push(Object e) {
        ensureCapacity();
        elements[size++] = e;
    }
```

```java
    public Object pop() {
        if (size == 0)
            throw new EmptyStackException();
        Object result = elements[--size];
        elements[size] = null; // Elimine as referências obsoletas
        return result;
    }

    public boolean isEmpty() {
        return size == 0;
    }

    private void ensureCapacity() {
        if (elements.length == size)
            elements = Arrays.copyOf(elements, 2 * size + 1);
    }
}
```

Essa classe deveria ter sido parametrizada desde o início, porém, como não foi, podemos *genereficá-la* agora. Em outras palavras, podemos parametrizá-la sem danificar os clientes da versão original não parametrizada. Por ora, o cliente tem que realizar o cast dos objetos que são removidos da pilha, e esses casts podem falhar em tempo de execução. O primeiro passo para generificar uma classe é acrescentar um ou mais parâmetros de tipo à sua declaração. Nesse caso, há um parâmetro de tipo que representa o tipo de elemento da pilha, e o nome convencional para esse parâmetro de tipo é E (Item 68).

O próximo passo é substituir todos os usos do tipo Object pelo parâmetro de tipo adequado e, em seguida, tentar compilar o programa resultante:

```java
// Tentativa inicial de genereficar a Stack (pilha) - não compilará!
public class Stack<E> {
    private E[] elements;
    private int size = 0;
    private static final int DEFAULT_INITIAL_CAPACITY = 16;

    public Stack() {
        elements = new E[DEFAULT_INITIAL_CAPACITY];
    }

    public void push(E e) {
        ensureCapacity();
        elements[size++] = e;
    }

    public E pop() {
        if (size == 0)
            throw new EmptyStackException();
        E result = elements[--size];
        elements[size] = null; // Elimine as referências obsoletas
        return result;
    }
    ... // nenhuma mudança na isEmpty ou na ensureCapacity
}
```

140 *JAVA EFETIVO*

Em geral, você receberá, pelo menos, um erro ou uma advertência, e essa classe não é uma exceção. Felizmente, essa classe acusou apenas um erro:

```
Stack.java:8: generic array creation
        elements = new E[DEFAULT_INITIAL_CAPACITY];
                       ^
```

Conforme explicado no Item 28, você não pode criar um array de tipo não reificável, como o E. Esse problema ocorre sempre que você escreve um tipo genérico amparado por um array. Existem duas maneiras sensatas de se resolver isso. A primeira solução contorna diretamente a proibição de criação de um array genérico: cria um array de Object e realiza o cast dele para o tipo de array genérico. Agora, em vez do erro, o compilador emitirá uma advertência. Esse uso é até permitido, mas não é typesafe (em geral):

```
Stack.java:8: warning: [unchecked] unchecked cast
found: Object[], required: E[]
        elements = (E[]) new Object[DEFAULT_INITIAL_CAPACITY];
                    ^
```

O compilador não consegue provar que seu programa é typesafe, mas você consegue. Você deve se convencer de que o cast não verificado não comprometerá a type safety do programa. O array em questão (elements) é armazenado em um campo privado e nunca retornado para o cliente ou passado para qualquer outro método. Os únicos elementos armazenados no array são aqueles passados para o método push, que são do tipo E; desse modo, o cast não verificado não pode causar danos.

Uma vez que você provou que o cast não verificado é seguro, suprima a advertência em um escopo que seja o menor possível (Item 27). Nesse caso, o construtor tem apenas a criação do array não verificado; assim, recomenda-se que você suprima a advertência em todo o construtor. Com o acréscimo de uma anotação para fazer isso, a Stack compila de forma limpa, e você pode utilizá-la sem os casts explícitos e sem receio de receber uma ClassCastException:

```
// Os elementos do array terão apenas as instâncias E do push(E).
// Isso é o bastante para assegurar o type safety, porém o tipo de
// de tempo da execução não será E[]; será sempre o Object E[]!
@SuppressWarnings("unchecked")
public Stack() {
    elements = (E[]) new Object[DEFAULT_INITIAL_CAPACITY];
}
```

A segunda maneira de eliminar o erro de criação do array genérico na `Stack` é alterar o tipo do campo `elements` de `E[]` para `Object[]`. Se você fizer isso, receberá um erro diferente:

```
Stack.java:19: incompatible types
found: Object, required: E
        E result = elements[--size];
                   ^
```

Você pode alterar esse erro para uma advertência ao realizar o cast do elemento recuperado do array para `E`, mas ainda receberá uma advertência:

```
Stack.java:19: warning: [unchecked] unchecked cast
found: Object, required: E
        E result = (E) elements[--size];
                       ^
```

Como o `E` é um tipo não reificável, não há como o compilador verificar o cast em tempo de execução. Mais uma vez, você pode facilmente provar que o cast não verificado é seguro, então é apropriado suprimir a advertência. Conforme a recomendação do Item 27, suprimimos a advertência apenas nas tarefas que contêm o cast não verificado, e não em todo o método pop:

```
// Supressão apropriada de uma advertência não verificada
public E pop() {
    if (size == 0)
        throw new EmptyStackException();

    // O push exige elements que sejam do tipo E, então, o cast está correto
    @SuppressWarnings("unchecked") E result =
        (E) elements[--size];

    elements[size] = null; // Eliminate obsolete reference
    return result;
}
```

Ambas as técnicas para eliminar a criação do array genérico têm seus adeptos. A primeira é mais legível: o array é declarado como um tipo `E[]`, indicando claramente que contém somente as instâncias `E`. É também a mais concisa: em uma classe genérica comum, você lê do array em muitos locais no código; a primeira técnica exige somente um único cast (onde o array é criado), ao passo que a segunda exige um cast separado toda vez que um elemento do array é lido. Isso posto, prefere-se a segunda técnica em virtude de ela ser mais utilizada na prática. No entanto, ela pode ocasionar a *poluição da heap* (Item 32): o tipo em tempo de execução de um array não corresponde ao tipo em tempo de compilação (a menos que `E` venha a ser um `Object`). Isso faz com que alguns programadores não estejam dispostos a usá-la e acabam por escolher a segunda técnica, embora a poluição da heap seja inofensiva nessa situação.

O programa a seguir demonstra o uso da nossa classe genérica Stack. O programa imprime seus argumentos de linha de comando na ordem inversa e em letras maiúsculas. Não é necessário nenhum cast explícito para invocar o método toUpperCase da String nos elementos removidos da pilha, e o êxito do cast gerado automaticamente é garantido:

```java
// Um pequeno programa que aplica a nossa Stack genérica
public static void main(String[] args) {
    Stack<String> stack = new Stack<>();
    for (String arg : args)
        stack.push(arg);
    while (!stack.isEmpty())
        System.out.println(stack.pop().toUpperCase());
}
```

Pode parecer que o exemplo anterior contradiga o Item 28, o qual incentiva a utilização das listas em vez dos arrays. Nem sempre é possível ou aconselhável usar listas dentro de seus tipos genéricos. O Java não suporta listas nativamente; assim, alguns tipos genéricos, tais como o ArrayList, *devem* ser implementados sobre os arrays. Outros tipos genéricos, como o HashMap, são implementados sobre eles por causa do desempenho.

A grande maioria dos tipos genéricos é como o nosso exemplo da Stack, na medida em que seus parâmetros de tipo não apresentam restrições: você pode criar uma Stack<Object>, uma Stack<int[]>, uma Stack<List<String>> ou uma Stack de qualquer outro tipo de referência de objeto. Observe que você não pode criar uma Stack de tipo primitivo: a tentativa de criar uma Stack<int> ou Stack<double> resultará em um erro no momento da compilação. Essa é a limitação mais relevante do sistema de tipos genéricos do Java. Você contorna essa restrição ao usar os tipos primitivos empacotados (Item 61).

Há alguns tipos de genéricos que restringem os valores permitidos para seus parâmetros de tipo. Por exemplo, considere o java.util.concurrent. DelayQueue, cuja declaração é parecida com isto:

```java
class DelayQueue<E extends Delayed> implements BlockingQueue<E>
```

A lista de parâmetros de tipo (<E extends Delayed>) determina que o real parâmetro de tipo E seja um subtipo do java.util.concurrent.Delayed. Isso possibilita que a implementação da DelayQueue e seus clientes usufruam dos métodos da Delayed nos elementos da DelayQueue, sem a necessidade de um cast explícito e sem correr o risco de uma ClassCastException. O parâmetro do tipo E é conhecido como *parâmetro de tipo limitado*. Observe que a relação de subtipo é definida para que cada tipo seja um subtipo de si próprio [JLS, 4.10], desse modo, é válida a criação de uma DelayQueue<Delayed>.

Em resumo, os tipos genéricos são mais seguros e fáceis de se utilizar do que os que exigem a realização de casts no código cliente. Ao projetar tipos novos, providencie que possam ser usados sem esses casts. Muitas vezes, isso significará transformá-los em tipos genéricos. Caso tenha quaisquer tipos existentes que deveriam ser genéricos, mas não o sejam, generifique-os. Isso facilitará a vida dos usuários desses tipos sem que os clientes existentes quebrem (Item 26).

Item 30: Priorize os métodos genéricos

Assim como as classes podem ser genéricas, os métodos, também. Métodos utilitários estáticos que operam em tipos parametrizados são normalmente genéricos. Todos os métodos "algorítmicos" nas Collections (como binarySearch e sort) são genéricos.

Escrever métodos genéricos é parecido com escrever tipos genéricos. Examine esse método defeituoso, que retorna a união de sets:

```
// Usa tipos brutos - inaceitável (Item 26)
public static Set union(Set s1, Set s2) {
    Set result = new HashSet(s1);
    result.addAll(s2);
    return result;
}
```

Esse método compila, porém emite duas advertências:

```
Union.java:5: warning: [unchecked] unchecked call to
HashSet(Collection<? extends E>) as a member of raw type HashSet
        Set result = new HashSet(s1);
                 ^
Union.java:6: warning: [unchecked] unchecked call to
addAll(Collection<? extends E>) as a member of raw type Set
        result.addAll(s2);
                 ^
```

Para corrigir essas advertências e fazer com que o método seja typesafe, modifique a declaração do método para declarar um *parâmetro de tipo* que represente o tipo de elemento para os três sets (os dois argumentos e o valor de retorno), e use esse parâmetro de tipo em todo o método. **A lista de parâmetros de tipo, que os declara, fica entre os modificadores do método e seu tipo de retorno.** Neste exemplo, a lista dos parâmetros de tipo é <E>, e o tipo de retorno é Set<E>. As convenções de nomenclatura para os parâmetros de tipo são as mesmas para os métodos genéricos e para os tipos genéricos (Itens 29, 68):

```java
// Método genérico
public static <E> Set<E> union(Set<E> s1, Set<E> s2) {
    Set<E> result = new HashSet<>(s1);
    result.addAll(s2);
    return result;
}
```

Pelo menos para os métodos genéricos simples, isso é tudo o que é necessário. Esse método compila sem gerar quaisquer advertências, fornece type safety e também é fácil de usar. Veja aqui um programa simples para praticar esse método. O programa não apresenta casts e compila sem erros ou advertências:

```java
// Programa simples que aplica o método genérico
public static void main(String[] args) {
    Set<String> guys = Set.of("Tom", "Dick", "Harry");
    Set<String> stooges = Set.of("Larry", "Moe", "Curly");
    Set<String> aflCio = union(guys, stooges);
    System.out.println(aflCio);
}
```

Quando você executa o programa, ele escreve [Moe, Tom, Harry, Larry, Curly, Dick]. (A ordem dos elementos na saída depende da implementação.)

Uma das limitações do método union é que os tipos de todos os três sets (ambos parâmetros de entrada e valores de retorno) têm que ser exatamente os mesmos. Você pode fazer com que o método seja mais flexível usando os *tipos wildcard limitados* (Item 31).

Por vezes, você precisará criar um objeto imutável que seja aplicável em muitos tipos diferentes. Em virtude de os genéricos serem implementados pelo processo de erasure (Item 28), você pode utilizar um único objeto para todos os tipos parametrizados necessários, porém precisa escrever um método static factory para compartilhar repetidamente o objeto para cada parametrização de tipo solicitada. Esse padrão, conhecido como *fabricação de singleton genérico*, é usado para objetos de função (Item 42), tais como a Collections.reverseOrder, e às vezes em coleções, como a Collections.emptySet.

CAPÍTULO 5: GENÉRICOS **145**

Imagine que você queira escrever um distribuidor de função identidade. As bibliotecas fornecem a `Function.identity`, assim, não há motivo para escrever sua própria função (Item 59), pois a `Function.identity`, mas será instrutivo. Seria um desperdício criar um novo objeto de função identidade sempre que um for solicitado, pois ele é um objeto sem estado já com uma função. Caso os genéricos do Java fossem reificados, você precisaria de uma função identidade por tipo, todavia, uma vez que são apagados (erasure), um singleton genérico será suficiente. Veja como ele é:

```
// Padrão de fabricação de singleton genérico
private static UnaryOperator<Object> IDENTITY_FN = (t) -> t;

@SuppressWarnings("unchecked")
public static <T> UnaryOperator<T> identityFunction() {
    return (UnaryOperator<T>) IDENTITY_FN;
}
```

O cast da `IDENTITY_FN` na (`UnaryFunction<T>`) gera uma advertência de cast não verificado, já que o `UnaryOperator<Object>` não é um `UnaryOperator<T>` para cada T. Mas a função identidade é especial: retorna o próprio argumento inalterado, então sabemos que é typesafe usá-lo como `UnaryFunction<T>`, seja lá qual for o valor do T.

Portanto, temos a absoluta certeza de que podemos suprimir a advertência do cast não verificado gerada por ele. Uma vez feito isso, o código compila sem erro e sem advertência.

Aqui temos um exemplo de programa que usa nosso singleton genérico como um `UnaryOperator<String>` e um `UnaryOperator<Number>`. Como de costume, ele não apresenta casts e compila sem erros e sem advertências:

```
// Amostra de programa que aplica o singleton genérico
public static void main(String[] args) {
    String[] strings = { "jute", "hemp", "nylon" };
    UnaryOperator<String> sameString = identityFunction();
    for (String s : strings)
        System.out.println(sameString.apply(s));

    Number[] numbers = { 1, 2.0, 3L };
    UnaryOperator<Number> sameNumber = identityFunction();
    for (Number n : numbers)
        System.out.println(sameNumber.apply(n));
}
```

Permite-se , embora seja raro, que um parâmetro de tipo seja limitado por alguma expressão que envolvia o próprio parâmetro de tipo. Isso é conhecido como *limite de tipo recursivo*. Um uso comum dos limites de tipo recursivo é junto com a interface Comparable, que define o ordenamento natural de um tipo (Item 14). Veja aqui esta interface:

```
public interface Comparable<T> {
    int compareTo(T o);
}
```

O parâmetro de tipo T define o tipo ao qual os elementos de tipo que implementam a Comparable<T> podem ser comparados. Na prática, quase todos os tipos podem ser comparados somente com elementos dos próprios tipos. Assim, por exemplo, a String implementa a Comparable<String>, a Integer implementa Comparable<Integer>, e assim por diante.

Muitos métodos recebem uma coleção de elementos que implementam a Comparable com o intuito de os classificar, pesquisar dentro deles, calcular o mínimo e o máximo, dentre outros procedimentos similares. Para fazer todas essas coisas, é necessário que cada elemento na coleção seja comparável a quaisquer elementos dentro dela, ou seja, que os elementos da coleção sejam *reciprocamente comparáveis*. Veja como expressar essa restrição:

```
// Usando um tipo limitado recursivo para expressar comparabilidade mútua
public static <E extends Comparable<E>> E max(Collection<E> c);
```

O tipo limitado <E extends Comparable<E>> pode ser lido como "qualquer tipo E que possa ser comparado a si próprio", o que coincide, a grosso modo, com a noção de comparabilidade mútua.

Veja aqui um método para completar a declaração anterior. Ele calcula o valor máximo em uma coleção segundo a ordem natural de seus elementos, e compila sem erros ou advertências:

```
// Retorna o valor máx em uma coleção - usa o tipo limitado recursivo
public static <E extends Comparable<E>> E max(Collection<E> c) {
    if (c.isEmpty())
        throw new IllegalArgumentException("Empty collection");

    E result = null;
    for (E e : c)
        if (result == null || e.compareTo(result) > 0)
            result = Objects.requireNonNull(e);

    return result;
}
```

Observe que esse método lança uma IllegalArgumentException caso a coleção esteja vazia. Uma alternativa melhor seria retornar uma Optional<E> (Item 55).

Os limites de tipo recursivo podem ficar mais complexos, mas, felizmente, raramente ficam. Se compreender essa prática corrente, sua variante de wildcard (Item 31) e a prática comum do *tipo de self simulado* (Item 2), você conseguirá lidar com a maioria dos limites de tipo recursivo que encontrar pela frente.

Em síntese, os métodos genéricos, como os tipos genéricos, são mais seguros e fáceis de usar do que os métodos que exigem de seus clientes a inserção de casts explícitos nos parâmetros de entrada e nos valores de retorno. Como os tipos, certifique-se de que seus métodos possam ser utilizados sem casts, o que, muitas vezes, significa transformá-los em genéricos. E, como os tipos, você deve generificar os métodos existentes cujo uso exija casts. Isso faz com que a vida dos usuários fique mais fácil, sem quebrar os clientes existentes (Item 26).

Item 31: Use os wildcards limitados para aumentar a flexibilidade da API

Conforme analisado no Item 28, os tipos parametrizados são *invariantes*. Em outras palavras, para dois tipos diferentes Type1 e Type2, a List<Type1> não é um subtipo nem um supertipo da List<Type2>. Embora seja contraditório que a List<String> não seja um subtipo da List<Object>, isso realmente faz sentido. Você pode inserir qualquer objeto na List<Object>, mas pode inserir apenas strings dentro da List<String>. Uma vez que uma List<String> não pode fazer tudo o que uma List<Object> faz, ela não é um subtipo (segundo o princípio de substituição de Liskov, Item 10).

Às vezes, você precisa de mais flexibilidade do que a tipagem invariante pode oferecer. Lembre da classe Stack do Item 29. Para refrescar sua memória, aqui está a API pública dela:

```java
public class Stack<E> {
    public Stack();
    public void push(E e);
    public E pop();
    public boolean isEmpty();
}
```

Suponha que você queira adicionar um método que receba uma sequência de elementos e os coloque todos na pilha. Observe a primeira tentativa:

```
// Método pushAll sem o tipo de wildcard- deficiente!
public void pushAll(Iterable<E> src) {
    for (E e : src)
        push(e);
}
```

Esse método compila de modo limpo, todavia, ele ainda não nos atende satisfatoriamente. Se o tipo de elemento da `Iterable src` corresponder exatamente aos elementos da pilha, ele funciona bem. Mas, imagine que você tenha uma `Stack<>` e invoque um `push(intVal)`, em que o `intVal` seja do tipo `Integer`. Isso funciona porque o `Integer` é um subtipo de `Number`. Desse modo, pela lógica, parece que isto também funcionaria:

```
Stack<> numberStack = new Stack<>();
Iterable<Integer> integers = ... ;
numberStack.pushAll(integers);
```

No entanto, se tentar isso, você receberá uma mensagem de erro, porque os tipos parametrizados são invariantes:

```
StackTest.java:7: error: incompatible types: Iterable<Integer>
cannot be converted to Iterable<Number>
        numberStack.pushAll(integers);
                    ^
```

Por sorte, existe uma saída. A linguagem fornece uma categoria especial de tipos parametrizados chamada de *tipos wildcard limitados*. O tipo do parâmetro de entrada para o `pushAll` não deve ser "Iterable de E", e sim "Iterable de algum subtipo de E", e existe um tipo wildcard que indica justamente isso: `Iterable<? extends E>`. (Aqui, o uso da palavra-chave `extends` pode induzi-lo ao erro: lembre-se do Item 29 em que um *subtipo* é definido de forma que cada tipo seja um subtipo de si próprio, embora ele não se estenda.) Vamos modificar o `pushAll` para utilizar esse tipo:

```
// Tipo de wildcard para um parâmetro que funciona como um produtor E
public void pushAll(Iterable<? extends E> src) {
    for (E e : src)
        push(e);
}
```

Com essa mudança, temos não apenas uma compilação limpa e clara da `Stack`, como também a compilação do código cliente, que não compilava por conta da declaração original do `pushAll`. Como a `Stack` e seu cliente compilam de modo limpo, você sabe que tudo é typesafe.

CAPÍTULO 5: GENÉRICOS **149**

Agora, imagine que você queira escrever um método `popAll` para acompanhar o `pushAll`. O método `popAll` remove cada elemento da pilha e os adiciona a uma dada coleção. Vejamos uma primeira tentativa de escrever o método `popAll`:

```
// Método popAll sem tipo de wildcard - deficiente!
public void popAll(Collection<E> dst) {
    while (!isEmpty())
        dst.add(pop());
}
```

Mais uma vez, ele compila de modo limpo e claro, e funciona se o tipo de elemento da coleção de destino corresponder exatamente aos que estão na pilha. Todavia, novamente, ele não nos atende de forma satisfatória. Suponha que você tenha uma `Stack<Number>` e uma variável do tipo `Object`. Caso remova um elemento da pilha e armazene-o na variável, ele compila e executa sem erro. Desse modo, será que você não poderia fazer isso também?

```
Stack<Number> numberStack = new Stack<Number>();
Collection<Object> objects = ... ;
numberStack.popAll(objects);
```

Se tentar compilar esse código cliente com a versão do `popAll` mostrada anteriormente, você receberá um erro muito parecido com aquele que recebeu na nossa primeira versão do `pushAll`: a `Collection<Object>` não é um subtipo da `Collection<Number>`. Novamente, os tipos wildcard oferecem uma saída. O tipo do parâmetro de entrada para o `popAll` não deveria ser "coleção de E", e sim "coleção de algum supertipo de E" (em que o supertipo é definido de modo que E seja um supertipo de si próprio [JLS, 4.10]). Novamente, existe um tipo wildcard que indica precisamente isto: `Collection<? super E>`. Vamos alterar `popAll` para usá-lo:

```
// Tipo de wildcard para parâmetro que funciona como um consumidor E
public void popAll(Collection<? super E> dst) {
    while (!isEmpty())
        dst.add(pop());
}
```

Com essa mudança, tanto a `Stack` como o código cliente compilam de forma clara e limpa:

A lição é clara. **Para maximizar a flexibilidade, use os tipos wildcards nos parâmetros de entrada que representam os produtores e os consumidores.** Se um parâmetro de entrada for tanto produtor como consumidor, os tipos wildcards não lhe servirão de nada: você precisa de uma correspondência de tipo exata, que é o que você tem sem os wildcards.

Veja um mnemônico para ajudá-lo a se lembrar de qual tipo wildcard utilizar:

PECS é a abreviação para produtor-extends, consumidor-super.

Ou seja, se um tipo parametrizado representa um produtor T, use `<? extends T>`; se representa um consumidor T, use `<? super T>`. No exemplo da nossa `Stack`, o parâmetro `src` do `pushAll` produz instâncias `E` para serem utilizadas pela `Stack`, assim, o tipo adequado para o parâmetro `src` é `Iterable<? extends E>`; o parâmetro `dst` do `popAll` consome a instância `E` da `Stack`, desse modo, o tipo adequado para o `dst` é `Collection<? super E>`. O mnemônico PECS registra o princípio fundamental que orienta o uso dos tipos wildcard. Naftalin e Wadler chamam isso de *Princípio do Get e Put* [Naftalin07, 2.4].

Tendo o mnemônico em mente, vamos dar uma olhada em alguns métodos e declarações de construtores dos Itens anteriores deste capítulo. O construtor `Chooser` no Item 28 tem esta declaração:

```
public Chooser(Collection<T> choices)
```

O construtor usa a coleção `choices` apenas para **produzir** valores do tipo T (e armazená-los para uso posterior), assim, a declaração dele deveria usar um tipo wildcard que **estenda** o T. Veja a declaração do construtor resultante:

```
// Tipo de wildcard para parâmetro que funciona com um produtor T
public Chooser(Collection<? extends T> choices)
```

E essa mudança faria alguma diferença na prática? Sim, faria. Imagine que você tenha uma `List<Integer>` e queira passá-la para o construtor de um `Chooser<Number>`. Ela não compilaria com a declaração original, mas compila uma vez que você adicione o tipo wildcard limitado à declaração.

Agora, vejamos o método `union` do Item 30. Aqui está a declaração:

```
public static <E> Set<E> union(Set<E> s1, Set<E> s2)
```

Ambos os parâmetros, `s1` e `s2`, são produtores de E, de modo que o mnemônico PECS nos informa que a declaração deveria ser conforme a seguir:

```
public static <E> Set<E> union(Set<? extends E> s1,
                               Set<? extends E> s2)
```

Observe que o tipo de retorno ainda é o Set<E>. **Não use os tipos wildcard limitados com os tipos de retorno.** Em vez de oferecer flexibilidade adicional a seus usuários, isso os obrigaria a utilizar os tipos wildcard no código cliente. Ao reformular a declaração, esse código compilará de modo claro e limpo:

```
Set<Integer> integers = Set.of(1, 3, 5);
Set<Double>  doubles  = Set.of(2.0, 4.0, 6.0);
Set<Number>  numbers  = union(integers, doubles);
```

Quando usados apropriadamente, os tipos wildcard são quase invisíveis para os usuários de uma classe. Eles fazem os métodos aceitarem parâmetros que deveriam aceitar e rejeitarem aqueles que deveriam rejeitar. **Caso o usuário de uma classe tenha que pensar sobre tipos wildcard, provavelmente há algo de errado com a API dela.**

Antes do Java 8, as regras de inferência de tipo não eram inteligentes o bastante para lidar com o fragmento de código anterior, o que exigia que o compilador usasse o tipo de retorno especificado contextualmente (ou *tipo target*) para inferir o tipo de E. O tipo target da invocação union mostrado anteriormente é o Set<Number>. Se tentar compilar o fragmento em uma versão anterior do Java (substituindo adequadamente a fabricação do Set.of), você receberá uma mensagem longa, complicada e difícil de compreender, como esta:

```
Union.java:14: error: incompatible types
        Set<Number> numbers = union(integers, doubles);
                                   ^
  required: Set<Number>
  found:    Set<INT#1>
  where INT#1,INT#2 are intersection types:
    INT#1 extends Number,Comparable<? extends INT#2>
    INT#2 extends Number,Comparable<?>
```

Felizmente, existe um modo de resolver esse tipo de erro. Se o compilador não inferir o tipo correto, você sempre pode informá-lo sobre o tipo correto para ser usado com um *argumento de tipo explícito* [JLS, 15.12]. Mesmo antes da introdução da tipagem target no Java 8, esse não era o tipo de coisa com que você tinha que lidar sempre, o que é bom, visto que os argumentos de tipo explícito não são lá muito bonitos. Graças à inclusão dos argumentos desse tipo, conforme mostrado aqui, o fragmento do código compila de modo limpo e claro nas versões anteriores ao Java 8:

```
// Tipo de parâmetro explícito - exigido antes do Java 8
Set<Number> numbers = Union.<Number>union(integers, doubles);
```

JAVA EFETIVO

Agora, prestemos atenção no método max do Item 30. Veja a declaração original:

```
public static <T extends Comparable<T>> T max(List<T> list)
```

Agora, observe a declaração reformulada, que usa os tipos wildcard:

```
public static <T extends Comparable<? super T>> T max(
        List<? extends T> list)
```

Para reformular a declaração do original, aplicamos o PECS de maneira heurística duas vezes. A aplicação direta é feita no parâmetro list. Ele produz instâncias T, então alteramos o tipo List<T> para List<? extends T>. O complicado é a aplicação no parâmetro de tipo T. Essa é a primeira vez que vemos um wildcard aplicado em um parâmetro de tipo. A princípio, o T foi especificado para estender a Comparable<T>, porém um comparável de T consome instâncias T (e produz inteiros indicando relações de ordem). Portanto, o tipo parametrizado Comparable<T> é substituído pelo tipo wildcard limitado Comparable<? super T>. As interfaces comparable são sempre consumidoras, desse modo, você geralmente deve **utilizar Comparable<? super T> em vez de Comparable<T>**. O mesmo vale para as interfaces comparators; portanto, você normalmente deve **usar Comparator<? super T> em vez de Comparator<T>**.

A declaração reformulada max é provavelmente a declaração de método mais complexa deste livro. Será que tornar a declaração mais complexa fez alguma diferença? Mais uma vez, fez. Observe um simples exemplo de uma lista que seria excluída pela declaração original, mas que agora é permitida pela declaração reformulada:

```
List<ScheduledFuture<?>> scheduledFutures = ... ;
```

A razão pela qual você não pode aplicar a declaração do método original a esta lista reside no fato de a ScheduledFuture não implementar a Comparable<ScheduledFuture>. Ao contrário, ela é uma subinterface da Delayed, que estende a Comparable<Delayed>. Ou seja, uma instância ScheduledFuture não é simplesmente comparável às outras instâncias ScheduledFuture; ela é comparável a qualquer instância Delayed, e isso já o bastante para que a declaração original a rejeite. Em termos mais gerais, faz-se necessário o uso do wildcard para suportar tipos que não implementam diretamente a Comparable (ou a Comparator), mas que estendam um tipo que implementa.

Há mais um tópico relacionado aos tipos wildcard que merece ser abordado. Há uma dualidade entre os parâmetros de tipos e os wildcards, e muitos métodos podem ser declarados fazendo uso de um ou de outro. Por exemplo, temos aqui duas possíveis declarações para um método estático que troca dois Itens indexados em uma lista. O primeiro usa um parâmetro de tipo ilimitado (Item 30) e o segundo, um wildcard ilimitado:

```
// Duas declarações possíveis para o método swap
public static <E> void swap(List<E> list, int i, int j);
public static void swap(List<?> list, int i, int j);
```

Quais dessas declarações é a mais recomendada e por quê? Em uma API pública, a segunda é melhor porque é a mais simples. Você passa uma lista — qualquer lista —, e o método troca os elementos indexados. Não temos que nos preocupar com nenhum parâmetro de tipo. Via de regra, **se um parâmetro de tipo aparecer somente uma vez em uma declaração de método, substitua-o por um wildcard**. Se for um parâmetro de tipo ilimitado, substitua-o por um wildard ilimitado; se for de tipo limitado, substitua-o por um wildcard limitado.

Só há um problema com a segunda declaração para o swap. A implementação direta não compilará:

```
public static void swap(List<?> list, int i, int j) {
    list.set(i, list.set(j, list.get(i)));
}
```

Ao tentar compilar, ela emite uma mensagem de erro que não o ajuda em nada:

```
Swap.java:5: error: incompatible types: Object cannot be
converted to CAP#1
        list.set(i, list.set(j, list.get(i)));
                                         ^
    where CAP#1 is a fresh type-variable:
      CAP#1 extends Object from capture of ?
```

Não parece certo que não possamos inserir de volta na lista um elemento que acabamos de tirar dela. O problema é que o tipo list é List<?>, e você não pode inserir nenhum valor dentro de List<?>, exceto o null. Felizmente, existe um modo de implementar esse método sem recorrer a um cast inseguro ou a um tipo bruto. A ideia é escrever um método auxiliar privado para *capturar* o tipo wildcard. Para capturar o tipo, o método auxiliar deve ser genérico. Veja como ele é:

```java
public static void swap(List<?> list, int i, int j) {
    swapHelper(list, i, j);
}

// Método auxiliar privado para a captura do wildcard
private static <E> void swapHelper(List<E> list, int i, int j) {
    list.set(i, list.set(j, list.get(i)));
}
```

O método swapHelper sabe que list é uma List<E>. Logo, ele sabe que qualquer valor que tire dessa lista é do tipo E e que é seguro inserir qualquer valor do tipo E na lista. Essa implementação um tanto complicada do swap compila de modo claro e limpo. Ela nos permite exportar a declaração boa baseada no wildcard, enquanto se beneficia internamente dos métodos genéricos mais complexos. Os clientes do método swap não têm que enfrentar a declaração swapHelper, porém, usufruem dela. Vale ressaltar que o método auxiliar tem exatamente a assinatura que descartamos por ser muito complexa para o método público.

Por fim, usar os tipos wildcard em suas APIs, embora complicado, faz com que sejam mais flexíveis. Se você escrever uma biblioteca que será muito utilizada, o uso adequado dos tipos wildcards deve ser considerado imprescindível. Lembre-se da regra básica: produtor-extends, consumidor-super (PECS). Lembre-se também de que todas as interfaces comparable e comparator são consumidoras.

Item 32: Seja criterioso ao combinar os genéricos com os varargs

Tanto os métodos varargs (Item 53) como os genéricos foram adicionados à plataforma no Java 5, logo, espera-se que interajam de modo pacífico. Lamentavelmente, não é assim. A finalidade dos varargs é possibilitar que os clientes passem um número variável de argumentos para um método; todavia, isso é um *vazamento de abstração*: ao invocar os métodos varargs, cria-se um array para que os parâmetros varargs sejam mantidos. Esse array, que deveria ser um detalhe da implementação, fica visível. Como resultado, você recebe uma série de advertências confusas do compilador quando os parâmetros varargs têm tipos parametrizados ou genéricos.

Lembre-se do Item 28, de que um tipo não reificado é aquele cuja representação em tempo de execução tem menos informações que sua representação em tempo de compilação, e que praticamente todos os tipos parametrizados e genéricos são não reificados. Caso um método declare que seus parâmetros varargs são do tipo não reificado, o compilador gera uma advertência na declaração. Agora, caso um método seja invocado nos parâmetros dos varargs cujo tipo inferido seja não reificado, o compilador também gera uma advertência na invocação. As advertências são mais ou menos assim:

```
warning: [unchecked] Possible heap pollution from
    parameterized vararg type List<String>
```

A *poluição do heap* ocorre quando uma variável do tipo parametrizado referencia um objeto que não é desse tipo [JLS, 4.12.2]. Isso pode fazer com que os casts gerados automaticamente pelo compilador falhem, violando a principal garantia do sistema de tipos genéricos.

Por exemplo, examine este método, que é uma variante ligeiramente disfarçada do fragmento do código da página 135:

```
// Misturar os genéricos com os varargs pode violar o type safety!
static void dangerous(List<String>... stringLists) {
    List<Integer> intList = List.of(42);
    Object[] objects = stringLists;
    objects[0] = intList;              // Heap pollution
    String s = stringLists[0].get(0); // ClassCastException
}
```

Esse método não apresenta casts visíveis, mas lança uma ClassCastException ainda assim, quando invocado com um ou mais argumentos. Sua última linha tem um cast invisível gerado pelo compilador. Esse cast falha, demonstrando que a type safety foi comprometida, e **não é seguro armazenar um valor em um parâmetro genérico do array dos varargs**.

Esse exemplo levanta uma questão interessante: Por que se permite declarar um método com um parâmetro varargs genérico, ao passo que não se permite a criação de um array genérico explicitamente? Em outras palavras, por qual motivo o método mostrado anteriormente gerou apenas uma advertência, enquanto o fragmento do código da página 135 gerou um erro? A resposta é que os métodos com parâmetros varargs de tipos genéricos ou parametrizados podem ser de grande ajuda na prática, desse modo, os arquitetos da linguagem optaram por viver com essa inconsistência. Na verdade, as bibliotecas do Java exportam muitos desses métodos, incluindo o Arrays.asList(T... a), o Collections.addAll(Collection<? super T> c, T... elements) e o EnumSet.of(E first, E... rest). Diferentes do método perigoso mostrado anteriormente, esses métodos das bibliotecas são typesafe.

156 *JAVA EFETIVO*

Antes do Java 7, o autor de um método com parâmetros varargs genéricos não podia fazer nada a respeito das advertências nos locais das chamadas. Isso fez com que fosse desagradável usar essas APIs. Os usuários tinham que tolerar as advertências ou, de preferência, eliminá-las com as anotações `@SuppressWarnings("unchecked")` em cada local de chamada (Item 27). Era entediante, prejudicava a legibilidade e escondia advertências que sinalizavam problemas reais.

No Java 7, introduziu-se a anotação `SafeVarargs` à plataforma para permitir que o autor de um método com um parâmetro varargs genérico suprimisse automaticamente as advertências do cliente. Em essência, **a `SafeVarargs` representava uma promessa feita pelo autor de um método de que ele era typesafe**. Em troca dessa promessa, o compilador concorda em não avisar aos usuários do método de que as chamadas poderiam ser inseguras.

É indispensável que você não anote um método com a `@SafeVarargs`, a menos que ele seja realmente seguro. Assim sendo, o que é necessário para garantir isso? Lembre-se de que um array genérico é criado quando o método é invocado para conter os parâmetros varargs. Se o método não armazenar nada dentro do array (o que sobrescreveria os parâmetros) e não permitir que uma referência ao array escape (o que possibilitaria que um código nada confiável acessasse o array), então é seguro. Ou seja, se o array de parâmetros varargs for usado apenas para transmitir um número variável de argumentos do chamador ao método — o que é, no final das contas, a finalidade do varargs —, então, o método é seguro.

Vale ressaltar que você pode violar a type safety sem nunca ter armazenado nada no array de parâmetros varargs. Observe o seguinte método varargs genérico, que retorna um array contendo seus parâmetros. À primeira vista, pode parecer até um recurso útil:

```java
// INSEGURO - Expõe a referência ao seu array de parâmetro genérico
static <T> T[] toArray(T... args) {
    return args;
}
```

Esse método simplesmente retorna seu array de parâmetros varargs. O método pode até não parecer perigoso, mas ele é! O tipo desse array é determinado pelos tipos em tempo de compilação dos argumentos passados para o método, e o compilador não tem informação bastante para realizar uma avaliação rigorosa. Como esse método retorna seu array do parâmetro varargs, pode propagar a poluição da heap na pilha de chamadas.

Para deixar isso concreto, examine o método genérico a seguir, que recebe três argumentos de tipo T e retorna um array com dois desses argumentos, escolhidos aleatoriamente:

```
static <T> T[] pickTwo(T a, T b, T c) {
    switch(ThreadLocalRandom.current().nextInt(3)) {
      case 0: return toArray(a, b);
      case 1: return toArray(a, c);
      case 2: return toArray(b, c);
    }
    throw new AssertionError(); // Não pode chegar até aqui
}
```

Esse método não é por si só perigoso e não geraria uma advertência, exceto que invoca o método toArray, que tem um parâmetro varargs genérico.

Ao compilar esse método, o compilador gera um código para criar um array de parâmetros varargs, no qual passa duas instâncias T para o toArray. Esse código aloca um array do tipo Object[], o qual é o tipo mais específico que garantidamente pode conter essas instâncias, independente de quais tipos de objeto sejam passados para o pickTwo no local da chamada. O método toArray simplesmente retorna esse array para o pickTwo, que por sua vez o retorna para seu chamador; desse modo, o pickTwo sempre retornará um array do tipo Object[].

Agora, analise esse método principal, que aplica o pickTwo:

```
public static void main(String[] args) {
    String[] attributes = pickTwo("Good", "Fast", "Cheap");
}
```

Não há nada de errado com esse método, então ele compila sem gerar nenhuma advertência. Porém, quando você o executa, ele lança uma ClassCastException, embora não tenha casts visíveis. O que você não consegue ver é que o compilador gerou um cast oculto para String[] no valor retornado pelo pickTwo para que possa ser armazenado em attributes. O cast falha, porque Object[] não é um subtipo de String[]. Essa falha é um tanto preocupante, pois está a dois níveis de distância do método que de fato causa a poluição da heap (toArray), e o array de parâmetros varargs não é modificado após os parâmetros reais serem armazenados nele.

Esse exemplo serve para demonstrar veementemente **que é inseguro dar para outro método o acesso a um array de parâmetros varargs**, salvo duas exceções: é seguro passar o array para outro método varargs que esteja adequadamente anotado com @SafeVarargs e é seguro passar o array para um método não varargs que apenas calcule alguma função do conteúdo do array.

158   *JAVA EFETIVO*

Veja aqui um exemplo típico da utilização segura de um parâmetro varargs genérico. Esse método aceita um número arbitrário de listas como argumentos e retorna uma única lista contendo os elementos de todas as listas de entrada em sequência. Em razão do método ser anotado com @SafeVarargs, não gera nenhuma advertência na declaração ou no local da chamada:

```java
// Método seguro com um parâmetro varargs genérico
@SafeVarargs
static <T> List<T> flatten(List<? extends T>... lists) {
    List<T> result = new ArrayList<>();
    for (List<? extends T> list : lists)
        result.addAll(list);
    return result;
}
```

A regra para decidir quando se usar a declaração SafeVarargs é simples: **use @SafeVarargs em cada método com um parâmetro varargs de um tipo parametrizado ou genérico**, de modo que seus usuários não sejam sobrecarregados por advertências confusas e desnecessárias do compilador. Portanto, pressupõe-se que você *nunca* deve escrever um método varargs inseguro como o dangerous ou o toArray. Toda vez que o compilador lhe advertir de uma possível poluição do heap advinda de um parâmetro varargs genérico em um método que você controla, verifique se é seguro. Vale lembrar que um método varargs genérico é seguro caso:

1. Ele não armazenar nada em seu array de parâmetro varargs, e

2. Ele não fizer um array (ou um clone) visível para um código duvidoso.

Caso uma dessas proibições seja violada, corrija-as.

Observe que se permite a anotação SafeVarargs apenas nos métodos que não podem ser sobrescritos, devido à impossibilidade de se garantir que cada possível método sobrescrito seja seguro. No Java 8, permitia-se essa anotação somente nos métodos estáticos e nos de instância finais. No Java 9, ela passou a ser permitida também nos métodos de instância privada.

Uma alternativa para o uso da anotação SafeVarargs é seguir o conselho do Item 28 e substituir o parâmetro varargs (que é um array disfarçado) por um parâmetro List. Veja aqui como é essa abordagem quando aplicada ao nosso método flatten. Observe que somente a declaração do parâmetro mudou:

```java
//Lista como uma alternativa de tipo para um parâmetro genérico varargs
static <T> List<T> flatten(List<List<? extends T>> lists) {
    List<T> result = new ArrayList<>();
    for (List<? extends T> list : lists)
        result.addAll(list);
    return result;
}
```

Esse método pode ser usado junto ao método static factory List.of para permitir um número variável de argumentos. Observe que essa abordagem se baseia no fato que a declaração List.of é anotada com a @SafeVarargs:

```
audience = flatten(List.of(friends, romans, countrymen));
```

A vantagem dessa abordagem é que o compilador pode *provar* que o método é typesafe. Você não tem que garantir sua segurança com uma anotação SafeVarargs, e não precisa ficar se preocupando se cometeu um erro ao definir que o método é seguro. A principal desvantagem é que o código cliente é um pouco mais verboso e pode ficar um pouco mais lento.

Essa artimanha pode ser usada em situações em que é impossível escrever um método varargs seguro, como é o caso do método toArray, na página 157. Seu análogo à List é o método List.of, então nem temos que o escrever. Os autores das bibliotecas Java fizeram esse trabalho para nós. O método pickTwo ficou assim:

```
static <T> List<T> pickTwo(T a, T b, T c) {
    switch(ThreadLocalRandom.current() .nextInt(3)) {
        case 0: return List.of(a, b);
        case 1: return List.of(a, c);
        case 2: return List.of(b, c);
    }
    throw new AssertionError();
}
```

E o método principal, deste jeito:

```
public static void main(String[] args) {
    List<String> attributes = pickTwo("Good", "Fast", "Cheap");
}
```

O código resultante é typesafe porque usa apenas genéricos, e não arrays.

Em suma, varargs e genéricos não interagem bem em virtude de os recursos dos varargs serem um vazamento de abstração construído sobre os arrays, e de os arrays terem regras de tipagem diferentes dos genéricos. Ainda que os parâmetros varargs não sejam typesafe, são permitidos. Caso você escolha escrever um método com parâmetro varargs (ou parametrizado) genérico, primeiro, garanta que o método seja typesafe, e depois anote-o com @SafeVarargs, desse modo ele não será desagradável de usar.

Item 33: Pense na possibilidade de usar contêineres heterogêneos typesafe

Entre os usos comuns dos genéricos estão as coleções, tais como a Set<E> e a Map<K,V>, e os contêineres de elemento único, tais com a ThreadLocal<T> e a AtomicReference<T>. Em todos esses usos, o contêiner é parametrizado. Isso lhe traz a limitação de fixar um número de parâmetros de tipo por contêiner. Normalmente, isso é exatamente o que você quer. A Set tem um único parâmetro de tipo, que representa seu tipo de elemento; a Map tem dois, que representam seus tipos da chave e do valor; e assim sucessivamente.

Às vezes, no entanto, você precisa de mais flexibilidade. Por exemplo, uma linha de banco de dados pode arbitrariamente apresentar muitas colunas, e seria bom conseguir acessar todas elas de um modo typesafe. Por sorte, existe uma maneira fácil de se realizar essa tarefa hercúlea. Trata-se de parametrizar a *chave* em vez do *contêiner*. Em seguida, apresentar a chave parametrizada ao contêiner para inserir ou recuperar um valor. O sistema de tipos genéricos é utilizado para garantir que o tipo de valor esteja de acordo com sua chave.

Veja um simples exemplo dessa abordagem, analise a classe Favorites, que permite que seu cliente armazene e recupere uma instância favorita arbitrariamente de muitos tipos. O objeto da Class para o tipo interpretará o papel de chave parametrizada. O motivo pelo qual isso funciona é que a classe Class é genérica. O tipo de um literal de classe não é simplesmente Class, mas Class<T>. Por exemplo, String.class é do tipo Class<String>, e Integer.class é do tipo Class<Integer>. Quando um literal de classe é passado entre os métodos para comunicar informações tanto em tempo de compilação quanto em tempo de execução, ele é chamado de *token de tipo* [Bracha04].

A API para a classe Favorites é simples. Parece com um map simples, exceto que em vez do map é a chave que está parametrizada. O cliente apresenta um objeto Class ao configurar e recuperar favoritos. Observe a API:

```java
// Padrão contêiner heterogêneo typesafe - API
public class Favorites {
    public <T> void putFavorite(Class<T> Objects.requireNonNull(type) ., T instance);
    public <T> T getFavorite(Class<T> type);
}
```

Veja aqui um programa simples que aplica a classe Favorites, armazenando, recuperando e imprimindo instâncias de favoritos dos tipos String, Integer e Class:

```
// Padrão contêiner heterogêneo typesafe - cliente
public static void main(String[] args) {
    Favorites f = new Favorites();
    f.putFavorite(String.class, "Java");
    f.putFavorite(Integer.class, 0xcafebabe);
    f.putFavorite(Class.class, Favorites.class);
    String favoriteString = f.getFavorite(String.class);
    int favoriteInteger = f.getFavorite(Integer.class);
    Class<?> favoriteClass = f.getFavorite(Class.class);
    System.out.printf("%s %x %s%n", favoriteString,
        favoriteInteger, favoriteClass.getName());
}
```

Como era de se esperar, o programa imprime: `Java cafebabe Favorites`. Observe que, a propósito, o método `printf` do `Java` difere do `printf` do C porque você deve usar o `%n` onde usaria o `\n` no C. O `%n` gera um separador de linha específico da plataforma, que é o `\n` em muitas, porém não em todas, plataformas.

A instância `Favorites` é *typesafe*: nunca retornará um `Integer` quando você lhe pedir uma `String`. Ela também é *heterogênea*: ao contrário do map comum, todas as chaves são de tipos diferentes. Portanto, chamamos a `Favorites` de *contêiner heterogêneo typesafe*.

Por incrível que pareça, a implementação da `Favorites` é fácil. Veja aqui a implementação completa:

```
// Padrão contêiner heterogêneo typesafe - implementação
public class Favorites {
    private Map<Class<?>, Object> favorites = new HashMap<>();

    public <T> void putFavorite(Class<T> type, T instance) {
        favorites.put(Objects.requireNonNull(type), instance);
    }

    public <T> T getFavorite(Class<T> type) {
        return type.cast(favorites.get(type));
    }
}
```

Há algumas coisas sutis acontecendo aqui. Cada instância `Favorites` é amparada por um `Map<Class<?>, Object>` privado chamado `favorites`. Você poderia achar que não conseguiria inserir nada dentro desse `Map` por causa dos tipos wildcard ilimitados, mas é justamente o contrário. A coisa a ser observada é que o tipo wildcard está aninhado: não é o tipo do map que é um tipo wildcard, mas sim o da sua chave. Isso significa que cada chave pode ter um tipo parametrizado *diferente*: uma pode ser `Class<String>`; a outra, `Class<Integer>`, e assim por diante. É daí que a heterogeneidade vem.

A próxima coisa a se observar é que o tipo do valor do Map `favorites` é simplesmente `Object`. Em outras palavras, o Map não garante o relacionamento de tipo entre as chaves e os valores, em que cada valor é do tipo representado por sua chave. Na verdade, o sistema de tipos do Java não é poderoso o bastante para expressar isso. Porém, sabemos que isso é verdade e nos aproveitaremos disso quando chegar o momento de recuperar um favorito.

A implementação do `putFavorite` não tem nada de especial: ela simplesmente insere dentro da `favorites` um mapeamento de determinado objeto `Class` para determinada instância do favorito. Conforme observado, isso descarta a "ligação de tipo" entre a chave e o valor; ele perde o conhecimento de que o valor é uma instância da chave. Mas não faz mal, porque o método `getFavorites` consegue e ainda restabelece essa ligação.

A implementação do `getFavorite` é mais complicada que a do `putFavorite`. Primeiro, ele obtém do map `favorites` o valor correspondente ao objeto da `Class` dada. Essa é a referência de objeto correta para se retornar, porém ela tem o tipo em tempo de compilação errado: ela é `Object` (o tipo de valor da map `favorites`), e precisamos retornar um T. Assim, a implementação do `getFavorite` *realiza dinamicamente o cast* da referência do objeto para o tipo representado pelo objeto `Class`, usando o método `cast` da `Class`.

O método `cast` é o análogo dinâmico do operador de cast do Java. Ele simplesmente verifica se seu argumento é uma instância do tipo representado pelo objeto `Class`. Caso seja, ele retorna o argumento; caso contrário, lança uma `ClassCastException`. Sabemos que a invocação do `cast` no `getFavorite` não lançará uma `ClassCastException`, supondo que o código cliente tenha compilado de forma limpa e clara. Ou seja, sabemos que os valores no map `favorites` sempre correspondem aos tipos de suas chaves.

Desse modo, qual é a utilidade do método do `cast` para nós, dado que ele simplesmente retorna seu argumento? A assinatura do método `cast` beneficia-se do fato de que a classe `Class` é genérica. Seu tipo de retorno é o parâmetro de tipo do objeto da `Class`:

```java
public class Class<T> {
    T cast(Object obj);
}
```

Isso é exatamente o que se exige do método `getFavorite`. É o que nos permite tornar a `Favorites` typesafe sem recorrer a um cast não verificado em T.

Vale salientar as duas limitações da classe Favorites. Primeiro, um cliente malicioso poderia facilmente corromper a type safety da instância de Favorites, usando um objeto Class em sua forma bruta. Porém, o código cliente resultante geraria uma advertência não verificada quando fosse compilado. Isso não é diferente de uma implementação normal de uma coleção, como HashSet e HashMap. Você pode facilmente inserir uma String dentro de um HashSet<Integer> ao usar o tipo bruto HashSet (Item 26). Dito isso, você pode ter type safety em tempo de execução caso esteja disposto a pagar por isso. O modo de assegurar que a Favorites nunca viole sua invariante de tipo é fazer com que o método putFavorite verifique que instance é realmente uma instância do tipo representado por type, e nós já sabemos como fazer isso. Basta usar um cast dinâmico:

```
// Conseguir o type safety no momento da execução com um cast dinâmico
public <T> void putFavorite(Class<T> type, T instance) {
    favorites.put(type, type.cast(instance));
}
```

Há wrappers de coleção na java.util.Collections que usam a mesma artimanha. São chamados de checkedSet, checkedList, checkedMap, e assim por diante. Suas static factories recebem um objeto da Class (ou dois) além de uma coleção (ou map). As static factories são métodos genéricos, que asseguram que os tipos em tempo de compilação do objeto Class e da coleção correspondam. Os wrappers adicionam reificação às coleções que envolvem. Por exemplo, o wrapper lança uma ClassCastException no momento da execução caso alguém tente inserir uma Coin em sua Collection<Stamp>. Eles são de grande ajuda para rastrear códigos clientes que acrescentam um elemento incorretamente tipado a uma coleção, em uma aplicação que misture genéticos e tipos brutos.

A segunda limitação da classe Favorites é que não pode ser utilizada em um tipo não reificado (Item 28). Ou seja, você pode armazenar uma String ou String[] de favorito, mas não uma List<String> de favorito. Se tentar armazenar uma List<String> de favorito, seu programa não compilará. A razão é que você não consegue obter um objeto Class para uma List<String>. O literal de classe List<String>.class é um erro de sintaxe, e isso é uma coisa boa. A List<String> e a List<Integer> compartilham o único objeto Class, que é List.class. Isso provocaria estragos enormes aos internos de um objeto Favorites se os "literais de tipo" List<String>.class e List<Integer>.class fossem permitidos e retornassem a mesma referência de objeto. Não existe uma solução paliativa inteiramente satisfatória para essa limitação.

Os tipos de tokens utilizados pela `Favorites` são ilimitados: o `getFavorite` e o `putFavorite` aceitam qualquer objeto `Class`. Às vezes, você pode precisar restringir os tipos que podem ser passados para um método. Pode-se realizar isso com um *tipo de token limitado*, que é simplesmente um tipo de token que põe um limite sobre o tipo que pode ser representado, usando um parâmetro de tipo limitado (Item 29) ou um wildcard limitado (Item 31).

A API de anotações (Item 39) utiliza de modo exaustivo os tokens de tipo limitado. Por exemplo, veja um método que lê uma anotação em tempo de execução. Ele vem da interface `AnnotatedElement`, implementada pelos tipos reflexivos que representam classes, métodos, campos e outros elementos do programa:

```
public <T extends Annotation>
    T getAnnotation(Class<T> annotationType);
```

O argumento, `annotationType`, é um token de tipo limitado que representa um tipo de anotação. O método retorna a anotação daquele tipo que existir no elemento, caso ele tenha uma, ou `null`, caso não tenha. Basicamente, um elemento anotado é um contêiner heterogêneo typesafe cujas chaves são tipos de anotação.

Imagine que você tenha um objeto do tipo `Class<?>` e o queira passar para um método que exige um token do tipo limitado, como o `getAnnotation`. Você pode fazer o cast do objeto para `Class<? extends Annotation>`, porém esse cast é não verificado, desse modo, geraria uma advertência em tempo de compilação (Item 27). Felizmente, a classe `Class` fornece um método de instância que executa esse tipo de cast de modo seguro (e dinamicamente). Esse método se chama `asSubclass`, e faz o cast do objeto `Class` no qual ele foi chamado, para que esse objeto represente uma subclasse da classe representada pelo seu argumento. Se o cast funcionar, o método retorna seu argumento. Se falhar, o método lança uma `ClassCastException`.

Veja como você utiliza o método `asSubclass` para ler uma anotação cujo tipo é desconhecido em tempo de compilação. Este método compila sem erro e sem advertência:

```
// Uso da asSubclass para fazer o cast seguro de um tipo de token limitado
static Annotation getAnnotation(AnnotatedElement element,
                                String annotationTypeName) {
    Class<?> annotationType = null; // Tipo de token ilimitado
    try {
        annotationType = Class.forName(annotationTypeName);
    } catch (Exception ex) {
        throw new IllegalArgumentException(ex);
    }
    return element.getAnnotation(
        annotationType.asSubclass(Annotation.class));
}
```

Em resumo, o uso normal dos genéricos, exemplificado pelas APIs das coleções, impõe-lhe a restrição de um número fixo de parâmetros de tipo por contêiner. Você contorna essa restrição ao inserir o parâmetro de tipo na chave, em vez de no contêiner. Você pode utilizar objetos Class como chaves para tais contêineres heterogêneos typesafe. Um objeto Class, quando usado desse modo, chama-se token de tipo. Você também pode utilizar um tipo de chave customizado. Por exemplo, você pode ter um tipo DatabaseRow representando uma linha de banco de dados (o contêiner), e um tipo genérico Column<T> como sua chave.

CAPÍTULO **6**

Enums e Anotações

O JAVA tem duas famílias de tipos de referência para finalidades especiais: um tipo de classe chamada *tipo enum*, e um tipo de interface chamada de *tipo de anotação*. Este capítulo aborda as melhores práticas para o uso desses tipos de família.

Item 34: Use enums em vez de constantes `int`

Um *tipo enumerado* é um tipo cujos valores aceitáveis são compostos de um conjunto fixo de constantes, como as estações do ano, os planetas no Sistema Solar ou os naipes das cartas do baralho. Antes de os tipos enum serem adicionados à linguagem, um padrão comum para representar os tipos enumerados era declarar um grupo de constantes `int` nomeadas, uma para cada membro do tipo:

```java
// O padrão enum int - muitíssimo deficiente!
public static final int APPLE_FUJI         = 0;
public static final int APPLE_PIPPIN       = 1;
public static final int APPLE_GRANNY_SMITH = 2;

public static final int ORANGE_NAVEL  = 0;
public static final int ORANGE_TEMPLE = 1;
public static final int ORANGE_BLOOD  = 2;
```

Essa técnica, conhecida como *padrão enum* `int`*,* apresenta muitas limitações. Ela não fornece nada em termos de type safety e muito pouco em termos de expressividade. O compilador não reclamará se você passar uma maçã (apple) para um método que espera uma laranja (orange), ou comparar maçãs e laranjas com o operador `==`, ou até pior:

```java
// Sabor de laranja com gosto de purê de maça!
int i = (APPLE_FUJI - ORANGE_TEMPLE) / APPLE_PIPPIN;
```

168 *JAVA EFETIVO*

Observe que o nome de cada constante de maçã é prefixado com APPLE_ e o de cada constante de laranja é prefixado com ORANGE_. Isso acontece porque o Java não fornece namespaces para os grupos de enum int. Os prefixos evitam os conflitos de nome quando dois grupos de enum int têm nomes de constantes idênticos, como por exemplo entre ELEMENT_MERCURY e PLANET_MERCURY.

Os programas que usam os enums int são instáveis. Como os enums int são *variáveis constantes* [JLS, 4.12.4], seus valores int são compilados dentro dos clientes que os usam [JLS, 13.1]. Se o valor associado a um enum int for modificado, seus clientes devem ser recompilados. Caso contrário, os clientes ainda serão executados, porém se comportarão de forma errada.

Não há um modo fácil de traduzir as constantes enum int em strings imprimíveis. Se você imprimir essa constante ou exibi-la através de um depurador, tudo que verá será um número, o que não ajuda muito. Não há um modo confiável de iterar sobre todas as constantes de um grupo enum int, ou até mesmo de obter o tamanho de um grupo enum int.

Você pode encontrar uma variante desse padrão no qual constantes String são utilizadas no lugar das constantes int. Essa variante, conhecida como *padrão enum* String, é ainda menos aconselhável. Embora forneça strings imprimíveis para suas constantes, ela pode fazer com que usuários ingênuos coloquem em hard-code as strings das constantes no código cliente em vez de usarem os nomes dos campos. Se essa string em hard-code da constante tiver um erro tipográfico, ele não será detectado em tempo de compilação, e isso provocará bugs em tempo de execução. Além do mais, isso pode causar problemas de desempenho, porque depende de comparação entre strings.

Felizmente, o Java fornece uma alternativa que evita todas as limitações dos padrões enum int e enum string, e oferece muitas vantagens adicionais. É o *tipo enum* [JLS, 8.9]. Veja como ele é em sua forma mais simples:

```
public enum Apple  { FUJI, PIPPIN, GRANNY_SMITH }
public enum Orange { NAVEL, TEMPLE, BLOOD }
```

Na superfície, esses tipos enum parecem semelhantes aos de outras linguagens, como C, C++ e C#, mas as aparências enganam. Os tipos enum do Java são classes completas, muito mais poderosas do que suas contrapartes em outras linguagens, em que os enums são basicamente valores int.

A ideia básica por trás dos tipos enum do Java é simples: eles são classes que exportam uma instância para cada constante de enumeração através de um campo final estático público. Os tipos enum são de fato finais, em virtude de não terem construtores acessíveis. Como os clientes não podem criar instâncias de um tipo enum e nem estendê-lo, não pode haver instâncias, a não ser as constantes enum declaradas. Em outras palavras, os tipos enum são controlados por instância (página 8). Eles são generalizações de singletons (Item 3), que são essencialmente enums de elemento único.

Os enums proporcionam type safety em tempo de compilação. Se você declarar um parâmetro para ser do tipo `Apple`, terá a garantia de que qualquer referência de objeto não null passada para o parâmetro será um dos três valores `Apple` válidos. Tentativas de passar valores do tipo errado provocarão erros em tempo de compilação, bem como tentativas de atribuir uma expressão de um tipo enum a uma variável de outro tipo enum, ou usar o operador == para comparar valores de tipos enum diferentes.

Tipos enum com constantes nomeadas identicamente coexistem de modo pacífico porque cada tipo tem o próprio namespace. Você pode adicionar ou reordenar as constantes em um tipo enum sem recompilar seus clientes, pois os campos que exportam as constantes fornecem uma camada de isolamento entre um tipo enum e seus clientes: os valores das constantes não são compilados dentro dos clientes, conforme o são nos padrões enum `int`. Finalmente, você pode traduzir os enums em strings imprimíveis ao chamar seu método `toString`.

Além de retificar as deficiências dos enums `int`, os tipos enum lhe deixam acrescentar métodos arbitrários, campos e implementar interfaces arbitrárias. Eles disponibilizam implementações de alta qualidade de todos os métodos da `Object` (Capítulo 3), eles implementam a `Comparable` (Item 14) e a `Serializable` (Capítulo 12), e sua forma serializada é projetada para suportar a maioria das mudanças no tipo enum.

Então por que você adicionaria métodos ou campos em um tipo enum? Para os novatos, você pode querer associar dados a suas constantes. Nossos tipos `Apple` e `Orange`, por exemplo, podem usufruir de um método que retorna a cor de uma fruta, ou de um que retorna uma imagem dela. Você pode ampliar um tipo enum com qualquer método que lhe pareça adequado. Um tipo enum pode dar seus primeiros passos como uma simples coleção de constantes enum e, ao longo do tempo, evoluir e tornar-se uma abstração completa.

A fim de exemplificar um tipo enum requintado, considere os oito planetas do nosso Sistema Solar. Cada planeta tem uma massa e um raio, e a partir desses dois atributos você pode computar a gravidade da superfície. Isso, por sua vez, permite que você calcule o peso de um objeto na superfície do planeta, dada a massa do objeto. Veja aqui como é esse enum. Os números nos parênteses, após cada constante de enum, são parâmetros que são passados para seu construtor. Nesse caso, eles são a massa e o raio do planeta:

```java
// Tipo de enum com dados e comportamento
public enum Planet {
    MERCURY(3.302e+23, 2.439e6),
    VENUS   (4.869e+24, 6.052e6),
    EARTH   (5.975e+24, 6.378e6),
    MARS    (6.419e+23, 3.393e6),
    JUPITER(1.899e+27, 7.149e7),
    SATURN (5.685e+26, 6.027e7),
    URANUS (8.683e+25, 2.556e7),
    NEPTUNE(1.024e+26, 2.477e7);

    private final double mass;          // Em quilogramas
    private final double radius;        // Em metros
    private final double surfaceGravity; // Em m / s^2

    // Constante gravitacional universal em m^3 / kg s^2
    private static final double G = 6.67300E-11;

    // Construtor
    Planet(double mass, double radius) {
        this.mass = mass;
        this.radius = radius;
        surfaceGravity = G * mass / (radius * radius);
    }

    public double mass()           { return mass; }
    public double radius()         { return radius; }
    public double surfaceGravity() { return surfaceGravity; }

    public double surfaceWeight(double mass) {
        return mass * surfaceGravity;  // F = ma
    }
}
```

É fácil escrever um tipo enum requintado como o Planet. **Para associar dados às constantes enum, declare campos de instância e escreva um construtor que receba os dados e os armazene nos campos.** Os enums são imutáveis por natureza, assim, todos os campos devem ser finais (Item 17). Os campos podem ser públicos, porém é melhor você deixá-los como privados e fornecer getters públicos (Item 16). No caso do Planet, o construtor também calcula e armazena a gravidade da superfície, mas isso é apenas uma otimização. A gravidade pode ser recalculada a partir da massa e do raio sempre que for usada pelo método surfaceWeight, que recebe a massa de um objeto e retorna o peso dele no planeta representado pela constante.

Embora o enum Planet seja simples, é surpreendentemente poderoso. Observe esse programa pequeno que recebe o peso na Terra de um objeto (em qualquer unidade de peso) e exibe uma tabela muito boa com o peso do objeto em todos os oito planetas (na mesma unidade):

```java
public class WeightTable {
    public static void main(String[] args) {
        double earthWeight = Double.parseDouble(args[0]);
        double mass = earthWeight / Planet.EARTH.surfaceGravity();
        for (Planet p : Planet.values())
            System.out.printf("Weight on %s is %f%n",
                                    p, p.surfaceWeight(mass));
    }
}
```

Observe que o `Planet`, como todos os enums, apresenta um método `values` estático que retorna um array de seus valores na ordem em que foram declarados. Repare também que o método `toString` retorna o nome declarado de cada valor de enum, permitindo uma exibição fácil pelo `println` e pelo `printf`. Se não estiver contente com essa representação de string, você pode alterá-la através da sobrescrita do método `toString`. Aqui está o resultado da execução do nosso programa `WeightTable` (que não sobrescreve o `toString`) com o argumento de linha de comando 185:

```
Weight on MERCURY is 69.912739
Weight on VENUS is 167.434436
Weight on EARTH is 185.000000
Weight on MARS is 70.226739
Weight on JUPITER is 467.990696
Weight on SATURN is 197.120111
Weight on URANUS is 167.398264
Weight on NEPTUNE is 210.208751
```

Até 2006, dois anos após os enums serem introduzidos no Java, Plutão ainda era um planeta. Isso suscita a pergunta: "O que acontece quando você remove um elemento de um tipo enum?" A resposta é que qualquer programa do cliente que não referencie o elemento removido continuará funcionando normalmente. Assim, por exemplo, nosso programa `WeightTable` simplesmente exibiria uma tabela com uma linha a menos. E quanto ao programa que referenciasse o elemento removido (nesse caso, `Planet.Pluto`)? Se você recompilar o programa do cliente, a compilação falhará com uma mensagem de erro muito útil na linha que referencia o antigo planeta; se não recompilar o cliente, ele lançará uma exceção, também muito útil, dessa linha em tempo de execução. Esse é o melhor comportamento que você poderia esperar, muito melhor do que teria com o padrão enum int.

Alguns comportamentos relacionados às constantes enums podem precisar ser usados apenas dentro da classe ou pacote em que o enum foi definido. Esses comportamentos são mais bem implementados como métodos privados ou package-private. Assim, cada constante leva junto consigo uma coleção escondida de comportamentos que permite que a classe ou o pacote contendo o enum responda adequadamente quando tiver que lidar com a constante. Assim como em outras classes, a menos que você tenha uma razão incontestável para expor um método do enum a seus clientes, declare-o como privado ou, se necessário, como pacote-privado (Item 15).

Em geral, quando um enum é útil, deve ser uma classe de nível superior. Se seu uso estiver vinculado a uma classe de nível superior específica, ele deve ser uma classe membro dessa classe de nível superior (Item 24). Por exemplo, o enum `java.math.RoundingMode` representa um modo de arredondamento para frações decimais. Esses modos de arredondamento são usados pela classe `BigDecimal`, todavia eles fornecem uma abstração de grande ajuda que não está fundamentalmente ligada à `BigDecimal`. Ao tornar o `RoundingMode` um enum de nível superior, os arquitetos da biblioteca incentivam qualquer programador que necessite de modos de arredondamento a reutilizar esse enum, fazendo com que as APIs fiquem mais consistentes.

As técnicas demonstradas no exemplo do `Planet` são suficientes para a maioria dos tipos enum, mas, muitas vezes, você precisa de mais. Há dados diferentes associados a cada constante do `Planet`, porém às vezes você precisa associar um *comportamento* fundamentalmente distinto para cada constante. Por exemplo, suponha que esteja escrevendo um tipo enum para representar as operações em uma calculadora básica de quatro funções e queira fornecer um método para executar a operação aritmética representada por cada constante. Um modo de se fazer isso é com um switch no valor do enum:

```java
// Tipo enum que faz o switch no seu próprio valor - questionável
public enum Operation {
    PLUS, MINUS, TIMES, DIVIDE;

    // Faça a operação aritimética representada por esta constante
    public double apply(double x, double y) {
        switch(this) {
            case PLUS:   return x + y;
            case MINUS:  return x - y;
            case TIMES:  return x * y;
            case DIVIDE: return x / y;
        }
        throw new AssertionError("Unknown op: " + this);
    }
}
```

Esse código funciona, porém não é muito bonito. Ele não compilará sem a instrução `throw` porque o final do método é tecnicamente acessível, mesmo que nunca seja acessado [JLS, 14.21]. Pior ainda, o código é vulnerável. Se você adicionar uma constante nova de enum, mas se esquecer de acrescentar um caso correspondente para o `switch`, o enum ainda compilará, todavia falhará no momento da execução ao tentar aplicar a nova operação.

Felizmente, existe uma maneira melhor de associar um comportamento diferente a cada constante do enum: declarar um método `apply` abstrato no tipo enum e sobrescrevê-lo com um método concreto para cada constante em um *corpo de classe específico para a constante*. Esses métodos são conhecidos como *implementações de métodos específicas para as constantes*:

```java
// Tipo enum com implementações de método específico para constante
public enum Operation {
  PLUS   {public double apply(double x, double y){return x + y;}},
  MINUS  {public double apply(double x, double y){return x - y;}},
  TIMES  {public double apply(double x, double y){return x * y;}},
  DIVIDE{public double apply(double x, double y){return x / y;}};

  public abstract double apply(double x, double y);
}
```

Caso você acrescente uma constante nova à segunda versão do `Operation`, é pouco provável que se esqueça de fornecer um método `apply`, pois o método vem imediatamente a seguir de cada declaração de constante. Caso você realmente se esqueça, o compilador lhe lembrará, pois os métodos abstratos em um tipo enum devem ser sobrescritos com métodos concretos em todas as suas constantes.

Implementações de métodos específicas para as constantes podem ser combinadas com dados específicos das constantes. Por exemplo, veja aqui uma versão da `Operation` que sobrescreve o método `toString` para retornar o símbolo comumente associado à operação:

```java
// Tipo enum com corpos de class específico para constante e dados
public enum Operation {
    PLUS("+") {
        public double apply(double x, double y) { return x + y; }
    },
    MINUS("-") {
        public double apply(double x, double y) { return x - y; }
    },
    TIMES("*") {
        public double apply(double x, double y) { return x * y; }
    },
    DIVIDE("/") {
        public double apply(double x, double y) { return x / y; }
    };

    private final String symbol;

    Operation(String symbol) { this.symbol = symbol; }

    @Override public String toString() { return symbol; }

    public abstract double apply(double x, double y);
}
```

174 *JAVA EFETIVO*

A implementação `toString` mostrada facilita a exibição de expressões aritméticas, conforme demonstrado por este pequeno programa:

```java
public static void main(String[] args) {
    double x = Double.parseDouble(args[0]);
    double y = Double.parseDouble(args[1]);
    for (Operation op : Operation.values())
        System.out.printf("%f %s %f = %f%n",
                          x, op, y, op.apply(x, y));
}
```

A execução desse programa com 2 e 4 como argumentos da linha de comando cria a seguinte saída:

```
2.000000 + 4.000000 = 6.000000
2.000000 - 4.000000 = -2.000000
2.000000 * 4.000000 = 8.000000
2.000000 / 4.000000 = 0.500000
```

Os tipos enum têm um método `valueOf(String)` automaticamente gerado que traduz o nome da constante na própria constante. Se você sobrescrever o método `toString` em um tipo enum, pense na possibilidade de escrever um método `fromString` para traduzir a representação customizada da string de volta para o valor correspondente do enum. O código a seguir (com o nome de tipo alterado apropriadamente) vai fazer esse truque para qualquer enum, desde que cada constante tenha uma representação de string única:

```java
// Implementação de um método fromString em um tipo enum
private static final Map<String, Operation> stringToEnum =
        Stream.of(values()).collect(
            toMap(Object::toString, e -> e));

// Retorna a Operation para a string, se tiver
public static Optional<Operation> fromString(String symbol) {
    return Optional.ofNullable(stringToEnum.get(symbol));
}
```

Observe que as constantes `Operation` são inseridas dentro do map `stringToEnum` através de uma inicialização do campo estático que executa depois das constantes enum terem sido criadas. O código anterior utiliza uma stream (Capítulo 7) sobre o array retornado pelo método `values()`. Antes do Java 8, teríamos criado um hash map vazio e iterado sobre os valores do array inserindo os mapeamentos de string para enum dentro do map, e você ainda pode fazer isso, se preferir. Porém, observe que tentar fazer com que cada constante se insira dentro de um map a partir do próprio construtor *não* funciona. Isso acarretaria em um erro de compilação, o que é bom, porque, se isso fosse permitido, provocaria uma `NullPointerException` em tempo de execução. Não se permite que os construtores do enum acessem os campos estáticos do enum, exceto as variáveis das constantes (Item 24). Essa restrição é necessária em virtude de os campos estáticos ainda não terem sido inicializados quando os construtores de enum são executados. Um caso especial dessa restrição é que as constantes enum não podem acessar umas às outras a partir de seus construtores.

Observe também que o método `fromString` retorna um `Optional<String>`. Isso permite que o método indique que a string passada não representa uma operação válida, e acaba obrigando o cliente a confrontar essa possibilidade (Item 55).

A desvantagem das implementações de métodos específicas para as constantes é que elas dificultam o compartilhamento de código entre as constantes do enum. Por exemplo, imagine um enum que representa os dias da semana em um pacote de folha de pagamento. Esse enum apresenta um método que contabiliza o pagamento de um trabalhador naquele dia, dado o salário base de um trabalhador (por hora) e a quantidade de minutos trabalhados no dia em questão. Nos cinco dias úteis da semana, toda vez que o trabalho exceder o turno normal, ele gera o pagamento de horas extras. Nos dois dias do final de semana, todo o trabalho gera hora extra. Por meio de uma instrução `switch`, é fácil realizar esse cálculo aplicando múltiplos case labels para cada um dos dois fragmentos de código:

```java
// Tipos enum que faz o switch em seu valor para compartilhar o código - questionável
enum PayrollDay {
    MONDAY, TUESDAY, WEDNESDAY, THURSDAY, FRIDAY,
    SATURDAY, SUNDAY;

    private static final int MINS_PER_SHIFT = 8 * 60;

    int pay(int minutesWorked, int payRate) {
        int basePay = minutesWorked * payRate;

        int overtimePay;
        switch(this) {
          case SATURDAY: case SUNDAY: // Final de semana
            overtimePay = basePay / 2;
            break;
          default: // Dia da semana
            overtimePay = minutesWorked <= MINS_PER_SHIFT ?
              0 : (minutesWorked - MINS_PER_SHIFT) * payRate / 2;
        }

        return basePay + overtimePay;
    }
}
```

Esse código é incontestavelmente conciso, porém, do ponto de vista da manutenção, é perigoso. Suponha que você adicione um elemento ao enum, talvez um valor especial para representar um dia de férias, mas se esqueça de acrescentar um case correspondente à instrução `switch`. O programa ainda compilará, mas o método `pay` pagará erroneamente ao trabalhador o mesmo valor de um dia de férias como se fosse um dia normal de trabalho.

176 *JAVA EFETIVO*

Para executar o cálculo do pagamento de modo seguro com as implementações de método específicas para as constantes, você teria que duplicar o cálculo de pagamento de horas extras para cada constante, ou mover a contabilização dentro de dois métodos auxiliares, um para dias úteis e um para dias de fim de semana, e invocar o método auxiliar apropriado para cada constante. Qualquer abordagem resultaria em uma quantidade razoável de código boilerplate, diminuindo substancialmente a legibilidade e aumentando a chance de erro.

Poder-se-ia reduzir o boilerplate substituindo o método `overtimePay` abstrato no `PayrollDay` por um método concreto que execute o cálculo das horas extras dos dias de semana. Desse modo, apenas os dias de fim de semana teriam que sobrescrever o método. Todavia, isso teria a mesma desvantagem que o comando `switch`: se você adicionar outro dia sem sobrescrever o método `overtimePay`, silenciosamente herdaria o cálculo do dia da semana.

O que você realmente quer é ser *obrigado* a escolher uma estratégia de pagamento de horas extras sempre que adicionar uma constante de enum. Por sorte, há uma maneira boa de se fazer isso. Trata-se de mover o cálculo de pagamento de horas extras para um enum aninhado privado, e passar uma instância desse *enum estratégico* para o construtor do enum `PayrollDay`. Em seguida, o enum `PayrollDay` delega o cálculo de pagamento de horas extras para o enum estratégico, eliminando do `PayrollDay` a necessidade de um comando `switch` ou de uma implementação de método específica para a constante. Embora esse padrão seja menos conciso do que o comando `switch`, é mais seguro e flexível:

```java
// Padrão enum estratégico
enum PayrollDay {
    MONDAY, TUESDAY, WEDNESDAY, THURSDAY, FRIDAY,
    SATURDAY(PayType.WEEKEND), SUNDAY(PayType.WEEKEND);

    private final PayType payType;

    PayrollDay(PayType payType) { this.payType = payType; }
    PayrollDay() { this(PayType.WEEKDAY); }  // Padrão

    int pay(int minutesWorked, int payRate) {
        return payType.pay(minutesWorked, payRate);
    }

    // A estratégia do tipo enum
    private enum PayType {
        WEEKDAY {
            int overtimePay(int minsWorked, int payRate) {
                return minsWorked <= MINS_PER_SHIFT ? 0 :
                    (minsWorked - MINS_PER_SHIFT) * payRate / 2;
            }
        },
```

```
WEEKEND {
    int overtimePay(int minsWorked, int payRate) {
        return minsWorked * payRate / 2;
    }
};

abstract int overtimePay(int mins, int payRate);
private static final int MINS_PER_SHIFT = 8 * 60;

int pay(int minsWorked, int payRate) {
    int basePay = minsWorked * payRate;
    return basePay + overtimePay(minsWorked, payRate);
}
    }
}
```

Se os comandos `switch` em enums não são uma boa escolha para implementar comportamentos específicos das constantes nos enums, para o que *são* bons? **Os switches em enums são bons para ampliar os tipos enum com comportamento específico para a constante**. Por exemplo, imagine que você não controle o enum `Operation` e gostaria que ele tivesse um método de instância para retornar o inverso de cada operação. Você poderia simular esse efeito com o método estático a seguir:

```
// Switch em um enum para simular um método que falta
public static Operation inverse(Operation op) {
    switch(op) {
        case PLUS:   return Operation.MINUS;
        case MINUS:  return Operation.PLUS;
        case TIMES:  return Operation.DIVIDE;
        case DIVIDE: return Operation.TIMES;

        default:  throw new AssertionError("Unknown op: " + op);
    }
}
```

Você também deve usar essa técnica em tipos enum que *estejam* sob seu controle, caso um método simplesmente não pertença àquele tipo enum. O método pode ser necessário para algum uso, mas geralmente ele não é útil o bastante para merecer sua inclusão no tipo enum.

Os enums são, em geral, comparáveis com o desempenho das constantes `int`. Uma pequena desvantagem em relação ao desempenho dos enums é que você tem que arcar com o custo de espaço e tempo para carregar e inicializar os tipos enum, mas isso é pouco notável na prática.

Então, quando você deve usar os enums? **Use os enums sempre que precisar de um conjunto de constantes cujos membros são conhecidos em tempo de**

compilação. É evidente que isso inclui os "tipos enumerados naturais", como os planetas, os dias da semana e as peças de xadrez. Todavia, inclui também outros conjuntos nos quais você sabe todos os valores possíveis no momento da compilação, tal como as opções de um menu, os códigos de operação e as flags de linha de comando. **Não é necessário que o conjunto de constantes em um tipo enum seja sempre fixo.** Projetou-se a funcionalidade enum especificamente para possibilitar a evolução binária compatível dos tipos enum.

Em resumo, as vantagens dos tipos enum em relação às constantes int são convincentes. Os enums são mais legíveis, seguros e poderosos. Muitos enums não exigem construtores explícitos ou membros, porém outros podem se beneficiar da associação de dados com cada constante e do fornecimento de métodos cujo comportamento seja influenciado por esses dados. São poucos os enum que se beneficiam da associação de múltiplos comportamentos com um único método. Nesse caso, relativamente raro, prefira métodos específicos para as constantes em vez de enums que façam switch em cima dos próprios valores. Pense em usar um padrão enum estratégico caso algumas, mas não todas, constantes do enum compartilharem de um comportamento comum.

Item 35: Use os campos de instância em vez dos valores ordinais

Muitos enums são naturalmente associados a um único valor int. Todos os enums apresentem um método ordinal, que retorna a posição numérica de cada constante de enum em seu tipo. Você pode se sentir tentado a calcular um valor int associado ao ordinal:

```
// Abuso do ordinal para derivar um valor associado - NÃO FAÇA ISSO
public enum Ensemble {
    SOLO,   DUET,   TRIO, QUARTET, QUINTET,
    SEXTET, SEPTET, OCTET, NONET,  DECTET;

    public int numberOfMusicians() { return ordinal() + 1; }
}
```

Ainda que esse enum funcione, é um pesadelo de manutenção. Se as constantes forem reordenadas, o método numberOfMusicians quebrará. Caso você queira adicionar uma segunda constante de enum associada a um valor int que já usou, você não terá sorte. Por exemplo, talvez fosse bom adicionar uma constante para um *quarteto duplo*, que, como um octeto, é composto por oito músicos, mas não há como fazer isso.

Além disso, você não pode adicionar uma constante para um valor `int` sem acrescentar constantes para todos os valores `int` intermediários. Por exemplo, suponha que queira adicionar uma constante que representa um *quarteto triplo*, composto de 12 músicos. Não há uma denominação padrão para um conjunto composto por 11 músicos, desse modo, você é obrigado a adicionar uma constante falsa para o valor `int` não utilizado (11). Na melhor das hipóteses, fica feio. Se muitos valores `int` são não utilizados, é impraticável.

Felizmente, há uma solução simples para esses problemas. **Nunca calcule um valor associado a um enum de seu ordinal; em vez disso, armazene-o em um campo de instância:**

```
public enum Ensemble {
    SOLO(1), DUET(2), TRIO(3), QUARTET(4), QUINTET(5),
    SEXTET(6), SEPTET(7), OCTET(8), DOUBLE_QUARTET(8),
    NONET(9), DECTET(10), TRIPLE_QUARTET(12);

    private final int numberOfMusicians;
    Ensemble(int size) { this.numberOfMusicians = size; }
    public int numberOfMusicians() { return numberOfMusicians; }
}
```

A especificação do `Enum` fala o seguinte a respeito do `ordinal`: "A maioria dos programadores não usará este método. Ele foi projetado para o uso por estruturas de dados de uso geral baseadas em enums, tais como a `EnumSet` e a `EnumMap`." A menos que esteja escrevendo um código dessa natureza, é melhor você evitar completamente o método `ordinal`.

Item 36: Use a classe `EnumSet` em vez dos campos de bits

Se os elementos de um tipo enumerado são usados principalmente em uma coleção sets, tradicionalmente se usa o padrão de enum `int` (Item 34), atribuindo uma potência diferente de 2 para cada constante:

```
// Campo bits de enumeração de constantes - OBSOLETO!
public class Text {
    public static final int STYLE_BOLD          = 1 << 0;  // 1
    public static final int STYLE_ITALIC        = 1 << 1;  // 2
    public static final int STYLE_UNDERLINE     = 1 << 2;  // 4
    public static final int STYLE_STRIKETHROUGH = 1 << 3;  // 8

    // Parâmetro é bitwise OR de zero ou mais STYLE_ constants
    public void applyStyles(int styles) { ... }
}
```

Essa representação permite que você utilize a operação bitwise OR para combinar diversas constantes em um conjunto, conhecido como *campo de bits*:

```
text.applyStyles(STYLE_BOLD | STYLE_ITALIC);
```

A representação do campo de bits também permite que você execute operações de conjuntos, como a união e a interseção de forma eficiente, usando a aritmética bitwise. Todavia, os campos de bits apresentam todas as desvantagens das constantes enum int e muito mais. É ainda mais difícil interpretar um campo de bits do que uma simples constante enum int quando ele é exibido como um número. Não existe um modo fácil de iterar sobre todos os elementos representados por um campo de bits. E, finalmente, você precisa prever o número máximo de bits de que precisará, no momento em que você estiver escrevendo a API e escolher um tipo para o campo de bits (normalmente, int ou long) de acordo. Depois de escolher um tipo, você não pode exceder seu tamanho (32 ou 64 bits) sem alterar a API.

Alguns programadores que utilizam os enums em vez das constantes int ainda se apegam ao uso dos campos de bits sempre que precisam passar sets de constantes. Não há razão para se fazer isso, pois existe uma alternativa melhor. O pacote java.util fornece uma classe EnumSet que representa de modo eficiente conjuntos de valores retirados de um único tipo enum. Essa classe implementa a interface Set, disponibilizando toda a abundância, type safety, e interoperabilidade que você consegue com qualquer outra implementação Set. Porém, internamente, cada EnumSet é representado como um vetor de bits. Se o tipo enum subjacente tiver 64 elementos ou menos — e a maioria tem —, toda a EnumSet é representada com um único long, assim, seu desempenho é comparável ao campo de bits. As operações em bloco, tais como removeAll e retainAll, são implementadas usando aritmética bitwise, assim como você faria manualmente para os campos de bits. Porém, você fica imune à feiura e à tendência a erros do tratamento manual de bits: o EnumSet faz o trabalho pesado para você.

Veja aqui como é o exemplo anterior quando alterado para usar enums e enum sets em vez de campos de bits. É curto, claro e seguro:

```
// EnumSet - uma substituição moderna para os campos bits
public class Text {
    public enum Style { BOLD, ITALIC, UNDERLINE, STRIKETHROUGH }

    // Qualquer set pode ser passado, mas a EnumSet é evidentemente melhor
    public void applyStyles(Set<Style> styles) { ... }
}
```

CAPÍTULO 6: ENUMS E ANOTAÇÕES   181

Aqui temos um código cliente que passa uma instância `EnumSet` para o método `applyStyles`. A classe `EnumSet` disponibiliza um conjunto abundante static factories para a criação de sets, uma das quais está ilustrada neste código:

```
text.applyStyles(EnumSet.of(Style.BOLD, Style.ITALIC));
```

Observe que o método `applyStyles` recebe uma `Set<Style>` de uma `EnumSet<Style>`. Embora pareça provável que todos os clientes passem uma `EnumSet` para o método, normalmente a boa prática é aceitar o tipo da interface em vez do tipo da implementação (Item 64). Isso oferece a possibilidade de um cliente incomum passar outra implementação de `Set`.

Em suma, **não é porque um tipo enumerado será usado nos sets que há uma razão para os representar com campos de bits.** A classe `EnumSet` combina a concisão e o desempenho dos campos de bits com as inúmeras vantagens dos tipos enum descritos no Item 34. A única desvantagem verdadeira da `EnumSet` é que, desde o Java 9, não é possível criar uma `EnumSet` imutável; todavia, isso provavelmente será solucionado na próxima versão. Nesse ínterim, você pode envolver uma `EnumSet` com a `Collections.unmodifiableSet`, porém sacrificará a concisão e o desempenho.

Item 37: Use `EnumMap` em vez da indexação ordinal

De vez em quando, você poderá ver um código que usa o método ordinal (Item 35) para indexar um array ou uma lista. Por exemplo, veja essa simples classe que supostamente representa uma planta:

```
class Plant {
    enum LifeCycle { ANNUAL, PERENNIAL, BIENNIAL }

    final String name;
    final LifeCycle lifeCycle;

    Plant(String name, LifeCycle lifeCycle) {
        this.name = name;
        this.lifeCycle = lifeCycle;
    }

    @Override public String toString() {
        return name;
    }
}
```

182 JAVA EFETIVO

Agora, imagine que você tenha um array de plantas que represente um jardim, e quer listar essas plantas organizadas pelo ciclo de vida (anual, bianual ou permanente). Para fazer isso, você cria três sets, um para cada ciclo de vida, e itera sobre o jardim, colocando cada planta no set adequado. Alguns programadores fariam isso inserindo os sets dentro de um array indexado pelo ordinal do ciclo de vida:

```
// Usando o ordinal() para indexar dentro de um array - NÃO FAÇA ISSO!
Set<Plant>[] plantsByLifeCycle =
    (Set<Plant>[]) new Set[Plant.LifeCycle.values().length];
for (int i = 0; i < plantsByLifeCycle.length; i++)
    plantsByLifeCycle[i] = new HashSet<>();

for (Plant p : garden)
    plantsByLifeCycle[p.lifeCycle.ordinal()].add(p);

// Exibe os resultados
for (int i = 0; i < plantsByLifeCycle.length; i++) {
    System.out.printf("%s: %s%n",
        Plant.LifeCycle.values()[i], plantsByLifeCycle[i]);
}
```

Essa técnica funciona, porém está repleta de problemas. Como os arrays não são compatíveis com os genéricos (Item 28), o programa exige um cast não verificado e não compila de forma limpa e legível. Como o array não sabe o que seu índice representa, você tem que rotular a saída manualmente. Todavia, o problema mais sério com essa técnica é que, ao acessar um array indexado pelo ordinal de um enum, você fica responsável pelo uso do valor int correto; os ints não fornecem a type safety dos enums. Se você utilizar o valor errado, o programa silenciosamente fará a coisa errada ou — se tiver sorte — lançará uma ArrayIndexOutOfBoundsException.

Há um jeito muito melhor de se conseguir o mesmo resultado. Efetivamente, o array serve como map do enum para um valor, então você poderia muito bem usar um Map. Em particular, há uma implementação Map mais rápida, projetada para o uso de chaves enum, conhecida como java.util.EnumMap. Veja aqui como é o programa quando reescrito para utilizar a EnumMap:

```
// Usando uma EnumMap para associar dados com um enum
Map<Plant.LifeCycle, Set<Plant>> plantsByLifeCycle =
    new EnumMap<>(Plant.LifeCycle.class);
for (Plant.LifeCycle lc : Plant.LifeCycle.values())
    plantsByLifeCycle.put(lc, new HashSet<>());
for (Plant p : garden)
    plantsByLifeCycle.get(p.lifeCycle).add(p);
System.out.println(plantsByLifeCycle);
```

CAPÍTULO 6: ENUMS E ANOTAÇÕES 183

Esse programa é mais curto, claro, seguro e comparável, em termos de velocidade, ao original. Não há casts inseguros, nem a necessidade de se rotular a saída manualmente, porque as chaves da map são enums que sabem como se traduzir em strings imprimíveis; e não existe a possibilidade de erro no cálculo dos índices do array. A razão pela qual a `EnumMap` é comparável em termos de velocidade a um array ordinal indexado é que a `EnumMap` utiliza esse array internamente; todavia, esconde esse detalhe de implementação do programador, conciliando a riqueza e a type safety da `Map` com a rapidez de um array. Observe que o construtor da `EnumMap` recebe o objeto `Class` do tipo da chave: isso é um *token de tipo limitado*, que fornece informações do tipo genérico em tempo de execução (Item 33).

O programa anterior pode ficar ainda mais curto usando uma stream (Item 45) para administrar o map. Veja aqui o código mais simples baseado em stream que em grande parte duplica o comportamento do exemplo anterior:

```
// Abordagem simples baseada na stream - improvavél de produzir uma EnumMap!
System.out.println(Arrays.stream(garden)
        .collect(groupingBy(p -> p.lifeCycle)));
```

O problema com esse código é que ele escolhe a própria implementação de map, e, na prática, ela não será uma `EnumMap`; portanto, a implementação não terá o mesmo desempenho de espaço e tempo da versão com a `EnumMap` explícita. Para corrigir esse problema, use a forma de três parâmetros da `Collectors.groupingBy`, que permite ao chamador especificar a implementação map usando o parâmetro `mapFactory`:

```
// Usando uma stream e uma EnumMap para associar dados com um enum
System.out.println(Arrays.stream(garden)
        .collect(groupingBy(p -> p.lifeCycle,
            () -> new EnumMap<>(LifeCycle.class), toSet())));
```

Não valeria a pena fazer essa otimização em um programa de exemplo como esse, mas seria fundamental em um programa que usasse intensivamente o map.

O comportamento das versões baseadas em stream diverge um pouco da versão com `EmumMap`. A versão com `EmumMap` sempre cria um map aninhado para cada ciclo de vida da planta, enquanto as versões baseadas em stream apenas criam um map aninhado se o jardim tiver uma ou mais plantas com esse ciclo de vida. Desse modo, por exemplo, caso o jardim tenha plantas de ciclos anuais ou permanentes, mas não tenha de ciclos bianuais, o tamanho da `plantsByLifeCycle` será três na versão com `EnumMap`, e dois nas baseadas em stream.

Você pode ver um array de arrays indexados (duas vezes!) por ordinais usado para representar o mapeamento de dois valores enum. Por exemplo, esse programa utiliza um array para mapear duas fases em uma transição de fases (líquido para sólido é congelamento, líquido para gás é fervura, e assim por diante):

```java
// Usando o ordinal() para indexar uma matriz de arrays - NÃO FAÇA ISSO!
public enum Phase {
    SOLID, LIQUID, GAS;

    public enum Transition {
        MELT, FREEZE, BOIL, CONDENSE, SUBLIME, DEPOSIT;

        // Linhas indexadas do ordinal, colunas para o ordinal
        private static final Transition[][] TRANSITIONS = {
            { null,    MELT,     SUBLIME },
            { FREEZE,  null,     BOIL    },
            { DEPOSIT, CONDENSE, null    }
        };

        // Retorna a transição de fase de uma fase para outra
        public static Transition from(Phase from, Phase to) {
            return TRANSITIONS[from.ordinal()][to.ordinal()];
        }
    }
}
```

Esse programa funciona e pode até parecer elegante, mas as aparências enganam. Conforme o exemplo simples do jardim, mostrado anteriormente, o compilador não tem como saber a relação entre os ordinais e os índices dos arrays. Se você cometer um erro na tabela de transição ou se esquecer de a atualizar quando alterar o tipo enum `Phase` ou o `Phase.Transition`, seu programa falhará na hora da execução. A falha pode ser uma `ArrayIndexOutOfBoundsException`, uma `NullPointerException` ou (até pior) um erro que se comporte de modo silencioso. E o tamanho da tabela é quadrático no número de fases, mesmo que o número de entradas não nulas seja bem pequeno.

Mais uma vez, você pode se sair muito melhor usando o `EnumMap`. Como cada transição de fase é indexada por *um par* de enums de fases, você representa melhor a relação como um map de um enum (a fase "de") para um map do segundo enum (a fase "para") e para o resultado (a transição de fase). As duas fases associadas a uma transição de fase são mais bem capturadas ao associá-las com o enum de transição da fase, que então pode ser utilizado para inicializar a `EnumMap` aninhada:

CAPÍTULO 6: ENUMS E ANOTAÇÕES 185

```java
// Usando uma EnumMap aninhada para associar os dados aos pares de enum
public enum Phase {
    SOLID, LIQUID, GAS;

    public enum Transition {
        MELT(SOLID, LIQUID), FREEZE(LIQUID, SOLID),
        BOIL(LIQUID, GAS),   CONDENSE(GAS, LIQUID),
        SUBLIME(SOLID, GAS), DEPOSIT(GAS, SOLID);

        private final Phase from;
        private final Phase to;

        Transition(Phase from, Phase to) {
            this.from = from;
            this.to = to;
        }
        // Inicializa a fase de transição da map
        private static final Map<Phase, Map<Phase, Transition>>
            m = Stream.of(values()).collect(groupingBy(t -> t.from,
            () -> new EnumMap<>(Phase.class),
            toMap(t -> t.to, t -> t,
                (x, y) -> y, () -> new EnumMap<>(Phase.class))));

        public static Transition from(Phase from, Phase to) {
            return m.get(from).get(to);
        }
    }
}
```

O código para inicializar o map de transição de fases é um pouco complicado. O tipo do map é `Map<Phase, Map<Phase, Transition>>`, que significa "mapeie da fase (fonte) para o mapa da fase (destino) para a transição". Esse map de maps é inicializado usando-se uma sequência encadeada de dois coletores. O primeiro coletor agrupa as transições por fase, e o segundo cria um `EnumMap` com o mapeamento da fase de destino à fase de transição. A função merge no segundo coletor (`(x, y) -> y)`) não é usada; ela é necessária apenas porque precisamos especificar uma fabricação map a fim de obter uma `EnumMap`, e a `Collectors` fornece fabricações telescoping. A edição anterior deste livro usava uma iteração explícita para inicializar o map de transição de fases. O código era mais verboso, mas era possivelmente mais fácil de entender.

Agora, suponha que você queira adicionar uma nova fase ao sistema: *plasma* ou gás ionizado. Há somente duas transições associadas a essa fase: a *ionização*, que transforma o gás em um plasma; e a *desionização*, que transforma o plasma em gás. Para atualizar o programa baseado em array, você teria que adicionar uma constante nova à `Phase` e duas à `Phase.Transition`, e substituir o array de arrays original de nove elementos por uma versão nova de 16. Caso acrescente muitos ou poucos elementos ao array ou insira um elemento fora de ordem, você terá problemas: o programa compilará, mas falhará em tempo de execução. Para atualizar a versão baseada em EnumMap, tudo o que precisa fazer é adicionar PLASMA à lista de fases, e IONIZE(GAS, PLASMA) e DEIONIZE(PLASMA, GAS) à lista de transição de fases:

```
// Adicionando uma fase nova que usa uma implementação da EnumMap aninhada
public enum Phase {
    SOLID, LIQUID, GAS, PLASMA;

    public enum Transition {
        MELT(SOLID, LIQUID), FREEZE(LIQUID, SOLID),
        BOIL(LIQUID, GAS),   CONDENSE(GAS, LIQUID),
        SUBLIME(SOLID, GAS), DEPOSIT(GAS, SOLID),
        IONIZE(GAS, PLASMA), DEIONIZE(PLASMA, GAS);
        ... // Restante inalterado
    }
}
```

O programa cuida de todo o resto e praticamente não existe a chance de erro. Internamente, o map de maps é implementado com um array de arrays, assim, você sacrifica pouco espaço e tempo em troca de uma maior clareza, segurança e facilidade na manutenção.

Por razões de brevidade, os exemplos acima usaram o null para indicar a ausência de uma mudança de estado (em que o to e o from são idênticos). Essa não é uma prática nada boa, e provavelmente resultará em uma NullPointerException em tempo de execução. Projetar uma solução limpa e elegante para esse problema é surpreendentemente complicado, e os programas resultantes são longos o bastante para prejudicar a intenção primária desse Item.

Em resumo, **raramente é adequado utilizar os ordinais para indexar os arrays: em vez disso, use a EnumMap**. Se o relacionamento que você representa é multidimensional, use a EnumMap<..., EnumMap<...>>. Esse é um caso especial do princípio geral de que programadores de aplicações raramente ou nunca devem usar a Enum.ordinal (Item 35).

Item 38: Emule enums extensíveis por meio de interfaces

Em quase todos os aspectos, os tipos enum são superiores ao padrão enum typesafe, descrito na primeira edição deste livro [Bloch01]. À vista disso, uma exceção diz respeito à extensibilidade, que era possível no padrão original, mas não é suportada por esse construto da linguagem. Em outras palavras, ao usar aquele padrão, era possível fazer um tipo enumerado estender outro; ao utilizar o recurso da linguagem, não. Isso não é por acaso. Na maioria das vezes, a extensibilidade de enums

CAPÍTULO 6: ENUMS E ANOTAÇÕES   187

acaba sendo uma péssima ideia. É um tanto confuso que os elementos de um tipo estendido sejam instâncias do tipo base e não vice-versa. Não há nenhuma maneira boa de se enumerar todos os elementos de um tipo base e suas extensões. Para concluir, a extensibilidade dificultaria muitos aspectos do design e da implementação.

Dito isso, existe pelo menos uma situação em que vale a pena utilizar os tipos enumerados extensíveis, nos *códigos de operação*, também conhecidos como *opcodes*. Um opcode é um tipo enumerado cujos elementos representam operações em alguma máquina, como o tipo `Operation` no Item 34, que representa as funções de uma simples calculadora. Às vezes, é conveniente que os usuários de uma API forneçam as próprias operações, efetivamente estendendo o conjunto de operações disponibilizado pela API.

Felizmente, existe uma forma simpática de se fazer isso utilizando os tipos enums. Trata-se de aproveitar o fato de que os tipos enum implementam interfaces arbitrárias ao definir uma interface para o tipo de opcode e um enum que seja a implementação padrão da interface. Por exemplo, esta é uma versão extensível do tipo `Operation` do Item 34:

```java
// Enum extensível emulado usando uma interface
public interface Operation {
    double apply(double x, double y);
}

public enum BasicOperation implements Operation {
    PLUS("+") {
        public double apply(double x, double y) { return x + y; }
    },
    MINUS("-") {
        public double apply(double x, double y) { return x - y; }
    },
    TIMES("*") {
        public double apply(double x, double y) { return x * y; }
    },
    DIVIDE("/") {
        public double apply(double x, double y) { return x / y; }
    };
    private final String symbol;

    BasicOperation(String symbol) {
        this.symbol = symbol;
    }

    @Override public String toString() {
        return symbol;
    }
}
```

188 *JAVA EFETIVO*

Embora o tipo enum (BasicOperation) não seja extensível, o tipo da interface (Operation) é, e é o tipo da interface que é usado para representar as operações nas APIs. Você pode definir outro tipo enum que implemente essa interface e utilizar as instâncias desse tipo novo em vez das instâncias base. Por exemplo, imagine que queira definir uma extensão para o tipo de operação mostrado anteriormente, composta de operações de exponenciação e operações de resto. Tudo o que precisa fazer é escrever um tipo enum que implemente a interface Operation:

```java
// Extensão de enum emulado
public enum ExtendedOperation implements Operation {
    EXP("^") {
        public double apply(double x, double y) {
            return Math.pow(x, y);
        }
    },
    REMAINDER("%") {
        public double apply(double x, double y) {
            return x % y;
        }
    };

    private final String symbol;

    ExtendedOperation(String symbol) {
        this.symbol = symbol;
    }

    @Override public String toString() {
        return symbol;
    }
}
```

Agora, você pode usar suas operações novas em qualquer lugar que possa utilizar as operações básicas, desde que as APIs sejam escritas para receber o tipo da interface (Operation), não o da implementação (BasicOperation). Observe que você não precisa declarar o método abstrato apply no enum, como tinha que declarar no enum não extensível com implementações de métodos específicas para as instâncias (página 172). Isso ocorre porque o método abstrato (apply) é um membro da interface (Operation).

Não só é possível passar uma única instância de um "enum estendido" em qualquer lugar em que se espere um "enum base", como é possível passar um tipo enum estendido inteiro e usar seus elementos em adição aos do tipo base, ou ao invés deles. Por exemplo, veja esta versão do programa de teste da página 174, que coloca em prática todas as operações estendidas definidas anteriormente:

```java
    public static void main(String[] args) {
        double x = Double.parseDouble(args[0]);
        double y = Double.parseDouble(args[1]);
        test(ExtendedOperation.class, x, y);
    }

    private static <T extends Enum<T> & Operation> void test(
            Class<T> opEnumType, double x, double y) {
        for (Operation op : opEnumType.getEnumConstants())
            System.out.printf("%f %s %f = %f%n",
                                x, op, y, op.apply(x, y));
    }
```

Observe que o literal de classe para o tipo de operação estendido (ExtendedOperation.class) é passado do main para o test, a fim de descrever o conjunto de operações estendidas. O literal de classe funciona como um *token de tipo limitado* (Item 33). A declaração reconhecidamente complexa para o parâmetro opEnumType (<T extends Enum<T> & Operation> Class<T>) assegura que o objeto da Class represente tanto um enum quanto um subtipo da Operation, exatamente o que se exige para fazer a iteração sobre os elementos e executar a operação associada a cada um deles.

Uma segunda alternativa é passar uma Collection<? extends Operation>, que é um *tipo wildcard limitado* (Item 31), em vez de passar um objeto de classe:

```java
    public static void main(String[] args) {
        double x = Double.parseDouble(args[0]);
        double y = Double.parseDouble(args[1]);
        test(Arrays.asList(ExtendedOperation.values()), x, y);
    }

    private static void test(Collection<? extends Operation> opSet,
            double x, double y) {
        for (Operation op : opSet)
            System.out.printf("%f %s %f = %f%n",
                                x, op, y, op.apply(x, y));
    }
```

O código resultante é um pouco menos complexo, e o método test é um pouco mais maleável: permite que o chamador combine operações de inúmeros tipos de implementação. Por outro lado, você abre mão da possibilidade de usar EnumSet (Item 36) e EnumMap (Item 37) nas operações especificadas.

Ambos os programas demonstrados anteriormente terão este resultado quando executados com os argumentos 4 e 2 na linha de comando:

```
    4.000000 ^ 2.000000 = 16.000000
    4.000000 % 2.000000 = 0.000000
```

Uma pequena inconveniência do uso de interfaces para emular os enums extensíveis é que as implementações não podem ser herdadas de um tipo enum para outro. Se o código da implementação não estiver baseado em nenhum estado, pode ser colocado na interface usando as implementações padrão (Item 20). No caso do nosso exemplo `Operation`, a lógica para armazenar e recuperar o símbolo relacionado à operação dever ser duplicada tanto na `BasicOperation` como na `ExtendedOperation`. Nesse caso específico não tem problema, pois se duplica muito pouco código. Se houvesse uma quantidade maior de funcionalidades compartilhadas, você poderia as encapsular em uma classe auxiliar ou em um método auxiliar estático para eliminar a duplicação de código.

O padrão descrito nesse Item é usado nas bibliotecas Java. Por exemplo, o tipo enum `java.nio.file.LinkOption` implementa as interfaces `CopyOption` e `OpenOption`.

Para resumir, **embora você não possa escrever um tipo enum extensível, consegue emulá-lo ao escrever uma interface para acompanhar um tipo enum base que, por sua vez, implementa a interface.** Isso possibilita que os clientes escrevam os próprios enums (ou outros tipos) que implementem a interface. As instâncias desses tipos podem ser utilizadas sempre que as instâncias do tipo enum base forem usadas, presumindo que as APIs estejam escritas em termos da interface.

Item 39: Prefira as anotações aos padrões de nomenclatura

Tradicionalmente, era comum usar *padrões de nomenclatura* para indicar que alguns elementos do programa exigissem um tratamento especial por uma ferramenta ou framework. Por exemplo, antes da versão 4, o framework de testes JUnit exigia que seus usuários nomeassem os métodos de teste, iniciando seus nomes com a palavra `test` [Beck04]. Essa técnica funciona; todavia, apresenta inúmeras desvantagens. Primeiro, erros tipográficos provocam falhas silenciosas. Por exemplo, imagine que você involuntariamente tenha nomeado um método de teste como `tsetSafetyOverride` em vez de `testSafetyOverride`. O JUnit 3 não acusaria nada, porém também não executaria o teste, levando a uma falsa sensação de segurança.

A segunda desvantagem dos padrões de nomenclatura é que não há como assegurar que sejam apenas usados nos elementos certos do programa. Por exemplo, suponha que você tenha nomeado uma classe como `TestSafetyMechanisms` na esperança de que o JUnit 3 testasse automaticamente todos os seus métodos, independente dos nomes deles. Novamente, o JUnit 3 não reclamaria de nada, mas também não executaria os testes.

A terceira desvantagem dos padrões de nomenclatura reside no fato de eles não fornecerem uma boa maneira de associar os valores de parâmetros aos elementos do programa. Por exemplo, imagine que queira viabilizar uma categoria de teste que fosse bem-sucedida apenas se lançasse uma exceção específica. O tipo da exceção é essencialmente um parâmetro do teste. Você até poderia codificar o nome do tipo da exceção dentro do nome do método de teste usando algum padrão de nomenclatura mais elaborado, mas isso ficaria feio e frágil (Item 62). O compilador não teria meios para verificar se a string, que deveria nomear a exceção, realmente o fez. Se a classe nomeada não existisse ou não fosse uma exceção só seria descoberto quando você tentasse rodar o teste.

As anotações [JLS, 9.7] solucionam perfeitamente todos esses problemas, pois foram adotadas pelo JUnit a partir da versão 4. Neste Item, escreveremos nosso próprio exemplo de framework de teste para demonstrar como as anotações funcionam. Suponha que você queira definir um tipo de anotação para designar testes simples que são executados automaticamente e falham se lançarem uma exceção. Veja como seria esse tipo de anotação, chamada `Test`:

```java
// Tipo de declaração de anotação marcadora
import java.lang.annotation.*;

/**
 * Indica que o método anotado é um método de teste.
 * Usa somente métodos estáticos sem parâmetros.
 */
@Retention(RetentionPolicy.RUNTIME)
@Target(ElementType.METHOD)
public @interface Test {
}
```

A declaração para o tipo de anotação `Test` já é em si anotada com as anotações `Retention` e `Target`. A meta-anotação `@Retention(RetentionPolicy.RUNTIME)` indica que as anotações `Test` deveriam ser mantidas em tempo de execução. Sem elas, as anotações `Test` seriam invisíveis à ferramenta de teste. A meta-anotação `@Target(ElementType.METHOD)` revela que a anotação `Test` é permitida somente em declarações de método: não se pode aplicá-las às declarações de classe, declarações de campos ou de outros elementos do programa.

192 *JAVA EFETIVO*

O comentário antes da declaração da anotação Test diz: "Usa somente métodos estáticos sem parâmetros." Seria bom se o compilador pudesse forçar isso, mas ele não pode, a menos que você escreva um *processador de anotação* para fazê-lo. Para obter mais informações sobre esse tópico, consulte a documentação do javax.annotation.processing. Na falta desse processador de anotação, caso você insira uma anotação Test na declaração de um método de instância ou em um método com um ou mais parâmetros, o programa de teste ainda compilará, fazendo com que a ferramenta de teste lide com esse problema em tempo de execução.

Observe a seguir como é a anotação Test na prática. Ela é chamada de *anotação marcadora* porque não tem parâmetros, apenas "marca" o elemento anotado. Se o programador escrever de forma errada a anotação Test ou aplicá-la em um elemento do programa que não seja uma declaração de método, o programa não compilará:

```
// Programa que contém anotações marcadoras
public class Sample {
    @Test public static void m1() { }  // O teste deve passar
    public static void m2() { }
    @Test public static void m3() {    // O teste deve falhar
        throw new RuntimeException("Boom");
    }
    public static void m4() { }
    @Test public void m5() { } // USO INVÁLIDO: método não estático
    public static void m6() { }
    @Test public static void m7() {    // O teste deve falhar
        throw new RuntimeException("Crash");
    }
    public static void m8() { }
}
```

A classe Sample tem sete métodos estáticos, quatro anotados como testes. Dois deles, m3 e m7, lançam exceções, e dois, m1 e m5, não. Porém, um dos métodos anotados que não lançam exceção, o m5, é um método de instância, portanto, não é um uso válido da anotação. Em resumo, a Sample contém quatro testes: um passará, dois falharão e um é inválido. Os quatro métodos que não estão anotados com a anotação Test serão ignorados pela ferramenta de teste.

As anotações Test não influenciam diretamente na semântica da classe Sample. Servem apenas para fornecer informações a serem usadas por programas interessados. Em termos mais gerais, as anotações não alteram a semântica do código anotado, mas o habilitam para um tratamento especial por ferramentas como esse simples teste runner:

Disponível para o tratamento especial pelas ferramentas como esse simples teste runner:

```java
// Programa para processar anotações marcadoras
import java.lang.reflect.*;

public class RunTests {
    public static void main(String[] args) throws Exception {
        int tests = 0;
        int passed = 0;
        Class<?> testClass = Class.forName(args[0]);
        for (Method m : testClass.getDeclaredMethods()) {
            if (m.isAnnotationPresent(Test.class)) {
                tests++;
                try {
                    m.invoke(null);
                    passed++;
                } catch (InvocationTargetException wrappedExc) {
                    Throwable exc = wrappedExc.getCause();
                    System.out.println(m + " failed: " + exc);
                } catch (Exception exc) {
                    System.out.println("Invalid @Test: " + m);
                }
            }
        }
        System.out.printf("Passed: %d, Failed: %d%n",
                        passed, tests - passed);
    }
}
```

A ferramenta teste runner recebe um nome de classe totalmente qualificado pela linha de comando e executa todos os métodos anotados da classe Test reflexivamente, chamando o Method.invoke. Esse método isAnnotationPresent informa à ferramenta quais métodos executar. Se um método de teste lançar uma exceção, o recurso de reflexão o envolve com uma InvocationTargetException. A ferramenta captura essa exceção e exibe um relatório de falhas com a exceção original lançada pelo método de teste, que é extraída da InvocationTargetException com o método getCause.

Caso a tentativa de invocar o método de teste por reflexão lance qualquer outra exceção que não seja a InvocationTargetException, isso indica um uso inválido da anotação Test que não foi capturada na hora da compilação. Esses usos incluem a anotação de um método de instância, de um método com um ou mais parâmetros ou de um inacessível. O segundo bloco de captura no teste runner apanha esses erros de uso da Test e exibe uma mensagem de erro adequada. Aqui está a saída exibida se o RunTests é executado na Sample:

```
public static void Sample.m3() failed: RuntimeException: Boom
Invalid @Test: public void Sample.m5()
public static void Sample.m7() failed: RuntimeException: Crash
Passed: 1, Failed: 3
```

Agora, vamos acrescentar suporte para testes que funcionam apenas se lança-rem uma determinada exceção. Precisaremos de um novo tipo de anotação para fazer isso:

```
// Tipo de anotação com um parâmetro
import java.lang.annotation.*;
/**
 * Indica que o método anotado é um método de teste, que
 * dever ser bem-sucedido ao lançar a exceção designada.
 */
@Retention(RetentionPolicy.RUNTIME)
@Target(ElementType.METHOD)
public @interface ExceptionTest {
    Class<? extends Throwable> value();
}
```

O tipo do parâmetro para essa anotação é Class<? extends Throwable>. Sem dúvidas, esse tipo wildcard é um tanto comprido. Em português, significa que "o objeto Class para alguma classe que estenda a Throwable", e permite que o usuário da anotação especifique qualquer tipo de exceção (ou de erro). Esse uso é um exemplo de *token de tipo limitado* (Item 33). Veja como é a anotação na prática. Observe que os literais de classe são utilizados como valores para o parâmetro da anotação:

```
// Programa que contém anotações com um parâmetro
public class Sample2 {
    @ExceptionTest(ArithmeticException.class)
    public static void m1() {  // O teste deve passar
        int i = 0;
        i = i / i;
    }
    @ExceptionTest(ArithmeticException.class)
    public static void m2() {  // Deve falhar (exceção errada)
        int[] a = new int[0];
        int i = a[1];
    }
    @ExceptionTest(ArithmeticException.class)
    public static void m3() { }  // Deve falhar (sem exceção)
}
```

Agora, vamos modificar a ferramenta teste runner para processar a nova anotação. Para fazer isso, você adiciona o código a seguir ao método main:

```
if (m.isAnnotationPresent(ExceptionTest.class)) {
    tests++;
    try {
        m.invoke(null);
        System.out.printf("Test %s failed: no exception%n", m);
    } catch (InvocationTargetException wrappedEx) {
        Throwable exc = wrappedEx.getCause();
        Class<? extends Throwable> excType =
            m.getAnnotation(ExceptionTest.class).value();
        if (excType.isInstance(exc)) {
            passed++;
        } else {
            System.out.printf(
                "Test %s failed: expected %s, got %s%n",
                m, excType.getName(), exc);
        }
    } catch (Exception exc) {
        System.out.println("Invalid @Test: " + m);
    }
}
```

Esse código é parecido com o que usamos para processar as anotações Test, salvo uma exceção: esse código extrai o valor do parâmetro da anotação e o utiliza para verificar se a exceção lançada pelo teste é do tipo correto. Não há casts explícitos e, portanto, não há perigo de uma ClassCastException. O fato de o programa de teste ter compilado garante que esses parâmetros de anotação representam tipos de exceção válidos, com apenas uma ressalva: se os parâmetros da anotação forem válidos no momento da compilação, mas o arquivo da classe que representa a exceção especificada não estiver mais presente em tempo de execução, o teste runner lançará uma TypeNotPresentException.

Levando nosso exemplo de teste de exceção um passo adiante, é possível visualizar a possibilidade de um teste que passe caso ele lance uma exceção dentre muitas exceções especificadas. O mecanismo de anotação tem um recurso que facilita o suporte para esse uso. Imagine que mudamos o tipo de parâmetro da anotação ExceptionTest para ser um array de objetos Class:

```
// Tipo de anotação com um parâmetro de array
@Retention(RetentionPolicy.RUNTIME)
@Target(ElementType.METHOD)
public @interface ExceptionTest {
    Class<? extends Exception>[] value();
}
```

A sintaxe para parâmetros do tipo array nas anotações é flexível. Ela é otimizada para arrays de um único elemento. Todas as anotações ExceptionTest anteriores ainda são válidas com a versão nova da ExceptionTest com um parâmetro array e resultam em arrays de um único elemento. Para especificar um array de vários elementos, envolva-os com chaves e separe-os com vírgulas:

```java
// Código contendo uma anotação com um parâmetro de array
@ExceptionTest({ IndexOutOfBoundsException.class,
                 NullPointerException.class })
public static void doublyBad() {
    List<String> list = new ArrayList<>();

    // A especificação permite este método para lançar tanto a
    // IndexOutOfBoundsException como a NullPointerException
    list.addAll(5, null);
}
```

É relativamente simples modificar a ferramenta teste runner para processar a versão nova da ExceptionTest. Este código substitui a versão original:

```java
if (m.isAnnotationPresent(ExceptionTest.class)) {
    tests++;
    try {
        m.invoke(null);
        System.out.printf("Test %s failed: no exception%n", m);
    } catch (Throwable wrappedExc) {
        Throwable exc = wrappedExc.getCause();
        int oldPassed = passed;
        Class<? extends Exception>[] excTypes =
            m.getAnnotation(ExceptionTest.class).value();
        for (Class<? extends Exception> excType : excTypes) {
            if (excType.isInstance(exc)) {
                passed++;
                break;
            }
        }
        if (passed == oldPassed)
            System.out.printf("Test %s failed: %s %n", m, exc);
    }
}
```

A partir do Java 8, passou a existir um outro modo de se fazerem anotações multivaloradas. Em vez de declarar um tipo de anotação com um parâmetro array, você pode anotar a declaração de uma anotação com a meta-anotação @Repeatable para indicar que a anotação pode ser aplicada repetida vezes em um único elemento. Essa meta-anotação comporta um único parâmetro, que é o objeto class do *tipo de contêiner de anotação,* cujo único parâmetro é um array do tipo de anotação [JLS, 9.6.3]. Veja como as declarações de anotação ficam se adotarmos essa abordagem com a nossa anotação ExceptionTest. Repare que o tipo do contêiner de anotação deve ser anotado com um target e uma política de retenção adequadas, ou as declarações não compilarão:

```
// Tipo de anotação que pode ser repetida
@Retention(RetentionPolicy.RUNTIME)
@Target(ElementType.METHOD)
@Repeatable(ExceptionTestContainer.class)
public @interface ExceptionTest {
    Class<? extends Exception> value();
}

@Retention(RetentionPolicy.RUNTIME)
@Target(ElementType.METHOD)
public @interface ExceptionTestContainer {
    ExceptionTest[] value();
}
```

Observe como é o nosso teste doublyBad com uma anotação repetida em vez de uma anotação com array:

```
// Código contendo a anotação que pode ser repetida
@ExceptionTest(IndexOutOfBoundsException.class)
@ExceptionTest(NullPointerException.class)
public static void doublyBad() { ... }
```

O processamento de anotações repetidas exige cuidado. Uma anotação repetida gera uma anotação sintética do tipo do contêiner de anotação. O método getAnnotationsByType minimiza a importância desse fato, e pode ser utilizado para acessar as anotações repetidas e não repetidas de um tipo de anotação repetível. Porém, a isAnnotationPresent faz com que seja explícito que as anotações repetidas não são do tipo de anotação, e sim do tipo de contêiner de anotação. Caso um elemento tenha uma anotação repetida de algum tipo e você usar o método isAnnotationPresent para verificar se o elemento tem uma anotação daquele tipo, você descobrirá que ele não tem. Utilizar esse método para averiguar a presença de um tipo de anotação fará com que seu programa ignore silenciosamente as anotações repetidas. Da mesma forma, usar esse método para averiguar a presença de um tipo de contêiner de anotação fará com que o programa ignore silenciosamente as anotações não repetidas. Para detectar anotações repetidas e não repetidas com a isAnnotationPresent, você deve verificar tanto a existência do tipo de anotação quanto a do tipo de contêiner de anotação. Veja como é a parte relevante do nosso programa RunTests quando alterado para usar a versão repetível da anotação ExceptionTest:

```java
// Processamento de anotações repetíveis
if (m.isAnnotationPresent(ExceptionTest.class)
    || m.isAnnotationPresent(ExceptionTestContainer.class)) {
    tests++;
    try {
        m.invoke(null);
        System.out.printf("Test %s failed: no exception%n", m);
    } catch (Throwable wrappedExc) {
        Throwable exc = wrappedExc.getCause();
        int oldPassed = passed;
        ExceptionTest[] excTests =
                m.getAnnotationsByType(ExceptionTest.class);
        for (ExceptionTest excTest : excTests) {
            if (excTest.value().isInstance(exc)) {
                passed++;
                break;
            }
        }
        if (passed == oldPassed)
            System.out.printf("Test %s failed: %s %n", m, exc);
    }
}
```

As anotações repetíveis foram adicionadas para melhorar a legibilidade do código-fonte que logicamente aplica inúmeras instâncias do mesmo tipo de anotação em um determinado elemento do programa. Se você achar que eles aumentam a legibilidade de seu código-fonte, use-os, mas lembre-se de que há mais boilerplates na declaração e processamento de anotações repetíveis, e que o processamento de anotações repetíveis está sujeito a erros.

O framewotk de teste nesse Item é apenas um exemplo, porém evidentemente demonstra a superioridade das anotações sobre os padrões de nomenclatura, e isso é apenas uma fração bem pequena do que você pode fazer com elas. Se escrever uma ferramenta que exija que os programadores adicionem informações ao código-fonte, defina tipos de anotações apropriados. **Simplesmente não há nenhuma razão para você usar padrões de nomenclatura quando pode utilizar as anotações**.

Dito isso, salvo os programadores que criam utilitários, a maioria dos programadores não terá a necessidade de definir tipos de anotações. Todavia, **todos os programadores devem usar os tipos de anotação predefinidos que o Java fornece** (Itens 40, 27). Além do mais, pense em utilizar as anotações fornecidas pelo seu IDE ou por suas ferramentas de análise estática. Essas anotações aprimoram a qualidade das informações de diagnóstico fornecidas por essas ferramentas.

No entanto, observe que essas anotações ainda não foram padronizadas, desse modo, você terá algum trabalho se trocar de ferramentas ou se um padrão surgir.

Item 40: Use a anotação Override com frequência

As bibliotecas Java apresentam inúmeros tipos de anotações. Para o típico programador, a mais importante delas é a @Override. Essa anotação só pode ser usada nas declarações de método, e indica que a declaração de método anotada sobrescreve a declaração em um supertipo. Se utilizar constantemente essa anotação, ela o protegerá de uma grande classe de bugs nefastos. Analise este programa, no qual a classe Bigram representa um *bigrama*, ou um par de letras ordenado:

```java
// Consegue identificar o bug?
public class Bigram {
    private final char first;
    private final char second;

    public Bigram(char first, char second) {
        this.first  = first;
        this.second = second;
    }
    public boolean equals(Bigram b) {
        return b.first == first && b.second == second;
    }
    public int hashCode() {
        return 31 * first + second;
    }

    public static void main(String[] args) {
        Set<Bigram> s = new HashSet<>();
        for (int i = 0; i < 10; i++)
            for (char ch = 'a'; ch <= 'z'; ch++)
                s.add(new Bigram(ch, ch));
        System.out.println(s.size());
    }
}
```

O programa principal adiciona repetidamente em um set 26 bigramas, cada um formado por duas letras minúsculas idênticas. Em seguida, exibe o tamanho do set. Espera-se que o programa exiba 26, pois os sets não podem ter duplicatas. Se tentar executar o programa, descobrirá que ele não exibe 26, e sim 260. O que há de errado com ele?

200 *JAVA EFETIVO*

É evidente que o autor da classe `Bigram` pretendia sobrescrever o método `equals` (Item 10) e até mesmo se lembrou de sobrescrever o `hashCode` simultaneamente (Item 11). Infelizmente, nosso programador azarado não conseguiu sobrescrever o `equals`, acabando por simplesmente fazer a sobrecarga dele em vez disso (Item 52). Para sobrescrever o `Object.equals`, você deve definir um método `equals` cujo parâmetro seja do tipo `Object`, porém o parâmetro do método `equals` do `Bigram` não é do tipo `Object`, assim, o `Bigram` herda o método do `Object`. O método `equals` analisa a *identidade* do objeto, como o operador `==`. Cada uma das dez cópias de cada bigrama é diferente das outras nove, desse modo, elas são consideradas desiguais pelo `Object.equals`, fato que explica o motivo de o programa exibir 260.

Felizmente, o compilador o ajuda com esse erro, mas apenas se você ajudá-lo informando que pretende sobrescrever o `Object.equals`. Para fazer isso, anote o `Bigram.equals` com a `@Override`, conforme mostrado a seguir:

```
@Override public boolean equals(Bigram b) {
    return b.first == first && b.second == second;
}
```

Se inserir essa anotação e tentar recompilar o programa, o compilador gerará uma mensagem de erro como esta:

```
Bigram.java:10: method does not override or implement a method
from a supertype
    @Override public boolean equals(Bigram b) {
    ^
```

Imediatamente você percebe o que fez de errado e vê como era óbvio, e substitui a implementação quebrada do `equals` corretamente (Item 10):

```
public static Boolean valueOf(boolean b)
    return b ? Boolean.TRUE : Boolean.FALSE;
}
```

Portanto, você deve usar a anotação **Override em cada declaração de método que julgar sobrescrever uma declaração de superclasse**. Há apenas uma pequena exceção a essa regra. Se estiver escrevendo uma classe que não esteja rotulada como abstrata e estiver convencido de que ela sobrescreve um método abstrato de sua superclasse, não se preocupe em colocar a anotação Override nesse método, Quando uma classe não é declarada como abstrata, o compilador emitirá uma mensagem de erro caso você não consiga sobrescrever o método da superclasse abstrata. No entanto, você precisa evidenciar todos os métodos em suas classes que sobrescrevam métodos da superclasse; nesse caso, sinta-se livre para anotar esses métodos também. Pode-se configurar a maioria dos IDEs para inserir as anotações `Override` automaticamente quando você decidir sobrescrever um método.

A maioria dos IDEs ainda lhe dá outra razão para usar a anotação `Override` com frequência. Caso habilite a verificação adequada, o IDE gerará uma advertência se houver um método que não apresenta uma anotação `Override`, mas que sobrescreve um método da superclasse. Se você constantemente usar a anotação `Override`, essas advertências o alertarão sobre uma sobrescrição involuntária. Elas complementam as mensagens de erro do compilador, que o alertam sobre a falha involuntária ao sobrescrever. Entre o IDE e o compilador, você pode ter certeza de que está sobrescrevendo os métodos em todos os lugares que quer e em nenhum outro.

A anotação `Override` pode ser usada em declarações de método que sobrescrevem declarações das interfaces e também das classes. Com o advento dos métodos padrões, é uma boa prática utilizar a `Override` em implementações concretas de métodos da interface para assegurar que a assinatura esteja correta. Caso você saiba que uma interface não tem métodos padrões, pode optar por omitir as anotações `Override` nas implementações concretas dos métodos das interfaces para reduzir a desordem.

Em uma classe abstrata ou interface, no entanto, *vale* a pena anotar *todos* os métodos que você ache que sobrescrevam os de uma superclasse ou superinterface, sejam concretos ou abstratos, Por exemplo, a interface `Set` adiciona métodos novos à `Collection`, portanto, deve incluir anotações `Override` em todas as suas declarações de método para garantir que não adicione métodos novos à interface `Collection`.

Em resumo, o compilador pode protegê-lo contra um grande número de erros se você usar a anotação `Override` em cada declaração de método que achar que sobrescreve uma declaração de supertipo, com uma exceção. Em classes concretas, você não precisa anotar os métodos que acredita que sobrescrevam declarações de métodos abstratos (embora não seja prejudicial anotá-las).

Item 41: Use as interfaces marcadoras para definir tipos

Uma *interface marcadora* não contém declarações de métodos, porém designa (ou "marca") uma classe que implementa a interface como tendo alguma propriedade. Por exemplo, analise a interface `Serializable` (Capítulo 6). Ao implementá-la, a classe indica que suas instâncias podem ser escritas em um `ObjectOutputStream` (ou "serializadas").

Talvez você ouça que as anotações marcadoras (Item 39) fazem com que as interfaces marcadoras fiquem obsoletas. Essa afirmação está errada. As interfaces marcadoras apresentam duas vantagens em relação às anotações marcadoras. Primeiro e antes de tudo, **as interfaces marcadoras definem um tipo que é implementado pelas instâncias da classe marcada; já as anotações marcadoras, não**. A existência de um tipo de interface marcadora permite que você detecte erros na hora da compilação que só conseguiria pegar em tempo de execução, caso tivesse usado uma anotação marcadora.

O recurso de serialização do Java (Capítulo 6) utiliza a interface marcadora `Serializable` para indicar que um tipo é serializável. O método `ObjectOutputStream.writeObject`, que serializa o objeto passado para ele, exige que seu argumento seja serializável. Caso o argumento desse objeto fosse do tipo `Serializable`, uma tentativa de serializar um objeto inapropriado teria sido detectada no momento da compilação (através da verificação do tipo). A finalidade das interfaces marcadoras é detectar erros no momento da compilação, mas infelizmente a API `ObjectOutputStream.write` não se beneficia da interface `Serializable`: seu argumento é declarado como sendo do tipo `Object`; assim, as tentativas de serializar um objeto não serializável só falharão em tempo de execução.

Outra vantagem das interfaces marcadoras em relação às anotações marcadoras é que elas podem ser marcadas com mais precisão. Se um tipo de anotação é declarado com a marca `ElementType.TYPE`, ela pode ser aplicada a *qualquer* classe ou interface. Imagine que você tenha um marcador que seja aplicável apenas às implementações de uma interface específica. Se você defini-lo como uma interface marcadora, pode fazer com que estenda a única interface à qual ele é aplicável, garantindo que todos os tipos marcados também sejam subtipos da única interface à qual o marcador é aplicável.

Poder-se-ia dizer que a interface `Set` é apenas uma *interface marcadora restrita*. Ela é aplicável somente aos subtipos da `Collection`, porém não adiciona métodos além daqueles definidos pela `Collection`. Geralmente não é considerada uma interface marcadora porque refina o contrato de inúmeros métodos da `Collection`, incluindo o `add`, o `equals`, e o `hashCode`. Porém, é fácil imaginar uma interface marcadora que seja aplicável somente aos subtipos de algumas interfaces específica e que *não* aperfeiçoa os contratos de quaisquer métodos da interface. Essa interface marcadora pode descrever alguma invariante do objeto inteiro ou indicar que as instâncias estão habilitadas para o processamento por um método de alguma outra classe (da maneira que a interface `Serializable` indica as instâncias elegíveis para o processamento pelo `ObjectOutputStream`).

A maior vantagem das anotações marcadoras em relação às interfaces marcadoras é que fazem parte de um sistema bem grande de anotações. Portanto, as anotações marcadoras facilitam a consistência em frameworks baseados em anotações.

Em vista disso, quando você deve utilizar uma anotação marcadora e quando deve utilizar uma interface marcadora? Obviamente, você deve usar uma anotação marcadora se a marca se aplica a qualquer outro elemento do programa que não seja uma classe ou interface, porque apenas classes e interfaces podem implementar ou estender uma interface. Caso a marca se aplique somente a classes e interfaces, pergunte-se: "Será que posso querer escrever um ou mais métodos que aceitem apenas objetos que tenham essa marcação?" Se a resposta for sim, você deve usar uma interface marcadora em vez de uma anotação. Isso fará com que seja possível utilizar a interface como parâmetro de tipo para os métodos em questão, o que, por sua vez, trará vantagens da verificação de tipo no momento da compilação. Agora, caso esteja convencido de que nunca escreverá um método que aceite somente objetos com essa marcação, então, provavelmente é melhor utilizar uma anotação marcadora. Se, além disso, a marcação fizer parte de um framework que usa intensamente as anotações, a escolha óbvia é a anotação marcadora.

Em suma, tanto as interfaces marcadoras como as anotações marcadoras têm seus usos. Se quiser definir um tipo que não tenha nenhum método novo associado a ele, a interface marcadora é o caminho certo. Se quiser marcar elementos do programa que não sejam classes ou interfaces ou quiser ajustar o marcador dentro de um framework que já faça uso intenso dos tipos de anotação, então a anotação marcadora é a escolha correta. **Caso se encontre escrevendo um tipo de anotação marcadora cuja marca é um `ElementType.TYPE`, tire um tempo para descobrir se realmente deveria ser um tipo de anotação, ou se seria mais apropriado uma interface marcadora.**

De certo modo, esse Item é o contrário do Item 22, que diz: "Se você não quer definir um tipo, não use uma interface." Em uma primeira aproximação, esse Item diz: "Se você quer de fato definir um tipo, use uma interface."

CAPÍTULO 7

Lambdas e Streams

No Java 8, adicionaram-se as interfaces funcionais, os lambdas e as referências para métodos com o intuito de facilitar a criação de objetos de função. A API de streams foi introduzida junto a essas mudanças da linguagem a fim de disponibilizar bibliotecas de auxílio para o processamento de sequências de elementos de dados. Neste capítulo, conversaremos sobre como usar melhor esses recursos.

Item 42: Prefira os lambdas às classes anônimas

Tradicionalmente, as interfaces (ou, raramente, as classes abstratas) com um único método abstrato eram utilizadas como *tipos de função*. Suas instâncias, conhecidas como *objetos de função*, representam funções ou ações. Desde que o JDK 1.1 foi lançado, em 1997, o principal meio de criar um objeto de função era por *classes anônimas* (Item 24). Veja um fragmento de código que classifica uma lista de strings por ordem do comprimento, usando uma classe anônima para criar a função de comparação da comparação (que impõe a ordem de classificação):

```
// Instância de classe anônima como um objeto de função - obsoleta!
Collections.sort(words, new Comparator<String>() {
    public int compare(String s1, String s2) {
        return Integer.compare(s1.length(), s2.length());
    }
});
```

As classes anônimas eram adequadas aos padrões clássicos do design orientado a objeto que exigem objetos de funções, sobretudo o padrão *Estratégia* [Gamma95]. A interface Comparator representa uma *estratégia abstrata* para a classificação; a classe anônima acima é uma *estratégia concreta* para a classificação de strings. A verbosidade das classes anônimas, no entanto, fez com que a programação funcional se tornasse uma possibilidade bem desagradável.

No Java 8, a linguagem oficializou a noção de que as interfaces com um único método abstrato são especiais e merecem tratamento especial. Agora, essas interfaces são conhecidas como *interfaces funcionais*, e a linguagem possibilita que você crie suas instâncias usando as *expressões lambdas*, ou os *lambdas*, para abreviar.

Os lambdas são similares às funções das classes anônimas, porém muito mais concisos. Veja aqui como o fragmento de código descrito anteriormente se parece com a substituição da classe anônima por um lambda. O boilerplate desapareceu, e o comportamento é bem evidente:

```
// Expressão lambda como função de objeto (substitue a classe anônima)
Collections.sort(words,
        (s1, s2) -> Integer.compare(s1.length(), s2.length()));
```

Observe que os tipos do lambda (Comparator<String>) de seus parâmetros (s1 e s2, ambos String) e de seu valor de retorno (int) não estão presentes no código. O compilador os deduz pelo contexto, utilizando um processo conhecido como *inferência de tipo*. Em alguns casos, o compilador não consegue determinar os tipos, e você terá que os especificar. As regras para a inferência de tipos são complexas: ocupam um capítulo inteiro no JLS [JLS, 18]. Poucos programadores as compreendem detalhadamente, mas não faz mal. **Omita os tipos de todos os parâmetros do lambda, a não ser que a presença deles faça com que seu programa fique mais claro.** Se o compilador gerar um erro lhe informando que não consegue inferir o tipo de um parâmetro lambda, *então* o especifique. Às vezes, você tem que realizar o cast do valor de retorno ou da expressão lambda inteira, porém isso é raro.

Deve-se acrescentar uma ressalva quanto à inferência de tipo. O Item 26 lhe diz para não usar os tipos brutos, o Item 29 lhe diz para dar preferência aos tipos genéricos e, por sua vez, o Item 30 lhe diz para dar preferência aos métodos genéricos. Essas recomendações são de suma importância quando você usa os lambdas, porque o compilador obtém dos genéricos a maior parte das informações sobre tipos que lhe permite fazer a inferência de tipo. Caso você não disponibilize essa informação, o compilador não conseguirá fazer a inferência de tipo, e você terá que especificar os tipos manualmente em seus lambdas, aumentando significativamente a verbosidade deles. A título de exemplo, o trecho do código acima não compilará se a variável words for declarada como um tipo bruto List em vez de um parametrizado List<String>.

Aliás, o comparador no trecho pode ser ainda mais conciso caso se use um *método de construção de comparador* em vez de um lambda (Itens 14, 43):

```
Collections.sort(words, comparingInt(String::length));
```

De fato, o trecho pode ficar ainda mais curto se aproveitarmos o método `sort`, que foi adicionado à interface `List` no Java 8:

```
words.sort(comparingInt(String::length));
```

Graças à adição dos lambdas, a linguagem ficou mais prática para utilizar os objetos de função, onde anteriormente não faria o menor sentido. Por exemplo, examine o tipo enum `Operation` no Item 34. Como cada enum exigia um comportamento diferente para seu método `apply`, usamos corpos de métodos específicos para as constantes e sobrescrevemos o método `apply` em cada constante do enum. Para refrescar sua memória, aqui está o código:

```
// Tipo enum com dados & corpos de classe específicos para constantes (Item 34)
public enum Operation {
    PLUS("+") {
        public double apply(double x, double y) { return x + y; }
    },
    MINUS("-") {
        public double apply(double x, double y) { return x - y; }
    },
    TIMES("*") {
        public double apply(double x, double y) { return x * y; }
    },
    DIVIDE("/") {
        public double apply(double x, double y) { return x / y; }
    };

    private final String symbol;
    Operation(String symbol) { this.symbol = symbol; }
    @Override public String toString() { return symbol; }

    public abstract double apply(double x, double y);
}
```

O Item 34 afirma que se recomendam os campos de instância em um enum em vez de corpos de classes específicos para as constantes. Os lambdas facilitam a implementação de comportamentos específicos para as constantes usando os campos de instância. Simplesmente passe um lambda implementando cada comportamento de constante do enum para seu construtor. O construtor armazena o lambda em um campo de instância, e o método `apply` encaminha as invocações para o lambda. O código resultante é mais simples e claro do que a versão original:

```java
// Enum com campo de objeto de função & comportamento específico para constantes
public enum Operation {
    PLUS  ("+", (x, y) -> x + y),
    MINUS ("-", (x, y) -> x - y),
    TIMES ("*", (x, y) -> x * y),
    DIVIDE("/", (x, y) -> x / y);

    private final String symbol;
    private final DoubleBinaryOperator op;

    Operation(String symbol, DoubleBinaryOperator op) {
        this.symbol = symbol;
        this.op = op;
    }

    @Override public String toString() { return symbol; }

    public double apply(double x, double y) {
        return op.applyAsDouble(x, y);
    }
}
```

Observe que estamos usando a interface `DoubleBinaryOperator` para os lambdas que representam o comportamento das constantes do enum. Essa é uma das muitas interfaces funcionais predefinidas na `java.util.function` (Item 44). Representa uma função que recebe dois argumentos `double` e retorna um resultado `double`.

Ao analisar o enum `Operation` baseado em lambdas, você pode pensar que os corpos de métodos específicos para as constantes já não têm mais serventia, mas esse não é o caso. Ao contrário dos métodos e das classes, **lambdas não possuem nomes e documentação; se um cálculo não for autoexplicativo, ou exceder algumas linhas, não o coloque em um lambda**. Uma linha é o ideal para um lambda, três linhas são o máximo aceitável. Se você violar essa regra, isso pode causar sérios danos à legibilidade de seu programa. Caso um lambda seja longo ou difícil de ler, encontre uma forma de simplificá-lo ou refatore seu programa para descartá-lo. Além do mais, os argumentos passados aos construtores do enum são avaliados em contexto estático. Como resultado, os lambdas nos construtores de enum não podem acessar os membros das instâncias do enum. Os corpos de classes específicos para as constantes ainda são o melhor caminho, caso um tipo enum tenha um comportamento específico para a constante que seja difícil de compreender, que não possa ser implementado em poucas linhas, ou que exija acesso aos campos ou métodos da instância.

Assim, você pode até pensar que as classes anônimas estão obsoletas na era dos lambdas. Isso é bem próximo da verdade, todavia há algumas coisas que você consegue fazer com as classes anônimas que não pode fazer com os lambdas. Os lambdas são limitados às interfaces funcionais. Na hipótese de você querer criar uma instância de uma classe abstrata, pode fazê-lo com uma classe anônima, mas não com um lambda. Do mesmo modo, você pode utilizar uma classe anônima para criar instâncias de interfaces com inúmeros métodos abstratos. E, por fim, um lambda não consegue obter uma referência de si próprio. Em um lambda, a palavra-chave this referencia a instância que envolve o lambda, que normalmente é a que você quer. Em uma classe anônima, a palavra-chave this referencia a instância da classe anônima. Se você precisa acessar o objeto de função dentro do corpo dele próprio, deve usar uma classe anônima.

Os lambdas compartilham com as classes anônimas a propriedade de que você não os pode serializar ou desserializar de modo confiável entre implementações. Portanto, você raramente, ou nunca, deve **serializar um lambda** (ou uma instância de uma classe anônima). Caso tenha um objeto de função que você deseje que seja serializável, como a Comparator, use uma instância de uma classe aninhada estática privada (Item 24).

Em resumo, a partir do Java 8, os lambdas, sem dúvidas, são o melhor modo de representar os objetos de função pequenos. **Não utilize as classes anônimas para objetos de função, a menos que tenha que criar instâncias de tipos que não sejam interfaces funcionais**. Além disso, lembre que os lambdas facilitam a representação de objetos de função pequenos, o que abre as portas para as técnicas de programação funcional que anteriormente eram impraticáveis no Java.

Item 43: Dê preferência às referências para métodos em vez dos lambdas

A principal vantagem dos lambdas em relação às classes anônimas reside no fato de os lambdas serem mais concisos. O Java disponibiliza uma maneira de gerar objetos de funções ainda mais concisos que os lambdas: *as referências para método*. Veja aqui um trecho do código de um programa que mantém um map de chaves arbitrárias para valores Integer. Caso o valor seja interpretado como uma contagem dos números de instâncias da chave, então o programa é uma implementação de um multiset. A função do trecho do código é associar o número 1 à chave, caso ela não esteja no map, e incrementar o valor associado caso a chave já esteja presente:

```
map.merge(key, 1, (count, incr) -> count + incr);
```

Observe que esse código utiliza o método merge, adicionado à interface Map no Java 8. Se nenhum mapeamento estiver presente para a chave indicada, o método simplesmente insere o valor indicado; se um mapeamento já estiver presente, o merge aplica a função indicada ao valor atual e ao indicado, e sobrescreve o valor atual com o resultado. Esse código demonstra um caso de uso típico do método merge.

A leitura do código é tranquila, todavia ainda temos alguns boilerplates. Os parâmetros `count` e `incr` não acrescentam muito valor ao código e ocupam um espaço considerável. Na verdade, tudo o que esse lambda diz é que a função retorna a soma de seus dois argumentos. A partir do Java 8, o `Integer` (e todos os outros tipos primitivos numéricos empacotados) fornece um método estático `sum` que faz exatamente a mesma coisa. Podemos simplesmente passar a referência para esse método e obter o mesmo resultado com menos poluição visual:

```
map.merge(key, 1, Integer::sum);
```

Quanto mais parâmetros o método tiver, mais boilerplate você consegue eliminar com uma referência para método. Em alguns lambdas, no entanto, os nomes dos parâmetros que você escolhe fornecem uma documentação útil, fazendo com que o lambda seja mais legível e mais passível de manutenção do que as referências para métodos, mesmo que o lambda seja mais longo.

Não há nada que você possa fazer com uma referência para método que não possa fazer com um lambda (salvo uma exceção bem complicada — consulte o JLS, 9.9-2 caso esteja curioso). Dito isso, as referências para métodos normalmente resultam em códigos mais curtos e claros. Elas também lhe oferecem uma saída caso os lambdas fiquem muito grandes ou complexos: você pode extrair o código do lambda dentro de um método novo e substituir o lambda por uma referência para esse método. Você pode dar um bom nome ao método e o documentar da maneira que quiser.

Se você está programando com um IDE, ele irá lhe propor a substituição do lambda por uma referência para método sempre que possível. Geralmente, você deve, nem sempre, aceitar a oferta do IDE. De vez em quando, um lambda será mais conciso que uma referência para método. Isso ocorre com mais frequência quando o método está na mesma classe que o lambda. Por exemplo, veja este trecho de código, presume-se que ele esteja presente em uma classe chamada `GoshThisClassNameIsHumongous`:

```
service.execute(GoshThisClassNameIsHumongous::action);
```

Veja como é o lambda correspondente:

```
service.execute(() -> action());
```

O trecho que usa a referência para o método não é mais curto nem mais claro que o trecho que utiliza o lambda; desse modo, dê preferência ao segundo. De forma similar, a interface `Function` fornece um método static factory genérico, que retorna a função identidade, o `Function.identity()`. Normalmente, é mais curto e mais claro não utilizar esse método, e, sim, codificar inline o lambda correspondente: `x -> x`.

Muitas referências para métodos referenciam métodos estáticos, todavia existem quatro tipos de referência que não o fazem. Duas delas são as referências para métodos de instâncias *ilimitadas* e *limitadas*. Nas referências limitadas, o objeto receptor é especificado na referência para o método. As referências limitadas são de natureza semelhante às referências estáticas: o objeto da função recebe os mesmos argumentos que o método referenciado. Nas referências ilimitadas, o objeto receptor é especificado quando o objeto da função é aplicado, a especificação se dá por intermédio de um parâmetro adicional antes dos parâmetros declarados do método. As referências ilimitadas são regularmente usadas como funções de filtro e mapeamento em pipelines de stream (Item 45). Finalmente, os outros dois tipos são referências para *construtores*, para classes e arrays. As referências para construtores funcionam como objetos de fabricação. Todos os cincos tipos de referências para métodos estão resumidos na tabela a seguir:

Tipo de referência para método	Exemplo	Lambda correspondente
Estática	`Integer::parseInt`	`str -> Integer.parseInt(str)`
Limitada	`Instant.now()::isAfter`	`Instant then = Instant.now(); t -> then.isAfter(t)`
Ilimitada	`String::toLowerCase`	`str -> str.toLowerCase()`
Construtor de classe	`TreeMap<K,V>::new`	`() -> new TreeMap<K,V>`
Construtor de array	`int[]::new`	`len -> new int[len]`

Para resumir, as referências para métodos geralmente oferecem uma alternativa mais concisa do que os lambdas. **Onde as referências para métodos forem mais curtas e claras, use-as. Onde não forem, fique com os lambdas.**

Item 44: Prefira o uso das interfaces funcionais padrão

Agora que o Java disponibiliza os lambdas, as melhoras práticas para se escreverem APIs mudaram consideravelmente. Por exemplo, o padrão *Template Method* [Gamma95], em que uma subclasse sobrescreve um *método primitivo* para especializar o comportamento de sua superclasse, não é nada atraente. A alternativa moderna é fornecer uma static factory ou um construtor que aceite um objeto de função para fazer a mesma coisa. Em termos gerais, você vai escrever mais construtores e métodos que recebam objetos de função como parâmetros. Escolher o tipo de parâmetro funcional correto exige muita atenção.

Considere a LinkedHashMap. Você pode utilizar essa classe como um cache, sobrescrevendo seu método protegido removeEldestEntry, que é invocado pelo put toda vez que uma chave é adicionada ao map. Quando esse método retorna true, o map remove sua entrada mais antiga, que é passada para o método. A sobrescrição a seguir possibilita que o map cresça até cem entradas e, em seguida, deleta a entrada mais antiga a cada vez que uma chave nova é adicionada, mantendo as cem entradas mais recentes:

```
protected boolean removeEldestEntry(Map.Entry<K,V> eldest) {
    return size() > 100;
}
```

Essa técnica funciona bem, todavia você pode fazer muito melhor com os lambdas. Se a LinkedHashMap fosse escrita hoje, teria uma static factory ou um construtor que receberia um objeto de função. Ao observar a declaração para o removeEldestEntry, você pode achar que o objeto de função deveria aceitar um Map.Entry<K,V> e retornar um boolean, mas não é bem assim: o método removeEldestEntry chama o size() para obter o número de entradas no map, o que funciona porque o removeEldestEntry é um método de instância do map. O objeto de função que você passou para o construtor não é um método de instância do map e não o consegue capturar, pois o map ainda não existe quando se invoca sua fabricação ou seu construtor. Assim sendo, o map deve se autopassar para o objeto da função, que deve receber de entrada tanto o map quanto o Item mais antigo do map. Se você declarasse essa interface funcional, seria algo deste tipo:

```
// Interface funcional desnecessária; em vez disso use a padrão.
@FunctionalInterface interface EldestEntryRemovalFunction<K,V>{
    boolean remove(Map<K,V> map, Map.Entry<K,V> eldest);
}
```

Essa interface funciona bem, porém você não a deve usar, em razão de não precisar declarar uma interface nova para essa finalidade. O pacote java.util. function disponibiliza uma coleção extensa de interfaces funcionais padrão para você utilizar.

Se uma dessas interfaces funcionais padrões realiza o trabalho, você geralmente a deve usar em vez de uma interface funcional feita sob medida. Isso fará com que seja mais fácil de entender sua API ao reduzir sua superfície conceitual e vai proporcionar vantagens de interoperabilidade consideráveis, uma vez que muitas interfaces funcionais padrões fornecem métodos padrões úteis. Por exemplo, a interface `Predicate` fornece métodos para combinar predicados. No caso do nosso exemplo da `LinkedHashMap`, a interface padrão `BiPredicate<Map<K,V>, Map.Entry<K,V>>` deve ser usada em vez da customizada `EldestEntryRemovalFunction`.

A `java.util.Function` tem 43 interfaces. Não espere se lembrar de todas elas, porém, se você se lembrar das seis interfaces básicas, acaba por deduzir o restante quando precisar delas. As interfaces básicas operam em tipos de referência para objetos. As interfaces `Operator` representam funções cujos resultados e tipos de argumentos são os mesmos. A interface `Predicate` apresenta uma função que recebe um argumento e retorna um `boolean`. A interface `Function` representa uma função cujos argumentos e tipos de retorno diferem. A interface `Supplier` representa uma função que não recebe argumentos e retorna (ou "fornece" ["supply"]) um valor. E, por fim, a `Consumer` representa uma função que recebe um argumento e não retorna nada, essencialmente consumindo seu argumento. As seis interfaces funcionais básicas estão resumidas na tabela a seguir:

Interface	Assinatura da função	Exemplo
UnaryOperator<T>	T apply(T t)	String::toLowerCase
BinaryOperator<T>	T apply(T t1, T t2)	BigInteger::add
Predicate<T>	boolean test(T t)	Collection::isEmpty
Function<T,R>	R apply(T t)	Arrays::asList
Supplier<T>	T get()	Instant::now
Consumer<T>	void accept(T t)	System.out::println

Há também três variantes de cada uma das seis interfaces básicas que operam nos tipos primitivos `int`, `long`, e `double`. O nome delas se origina das interfaces básicas, atribuindo-se a elas o prefixo dos tipos primitivos. Assim, por exemplo, um predicado que tem um `int` é um `IntPredicate`, e um operador binário que recebe dois valores `long` e retorna um `long` é um `LongBinaryOperator`. Nenhum desses tipos de variantes é parametrizado, exceto as variantes `Function`, parametrizadas por tipo de retorno. Por exemplo, a `LongFunction<int[]>` recebe um `long` e retorna um `int[]`.

A interface `Function` tem nove variantes complementares, que são utilizadas quando o tipo de resultado é primitivo. Os tipos de origem e resultado sempre diferem, porque uma função de um tipo para si próprio é um UnaryOperator. Se os tipos de origem e de resultado forem primitivos, prefixe o termo Function com *SrcToResult*, por exemplo, LongToIntFunction (seis variantes). Se a origem for primitiva e o resultado, uma referência para objeto, prefixe o termo Function com <Src>ToObj, por exemplo, DoubleToObjFunction (três variantes).

Há versões com dois argumentos para três das interfaces funcionais básicas: a BiPredicate<T,U>, a BiFunction<T,U,R> e a BiConsumer<T,U>. Existem também as variantes BiFunction, que retornam os três tipos primitivos relevantes: a ToIntBiFunction<T,U>, a ToLongBiFunction<T,U> e a ToDoubleBiFunction<T,U>. A Consumer tem variantes com dois argumentos que recebem uma referência de objeto e um tipo primitivo, são elas: a ObjDoubleConsumer<T>, a ObjIntConsumer<T> e a ObjLongConsumer<T>. No total, existem nove versões de dois argumentos das interfaces básicas.

Para concluir, temos a interface BooleanSupplier, a variante da Supplier que retorna valores boolean. Essa é a única menção explícita do tipo boolean em qualquer um dos nomes das interfaces funcionais padrão; porém, valores de retorno boolean são suportados através da Predicate e suas quatro formas variantes. A interface BooleanSupplier e as 42 interfaces descritas nos parágrafos anteriores representam as 43 interfaces funcionais padrões. Certamente é muita coisa para assimilar. Por outro lado, a maior parte das interfaces funcionais de que precisará já foram escritas para você, e seus nomes são regulares o suficiente para que não tenha problema algum em encontrá-los quando precisar deles.

A maioria das interfaces funcionais padrões existe somente para fornecer suporte para tipos primitivos. **Não ceda à tentação de usar as interfaces funcionais básicas com os tipos primitivos empacotados em vez de usar as interfaces funcionais primitivas**. Apesar de funcionar, viola a recomendação do Item 61: "Dê preferência aos tipos primitivos em vez dos tipos primitivos empacotados." As consequências de desempenho advindas da utilização dos tipos primitivos empacotados podem ser perigosíssimas para operações em massa.

Agora você sabe que normalmente deve usar as interfaces funcionais padrão em vez de escrever as próprias interfaces. Porém, quando você *deve* escrever a própria interface? Obviamente você deve escrever a própria interface caso nenhuma das interfaces padrões faça o que deseja, por exemplo, você pode precisar de um predicado que receba três parâmetros, ou de um que lance uma exceção verificada. Todavia, há momentos em que você deve escrever a própria interface funcional, mesmo quando um dos padrões é estruturalmente idêntico.

Analisemos nossa velha amiga Comparator<T>, estruturalmente idêntica à interface ToIntBiFunction<T,T>. Ainda que a segunda já existisse quando se adicionou a primeira às bibliotecas, seria errado usá-la. Há muitas razões pelas quais a `Comparator` merece a própria interface. Em primeiro lugar, o nome dela oferece uma documentação excelente sempre que a usamos em uma API, e ela é muito utilizada. Em segundo, a interface `Comparator` apresenta requisitos fortes com relação ao que seja uma instância válida, que compõem seu *contrato geral*. Ao implementar essa interface, você se compromete com seu contrato. Em terceiro lugar, a interface está fortemente munida de métodos padrões muito úteis para transformar e combinar comparadores.

Você deveria pensar seriamente em escrever uma interface funcional sob medida em vez de utilizar a padrão, caso precise de uma interface funcional que compartilhe uma ou mais das seguintes características com a `Comparator`:

- Ela será usada com frequência e poderia se beneficiar de um nome descritivo.

- Ela está associada a um contrato forte.

- Ela se beneficiaria de métodos padrões customizados.

Se você optar por escrever a própria interface funcional, lembre-se de que é uma interface, e, portanto, deve ser projetada com muita atenção (Item 21).

Repare que a interface `EldestEntryRemovalFunction` (página 212) é marcada com uma anotação `@FunctionalInterface`. Esse tipo de anotação é similar à essência da `@Override`. É uma afirmação da intenção do programador que atende a três propósitos: informar aos leitores da classe e à sua documentação que a interface foi projetada para viabilizar os lambdas; manter você na linha, pois a interface não compilará a menos que tenha exatamente um método abstrato; e prevenir que os administradores acidentalmente adicionem métodos abstratos à interface à medida que ela evolui. **Sempre anote suas interfaces funcionais com a anotação `@FunctionalInterface`**.

Deve-se fazer uma última observação a respeito do uso das interfaces funcionais nas APIs. Não forneça um método com muitas sobrecargas que receba interfaces funcionais diferentes na mesma posição do argumento se isso puder criar uma possível ambiguidade no cliente. Não é apenas um problema teórico. O método `submit` da `ExecutorService` pode tanto receber uma `Callable<T>`, como uma `Runnable`, e é possível escrever um programa cliente que exija um cast para determinar a sobrecarga correta (Item 52). O modo mais fácil de evitar esse problema é não escrever sobrecargas que recebam interfaces funcionais diferentes na mesma posição do argumento. Esse é um caso à parte da recomendação do Item 52: "Use as sobrecargas de maneira sensata."

JAVA EFETIVO

Em síntese, agora que o Java disponibiliza os lambdas, é imprescindível que você projete suas APIs os levando em consideração. Aceite os tipos de interfaces funcionais como entrada e retorne-os como saída. Em geral, é melhor usar a interface padrão fornecida pela `java.util.function`, mas fique atento aos casos relativamente raros em que é melhor escrever a própria interface funcional.

Item 45: Seja criterioso ao utilizar as streams

A API de streams foi introduzida no Java 8 com o objetivo de facilitar a tarefa de execução de operações em massa, sequenciais ou em paralelo. Essa API fornece duas abstrações chave: a *stream*, que representa uma sequência finita ou infinita de elementos de dados, e a *stream pipeline*, que representa um cálculo de inúmeras etapas nesses elementos de dados. Os elementos em uma stream podem vir de qualquer lugar. As fontes comuns incluem coleções, arrays, arquivos, verificadores de padrões de expressões regulares, geradores de números pseudorandômicos e outras streams. Os elementos de dados em uma stream podem ser referências para objetos ou valores primitivos. Três tipos primitivos são suportados: `int`, `long` e `double`.

Uma stream pipeline é composta de uma stream de origem seguida por zero ou mais *operações intermediárias* e por uma *operação terminal*. Cada operação intermediária transforma de algum modo a stream, como mapear cada elemento para uma função desse elemento ou filtrar todos os elementos que não atendem a uma determinada condição. Todas as operações intermediárias transformam uma stream em outra, cujo tipo de elemento pode ser o mesmo que a stream de entrada ou diferente. A operação terminal executa a transformação final na stream vinda da última operação intermediária, tal como armazenar seus elementos dentro de uma coleção, retornar um determinado elemento ou exibir todos os seus elementos.

As stream pipelines são avaliadas *preguiçosamente*: a avaliação não se inicia até que se invoque a operação final, e os elementos de dados não necessários para completar a operação terminal nunca são computados. Essa avaliação preguiçosa faz com que seja possível trabalhar com streams infinitas. Observe que uma stream pipeline sem uma operação terminal é uma declaração silenciosa que não faz nada; desse modo, nunca se esqueça dela.

A API de streams é *fluente*: é projetada para permitir que todas as chamadas que constituem a pipeline sejam encadeadas em uma única expressão. Na verdade, inúmeras pipelines podem ser encadeadas juntas dentro de uma única expressão.

CAPÍTULO 7: LAMBDAS E STREAMS   217

Por padrão, as stream pipelines são executadas sequencialmente. Fazer com que uma pipeline execute em paralelo é tão simples quanto invocar o método `parallel` em qualquer stream na pipeline, porém raramente se recomenda fazer isso (Item 48).

A API de streams é versátil o suficiente para que praticamente qualquer cálculo seja executado usando streams, mas isso não significa que você deve executá-los. Quando utilizadas apropriadamente, as streams deixam os programas mais curtos, claros e limpos; quando usadas de modo inapropriado, fazem com que os programas sejam difíceis de ler e de fazer a manutenção. Não há regras rígidas e simples para o uso das streams, mas há regras heurísticas.

Analise o programa a seguir, que lê as palavras de um arquivo de dicionário e exibe todos os grupos de anagramas cujo tamanho atende a um mínimo especificado pelo usuário. Lembre-se de que duas palavras são um anagrama quando têm as mesmas letras em uma ordem diferente. O programa lê cada palavra do arquivo de dicionário especificado pelo usuário e as insere dentro de um map. A chave do map é a palavra com as próprias letras em ordem alfabética, desse modo, a chave para "`staple`" é "`aelpst`", e a chave para "`petals`" é também "`aelpst`": as duas palavras são anagramas, e todos os anagramas compartilham a mesma forma de ordem alfabética (ou *alphagrama*, como às vezes é conhecido). O valor do map é uma lista com todas as palavras que compartilham a forma da ordem alfabetizada. Depois que o dicionário for processado, cada lista é um grupo de anagramas completo. Então, o programa itera sobre a view `values()` do map e exibe cada lista cujo tamanho atende ao limite:

```java
// Exibe todos os grupos grandes de anagramas interativamente em um dicionário
public class Anagrams {
    public static void main(String[] args) throws IOException {
        File dictionary = new File(args[0]);
        int minGroupSize = Integer.parseInt(args[1]);

        Map<String, Set<String>> groups = new HashMap<>();
        try (Scanner s = new Scanner(dictionary)) {
            while (s.hasNext()) {
                String word = s.next();
                groups.computeIfAbsent(alphabetize(word),
                    (unused) -> new TreeSet<>()).add(word);
            }
        }

        for (Set<String> group : groups.values())
            if (group.size() >= minGroupSize)
                System.out.println(group.size() + ": " + group);
    }

    private static String alphabetize(String s) {
        char[] a = s.toCharArray();
        Arrays.sort(a);
        return new String(a);
    }
}
```

Uma etapa nesse programa é digna de nota. A inserção de cada palavra dentro do map, mostrada em negrito, usa o método `computeIfAbsent`, introduzido no Java 8. O método procura uma chave dentro do map: se a chave estiver presente, o método simplesmente retorna o valor associado a ela. Se a chave não estiver presente, o método calcula um valor ao aplicar o objeto de função dado à chave, associa esse valor à chave e retorna o valor calculado. O método `computeIfAbsent` simplifica a implementação dos maps que associam inúmeros valores a cada chave.

Agora, considere o programa a seguir, que soluciona o mesmo problema, porém usa as streams de modo intensivo. Observe que o programa inteiro, com exceção do código que abre o arquivo do dicionário, está contido em uma única expressão. O único motivo pelo qual o dicionário é aberto em uma expressão separada é para possibilitar o uso da instrução try-with-resources, que assegura que o arquivo do dicionário esteja fechado:

```java
// Uso excessivo da stream - Não faça isso!
public class Anagrams {
  public static void main(String[] args) throws IOException {
    Path dictionary = Paths.get(args[0]);
    int minGroupSize = Integer.parseInt(args[1]);

    try (Stream<String> words = Files.lines(dictionary)) {
      words.collect(
        groupingBy(word -> word.chars().sorted()
                   .collect(StringBuilder::new,
                     (sb, c) -> sb.append((char) c),
                     StringBuilder::append).toString()))
        .values().stream()
          .filter(group -> group.size() >= minGroupSize)
          .map(group -> group.size() + ": " + group)
          .forEach(System.out::println);
    }
  }
}
```

Caso ache que esse código é difícil de se ler, não se preocupe, você não está sozinho nessa. Ele é mais curto, mas também é menos legível, especialmente para os programadores que não são especialistas no uso de streams. **Utilizar excessivamente as streams faz com que os programas fiquem difíceis de se ler e de fazer manutenção.**

Por sorte, existe um meio-termo mais agradável. O programa a seguir resolve esse mesmo problema, sem usar demasiadamente as streams. O resultado é um programa mais curto, limpo e mais claro que o original:

```java
// O uso elegante das streams aumenta a claridade e concisão
public class Anagrams {
    public static void main(String[] args) throws IOException {
        Path dictionary = Paths.get(args[0]);
        int minGroupSize = Integer.parseInt(args[1]);

        try (Stream<String> words = Files.lines(dictionary)) {
            words.collect(groupingBy(word -> alphabetize(word)))
                .values().stream()
                .filter(group -> group.size() >= minGroupSize)
                .forEach(g -> System.out.println(g.size() + ": " + g));
        }
    }

    // O método em ordem alfabética é o mesmo que o da versão original
}
```

Mesmo que anteriormente você tenha sido pouco exposto às streams, esse programa não é difícil de entender. Ele abre o dicionário em um bloco try-with-resources, obtendo uma stream composta de todas as linhas do arquivo. A variável stream é chamada de words para sugerir que cada elemento na stream é uma palavra. A pipeline na stream não apresenta operações intermediárias; sua operação terminal coleta todas as palavras dentro do map que agrupa as palavras por sua forma alfabetizada (Item 46). Esse é essencialmente o mesmo map que foi construído em ambas as versões anteriores do programa. Em seguida, abre-se uma Stream<List<String>> nova na view dos values() do map. Os elementos nessa stream são, é claro, os grupos de anagramas. A stream é filtrada, para que todos os grupos cujo tamanho seja menor que minGroupSize sejam ignorados, e, por fim, os grupos restantes são exibidos pela operação terminal forEach.

Observe que os nomes do parâmetro lambda foram escolhidos cuidadosamente. O parâmetro g deveria realmente ser chamado de group, porém a linha resultante do código seria muito grande para o livro. **Na ausência de tipos explícitos, a nomeação criteriosa dos parâmetros dos lambdas é fundamental para a legibilidade das stream pipelines.**

Observe também que a ordem alfabética das palavras é realizada em um método alphabetize separado. Isso aumenta a legibilidade, ao dar um nome para a operação e manter os detalhes da implementação fora do programa principal. **O uso de métodos auxiliares é ainda mais importante para a legibilidade nas stream pipelines do que no códigos iterativos** porque as pipelines não possuem informações explícitas sobre tipo nem variáveis temporárias nomeadas.

O método alphabetize poderia ter sido reimplementado para usar streams, porém um método alphabetize baseado em strams seria menos claro, mais difícil de se escrever corretamente e provavelmente mais lento. Essas deficiências são resultado da falta de suporte do Java para as streams primitivas char (o que não quer dizer que o Java as deveria suportar; seria infactível fazer isso). Para demonstrar os perigos de se processarem os valores char com as streams, analise o código a seguir:

```
"Hello world!".chars().forEach(System.out::print);
```

Você espera a exibição do Hello world!, mas, se executá-lo, descobrirá que ele exibe 72101108108111321191111141081033. Isso acontece porque os elementos da stream retornada pelo "Hello world!".chars() não são valores char, e sim valores int; desse modo, a sobrecarga para int do print é invocada. Sem dúvidas é confuso que um método chamado chars retorne uma stream de valores int. Você *poderia* corrigir esse programa realizando o cast para forçar a invocação da sobrecarga correta:

```
"Hello world!".chars().forEach(x -> System.out.print((char) x));
```

Todavia, o ideal seria você **evitar usar streams para processar valores char**.

Ao começar a usar as streams, você pode sentir vontade de converter todos os seus loops em streams, porém resista a esse impulso. Embora seja possível, é bem provável que isso prejudique a legibilidade e a manutenção de seu código base. Via de regra, realiza-se melhor as tarefas moderadamente complexas usando alguma combinação de streams e iteração, conforme ilustrado acima nos programas Anagrams. Assim sendo, **refatore o código existente para usar as streams e utilize-as em um código novo apenas onde seja pertinente usá-las**.

Conforme mostrado nos programas desse Item, as streams pipelines expressam a repetição de operações usando objetos de função (normalmente lambdas ou referências para métodos), ao passo que o código iterativo expressa a repetição de operações utilizando blocos de código. Existem algumas coisas que você pode fazer a partir de blocos de código que você não consegue fazer com os objetos de função:

- A partir de um bloco de código, você pode ler ou modificar qualquer variável local no escopo; a partir do lambda, você pode somente ler as variáveis finais ou essencialmente finais [JLS 4.12.4], e não pode modificar qualquer variável local;

- A partir de um código do bloco, você pode usar o `return` (retornar) para sair do método, usar o `break` (interromper) ou o `continue` (continuar) em loop, ou lançar qualquer exceção verificada que o método tenha sido declarado como apto a lançar; a partir de um lambda você não pode fazer nenhuma dessas coisas.

Se um cálculo for melhor expressado usando essas técnicas, então, ele provavelmente não é bom para streams. Em contrapartida, é mais fácil fazer algumas coisas com as streams:

- Transforma uniformemente sequências de elementos.

- Filtra sequências de elementos.

- Combina sequências de elementos usando uma única operação (por exemplo, somá-los, concatená-los ou calcular o mínimo deles).

- Acumula sequências de elementos dentro de uma coleção, possivelmente os agrupando por algum atributo em comum.

- Procurar em uma sequência de elementos por um elemento que atenda a algum critério.

Se um cálculo for melhor expressado usando essas técnicas, então ele é um bom candidato para as streams.

Uma coisa que é difícil de se fazer com as streams é acessar simultaneamente os elementos correspondentes dos inúmeros estágios da pipeline: uma vez que você mapeia um valor para algum outro valor, o original se perde. Uma solução paliativa é mapear cada valor para um *objeto pareado* contendo o valor original e o novo, porém isso não é uma solução satisfatória, especialmente se os objetos pareados forem necessários para os inúmeros estágios da pipeline. O código resultante é confuso e verboso, o que invalida a finalidade primordial das streams. Quando aplicável, uma melhor solução paliativa é inverter o mapeamento sempre que você precisar acessar um valor do estágio anterior.

Por exemplo, vamos escrever um programa para exibir os 20 primeiros *primos de Mersenne*. Para refrescar sua memória, um *número de Mersenne* é um número da forma $2^p - 1$. Se p é primo, o número de Mersenne correspondente *pode* ser primo; se for, ele é um primo de Mersenne. Como a stream inicial em nossa pipeline, queremos todos os números primos. Veja aqui um método para retornar essa stream (infinita). Partimos do princípio que uma importação estática tenha sido usada para acessar facilmente os membros estáticos da `BigInteger`:

```java
static Stream<BigInteger> primes() {
    return Stream.iterate(TWO, BigInteger::nextProbablePrime);
}
```

O nome do método (primes) é um substantivo plural que descreve os elementos da stream. Essa convenção de nomenclatura é muitíssimo recomenda para todos os métodos que retornam streams porque aumenta a legibilidade das stream pipelines. O método usa uma static factory Stream.iterate, que recebe dois parâmetros: o primeiro elemento na stream e uma função para gerar o próximo elemento na stream a partir do número anterior. Aqui está o programa que exibe os primeiros 20 primos de Mersenne:

```java
public static void main(String[] args) {
    primes().map(p -> TWO.pow(p.intValueExact()).subtract(ONE))
        .filter(mersenne -> mersenne.isProbablePrime(50))
        .limit(20)
        .forEach(System.out::println);
}
```

O programa é uma codificação simples da descrição em prosa acima: ele começa como os primos, computa os números de Mersenne correspondentes, filtra todos os primos (o número mágico 50 controla o teste probabilístico de primalidade), restringe a stream resultante em 20 elementos e exibe todos eles.

Agora, imagine que queremos preceder cada primo de Mersenne com seu expoente (p). Esse valor está presente somente na stream inicial, por causa disso, é inacessível para a operação terminal, que exibe o resultado. Felizmente, é fácil calcular o expoente de um número de Mersenne quando invertemos o mapeamento ocorrido na primeira operação intermediária. O expoente é simplesmente o número de bits na representação binária, assim, essa operação terminal gera o resultado desejado:

```java
.forEach(mp -> System.out.println(mp.bitLength() + ": " + mp));
```

Às vezes, quando se tem uma série de tarefas, não fica muito óbvio se é para usar a stream ou a iteração. Por exemplo, suponhamos que temos uma tarefa para inicializar um baralho de cartas. Presuma que a Card é uma classe de valor imutável que encapsula um Rank e um Suit, ambos tipos enum. Essa tarefa é representativa de qualquer tarefa que exija o cálculo de todos os pares de elementos que podem ser escolhidos de dois conjuntos. Os matemáticos chamam isso de *produto cartesiano* de dois conjuntos. Veja aqui uma implementação iterativa com um loop for-each aninhado que lhe deve parecer muito familiar:

```
// Cálculo iterativo do produto cartesiano
private static List<Card> newDeck() {
    List<Card> result = new ArrayList<>();
    for (Suit suit : Suit.values())
        for (Rank rank : Rank.values())
            result.add(new Card(suit, rank));
    return result;
}
```

E aqui está uma implementação baseada em stream que usa a operação intermediária flatMap. Essa operação mapeia cada elemento de uma stream em uma stream e em seguida concatena todas essas novas streams dentro de uma única stream (ou as *achata [flattens]*). Observe que essa implementação contém um lambda aninhado, mostrado em negrito:

```
// Cálculo do produto cartesiano baseado em uma stream
private static List<Card> newDeck() {
    return Stream.of(Suit.values())
        .flatMap(suit ->
            Stream.of(Rank.values())
                .map(rank -> new Card(suit, rank)))
        .collect(toList());
}
```

Quais das duas versões do newDeck é a melhor? Isso depende das preferências pessoais de cada um e do ambiente em que você está programando. A primeira versão é mais simples e talvez seja mais natural. Uma boa parte dos programadores Java conseguiriam entendê-la e realizar sua manutenção, porém alguns programadores se sentiriam mais à vontade com a segunda versão (baseada em stream). Ela é um pouco mais concisa e não é difícil de entender caso tenha uma boa experiência com streams e com programação funcional. Se você não tem certeza de qual versão prefere, provavelmente a iterativa é a melhor opção. Agora, se prefere a versão stream e tem absoluta certeza de que os outros programadores que trabalharão com o código compartilham dessa mesma preferência, então, você deve usá-la.

Em suma, algumas tarefas são mais bem realizadas com as streams e outras, com a iteração. Muitas outras são mais bem realizadas ao combinar as duas abordagens. Não existem regras rápidas e rígidas para escolher qual abordagem se deve usar para uma tarefa, porém há algumas heurísticas úteis. Em muitos casos, será evidente qual abordagem utilizar, em outros, nem tanto. **Se você não tem certeza se uma tarefa é melhor atendida por uma stream ou por uma iteração, tente usar as duas e veja qual delas funciona melhor.**

Item 46: Dê preferência às funções sem efeitos colaterais nas streams

Caso você seja novato no mundo das streams, pode ser difícil pegar o jeito delas. Pode ser difícil até expressar seu cálculo em uma stream pipeline. Quando consegue, seu programa executará, mas você pode ver pouca ou nenhuma vantagem. A stream não é apenas uma API, é um paradigma baseado na programação funcional. Para conseguir a expressividade, a rapidez e, em alguns casos, a paralelização que as streams oferecem, você deve adotar esse paradigma junto com a API.

A parte mais importante do paradigma das streams é estruturar seu cálculo como uma sequência de transformações em que o resultado de cada estágio seja o mais próximo possível de uma *função pura* do resultado do estágio anterior. Uma função pura é aquela cujo resultado depende apenas de sua entrada: não depende de nenhum estado mutável, nem atualiza nenhum estado. A fim de conseguir fazer isso, quaisquer objetos de função que você passar para as operações de stream, intermediárias ou terminais, não devem ter efeitos colaterais.

De quando em quando, talvez você veja um código de stream parecido com este trecho, que constrói uma tabela de frequência das palavras em um arquivo de texto:

```java
// Usos da API streams, mas não do paradigma --Não faça isso!
Map<String, Long> freq = new HashMap<>();
try (Stream<String> words = new Scanner(file).tokens()) {
    words.forEach(word -> {
        freq.merge(word.toLowerCase(), 1L, Long::sum);
    });
}
```

O que há de errado com esse código? Afinal das contas, ele usa streams, lambdas, referências para métodos e recebe a resposta correta. Dizendo de forma simples, isso não é um código de streams; é um código iterativo fingindo se passar por um código de streams. Ele não usufrui de nenhuma vantagem da API de streams, e ele é (um pouco) mais longo, mais difícil de se ler e de dar a manutenção do que o código iterativo correspondente. O problema decorre do fato de que esse código está fazendo todo o trabalho em uma operação terminal forEach, utilizando um lambda que altera um estado externo (a tabela de frequência). Uma operação forEach que faça qualquer coisa além de apresentar o resultado do cálculo executado pela stream é um "bad smell em seu código", assim como é também o lambda que altera um estado. Então, como esse código deveria ser?

```
// Uso apropriado das streams para inicializar uma tabela de frequência
Map<String, Long> freq;
try (Stream<String> words = new Scanner(file).tokens()) {
    freq = words
        .collect(groupingBy(String::toLowerCase, counting()));
}
```

Esse trecho faz a mesma coisa que o anterior, mas utiliza apropriadamente a API de streams. Ele é mais curto, mais limpo e claro. Então, por qual motivo alguém o escreveria de outra forma? Porque ele usa ferramentas com as quais todos estão acostumados. Os programadores Java sabem como usar os loops for-each, e a operação terminal forEach é bem parecida com eles. Mas a operação forEach figura entre as menos potentes dentre as operações terminais, sendo também a menos amigável com as streams. Ela é explicitamente iterativa e, portanto, nada receptível à paralelização. **Deve-se utilizar a operação forEach apenas para reportar o cálculo de uma stream, não para executá-lo**. De vez em quando, faz até sentido usar o forEach para alguma outra finalidade, como adicionar os resultados do cálculo de uma stream a uma coleção preexistente.

O código aperfeiçoado usa um *coletor*, um conceito novo que você tem que aprender para usar as streams. A API Collectors é intimidante: tem 39 métodos, alguns dos quais com até cinco parâmetros. A boa notícia é que você pode se beneficiar dessa API sem precisar mergulhar a fundo em sua complexidade. Para os novatos, vocês podem ignorar a interface Collector e pensar no coletor como um objeto opaco que encapsula uma estratégia de *redução*. Nesse contexto, redução significa combinar os elementos de uma stream dentro de um único objeto. O objeto produzido pelo coletor é normalmente uma coleção (o que é o motivo do nome coletor).

Os coletores que recolhem os elementos de uma stream dentro de uma Collection verdadeira são bem simples. Há três tipos de coletores: toList(), toSet() e o toCollection(collectionFactory). Eles retornam, respectivamente, um conjunto, uma lista e um tipo de coleção especificada pelo programador. Munidos com esse conhecimento, podemos escrever uma stream pipeline para extrair uma lista das dez mais da nossa tabela de frequência:

```
// Pipeline que apanha da tabela de frequência uma lista das 10 palavras mais usadas
List<String> topTen = freq.keySet().stream()
    .sorted(comparing(freq::get).reversed())
    .limit(10)
    .collect(toList());
```

226 *JAVA EFETIVO*

Observe que não qualificamos o método `toList` com sua classe, `Collectors`. **Tanto é de costume como se recomenda importar estaticamente todos os membros da `Collectors` porque ela deixa as stream pipelines mais legíveis.**

A única parte complicada desse código é o comparador `comparing (freq::get).reversed()` que passamos para a `sorted`. O método `comparing` é um método de construção de comparador (Item 14) que recebe uma função de extração de chave. A função recebe uma palavra, e a "extração" é, na verdade, uma pesquisa na tabela: a referência de método limitada `freq::get` procura a palavra na tabela de frequência e retorna a quantidade de vezes que a palavra aparece no arquivo. Finalmente, chamamos o `reversed` no comparador para ordenarmos as palavras das mais frequentes para as menos frequentes. Em seguida, é só restringir a stream a dez palavras e coletá-las dentro da lista.

O trecho do código anterior utilizou o método `stream` da `Scanner` para transmitir a stream através do scanner. Introduziu-se esse método no Java 9. Se você estiver usando uma versão anterior, pode traduzir o scannner, que implementa a `Iterator`, dentro de uma stream utilizando um adaptador similar àquele do Item 47 (`streamOf(Iterable<E>)`).

Mas e os outros 36 métodos na `Collectors`? A maioria deles existe para permitir que você colete as streams dentro de maps, o que é bem mais complicado do que coletá-las dentro de coleções verdadeiras. Cada elemento da stream é associado a uma chave *e a um valor*, e podem se associar inúmeros elementos da stream à mesma chave.

O coletor de map mais simples é o `toMap(keyMapper, valueMapper)`, que recebe duas funções, uma que mapeia um elemento da stream para uma chave, e outra para um valor. Usamos esse coletor em nossa implementação `fromString` no Item 34 para criar um map da forma de string de um enum para o próprio enum:

```
// Usando um coletor toMap para fazer uma map a partir da string do enum
private static final Map<String, Operation> stringToEnum =
    Stream.of(values()).collect(
        toMap(Object::toString, e -> e));
```

Essa forma simples do `toMap` é perfeita se cada elemento dentro da stream mapear para uma única chave. Caso muitos elementos da stream mapeiem para a mesma chave, a pipeline finalizará com uma `IllegalStateException`.

As formas mais complicadas do `toMap`, como também do método `groupingBy`, lhe dão várias maneiras de traçar estratégias para lidar com esses conflitos. Um delas é fornecer ao método `toMap` uma *função merge* além de seus mapeadores de chave e valor. A função merge é um `BinaryOperator<V>`, em que V é o tipo de valor do map. Quaisquer valores complementares associados à chave são combinados com o valor existente utilizando a função merge; assim, por exemplo, se a função merge for uma multiplicação, você acaba com um valor que é produto de todos os valores associados à chave pelo mapeador do valor.

A forma de três argumentos do `toMap` também é de grande ajuda para criar um map de uma chave para um elemento escolhido associado a ela. Por exemplo, suponha que temos uma stream de álbuns gravados por vários artistas, e queremos um map do artista para seu álbum de maior vendagem. Este coletor fará o procedimento:

```
// Coletor para gerar uma map a partir da chave que escolhe um elemento para a chave
Map<Artist, Album> topHits = albums.collect(
    toMap(Album::artist, a->a, maxBy(comparing(Album::sales))));
```

Observe que o comparador usa o método static factory maxBy, estaticamente importado do `BinaryOperator`. Esse método converte um `Comparator<T>` em um `BinaryOperator<T>`, que calcula o máximo decorrente do comparador especificado. Nesse caso, o comparador é retornado pelo método de construção do comparador `comparing`, que recebe a função extratora de chave: `Album::sales`. Parece um pouco complexo, mas o código é bem legível. De modo geral, ele diz: "Converta a stream dos álbuns em um map e mapeie cada artista para o álbum que seja o mais vendido." Isso é bem próximo da declaração do problema.

Outra utilização da forma dos três argumentos do `toMap` é produzir um coletor que impõe uma política de última-gravação-ganha (last-write-wins) quando houver conflitos. Para muitas streams, os resultados serão não determinísticos; mas, se todos os valores que puderem ser associados a uma chave pelas funções de mapeamento forem idênticos, ou se todos forem aceitáveis, o comportamento desse coletor pode ser exatamente o que você quer:

```
// Coletor impõe uma política última-gravação-ganha
toMap(keyMapper, valueMapper, (v1, v2) -> v2)
```

A terceira e última versão do `toMap` recebe um quarto argumento, que é uma fabricação map para usar quando você quiser especificar uma implementação de um map particular, como um `EnumMap` ou um `TreeMap`.

As primeiras três versões da `toMap` apresentam também formas variantes, chamadas de `toConcurrentMap`, que executa eficientemente em paralelo e produz as instâncias `ConcurrentHashMap`.

Além do método toMap, a API Collectors fornece o método groupingBy, que retorna os coletores para produzir maps que agrupam elementos dentro de categorias baseados em uma *função classificadora*. A função classificadora recebe um elemento e retorna a categoria na qual ele se adéqua. Essa categoria funciona como a chave do map do elemento. A versão mais simples do método groupingBy recebe somente uma classificadora e retorna um map cujos valores são listas de todos os elementos em cada categoria. Esse é o coletor que nós usamos no programa Anagram do Item 45 a fim de gerar um map de uma palavra em ordem alfabética para uma lista de palavras que compartilha essa ordem alfabética:

```
words.collect(groupingBy(word -> alphabetize(word)))
```

Caso queira que o groupingBy retorne um coletor que produza um map com valores que não sejam listas, você pode especificar um *coletor downstream* além da classificadora. Um coletor downstream produz um valor a partir de uma stream contendo todos os elementos de uma categoria. A utilização mais simples desse parâmetro é passar o toSet(), o que resulta em um map cujos valores são sets de elementos em vez de listas.

Em contrapartida, você pode passar a toCollection(collectionFactory), que o deixa criar as coleções nas quais cada categoria de elementos é colocada. Isso lhe dá flexibilidade para escolher qualquer tipo de coleção que você queira. Outro uso simples da forma de dois argumentos da groupingBy é passar o counting() como o coletor downstream. Isso resulta em um map que associa cada categoria com o *número* de elementos na categoria, em vez de uma coleção contendo os elementos. Foi isso o que você viu no exemplo da tabela de frequências do começo desse Item:

```
Map<String, Long> freq = words
        .collect(groupingBy(String::toLowerCase, counting()));
```

A terceira versão da groupingBy deixa você especificar uma fabricação de map além de um coletor downstream. Observe que esse método viola o padrão normal da lista de argumentos telecosping: o parâmetro mapFactory precede, em vez de vir depois do parâmetro downStream. Essa versão do groupingBy o deixa controlar o map assim como também as coleções contidas; desse modo, por exemplo, você especifica um coletor que retorna um TreeMap cujos valores são TreeSets.

CAPÍTULO 7: LAMBDAS E STREAMS **229**

O método `groupingByConcurrent` fornece variantes de todas as três sobrecargas do `groupingBy`. Essas variantes são executadas com sucesso em paralelo e produzem instâncias `ConcurrentHashMap`. Há também um parente do `groupingBy` usado raramente, chamado de `partitioningBy`. Em vez de função classificadora, ele recebe um predicado e retorna um map cuja chave é um `Boolean`. Esse método tem duas sobrecargas, uma das quais recebe um coletor downstream, além de um predicado.

Os coletores retornados pelo método `counting` são utilizados *apenas* como coletores downstream. Disponibiliza-se a mesma funcionalidade diretamente na `Stream`, através do método `count`; portanto, **não há nenhuma razão para se escrever `collect(counting())`**. Há mais 15 métodos `Collectors` com essa propriedade, incluindo os nove cujos nomes começam com `summing`, `averaging` e `summarizing` (cuja funcionalidade está disponível nos tipos de stream primitivos correspondentes). Também estão incluídas todas as sobrecargas do método `reducing`, e os métodos `filtering`, `mapping`, `flatMapping` e `collectingAndThen`. A maior parte dos programadores pode ignorar a maioria desses métodos. De um ponto de vista de design, esses coletores representam um tentativa de se duplicar parcialmente a funcionalidade das streams em coletores para que os coletores downstream funcionem como "ministreams".

Existem ainda três métodos `Collectors` que não mencionamos. Embora estejam em `Collectors`, não envolvem coleções. Os dois primeiros são o `minBy` e o `maxBy`, que recebem um comparador e retornam o elemento mínimo ou máximo da stream, conforme determinado pelo comparador. Eles são generalizações pequenas dos métodos `min` e `max` da interface `Stream`, e são os análogos na `Collectors` dos operadores binários retornados pelos métodos de nomes iguais na `BinaryOperator`. Lembre-se de que usamos `BinaryOperator.maxBy` no nosso exemplo do álbum mais vendido.

O último método `Collectors` é o `joining`, que opera somente nas streams de instâncias `CharSequence` como as strings. Em sua forma sem parâmetro, ele retorna um coletor que simplesmente concatena os elementos. Em sua forma de argumento, recebe um único parâmetro `CharSequence` chamado de `delimiter` e retorna um coletor que reúne os elementos da stream, inserindo o delimitador entre os elementos adjacentes. Se você passar uma vírgula como um delimitador, o coletor retorna uma string de valores separados por vírgula (porém, tome cuidado que a string será ambígua, caso algum dos elementos contenha vírgulas). A forma de três argumentos recebe um prefixo e um sufixo além de um delimitador. O coletor resultante gera strings como as que você obtém quando exibe uma coleção, por exemplo [came, saw, conquered].

230 *JAVA EFETIVO*

Em suma, a essência da programação das stream pipelines são os objetos de função sem efeitos colaterais. Isso se aplica a todos os objetos de função passados para as streams e para os objetos relacionados. Apenas se usa a operação terminal forEach para reportar o resultado de um cálculo executado pela stream, e não para a execução do cálculo. Você deve aprender sobre os coletores para usar as streams apropriadamente. As fabricações de coletores mais importantes são a toList, toSet, toMap, groupingBy e a joining.

Item 47: Dê preferência à Collection como um tipo de retorno em vez da Stream

Muitos métodos retornam sequências de elementos. Antes do Java 8, os tipos de retornos mais evidentes para esses métodos eram as interfaces de coleção Collection, Set e List; Iterable; e os tipos de array. Comumente, era fácil decidir quais desses tipos retornar. A norma era uma interface da coleção. Se o método existisse unicamente para possibilitar loops for-each ou se não fosse possível fazer com que a sequência retornada implementasse algum método da Collection (normalmente, o contains(Object)), usava-se a interface Iterable. Caso os elementos retornados fossem valores primitivos ou houvesse requisitos de execução muito rigorosos, usavam-se os arrays. No Java 8, as streams foram adicionadas à plataforma, complicando substancialmente a tarefa de escolher o tipo de retorno adequado para um método que retornasse uma sequência.

Ouve-se dizer que agora as streams são a escolha evidente para retornar uma sequência de elementos, porém, conforme discutido no Item 45, as streams não tornam a iteração obsoleta: escrever um bom código exige uma combinação sensata de streams e iterações. Se uma API retornar apenas uma stream e alguns usuários quiserem fazer iterações sobre a sequência retornada com um loop for-each, eles ficarão bem chateados, e com razão. É especialmente frustrante, porque a interface Stream contém o único método abstrato da interface Iterable, e a especificação da Stream para esse método é compatível com a da Iterable. A única coisa que impede os programadores de usarem o loop for-each para fazer interação sobre a stream é a falha da Stream em não estender a Iterable.

Lamentavelmente, não existe uma solução paliativa boa para esse problema. À primeira vista, pode parecer que passar referência de método para o método iterator da Stream poderia funcionar. O código resultante provavelmente é um tanto chamativo e pouco transparente, mas não inadequado:

CAPÍTULO 7: LAMBDAS E STREAMS 231

```java
// Não compilará, por causa das limitações da inferência de tipo do Java
for (ProcessHandle ph : ProcessHandle.allProcesses()::iterator) {
    // Executa o processo
}
```

Infelizmente, se você tentar compilar esse código, receberá uma mensagem de erro:

```
Test.java:6: error: method reference not expected here
for (ProcessHandle ph : ProcessHandle.allProcesses()::iterator) {
                        ^
```

Para o compilar, você deve fazer o cast da referência de método com uma Iterable adequadamente parametrizada:

```java
// Solução temporária medonha para fazer a iteração na stream
for (ProcessHandle ph : (Iterable<ProcessHandle>)
                        ProcessHandle.allProcesses()::iterator)
```

Esse código cliente funciona, porém é muito chamativo e pouco transparente para se usar na prática. Uma solução temporária melhor é utilizar um método adaptador. O JDK não disponibiliza tal método, mas é fácil escrever um, usando a mesma técnica utilizada inline nos trechos acima. Observe que nenhum cast é necessário no método adaptador porque a inferência de tipo do Java funciona perfeitamente nesse contexto:

```java
// Adaptador da  Stream<E> para a Iterable<E>
public static <E> Iterable<E> iterableOf(Stream<E> stream) {
    return stream::iterator;
}
```

Com esse adaptador, você pode realizar a interação em qualquer stream com uma instrução for-each:

```java
for (ProcessHandle p : iterableOf(ProcessHandle.allProcesses())) {
    // Executa o processo
}
```

Observe que as versões de stream do programa Anagrams do Item 45 usam o método Files.lines para ler o dicionário, ao passo que a versão iterativa utiliza um scanner. O método Files.lines é superior ao scanner, que engole sorrateiramente quaisquer exceções encontradas durante a leitura do arquivo. O ideal seria termos usado o Files.lines na versão iterativa também. Os programadores têm

232   *JAVA EFETIVO*

que fazer esse tipo de tradeoff se a API fornecer apenas acesso em stream à sequência e eles quiserem iterar na sequência com uma instrução for-each.

Por outro lado, um programador que queira processar uma sequência usando uma stream pipeline ficará justamente irritado com uma API que disponibilize somente uma Iterable. Mais uma vez, o JDK não disponibiliza um adaptador, mas é bem fácil escrever um:

```java
// Adaptador da Iterable<E> para a Stream<E>
public static <E> Stream<E> streamOf(Iterable<E> iterable) {
    return StreamSupport.stream(iterable.spliterator(), false);
}
```

Caso esteja escrevendo um método que retorne uma sequência de objetos e você sabe que ele será usado apenas em uma stream pipeline, então, obviamente você pode retornar uma stream. Do mesmo modo, um método que retorna uma sequência que será apenas usado para iteração deve retornar uma Iterable. Todavia, se você está escrevendo uma API pública que retorna uma sequência, deve atender aos usuários que queiram escrever stream pipelines assim como àqueles que queiram escrever instruções for-each, a não ser que tenha uma boa razão para acreditar que todos os seus usuários irão querer usar o mesmo mecanismo.

A interface Collection é um subtipo da Iterable e tem um método stream, portanto, possibilita tanto a iteração como o acesso em stream. À vista disso, **a Collection ou um subtipo apropriado é geralmente o melhor tipo de retorno para um método público que retorne uma sequência**. Os arrays também possibilitam uma iteração fácil e um acesso em stream a partir dos métodos Arrays. asList e Stream.of. Se a sequência que você está retornando for pequena o bastante para se encaixar facilmente na memória, provavelmente é melhor você retornar uma das implementações padrões da coleção, tais como a ArrayList ou HashSet. Porém, **não armazene uma sequência grande na memória somente para a retornar como uma coleção**.

Caso a sequência que estiver retornando for muito grande, mas puder ser representada de modo conciso, pense sobre a possibilidade de implementar uma coleção feita para fins especiais. Por exemplo, imagine que você queira retornar o *conjunto potência* de um determinado conjunto, que consiste de todos os seus subconjuntos. O conjunto potência de $\{a, b, c\}$ é $\{\{\}, \{a\}, \{b\}, \{c\}, \{a, b\}, \{a, c\}, \{b, c\}, \{a, b, c\}\}$. Caso um conjunto tenha n elementos, seu conjunto potência tem 2^n. Portanto, nem pense em armazenar o conjunto potência em uma implementação padrão de coleção. No entanto, é fácil de implementar uma coleção customizada para o trabalho com a ajuda da AbstractList.

O truque é usar o índice de cada elemento no conjunto potência como um vetor de bits, em que *n-ésimo* bit no índice indica a presença ou ausência do *n-ésimo* elemento a partir da origem do conjunto. Basicamente, existe um mapeamento natural entre os números binários de 0 a $2^n - 1$ e o conjunto potência de um conjunto de *n*-elementos. Veja o código:

```java
// Retorna o conjunto de pares de um conjunto de saída com uma collection customizada
public class PowerSet {
    public static final <E> Collection<Set<E>> of(Set<E> s) {
        List<E> src = new ArrayList<>(s);
        if (src.size() > 30)
            throw new IllegalArgumentException("Set too big " + s);
        return new AbstractList<Set<E>>() {
            @Override public int size() {
                return 1 << src.size(); // 2 elevado à potência de src.size() .
            }

            @Override public boolean contains(Object o) {
                return o instanceof Set && src.containsAll((Set)o);
            }

            @Override public Set<E> get(int index) {
                Set<E> result = new HashSet<>();
                for (int i = 0; index != 0; i++, index >>= 1)
                    if ((index & 1) == 1)
                        result.add(src.get(i));
                return result;
            }
        };
    }
}
```

Observe que o PowerSet.of lança uma exceção se o conjunto de entrada tiver mais de 30 elementos. Isso ressalta a desvantagem de se usar a Collection como tipo de retorno em vez da Stream ou da Iterable: a Collection tem método size que retorna um int que restringe o comprimento da sequência retornada ao Integer.MAX_VALUE ou $2^{31} - 1$. A especificação da Collection não permite que o método size retorne $2^{31} - 1$ se a coleção for muito grande, até mesmo infinita; porém essa não é uma solução satisfatória.

Para escrever uma implementação da Collection em cima da AbstractCollection, você precisa implementar somente dois métodos além dos requeridos pela Iterable: o contains e o size. Muitas vezes, é fácil de escrever implementações eficientes para esses métodos. Caso seja impraticável, talvez em virtude dos conteúdos da sequência não serem predeterminados antes de a iteração ocorrer, retorne uma stream ou um iterador, o que lhe parecer mais natural. Se você escolher, pode retornar ambos usando dois métodos separados.

Em alguns momentos, você escolherá o tipo de retorno baseado exclusivamente na facilidade da implementação. Por exemplo, imagine que queira escrever um método que retorne todas as sublistas (adjacentes) de uma lista de entrada. São necessárias somente três linhas do código para gerar essas sublistas e as colocar

234 *JAVA EFETIVO*

em uma coleção padrão, porém a memória necessária para manter essa coleção é quadrática com relação ao tamanho da lista de origem. Embora isso não seja tão ruim quanto o conjunto potência, que é exponencial, é claramente inaceitável. Implementar uma coleção customizada, como fizemos para o conjunto potência, seria entediante, pois o JDK não tem uma implementação esquelética da Iterator para nos ajudar.

No entanto, é bem simples implementar uma stream de todas as sublistas de uma lista de entrada, embora isso exija um certo insight. Vamos chamar uma sublista que contenha o primeiro elemento de uma lista de *prefixo* da lista. Por exemplo, os prefixos de (a, b, c) são (a), (a, b) e (a, b, c). Do mesmo modo, vamos chamar uma sublista que contenha o último elemento de um *sufixo*, portanto, os sufixos de (a, b, c) são (a, b, c), (b, c) e (c). O insight é que as sublistas de uma lista são simplesmente os sufixos dos prefixos (ou, identicamente, os prefixos dos sufixos) e a lista vazia. Essa constatação nos leva diretamente a uma implementação mais clara e concisa:

```java
// Retorna uma stream de todas as sublistas de sua lista de entrada
public class SubLists {
    public static <E> Stream<List<E>> of(List<E> list) {
        return Stream.concat(Stream.of(Collections.emptyList()),
            prefixes(list).flatMap(SubLists::suffixes));
    }

    private static <E> Stream<List<E>> prefixes(List<E> list) {
        return IntStream.rangeClosed(1, list.size())
            .mapToObj(end -> list.subList(0, end));
    }

    private static <E> Stream<List<E>> suffixes(List<E> list) {
        return IntStream.range(0, list.size())
            .mapToObj(start -> list.subList(start, list.size()));
    }
}
```

Observe que se usa o método Stream.concat para adicionar a lista vazia à stream retornada. Perceba também que se usa um método flatMap (Item 45) para gerar uma única stream com todos os sufixos de todos os prefixos. Por fim, veja que geramos os prefixos e os sufixos ao mapear uma stream de valores int consecutivos retornados pela IntStream.range e pela IntStream.rangeClosed. Essa prática comum é, a grosso modo, o equivalente em stream do loop for padrão em índices inteiros. Desse modo, nossa implementação da sublista é similar à essência do loop for aninhado evidente:

```java
for (int start = 0; start < src.size(); start++)
    for (int end = start + 1; end <= src.size(); end++)
        System.out.println(src.subList(start, end));
```

É possível traduzir esse loop for diretamente em uma stream. O resultado é mais conciso que nossa implementação anterior, mas provavelmente um pouco menos legível. É similar em essência ao código de streams para o produto cartesiano do Item 45:

```java
// Retorna uma stream de todas as sublistas de sua lista de entrada
public static <E> Stream<List<E>> of(List<E> list) {
    return IntStream.range(0, list.size())
        .mapToObj(start ->
            IntStream.rangeClosed(start + 1, list.size())
                .mapToObj(end -> list.subList(start, end)))
        .flatMap(x -> x);
}
```

Como o loop for que o precede, o código *não* emite uma lista vazia. Para corrigir essa deficiência, você poderia usar tanto o concat, como utilizamos na versão anterior, quanto substituir o 1 pelo (int) Math.signum(start) na chamada do rangeClosed.

Qualquer uma dessas implementações em stream das sublistas é boa, porém ambas exigirão que alguns usuários utilizem um adaptador Stream-to-Iterable ou usem uma stream em locais em que a interação seria mais natural. O adaptador Stream-to-Iterable não só deixa o código cliente confuso, como também retarda o loop por um fator de 2,3 na minha máquina. Uma implementação Collection feita sob medida (não mostrada aqui) é consideravelmente mais verbosa, mas, na minha máquina, é cerca de 1,4 vezes mais rápida que nossa implementação baseada em stream.

Em suma, ao escrever um método que retorne uma sequência de elementos, lembre-se de que alguns de seus usuários podem querer os processar como uma stream, enquanto outros podem querer realizar iterações sobre eles. Tente atender ambos os grupos. Se for praticável retornar uma coleção, retorne. Se você já tiver os elementos em uma coleção ou caso o número de elementos em uma sequência seja pequeno o bastante para justificar a criação de uma nova, retorne uma coleção padrão, como a ArrayList. Caso contrário, pense em implementar uma customizada, como fizemos para o conjunto potência. Caso seja impraticável retornar uma coleção, retorne uma stream ou um iterador, o que lhe parecer mais natural. Na hipótese de, em uma versão futura do Java, a declaração da interface Stream ser modificada para estender a Iterable, sinta-se à vontade para retornar streams, pois elas permitirão tanto o processamento de stream quanto a iteração.

Item 48: Tenha cuidado ao fazer streams paralelas

Entre as linguagens tradicionais, o Java sempre esteve na vanguarda no que tange à disponibilização de recursos que facilitam a programação concorrente. Quando o Java foi lançado, em 1996, já apresentava um suporte incorporado para as threads, com sincronização e o wait/notify. No Java 5, introduziu-se a biblioteca java.util.concurrent, com as coleções concorrentes e um framework de execução. No Java 7, introduziu-se o pacote fork-join, um framework de alto desempenho para decomposições paralelas. No Java 8, introduziram-se as streams, que podem ser paralelizadas com uma única chamada do método parallel. Está cada vez mais fácil escrever programas concorrentes no Java, porém escrever programas concorrentes que sejam corretos e rápidos é tão difícil quanto antes. As violações das propriedades de segurança e liveness são uma realidade na programação concorrente, e as streams pipelines paralelas não são exceção.

Analise este programa do Item 45:

```
// Programa baseado em stream para gerar os 20 primeiros primos de Mersenne
public static void main(String[] args) {
    primes().map(p -> TWO.pow(p.intValueExact()).subtract(ONE))
        .filter(mersenne -> mersenne.isProbablePrime(50))
        .limit(20)
        .forEach(System.out::println);
}

static Stream<BigInteger> primes() {
    return Stream.iterate(TWO, BigInteger::nextProbablePrime);
}
```

Na minha máquina, o programa imediatamente se inicia exibindo os números primos e leva cerca de 12,5 segundos para terminar a execução. Suponha que eu ingenuamente tente acelerá-lo ao adicionar uma chamada ao parallel() para a stream pipeline. O que você acha que acontecerá com o desempenho dele? Será que ficará um pouco mais rápido? Mais lento? Lamentavelmente, o que acontece é que ele não exibe nada, mas o uso da CPU sobe para 90% e fica desse modo indefinidamente (*uma falha liveness*). Uma hora o programa tinha que finalizar, porém eu não estava disposto a esperar; acabei por encerrá-lo à força depois de meia hora.

CAPÍTULO 7: LAMBDAS E STREAMS   237

O que está acontecendo aqui? Em poucas palavras, as bibliotecas de streams não têm ideia de como paralelizar essa pipeline, e a heurística falhou. Mesmo nas melhores circunstâncias, **é improvável que a paralelização de uma pipeline aumente seu desempenho se a origem vier da Stream.iterate ou se a intermediária limit for usada**. Essa pipeline tem que lidar com *ambos* os problemas. E, pior, a estratégia de paralelização padrão lida com a imprevisibilidade do limite partindo do princípio que não há problemas em processar alguns elementos extras e descartar alguns resultados desnecessários. Nesse caso, leva quase o dobro do tempo anterior para encontrar cada primo de Mersenne. Assim sendo, o custo de se calcular um único elemento extra é praticamente igual ao de se calcular todos os elementos anteriores combinados, e essa pipeline aparentemente inofensiva derruba o algoritmo de paralelização. A moral da história é simples: **Não paralelize as stream pipelines indiscriminadamente**. As consequências para o desempenho podem ser desastrosas.

Via de regra, **os ganhos de desempenho com paralelismo são melhores nas streams sobre instâncias ArrayList, HashMap, HashSet e ConcurrentHashMap; arrays; ranges int; e ranges long**. O que essas estruturas de dados têm em comum é que podem ser divididas com precisão e em subranges de qualquer tamanho que você quiser, o que facilita a divisão de trabalho entre as threads paralelas. A abstração usada pela biblioteca de streams para executar essa tarefa é o *spliterator*, que é retornado pelo método spliterator na Stream e na Iterable.

Outro fator importante que todas essas estruturas de dados têm em comum é que disponibilizam uma *localidade de referência* de boa a excelente quando processadas sequencialmente: as referências de elementos sequenciais são armazenadas juntas na memória. Os objetos referenciados por essas referências podem não estar próximos uns aos outros na memória, o que reduz a localidade de referência. A localidade de referência acaba por ser extremamente importante para as operações de paralelização em massa: sem elas as threads passam um bom tempo inativas esperando que os dados sejam transferidos da memória para o cache do processador. As estruturas de dados com a melhor localidade de referência são os arrays primitivos, pois os dados em si são armazenados contiguamente na memória.

A natureza da operação terminal de uma stream pipeline também influencia a efetividade da execução paralela. Caso uma quantidade significativa de trabalho seja feita na operação terminal em comparação com o trabalho geral da pipeline, e essa operação seja inerentemente sequencial, então, paralelizar a pipeline terá uma efetividade limitada. As melhores operações terminais para o paralelismo são as *reduções*, em que todos os elementos que emergem da pipeline são combinados utilizando um dos métodos `reduce` da `Stream`, ou reduções pré-empacotadas, como as `min`, `max`, `count` e `sum`. As operações de *curto-circuito* `anyMatch`, `allMatch` e `noneMatch` também estão receptivas ao paralelismo. As operações executadas pelo método `collect` da `Stream`, conhecidas como *reduções mutáveis*, não são boas candidatas para o paralelismo devido à sobrecarga dispendiosa da combinação das coleções.

Se escrever a própria implementação da `Stream`, `Iterable` ou da `Collection` e quiser um desempenho paralelo decente, você deve sobrescrever o método `spliterator` e testar extensivamente o desempenho paralelo das streams resultantes. Escrever spliterators de alta qualidade é bem difícil e foge ao escopo deste livro.

Paralelizar uma stream não somente pode resultar em um desempenho precário, incluindo as falhas de liveness, como também pode provocar resultados incorretos e um comportamento imprevisível (*falhas de segurança*). As falhas de segurança podem resultar da paralelização de uma pipeline que usa mappers, filtros ou outros objetos de função fornecidos pelo programadores que não atendem a suas especificações. A especificação da `Stream` apresenta requisitos bem rigorosos para esses objetos de função. Por exemplo, as funções de acumulador e combinador passadas para a operação `reduce` da `Stream` devem ser associativas, não interferentes e sem estado. Se você violar esses requisitos (alguns dos quais são discutidos no Item 46), mas executar a sua pipeline sequencialmente, provavelmente ela apresentará resultados corretos. Agora, se paralelizá-la, provavelmente ela falhará, e talvez catastroficamente.

Nessa mesma linha, vale a pena observar que mesmo que os primos de Mersenne paralelizados executem até o fim você não os exibiria na ordem (crescente) correta. A fim de preservar a ordem exibida pela versão sequencial, você teria que substituir a operação terminal `forEach` pela `forEachOrdered`, que garantidamente percorre streams paralelas na *ordem enfrontada*.

Mesmo supondo que use de modo eficiente uma stream de origem splittable, uma operação terminal ou paralelizada barata e objetos de função não interferentes, você não conseguirá uma boa aceleração de desempenho vinda da paralelização, a menos que a pipeline realize um trabalho real o suficiente para contrabalançar os custos associados ao paralelismo. De acordo com estimativas *bem* imprecisas, o número de elementos na stream vezes o de linhas do código executadas por elemento deve ser de, no mínimo, 100 mil [Lea14].

É importante lembrar que a paralelização de uma stream é apenas uma otimização de desempenho. Como é o caso de qualquer otimização, você deve testar o desempenho antes e depois da alteração para garantir que vale a pena fazê-la (Item 67). Em teoria, você deveria executar o teste em uma configuração de sistema realista. Normalmente, executam-se todas as streams pipelines em um programa em um pool fork-join comum. Uma simples pipeline malcomportada prejudica o desempenho de outras em partes não relacionadas do sistema.

Caso pense que as probabilidades estão contra você ao fazer a paralelização da stream pipeline, é porque estão. Um conhecido meu, que faz a manutenção de uma base de código multimilionária que utiliza intensamente streams, descobriu pouquíssimos lugares em que as streams paralelas eram efetivas. Isso *não* significa que deve evitar paralelizar streams. **Sob as circunstâncias corretas, é possível alcançar um desempenho melhor, quase linear no número dos núcleos dos processadores simplesmente adicionando uma chamada parallel a uma stream pipeline**. Certos domínios, como a aprendizagem de máquina e o processamento de dados, são particularmente receptíveis a essas melhorias de desempenho.

Como um simples exemplo de uma stream pipeline em que o paralelismo é efetivo, analise esta função para o cálculo $\pi(n)$, o número de primos menor ou igual a n:

```java
// Pipeline stream para a contagem dos primos - benefícios da paralelização
static long pi(long n) {
    return LongStream.rangeClosed(2, n)
        .mapToObj(BigInteger::valueOf)
        .filter(i -> i.isProbablePrime(50))
        .count();
}
```

Na minha máquina, leva 31 segundos para computar o $\pi(10^8)$ usando essa função. Simplesmente acrescentar um parallel() à chamada reduz o tempo para 9,2 segundos:

```java
// Stream pipeline para a contagem dos primos - versão paralela
static long pi(long n) {
    return LongStream.rangeClosed(2, n)
        .parallel()
        .mapToObj(BigInteger::valueOf)
        .filter(i -> i.isProbablePrime(50))
        .count();
}
```

Ou seja, paralelizar esse cálculo melhora o desempenho do processador de quatro núcleos da minha máquina por um fator de 3,7. Vale a pena observar que *não* é desse modo que você calcularia na prática o $\pi(n)$ de valores grandes de *n*. Existem algoritmos mais eficientes, particularmente a fórmula de Lehmer.

Se irá paralelizar uma stream de números aleatórios, comece com uma instância `SplittableRandom` em vez de `ThreadLocalRandom` (ou a `Random`, praticamente obsoleta). Projetou-se a `SplittableRandom` especialmente para esse uso, e tem potencial para uma melhoria de desempenho linear. Por sua vez, concebeu-se a `ThreadLocalRandom` para o uso de uma única thread, e ela irá se adaptar para funcionar como uma stream de origem paralela, porém não será tão rápida como a `SplittableRandom`. A `Random` sincroniza a cada operação, desse modo, temos uma contenção excessiva, mortal para o paralelismo.

Em suma, nem sequer tente paralelizar uma stream pipeline, a menos que você tenha uma boa razão para crer que ela preservará a exatidão do cálculo e aumentará sua velocidade. O preço de se paralelizar inadequadamente uma stream pode ser uma falha do programa ou um desastre no desempenho. Se acredita que o paralelismo pode ser justificado, garanta que seu código continue preciso ao o executar em paralelo, e faça uma medição meticulosa do desempenho em condições realistas. Se seu código continuar a ser preciso e caso esses experimentos comprovem suas suspeitas de um aumento do desempenho, então, e só então, paralelize a stream no código de produção.

CAPÍTULO 8

Métodos

Este capítulo aborda as inúmeras facetas do design de métodos: como tratar os parâmetros e valores de retorno, como projetar as assinaturas de métodos e como os documentar. Muito do material neste capítulo aplica-se aos construtores, além dos métodos. Como no Capítulo 4, este capítulo foca usabilidade, robustez e flexibilidade.

Item 49: Verifique a validade dos parâmetros

A maioria dos métodos e construtores apresentam restrições no que diz respeito aos valores que podem ser passados dentro de seus parâmetros. Por exemplo, não é incomum que valores de índice devam ser não negativos e as referências de objetos, não nulas. Você deve documentar claramente todas essas restrições e as implementar com as verificações no início do corpo do método. Isso faz parte do princípio geral de que você deve tentar detectar os erros assim que possível, logo que ocorrerem. Ao deixar de fazer isso, é menos provável que um erro seja detectado e fica mais difícil de determinar sua origem, uma vez que seja detectado.

Se um valor de parâmetro inválido é passado para um método e o método verifica seus parâmetros antes da execução, ele rapidamente apresentará uma falha de modo limpo e claro com uma exceção apropriada. Caso o método não verifique seus parâmetros, muitas coisas podem acontecer. O método poderia falhar com uma exceção confusa no meio do processamento. Pior ainda, o método poderia retornar normalmente, porém, sorrateiramente calcular errado o resultado. E o pior de todos, o método poderia retornar normalmente, mas deixar algum objeto com o estado comprometido, provocando um erro em algum ponto não relacionado do código em algum momento indeterminado no futuro. Em outras palavras, não conseguir validar os parâmetros pode causar uma violação da *atomicidade da falha* (Item 76).

241

Para métodos públicos e protegidos use a tag Javadoc @throws para documentar a exceção que será lançada caso uma restrição dos valores do parâmetro seja violada (Item 74). Normalmente, o resultado será uma exceção `IllegalArgumentException`, `IndexOutOfBoundsException` ou uma `NullPointerException` (Item 72). Uma vez que tenha documentado as restrições nos parâmetros de um método e as exceções que serão lançadas, caso essas restrições sejam violadas, é uma questão simples implementá-las. Veja um típico exemplo:

```
/**
 * Retorna uma BigInteger cujo valor é (this mod m). Esse método
 * difere do método restante na medida em que ele sempre retorna uma
 * BigInteger não negativa.
 *
 * O @param  m do módulo, deve ser positivo
 * @return seu mod. m
 * Lance uma @throws ArithmeticException se m for menor ou igual a 0
 */
public BigInteger mod(BigInteger m) {
    if (m.signum() <= 0)
        throw new ArithmeticException("Modulus <= 0: " + m);
    ... // Faça o cálculo
}
```

Observe que o comentário da documentação *não* diz: "O mod lança uma `NullPointerException` se o m for nulo", mesmo que o método faça exatamente isso como um subproduto da invocação do m.signum(). Essa exceção *está* documentada no comentário da documentação no nível da classe envolvente `BigInteger`. O comentário do nível de classe se aplica a todos os parâmetros em todos os métodos públicos da classe. Essa é uma boa forma de se evitar a confusão ao documentar individualmente cada `NullPointerException` de cada método. Pode-se combinar isso com o uso da `@Nullable` ou de uma anotação similar para indicar que um parâmetro específico pode ser null, todavia essa não é uma prática padrão, e inúmeras anotações são usadas para essa finalidade.

O método `Objects.requireNonNul`, adicionado no Java 7, é flexível e prático, portanto, não há nenhuma razão para executar verificações de nulidade manualmente. Caso queira, você pode especificar a própria mensagem detalhada das exceções. O método retorna sua entrada, assim você pode executar a verificação de nulidade ao mesmo tempo em que usa um valor:

```
// Uso incorporado do recurso para a verficação de nulidade do Java
this.strategy = Objects.requireNonNull(strategy, "strategy");
```

Você também pode ignorar o valor de retorno e utilizar a `Objects.requireNonNull` como uma verificação de nulidade independente que atenda a suas necessidades.

No Java 9, adicionou-se à `java.util.Objects` uma funcionalidade de verificação de ranges. Essa funcionalidade é formada por três métodos: o `checkFromIndexSize`, o `checkFromToIndex` e o `checkIndex`. Ela não é tão maleável como o método de verificação de nulidade. Não o deixa especificar a própria mensagem detalhada de exceção, e foi concebida exclusivamente para ser usada nas listas e nos índices dos arrays. Ela também não controla os ranges fechados (que contêm os endpoints). Mas se é o que você precisa, é uma comodidade bem-vinda.

Para um método não exportado, você, como autor do pacote, controla as circunstâncias em que o método é chamado, portanto, pode e deve assegurar que somente valores de parâmetros válidos sejam passados. Por isso, os métodos não públicos podem verificar seus parâmetros utilizando as *assertions*, conforme mostrado a seguir:

```java
// Função auxiliar privada para um tipo recursivo
private static void sort(long a[], int offset, int length) {
    assert a != null;
    assert offset >= 0 && offset <= a.length;
    assert length >= 0 && length <= a.length - offset;
    ... // Faça o cálculo
}
```

Essencialmente, essas assertions são afirmações de que a condição declarada *será* verdadeira, seja lá como o pacote envolvente for utilizado por seus clientes. Ao contrário das verificações de validade normais, as assertions lançam um `AssertionError` caso venham a falhar. E, diferente das verificações de validade normais, não têm nenhum efeito, e, fundamentalmente, não têm nenhum custo, a menos que você as habilite, o que pode ser feito ao passar a flag `-ea` (ou `-enableassertions`) para o comando `java`. Para mais informações a respeito das assertions, consulte o tutorial [Asserts].

É muito importante verificar a validade dos parâmetros que não são usados pelo método, mas armazenados para uso posterior. Por exemplo, considere o método static factory da página 109, que recebe um array `int` e retorna uma view da `List` do array. Caso um cliente passasse um `null`, o método lançaria uma `NullPointerException`, pois o método tem uma verificação explícita (a chamada `Objects.requireNonNull`). Se a verificação for omitida, o método retornaria uma referência a uma instância `List` recém-criada, que lançaria uma `NullPointerException` assim que o cliente a tentasse usar. Nessa altura, pode ser difícil determinar a origem da instância da List, o que complicaria muito a tarefa de depuração.

Os construtores representam um caso especial do princípio indicando que você deve verificar a validade dos parâmetros que são armazenados para uso posterior. É imprescindível verificar a validade dos parâmetros do construtor para impedir a construção de um objeto que viole suas invariantes de classe.

Há exceções à regra de que você deve explicitamente verificar os parâmetros de um método antes de executar seu cálculo. Uma exceção importante é o caso em que a verificação de validade pode ser dispendiosa ou impraticável *e* a verificação é executada implicitamente no processo de realização do cálculo. Por exemplo, considere um método que ordena a lista de objetos, como o Collections.sort(List). Todos os objetos na lista devem ser mutualmente comparáveis. No processo de ordenação da lista, cada objeto na lista será comparado com outro objeto na lista. Caso os objetos não sejam mutualmente comparáveis, uma dessas comparações lançará uma ClassCastException, exatamente o que o método sort deve fazer. Portanto, não faria muito sentido verificar com antecedência se os elementos na lista são mutualmente comparáveis. Observe, no entanto, que a dependência indiscriminada de verificações de validade implícitas pode provocar a perda da *atomicidade de falha* (Item 76).

Às vezes, um cálculo executa implicitamente uma verificação de validade necessária, mas lança a exceção errada se a verificação falhar. Ou seja, a exceção que o cálculo naturalmente lançaria como resultado de um valor de parâmetro inválido não corresponde com a exceção que foi documentada para o método lançar. Nessas circunstâncias, você deve usar a prática corrente de *tradução da exceção,*descrita no Item 73 para converter a exceção natural em uma que funcione.

Não deduza a partir desse Item que restrições arbitrárias nos parâmetros são uma coisa boa. Pelo contrário, você deve projetar métodos para ser tão gerais quanto for prático torná-los. Quando menos restrições colocar nos parâmetros, melhor, assumindo que o método possa fazer alguma coisa satisfatória com os valores de parâmetro que aceita. Porém, muitas vezes, algumas restrições são intrínsecas à abstração sendo implementada.

Resumindo, sempre que escrever um método ou um construtor, você deve pensar a respeito das restrições que existem em seus parâmetros. Deve documentar essas restrições e impô-las com verificações explícitas no início do corpo do método. É fundamental adquirir o costume de se fazer isso. O trabalho modesto que isso envolve será reembolsado com juros e correções monetárias quando sua verificação de validade falhar pela primeira vez.

Item 50: Faça cópias defensivas quando necessário

Uma das coisas que fazem com que seja um prazer usar o Java é que ele é uma *linguagem segura*. Isso significa que, na falta de métodos nativos, fica imune a estouros de buffer, de arrays, ponteiros selvagens e outros erros de corrupção de memória que afligem as linguagens inseguras como o C e o C++. Em uma linguagem segura, pode-se escrever classes e ter certeza do que suas invariantes farão, seja lá o que acontecer em alguma parte do sistema. Isso não é possível em linguagens que tratam a memória como um array gigante.

Mesmo em uma linguagem segura, você não está isolado das outras classes sem algum esforço de sua parte. **Você deve programar defensivamente, partindo do princípio que os clientes de sua classe farão o melhor para destruir as invariantes dela**. Isso se torna um fato cada vez mais recorrente, à medida que as pessoas tentam a todo custo burlar a segurança dos sistemas, todavia o mais frequente será sua classe ter que lidar com o comportamento inesperado oriundo dos erros honestos de programadores bem-intencionados. De qualquer forma, vale a pena tirar um tempo e escrever classes que sejam robustas diante de clientes malcomportados.

Embora seja impossível para uma outra classe modificar o estado interno de um objeto sem alguma assistência do objeto, é bem fácil de disponibilizar essa assistência sem ter a intenção de fazê-lo. Por exemplo, analise a classe a seguir, que tem a intenção de representar um período de tempo imutável:

```java
//Classe de período de tempo "imutável" quebrada
public final class Period {
    private final Date start;
    private final Date end;

    /**
     * @param  inicia o começo do período
     * @param  termina o final do período; não deve preceder o início
     * @throws IllegalArgumentException se começar é após o fim
     * @throws NullPointerException se o início ou fim for nulo
     */
    public Period(Date start, Date end) {
        if (start.compareTo(end) > 0)
            throw new IllegalArgumentException(
                start + " after " + end);
        this.start = start;
        this.end   = end;
    }

    public Date start() {
        return start;
    }
```

```java
    public Date end() {
        return end;
    }

    ...  // Restante omitido
}
```

À primeira vista, essa classe pode até parecer imutável e forçar a invariante de que o início de um período não vem depois do seu final. No entanto, é fácil violar essa invariante se aproveitando do fato de que Date é mutável:

```java
// Ataque os internos de uma instância do Período
Date start = new Date();
Date end = new Date();
Period p = new Period(start, end);
end.setYear(78);  // Altere os internos de p!
```

A partir do Java 8, o modo óbvio de corrigir esse problema era usar a Instant (ou LocalDateTime ou a ZonedDateTime) em vez da Date porque a Instant (e outras classes java.time) é imutável (Item 17). **A Date está obsoleta e não deve ser mais utilizada em um código novo**. Dito isso, o problema ainda existe: há ocasiões em que você terá que usar tipos de valor mutável em suas APIs e representações internas, e as técnicas abordadas nesse Item são adequadas para essas ocasiões.

Para proteger uma instância da Period contra esse tipo de ataque, **é fundamental fazer uma _cópia defensiva_ de cada parâmetro mutável para seu construtor** e usar as cópias como os componentes da instância em vez das originais:

```java
// Construtor consertado - faz cópias defensivas de parâmetros
public Period(Date start, Date end) {
    this.start = new Date(start.getTime());
    this.end   = new Date(end.getTime());

    if (this.start.compareTo(this.end) > 0)
      throw new IllegalArgumentException(
          this.start + " after " + this.end);
}
```

Com o construtor novo em funcionamento, o ataque anterior não afetará em nada a instância Period. **Observe que as cópias defensivas são feitas _antes_ da verificação de validade dos parâmetros (Item 49) e executa-se a verificação de validade nas cópias e não nas originais**. Embora isso pareça anormal, é necessário. Isso protege a classe contra as mudanças nos parâmetros por outra thread durante a *janela de vulnerabilidade* entre o momento em que os parâmetros são verificados e o momento em que são copiados. Na comunidade de segurança de informação, isso é conhecido como o ataque *hora de verificação/hora de uso* (*time-of-check/time-of-use*) ou *TOCTOU* [Viega01].

Observe que não usamos o método clone da Date para fazer as cópias defensivas. Como a Date é não final, não se garante que o método clone retorne um objeto cuja classe seja a java.util.Date: ele poderia retornar uma instância de uma subclasse não confiável, projetada especificamente para se comportar maliciosamente. Essa subclasse poderia, por exemplo, no momento de sua criação, registrar uma referência a cada instância em uma lista estática pública e permitir que os invasores acessassem essa lista. Isso daria ao invasor o controle completo de todas as instâncias. Para evitar esse tipo de ataque, **não use o método clone para fazer uma cópia defensiva de um parâmetro cujo tipo possa ser subclasseado por terceiros não confiáveis**.

Enquanto o construtor substituto defende com sucesso contra o ataque anterior, ainda é possível que a instância Period sofra mutação em razão de seus getters permitirem acesso a seus internos mutáveis:

```
//Segundo ataque no interior de uma instância do Period
Date start = new Date();
Date end = new Date();
Period p = new Period(start, end);
p.end().setYear(78);  // Altere os internos de p!
```

Para se defender contra o segundo ataque, simplesmente modifique os getters para **retornar cópias defensivas dos campos internos mutáveis**:

```
// Reparadores consertados - faça cópias defensivas do campo interno
public Date start() {
    return new Date(start.getTime());
}

public Date end() {
    return new Date(end.getTime());
}
```

Agora, com o construtor e com os getters novos em funcionamento, a Period é genuinamente imutável. Não importa o quanto um programador seja maldoso ou incompetente, não há como violar a invariante de que o início de um período não vem depois de seu final (sem recorrer a expressões extralinguísticas, como os métodos nativos e a reflexão). Tanto é, que não tem como qualquer classe que não seja a `Period` obter acesso aos campos mutáveis em uma instância `Period`. Esses campos estão totalmente encapsulados dentro do objeto.

Nos getters, ao contrário dos construtores, permitir-se-ia o uso do método `clone` para fazer cópias defensivas. Isso se deve ao fato de sabermos que a classe dos objetos da `Date` interna à `Period` é a `java.util.Date`, e não alguma subclasse não confiável. Dito isso, geralmente é melhor você utilizar um construtor ou uma static factory para copiar uma instância, pelas razões descritas no Item 13.

A cópia defensiva de parâmetros não se aplica somente às classes imutáveis. Toda vez que você escrever um método ou um construtor que armazene uma referência para um objeto fornecido pelo cliente em uma estrutura de dados interna, analise se esse objeto fornecido pelo cliente é potencialmente mutável. Caso seja, reflita se sua classe toleraria uma mudança no objeto depois de ele ser inserido dentro da estrutura de dados. Caso a resposta seja negativa, você deve copiar defensivamente o objeto e inserir a cópia, em vez da original, dentro da estrutura de dados. Por exemplo, se está pensando na possibilidade de usar uma referência de objeto fornecida pelo cliente como um elemento em uma instância interna `Set,` ou como uma chave em uma instância interna `Map`, você deve estar ciente de que as invariantes do set ou do map podem ser corrompidas caso o objeto seja modificado após ser inserido.

O mesmo se aplica às cópias defensivas de componentes internos antes de retorná-los aos clientes. Independente de sua classe ser imutável ou não, você deve pensar duas vezes antes de retornar uma referência para um componente interno mutável. É bem provável que você deva retornar uma cópia defensiva. Lembre-se de que os arrays de tamanhos diferentes de zero são sempre mutáveis. Portanto, você sempre deve fazer uma cópia defensiva de um array interno antes de o retornar a um cliente. Alternativamente, você poderia retornar uma view imutável do array. Ambas as técnicas são mostradas no Item 15.

Sem dúvidas, a verdadeira lição que aprendemos é que você deve, sempre que possível, utilizar os objetos imutáveis como componentes de seus objetos, de modo que não tenha que se preocupar com as cópias defensivas (Item 17). No caso do nosso exemplo da `Period`, utilize a `Instant` (ou a `LocalDateTime`, ou `ZonedDateTime`), a menos que esteja usando uma versão anterior ao Java 8. Caso esteja usando uma versão anterior, uma opção é armazenar o `long` primitivo retornado pela `Date.getTime()` em vez de uma referência da `Date`.

Pode ocorrer perda de desempenho associada à cópia defensiva, e ela nem sempre é justificável. Se uma classe confia que seu chamador não altera um componente interno, possivelmente porque a classe e seu cliente fazem parte do mesmo pacote, pode ser adequado não fazer a cópia defensiva. Nessas circunstâncias, a documentação da classe deve deixar bem claro que o chamador não pode modificar os parâmetros afetados ou os valores de retorno.

Mesmo além dos limites do pacote, nem sempre é recomendável fazer uma cópia defensiva de um parâmetro mutável antes de integrá-lo dentro de um objeto. Há alguns métodos e construtores cuja invocação indica um *handoff* explícito dos objetos referenciados por um parâmetro. Ao invocar esse método, o cliente se compromete a não modificar mais o objeto diretamente. Um método ou construtor que espera assumir a propriedade de um objeto mutável fornecido pelo cliente deve deixar isso bem claro em sua documentação.

As classes com métodos ou construtores cuja invocação indique uma transferência de controle não podem se defender contra os clientes maliciosos. Admitem-se essas classes apenas quando existe a confiança mútua entre uma classe e seu cliente, ou quando o dano à invariante da classe não prejudica ninguém, só o cliente. Um exemplo dessa segunda situação é o padrão da classe wrapper (Item 18). Dependendo da natureza da classe wrapper, o cliente poderia destruir as invariantes da classe ao acessar diretamente um objeto depois de ele ter sido empacotado, mas normalmente isso só prejudicaria o cliente.

Em síntese, se uma classe apresenta componentes mutáveis que recebe de seus clientes, ou retorna para eles, deve copiar defensivamente esses componentes. Caso o custo da cópia seja impraticável *e* a classe confie que seu cliente não modificará os componentes de modo inapropriado, então a cópia defensiva pode ser substituída por uma documentação que ressalte a responsabilidade do cliente em não alterar os componentes afetados.

Item 51: Projete as assinaturas de método com cuidado

Esse Item é uma coleção de sugestões de design de API, que não chegam a merecer Itens próprios. Juntas, essas sugestões irão ajudá-lo a tornar sua API mais fácil de aprender e usar e menos suscetível a erros.

Escolha os nomes do método com muito cuidado. Os nomes sempre devem obedecer às convenções padrões de nomenclatura (Item 68). Seu primeiro objetivo deve ser escolher nomes compreensíveis e consistentes com os outros no mesmo pacote. Seu segundo objetivo deve ser escolher nomes coerentes com o consenso geral, onde existir. Evite nomes longos para os métodos. Quando estiver com dúvida, consulte as bibliotecas de APIs do Java para orientação. Embora existam muitas inconsistências — inevitáveis, dado o tamanho e o escopo dessas bibliotecas —, existe também uma quantidade de consenso.

Não exagere ao fornecer métodos de comodidade. Todo método deve "fazer sua parte do trabalho". Métodos demais em uma classe a tornam difícil de entender, usar, documentar, testar e de dar manutenção. Isso se aplica especialmente às interfaces, em que métodos demais podem complicar a vida dos implementadores e também a dos usuários. Para cada ação suportada por sua classe ou interface, forneça um método completamente funcional. Considere providenciar um "método de nome abreviado" somente se for utilizado com frequência. **Em caso de dúvida, deixe isso para lá**.

Evite listas longas de parâmetro. Considere quatro parâmetros ou menos. Muitos programadores não conseguem se lembrar de listas longas de parâmetros. Se muitos de seus métodos excederem esse limite, sua API não será utilizada sem se referir constantemente à sua documentação. Os IDEs modernos ajudam, mas ainda é bem melhor você usar uma lista curta de parâmetros. **Sequências longas de parâmetros do mesmo tipo são perigosíssimas**. Além dos usuários não conseguirem se lembrar da ordem dos parâmetros, também podem transpor acidentalmente os parâmetros, e seus programas ainda compilarão e executarão. Eles só não farão aquilo que os autores queriam.

Há três técnicas para reduzir sobremaneira as listas longas de parâmetros. Uma delas é dividir o método em vários métodos, cada um dos quais exige apenas um subconjunto dos parâmetros. Se feito sem cuidado, isso pode resultar em muitos métodos, todavia, isso também pode ajudar a *reduzir* a contagem de métodos através do aumento da ortogonalidade. Por exemplo, considere a interface `java.util.List`. Ela não fornece métodos para se encontrar o primeiro ou o último índice de um elemento em uma sublista, ambas exigiriam três parâmetros. Em vez disso, ela fornece o método `subList`, que recebe dois parâmetros e retorna uma *view* de uma sublista. Esse método pode ser combinado com o método `indexOf` ou o `lastIndexOf`, cada um dos quais tem um único parâmetro para produzir a funcionalidade desejada. Além do mais, o método `subList` pode ser combinado com *qualquer* método que opere em uma instância `List` para executar cálculos arbitrários nas sublistas. A API resultante tem uma relação-potência-peso extremamente alta.

A segunda técnica para reduzir uma lista de parâmetros longa é criar *classes auxiliares* para conter grupos de parâmetros. Geralmente, essas classes auxiliares são classes membro estáticas (Item 24). Recomenda-se essa técnica se a sequência de parâmetros de ocorrência frequente for vista como representando alguma entidade distinta. Por exemplo, imagine que você esteja escrevendo uma classe que representa um jogo de baralho, e você constantemente se encontra passando uma sequência de dois parâmetros que representam a posição de uma carta e de seu naipe. Sua API, como também os internos de sua classe, provavelmente se beneficiaria caso você adicionasse uma classe auxiliar para representar uma carta e substituísse cada ocorrência da sequência de parâmetros por um único parâmetro da classe auxiliar.

A terceira técnica, que combina aspectos das duas primeiras, é adaptar o padrão Builder (Item 2) da construção de um objeto para a invocação de um método. Caso tenha um método com muitos parâmetros, especialmente se alguns deles forem opcionais, pode ser benéfico definir um objeto que represente todos os parâmetros e permita que o cliente realize inúmeras chamadas "setter" nesse objeto, cada uma definindo um único parâmetro ou um grupo pequeno de parâmetros relacionados. Uma vez que os parâmetros desejados estejam definidos, o cliente invoca o método que "executa" o objeto, que faz qualquer verificação de validação final nos parâmetros e executa o cálculo real.

Para os tipos de parâmetros, dê preferência às interfaces em vez das classes (Item 64). Na hipótese de haver uma interface adequada para definir um parâmetro, use-a em vez da classe que implementa a interface. Por exemplo, não existe um motivo sequer para escrever um método que receba uma `HashMap` de entrada — use a `Map` em vez disso. Isso permite que você passe uma `HashMap`, uma `TreeMap`, uma `ConcurrentHashMap`, um submap de uma `TreeMap` ou qualquer implementação `Map` ainda por escrever. Ao utilizar uma classe em vez de uma interface, você limita seu cliente a uma determinada implementação e força uma operação de cópia desnecessária e potencialmente dispendiosa, caso os dados de entrada existam de alguma forma.

Dê preferência aos tipos enum de dois elementos em vez dos parâmetros `boolean`, a menos que o significado do boolean seja claro pelo nome do método. Os enums fazem com que seu código fique mais fácil de se ler e escrever. Além disso, ele facilita a adição de mais opções em um momento posterior. Por exemplo, você pode ter um tipo `Thermometer` com uma static factory que recebe um enum:

```
public enum TemperatureScale { FAHRENHEIT, CELSIUS }
```

Não apenas `Thermometer.newInstance(TemperatureScale.CELSIUS)` faz muito mais sentido do que `Thermometer.newInstance(true)`, como você pode também adicionar o `KELVIN` à `TemperatureScale` em uma versão futura sem ter que acrescentar uma static factory nova ao `Thermometer`. Aliás, você pode refatorar as dependências da escala de temperatura nas constantes de enum. Por exemplo, cada constante de escala poderia ter um método que recebesse um valor `double` e o convertesse para Celsius.

Item 52: Utilize a sobrecarga com critério

O programa a seguir é uma tentativa bem-intencionada de classificar coleções dependendo de elas serem sets, listas ou algum outro tipo de coleção:

```java
// Quebrado! - O que este programa exibe?
public class CollectionClassifier {
    public static String classify(Set<?> s) {
        return "Set";
    }

    public static String classify(List<?> lst) {
        return "List";
    }

    public static String classify(Collection<?> c) {
        return "Unknown Collection";
    }

    public static void main(String[] args) {
        Collection<?>[] collections = {
            new HashSet<String>(),
            new ArrayList<BigInteger>(),
            new HashMap<String, String>().values()
        };

        for (Collection<?> c : collections)
            System.out.println(classify(c));
    }
}
```

Era de se esperar que esse programa exibisse um `Set`, seguido de `List` e de `Unknown Collection`, mas isso não acontece. Ele exibe `Unknown Collection` três vezes. Por que isso acontece? Porque o método `classify` está *sobrecarrega-do*, e **a escolha de qual sobrecarga invocar é feita no momento da compilação**. Para todas as três iterações, o tipo em tempo da compilação do parâmetro é o mesmo: `Collection<?>`. O tipo em tempo de execução é diferente em cada itera-ção, mas isso não influencia a escolha da sobrecarga. Como o tipo do parâmetro em tempo de compilação é `Collection<?>`, a única sobrecarga aplicável é a terceira, `classify(Collection<?>)`, ela é invocada a cada iteração do loop.

O comportamento desse programa é contraintuitivo porque **a seleção entre os métodos sobrecarregados é estática, ao passo que a seleção entre os métodos sobrescritos é dinâmica.** A versão certa de um método *sobrescrito* é escolhida em tempo de execução, com base no tipo em tempo de execução do objeto no qual o método é invocado. Lembre-se de que um método é sobrescrito quando uma subclasse contém uma declaração de método com a mesma assinatura da declaração de método de sua ancestral. Se um método de instância for sobrescrito em uma subclasse e esse método for invocado em uma instância da subclasse, o *método sobrescrito* da subclasse é executado, a despeito do tipo em tempo de compilação da instância da subclasse. Para concretizar isso, analise o programa a seguir:

```java
class Wine {
    String name() { return "wine"; }
}

class SparklingWine extends Wine {
    @Override String name() { return "sparkling wine"; }
}

class Champagne extends SparklingWine {
    @Override String name() { return "champagne"; }
}

public class Overriding {
    public static void main(String[] args) {
        List<Wine> wineList = List.of(
            new Wine(), new SparklingWine(), new Champagne());

        for (Wine wine : wineList)
            System.out.println(wine.name());
    }
}
```

O método `name` é declarado na classe `Wine` e sobrescrito nas subclasses `SparklingWine` e `Champagne`. Como seria de se esperar, o programa imprime wine, sparkling wine e champagne, embora o tipo em tempo de compilação da instância seja `Wine` em cada iteração do loop. O tipo em tempo de compilação de um objeto não afeta o método executado quando um método sobrescrito é invocado; o método sobrescrito "mais específico" é sempre executado. Compare isso à sobrecarga, onde o tipo em tempo de compilação de um objeto não afeta a sobrecarga executada; a seleção é feita no momento da compilação, e é inteira-mente baseada nos tipos em tempo de compilação dos parâmetros.

No exemplo da `CollectionClassifier`, a intenção do programa era identifi-car o tipo do parâmetro ao despachar automaticamente para o método sobrecar-regado adequado com base no tipo em tempo de execução do parâmetro, igual o método `name` fez no exemplo da `Wine`. A sobrecarga de método simplesmente não fornece essa funcionalidade. Supondo que um método estático seja exigido, a melhor forma de corrigir o programa da `CollectionClassifier` é substituir todas as três sobrecargas do `classify` por um único método que faça um teste explícito de `instanceof`:

```
public static String classify(Collection<?> c) {
    return c instanceof Set  ? "Set" :
            c instanceof List ? "List" : "Unknown Collection";
}
```

Em virtude de a sobrescrição ser a regra e a sobrecarga, a exceção, a primeira define as expectativas das pessoas quanto ao comportamento de invocação do método. Conforme demonstrado no exemplo da `CollectionClassifier`, a so-brecarga pode facilmente confundir essas expectativas. É uma prática de muito mau gosto escrever um código cujo comportamento seja propenso a confundir os programadores. Isso se aplica especialmente às APIs. Caso um usuário típico de uma API não saiba quais dos inúmeros métodos sobrecarregados será invocado para um determinado conjunto de parâmetros, o uso da API fica sujeito a erros. Provavelmente, esses erros se manifestarão como um comportamento instável em tempo de execução, e muitos programadores passarão horas a fio tentando diagnosticá-los. Portanto, **evite usos confusos de sobrecargas**.

Agora, está aberto o debate sobre o que exatamente faz com que as pessoas confundam os usos das sobrecargas. **Uma política segura e prudente é nunca exportar duas sobrecargas com o mesmo número de parâmetros**. Caso um método utilize os varargs, uma política conservadora é não o sobrecarregar de jeito nenhum, exceto como descrito no Item 53. Se você adotar essas res-trições, os programadores nunca terão dúvidas quanto à sobrecarga aplicada em qualquer conjunto de parâmetros reais. Essas restrições não são tão duras porque **você sempre pode dar nomes diferentes aos métodos em vez de os sobrecarregar**.

Por exemplo, considere a classe `ObjectOutputStream`. Existe uma variante de seu método `write` para cada tipo primitivo e para inúmeros tipos de referência. Em vez de sobrecarregar o método `write`, todas essas variante têm nomes diferentes, tais como `writeBoolean(boolean)`, `writeInt(int)` e `writeLong(long)`. Uma vantagem complementar desse padrão de nomenclatura, quando comparado à sobrecarga, reside no fato de ser possível fornecer métodos de leitura com nomes correspondentes, como, por exemplo, `readBoolean()`, `readInt()` e o `readLong()`. Na prática, a classe `ObjectInputStream` disponibiliza esses métodos de leitura.

Para os construtores, você não tem a opção de utilizar nomes diferentes: os inúmeros construtores de uma classe são *sempre* sobrecarregados. Você tem, em muitas classes, a opção de exportar as static factories em vez dos construtores (Item 1). Além do mais, você não precisa se preocupar com as iterações entre a sobrecarga e a sobrescrita no que tange aos construtores, pois eles não poder ser sobrescritos. Provavelmente, você ainda terá a oportunidade de exportar inúmeros construtores com os mesmos números de parâmetros, portanto, vale a pena saber como fazer isso com segurança.

É improvável que a exportação de inúmeras sobrecargas com o mesmo número de parâmetros confunda os programadores, caso esteja sempre claro qual sobrecarga será aplicada a qualquer conjunto de parâmetros reais. Esse é o caso quando, pelo menos, um parâmetro formal correspondente em cada par de sobrecarga tem um tipo "radicalmente diferente" nas duas sobrecargas. Dois tipos são radicalmente diferentes quando é praticamente impossível de realizar o cast em qualquer expressão não null para ambos os tipos. Nessas circunstâncias, a sobrecarga que se aplica a um determinado conjunto de parâmetros reais é completamente estipulada pelos tipos em tempo de execução dos parâmetros e não pode ser afetada pelos tipos em tempo de compilação, desse modo, uma fonte importante de confusão desaparece. Por exemplo, o `ArrayList` tem um construtor que recebe um `int` e um segundo construtor que recebe uma `Collection`. É difícil imaginar que se possa confundir qual desses dois construtores será invocado em quaisquer circunstâncias.

Antes do Java 5, todos os tipos primitivos eram drasticamente diferentes de todos os tipos de referência, todavia, isso não se aplica na presença do autoboxing, causando um sério problema. Analise o programa a seguir:

```java
public class SetList {
    public static void main(String[] args) {
        Set<Integer> set = new TreeSet<>();
        List<Integer> list = new ArrayList<>();

        for (int i = -3; i < 3; i++) {
            set.add(i);
            list.add(i);
        }
        for (int i = 0; i < 3; i++) {
            set.remove(i);
            list.remove(i);
        }
        System.out.println(set + " " + list);
    }
}
```

Primeiro, o programa adiciona os inteiros de −3 a 2, inclusive, em um set orde-nado e em uma lista. Depois, faz três chamadas idênticas para o `remove` no set e na lista. Se você for como a maioria das pessoas, espera que o programa remova os valores não negativos (0, 1, e 2) do set e da lista, e exiba [-3, -2, -1] [-3, -2, -1]. Na realidade, o programa remove os valores não negativos do set e os valores ímpares da lista, e exibe [-3, -2, -1] [-2, 0, 2]. Seria pouco chamar esse comportamento de confuso.

Veja o que acontece: a chamada ao `set.remove(i)` seleciona a sobrecarga `remove(Object)`, onde E é o tipo de elemento do set (`Integer`) e empacota o i de `int` para `Integer`. Esse é o comportamento que você espera; assim, o programa acaba removendo os valores positivos do conjunto. Por outro lado, a chamada ao `list.remove(i)` seleciona a sobrecarga `remove(int i)`, que remove o elemento na *posição* especificada da lista. Se você começar com a lista [-3, -2, -1, 0, 1, 2] e remover o elemento em ordem zero, depois o primeiro e, em seguida, o segundo, você fica com [-2, 0, 2], e o mistério é resolvido. Para corrigir esses problemas, faça o cast do argumento da `list.remove` para `Integer`, forçando a seleção da sobrecarga correta. Como alternativa, você pode invocar o `Integer.valueOf` no i e passar o resultado para a `list.remove`. Seja como for, o progra-ma exibe [-3, -2, -1] [-3, -2, -1], conforme o esperado:

```java
for (int i = 0; i < 3; i++) {
    set.remove(i);
    list.remove((Integer) i);  // ou remove(Integer.valueOf(i))
}
```

O comportamento confuso demonstrado pelo exemplo anterior veio à tona em razão da interface List<E> ter duas sobrecargas do método remove: o remove(E) e o remove(int). Antes do Java 5, quando a interface List foi "generificada", tinha um método remove(Object) em vez do remove(E), e os tipos de parâmetros correspondentes, Object e int, eram drasticamente diferentes. Todavia, na presença dos genéricos e do autoboxing, os dois tipos de parâmetros não são mais tão diferentes. Em outras palavras, o acréscimo dos genéricos e do autoboxing à linguagem danificou a interface List. Por sorte, há poucas ou nenhuma outra API nas bibliotecas Java que foram danificadas de maneira semelhante, mas essa história deixa claro que o autoboxing e os genéricos intensificam a importância de se tomar muito cuidado em relação à sobrecarga.

A adição dos lambdas e das referências para métodos no Java 8 potencializou ainda mais a confusão no tocante à sobrecarga. Por exemplo, considere estes dois trechos:

```
new Thread(System.out::println).start();

ExecutorService exec = Executors.newCachedThreadPool();
exec.submit(System.out::println);
```

Embora a invocação do construtor Thread e a do método submit sejam parecidas, o primeiro compila, ao passo que o segundo, não. Os argumentos são idênticos (System.out::println), e tanto o construtor como o método têm uma sobrecarga que recebe uma Runnable. O que está acontecendo aqui? A resposta surpreendente é que o método submit tem uma sobrecarga que recebe um Callable<T>, ao passo que o construtor Thread não tem. Talvez, você ache que isso não faz nenhuma diferença porque todas as sobrecargas do println retornam void, de modo que a referência para o método não poderia ser um Callable. Isso faz todo o sentido, porém não é assim que o algoritmo de resolução da sobrecarga funciona. Igualmente surpreendente é que a invocação do método submit seria válida caso o método println não tivesse uma sobrecarga também. Essa combinação da sobrecarga do método referenciado (println) com o invocado (submit) impede que o algoritmo de resolução se comporte como deveria.

Tecnicamente falando, o problema é que o System.out::println é uma *referência de método inexata* [JLS, 15.13.1] e que "certas expressões de argumentos contendo expressões lambdas implicitamente tipadas ou referências de métodos inexatas são ignoradas pelos testes de aplicabilidade, pois seus significados não podem ser determinados até que um tipo-alvo seja selecionado [JLS,

258 *JAVA EFETIVO*

15.12.2]". Não se preocupe caso você não entenda essa passagem; é destinada aos programadores de compiladores. O ponto fundamental é que sobrecarregar métodos ou construtores com interfaces funcionais diferentes na mesma posição de argumento provoca confusão. Por essa razão, **não sobrecarregue métodos para que recebam interfaces funcionais diferentes na mesma posição de argumento**. Segundo o jargão desse Item, as interfaces funcionais diferentes não são radicalmente diferentes. O compilador do Java lhe avisará a respeito desse tipo de sobrecarga problemática se você passar a opção de linha de comando `-Xlint:overloads`.

Os tipos array e os tipos de classe que não forem `Object` são radicalmente diferentes. Além disso, os tipos array e os tipos de interface que não forem `Serializable` e `Cloneable` também são radicalmente diferentes. Duas classes distintas são consideradas *não relacionadas* se nenhuma das classes for descendente da outra [JLS, 5.5]. Por exemplo, a `String` e a `Throwable` são não relacionadas. É impossível que qualquer objeto seja uma instância de duas classes não relacionadas, portanto, as classes não relacionadas são radicalmente diferentes também.

Há outros pares de tipos que não podem ser convertidos de jeito nenhum [JLS, 5.1.12], no entanto, uma vez que vá além dos simples casos descritos anteriormente, fica cada vez mais difícil para a maioria dos programadores discernir quais, se houver, sobrecargas se aplicam a um conjunto de parâmetros reais. As regras que determinam qual sobrecarga será selecionada são extremamente complexas e ficam cada vez mais complexas a cada versão. Pouquíssimos programadores compreendem todas as suas sutilezas.

Haverá ocasiões em que você sentirá a necessidade de violar as orientações desse Item, especialmente ao evoluir classes existentes. Por exemplo, considere a `String`, que tem um método `contentEquals(StringBuffer)` desde o Java 4. No Java 5, adicionou-se o `CharSequence` para disponibilizar uma interface em comum para a `StringBuffer`, `StringBuilder`, `String`, `CharBuffer` e outros tipos similares. Ao mesmo tempo que se adicionou o `CharSequence`, a `String` foi repaginada com uma sobrecarga do método `contentEquals`, que recebe um `CharSequence`.

Ainda que a sobrecarga viole claramente as orientações desse Item, não provoca nenhum dano, pois ambos os métodos sobrecarregados fazem exatamente a mesma coisa ao serem invocados na mesma referência de objeto. O programador pode até não saber qual sobrecarga será invocada, mas isso não causa nenhum problema, desde que elas se comportem de maneira idêntica. O modo padrão de garantir esse comportamento é fazer a sobrecarga mais específica encaminhar para a mais geral:

```
// Assegura que 2 métodos tenham comportamento idêntico por encaminhamento
public boolean contentEquals(StringBuffer sb) {
    return contentEquals((CharSequence) sb);
}
```

Embora as bibliotecas Java, em grande parte, estejam em sintonia com as recomendações desse Item, existe um número de classes que as violam. Por exemplo, a String exporta dois métodos static factory sobrecarregados, o valueOf(char[]) e o valueOf(Object), que fazem coisas completamente diferentes quando recebem a mesma referência de objeto. Não há nenhuma justificativa para tal, e isso dever ser considerado uma anomalia que pode provocar muita confusão.

Em suma, não é porque você pode sobrecarregar os métodos que deve sobrecarregá-los. Geralmente, é melhor evitar sobrecarregar métodos com muitas assinaturas com o mesmo número de parâmetros. Em alguns casos, principalmente quando os construtores estão envolvidos, pode ser impossível seguir essa recomendação. Nesses casos, você deve, pelo menos, evitar as situações em que o mesmo conjunto de parâmetros possa ser passado para sobrecargas diferentes por intermédio da adição de casts. Caso isso não possa ser evitado, por exemplo, porque você está readaptando uma classe existente para implementar uma interface nova, você pode garantir que todas as sobrecargas se comportem de modo idêntico quando receberem os mesmos parâmetros. Se não fizer isso, os programadores terão dificuldades em usar efetivamente os métodos sobrecarregados ou o construtor, e não entenderão o porquê de eles não funcionarem.

Item 53: Use os varargs com sabedoria

Os métodos varargs, conhecidos oficialmente como métodos de *aridade variável* [JLS, 8.4.1], aceitam zero ou mais argumentos de um tipo específico. Primeiro, o método varargs cria um array cujo tamanho é o número de argumentos passados no local da chamada e, em seguida, insere os valores dos argumentos dentro do array e, por fim, passa o array para o método.

Por exemplo, veja aqui um método varargs que recebe uma sequência de argumentos int e retorna sua soma. Como seria de se esperar, o valor de sum(1, 2, 3) é 6, e o valor de sum() é 0:

```
// Uso simples dos varargs
static int sum(int... args) {
    int sum = 0;
    for (int arg : args)
        sum += arg;
    return sum;
}
```

Ás vezes, é recomendável escrever um método que exija *um* ou mais argumentos de algum tipo, em vez de *zero* ou mais. Por exemplo, imagine que você queira escrever uma função que calcula o mínimo de seus argumentos. Essa função não é bem definida caso o cliente não passe argumentos. Você pode verificar o tamanho do array em tempo de execução:

```
// A maneira ERRADA de se usar varargs para passar um ou mais argumentos!
static int min(int... args) {
    if (args.length == 0)
        throw new IllegalArgumentException("Too few arguments");
    int min = args[0];
    for (int i = 1; i < args.length; i++)
        if (args[i] < min)
            min = args[i];
    return min;
}
```

Essa solução apresenta diversos problemas. O mais sério é que se o cliente invocar esse método sem argumentos, falhará em tempo de execução em vez de em tempo de compilação. Outro problema é que ela é um tanto feia. Você tem que incluir uma verificação de validade explícita no args, e pode utilizar um loop for-each, a menos que inicialize o min para o Integer.MAX_VALUE, que também é bem feio.

Felizmente, há um modo bem melhor de conseguir fazer isso. Declare o método para receber dois parâmetros, um parâmetro normal do tipo especificado e um parâmetro varargs desse tipo. Essa solução corrige todas as deficiências da anterior:

```
// A maneira correta de usar varargs para passar um ou mais argumentos
static int min(int firstArg, int... remainingArgs) {
    int min = firstArg;
    for (int arg : remainingArgs)
        if (arg < min)
            min = arg;
    return min;
}
```

Conforme pode ver nesse exemplo, os varargs são eficazes nas circunstâncias em que você quer um método com um número variável de argumentos. Os varargs foram projetados para o `printf`, que foi introduzido na plataforma ao mesmo tempo que os varargs, e para o recurso de reflexão do core (Item 65), que foi readaptado. Tanto o `printf` como a reflexão são muito beneficiados pelos varargs.

Tenha cuidado quando usar os varargs em situações críticas de desempenho. Cada invocação de um método varargs resulta na alocação e inicialização de um array. Se tiver determinado empiricamente que não pode arcar com esse custo, mas precisa da flexibilidade dos varargs, existe um padrão que lhe permite ter o melhor dos dois mundos. Imagine que você determinou que 95% das chamadas para um método têm três parâmetros ou menos. Desse modo, você declara cinco sobrecargas do método, uma para cada quantidade de parâmetros de zero a três, e um único método varargs para usar sempre que o número de argumentos exceder três:

```
public void foo() { }
public void foo(int a1) { }
public void foo(int a1, int a2) { }
public void foo(int a1, int a2, int a3) { }
public void foo(int a1, int a2, int a3, int... rest) { }
```

Agora, você sabe que arcará com o custo da criação do array em apenas 5% de todas as invocações, quando o número de parâmetros exceder três. Como a maioria das otimizações de desempenho, essa técnica geralmente não é adequada, mas, quando é, pode ser sua salvação.

As static factories para o `EnumSet` usam essa técnica para reduzir ao mínimo o custo de criação do enum. Nesse caso, isso foi apropriado porque era fundamental que os conjuntos enum fossem substitutos para os campos de bits com um desempenho competitivo (Item 36).

Em síntese, os varargs são inestimáveis quando você precisa definir métodos com um número variável de argumentos. Preceda os parâmetros varargs com quaisquer parâmetros necessários e esteja ciente das consequências de desempenho de usá-los.

262   JAVA EFETIVO

Item 54: Retorne coleções ou arrays vazios, em vez de nulos

Não é incomum ver métodos iguais a este:

```
// Retorna null para indicar uma coleção vazia. Não faça isso!
private final List<Cheese> cheesesInStock = ...;

/**
 * @returna uma lista com todos os queijos na loja,
 *         ou null se não houver nenhum queijo disponível para comprar.
 */
public List<Cheese> getCheeses() {
    return cheesesInStock.isEmpty() ? null
        : new ArrayList<>(cheesesInStock);
}
```

Não há nenhum motivo para fazer com que a situação em que não há queijos disponíveis para compra se torne um caso especial. Fazer isso requer código extra no cliente para lidar com o possível valor de retorno null, como por exemplo:

```
List<Cheese> cheeses = shop.getCheeses();
if (cheeses != null && cheeses.contains(Cheese.STILTON))
    System.out.println("Jolly good, just the thing.");
```

Exige-se esse tipo de prolixidade em quase todos os usos dos métodos que retornam null em vez de uma coleção ou um array vazios. Isso está sujeito a erros, porque o programador que escreve o cliente pode se esquecer de escrever o código especial para lidar com um retorno null. Tal erro pode passar despercebido durante anos, pois esses métodos geralmente retornam um ou mais objetos. Ademais, o retorno de um null no lugar de um contêiner vazio dificulta a implementação do método que retorna o contêiner.

Argumenta-se, por vezes, que um valor de retorno null é melhor que uma coleção ou array vazio porque evita a alocação dispendiosa de um contêiner vazio. Esse argumento está errado por dois motivos. Primeiro, não é aconselhável se preocupar com o desempenho desse jeito, a menos que os cálculos mostrem que a alocação em questão é um fator que contribui para os problemas de desempenho (Item 67). Segundo, *é* possível retornar coleções e arrays vazios sem alocá-los. Veja aqui um típico código para retornar uma possível coleção vazia. Normalmente, isso é tudo o que você precisa:

```
// O jeito certo para devolver uma coleção possivelmente vazia
public List<Cheese> getCheeses() {
    return new ArrayList<>(cheesesInStock);
}
```

No caso improvável de você ter evidências sugerindo que a alocação de uma coleção vazia está prejudicando o desempenho, você pode impedir as alocações retornando a mesma coleção vazia *imutável* repetidas vezes, pois os objetos imutáveis podem ser compartilhados à vontade (Item 17). Veja a seguir o código para fazer isso, usando o método `Collections.emptyList`. Se estivesse retornando um set, usaria o `Collections.emptySet`; se estivesse retornando um map, usaria o `Collections.emptyMap`. Mas lembre-se que isso é uma otimização, e raramente é necessária. Se você acha que precisa dela, calcule o desempenho antes e depois, para garantir que ela realmente esteja ajudando:

```java
// Otimização - evita a alocação de coleções vazias
public List<Cheese> getCheeses() {
    return cheesesInStock.isEmpty() ? Collections.emptyList()
        : new ArrayList<>(cheesesInStock);
}
```

A situação dos arrays é idêntica à das coleções. Nunca retorne null no lugar de um array de tamanho zero. Normalmente, você deve apenas retornar um array do tamanho correto, que pode ser zero. Observe que nós passamos um array de tamanho zero para o método `toArray` para indicar o tipo de retorno desejado, que é `Cheese[]`:

```java
// O jeito certo para retornar um array possivelmente vazio
public Cheese[] getCheeses() {
    return cheesesInStock.toArray(new Cheese[0]);
}
```

Caso acredite que a alocação de arrays com tamanho zero esteja prejudicando o desempenho, você pode retornar o mesmo array de tamanho zero repetidamente, porque todos os arrays de tamanho zero são imutáveis:

```java
// Otimização - evita a alocação de arrays vazios
private static final Cheese[] EMPTY_CHEESE_ARRAY = new Cheese[0];

public Cheese[] getCheeses() {
    return cheesesInStock.toArray(EMPTY_CHEESE_ARRAY);
}
```

Na versão otimizada, passamos o *mesmo* array vazio para cada chamada `toArray`, e esse array será retornado da `getCheeses` se a `cheesesInStock` estiver vazia. *Não* pré-aloque o array passado para o `toArray` na esperança de melhorar o desempenho. Estudos demonstram que isso produz efeitos contrários ao desejado [Shipilëv16]:

264 JAVA EFETIVO

```
// Não faça isso - pré-alocar o array prejudica o desempenho
return cheesesInStock.toArray(new Cheese[cheesesInStock.size()]);
```

Em resumo, nunca retorne um **null no lugar de um array ou uma coleção vazia**. Isso faz com que sua API fique mais difícil de usar e mais suscetível a erros, e não tem vantagens em termos de desempenho.

Item 55: Seja criterioso ao retornar opcionais

Antes do Java 8, havia duas abordagens que você poderia adotar ao escrever um método que não conseguisse retornar um valor em determinadas circunstâncias. Você poderia lançar uma exceção ou retornar null (supondo que o tipo de retorno fosse um tipo de referência de objeto). Nenhuma dessas abordagens é perfeita. As exceções devem ser reservadas para circunstâncias excepcionais (Item 69), o lançamento de uma exceção é dispendioso porque todo o rastreamento da pilha é capturado quando a exceção é criada. O retorno do null não apresenta essas limitações, já que tem as próprias. Se um método retorna null, os clientes devem ter um código especial para lidar com a possibilidade de um retorno null, a menos que o programador possa *provar* que é impossível retornar null. Na hipótese de um cliente se esquecer de verificar um retorno null e armazenar um valor de retorno null em alguma estrutura de dados, uma NullPointerException poderá ser lançada em algum momento no futuro, e em algum lugar do código que não tenha relação com o problema.

No Java 8, há uma terceira abordagem para escrever métodos que podem não conseguir retornar um valor. A classe Optional<T> representa um contêiner imutável que pode conter tanto uma referência T não null quanto absolutamente nada. Um opcional que não tenha nada é considerado *vazio*. Considera-se um valor como estando *presente* em um opcional que não esteja vazio. Um opcional é basicamente uma coleção imutável que pode conter no máximo um elemento. A Optional<T> não implementa a Collection<T>, mas, a princípio, poderia.

Um método que conceitualmente retorna uma T, mas pode não conseguir fazer isso em determinadas circunstâncias pode ser declarado para retornar uma Optional<T>. Isso permite que o método retorne um resultado vazio para indicar que ele não pode retornar um resultado válido. Um método que retorna uma Optional é mais maleável e fácil de usar do que um que lança uma exceção, e também menos suscetível a erros do que um método que retorna null.

No Item 30, mostramos um método para calcular o valor máximo em uma coleção, conforme a ordem natural de seus elementos:

```java
// Retorna o valor máximo na coleção - exceção lançada se vazia
public static <E extends Comparable<E>> E max(Collection<E> c) {
    if (c.isEmpty())
        throw new IllegalArgumentException("Empty collection");

    E result = null;
    for (E e : c)
        if (result == null || e.compareTo(result) > 0)
            result = Objects.requireNonNull(e);

    return result;
}
```

Esse método lança uma `IllegalArgumentException` caso uma dada coleção esteja vazia. Mencionamos no Item 30 que a melhor alternativa seria retornar uma `Optional<E>`. Veja como é o método quando modificado para fazer isso:

```java
// Retorna o valor máximo na coleção como uma Opcional <E>
public static <E extends Comparable<E>>
        Optional<E> max(Collection<E> c) {
    if (c.isEmpty())
        return Optional.empty();

    E result = null;
    for (E e : c)
        if (result == null || e.compareTo(result) > 0)
            result = Objects.requireNonNull(e);

    return Optional.of(result);
}
```

Como você pode ver, é bem simples retornar um opcional. Tudo o que tem que fazer é criar um opcional com a static factory apropriada. Nesse programa, utilizamos duas: a `Optional.empty()`, que retorna um opcional vazio e a `Optional.of(value)`, que retorna um opcional com um determinado valor não null. É um erro de programação passar um `null` para uma `Optional.of(value)`. Se fizer isso, o método reage lançando uma `NullPointerException`. O método `Optional.ofNullable(value)` aceita um eventual valor null e retorna um opcional vazio se null lhe for passado. **Nunca retorne um valor null de um método que retorna um Optional**: isso vai contra a finalidade desse recurso.

Muitas operações terminais nas streams retornam opcionais. Se você reescrever o método `max` para usar uma stream, a operação `max` da `Stream` faz todo o

JAVA EFETIVO

trabalho de gerar um opcional para nós (embora tenhamos que passar um comparador explícito):

```
// Retorna o valor max. na coleção como Optional <E> - usa uma stream
public static <E extends Comparable<E>>
        Optional<E> max(Collection<E> c) {
    return c.stream().max(Comparator.naturalOrder());
}
```

À vista disso, como você pode escolher entre retornar um opcional e um null ou lançar uma exceção? **Opcionais têm um efeito prático semelhante ao das exceções verificadas** (Item 71) na medida em que *forçam* o usuário de uma API a enfrentar o fato de que não pode não haver um valor retornado. Lançar uma exceção não verificada ou retornar um null permite que o usuário ignore essa possibilidade, estando sujeito a consequências graves. No entanto, lançar uma exceção verificada exige um código boilerplate complementar no cliente.

Se um método retorna um opcional, o cliente pode escolher qual medida tomar caso o método não possa retornar um valor. Você pode especificar um valor padrão:

```
// Utiliza uma opcional para fornecer o valor padrão escolhido
String lastWordInLexicon = max(words).orElse("No words...");
```

Ou pode lançar qualquer exceção que seja apropriada. Observe que passamos uma fábrica de exceção em vez de uma real. Isso evita o custo de se criar uma exceção, a menos que seja lançada:

```
// Usa uma opcional para lançar a exceção escolhida
Toy myToy = max(toys).orElseThrow(TemperTantrumException::new);
```

Caso você possa *provar* que um opcional é não vazio, pode obter o valor dele sem especificar uma ação a ser tomada caso o opcional esteja vazio. Porém, se você estiver errado, seu código lançará uma NoSuchElementException:

```
// Usa uma opcional quando você sabe que há um valor de retorno
Element lastNobleGas = max(Elements.NOBLE_GASES).get();
```

Vez ou outra, você pode enfrentar uma situação em que é muito difícil obter o valor padrão, e você não quer arcar com esse custo, a não ser que seja necessário. Para essas situações, a Optional fornece um método que recebe uma Supplier<T> e a invoca somente quando necessário. Esse método se chama orElseGet, mas, talvez, devesse ser chamado de orElseCompute, pois está estreitamente relacionado com os três métodos `Map` cujos nomes começam com `compute`. Há inúmeros métodos `Optional` para lidar com os casos de uso mais específicos: `filter`, `map`, `flatMap` e o `ifPresent`. No Java 9, adicionaram-se mais dois desses métodos: o `or` e o `ifPresentOrElse`. Se os métodos básicos descritos acima não forem uma boa opção para seu caso de uso, consulte a documentação desses métodos mais avançados e veja se funcionam.

No caso de nenhum desses métodos atender a suas necessidade, a `Optional` disponibiliza o método `isPresent()`, que pode ser considerado uma válvula de escape. Ele retorna `true` se o opcional tiver um valor, e `false` se estiver vazio. Você pode usar esse método para executar qualquer processamento que quiser em um resultado opcional, porém, faça questão de usá-lo com sabedoria. Muitos usos do `isPresent` poderiam ser substituídos sem prejuízos pelos métodos mencionados acima. Muitas vezes, o código resultante será mais curto, limpo, claro e mais idiomático.

Por exemplo, analise este trecho de código, que exibe o ID do processo de um processo pai, ou `N/A` caso o processo não tenha pai. O trecho usa a classe `ProcessHandle`, introduzida no Java 9:

```
Optional<ProcessHandle> parentProcess = ph.parent();
System.out.println("Parent PID: " + (parentProcess.isPresent() ?
    String.valueOf(parentProcess.get().pid()) : "N/A"));
```

O trecho do código anterior pode ser substituído por este, que usa uma função `map` da `Optional`:

```
System.out.println("Parent PID: " +
    ph.parent().map(h -> String.valueOf(h.pid())).orElse("N/A"));
```

Ao programar com streams, não é raro você ter uma `Stream<Optional<T>>` e precisar de uma `Stream<T>` contendo todos os elementos não vazios dos opcionais para poder prosseguir. Se estiver utilizando o Java 8, veja como preencher essa lacuna:

```
streamOfOptionals
    .filter(Optional::isPresent)
    .map(Optional::get)
```

No Java 9, a `Optional` foi equipada com um método `stream()`. Esse método é um adaptador que transforma uma `Optional` em uma `Stream` com um elemento, caso esteja presente no opcional, ou nenhum, se o opcional estiver vazio. Em conjunto com o método `flatMap` da `Stream` (Item 45), esse método fornece uma substituição concisa para o trecho do código anterior:

```
streamOfOptionals.
    .flatMap(Optional::stream)
```

Nem todos os tipos de retorno se beneficiam do comportamento dos opcionais. **Os tipos contêiner, incluindo coleções, maps, streams, arrays e opcionais, não devem ser envolvidos (wrapped) por opcionais.** Em vez de retornar uma `Optional<List<T>>` vazia, você deve apenas retornar uma `List<T>` vazia (Item 54). O retorno do contêiner vazio acabará com a necessidade do código cliente processar um opcional. A classe `ProcessHandle` tem o método `arguments`, que retorna uma `Optional<String[]>`, todavia esse método deve ser considerado uma anomalia que não deve ser copiada.

Desse modo, quando você deve declarar um método para retornar uma `Optional<T>` ao invés de uma `T`? Via de regra, **você deve declarar um método para retornar a `Optional<T>` se houver a possibilidade de ele não conseguir retornar um resultado *e* os clientes tiverem que executar um processamento especial caso nenhum resultado seja retornado.** Isto posto, retornar uma `Optional<T>` não deixa de ter custos.

Uma `Optional` é um objeto que tem que ser alocado e inicializado, e ler o valor de um opcional exige uma indireção complementar. Isso faz com que os opcionais sejam inapropriados para uso em situações críticas de desempenho. Se um método específico se enquadra nessa categoria, só pode ser determinado através de uma medição meticulosa (Item 67).

O retorno de um opcional que contém um tipo primitivo empacotado é excessivamente oneroso se comparado ao retorno de um tipo primitivo, pois o opcional tem dois níveis de empacotamento em vez de zero. Portanto, os arquitetos da biblioteca acharam por bem disponibilizar análogos da `Optional<T>` para os tipos primitivos `int`, `long` e `double`. Esses tipos de opcionais são `OptionalInt`, `OptionalLong` e `OptionalDouble`. Elas contêm a maioria, mas não todos, os métodos da `Optional<T>`. Por essa razão, **você nunca deve retornar uma opcional de um tipo primitivo empacotado**, salvo os "tipos primitivos menores", `Boolean`, `Byte`, `Character`, `Short` e `Float`.

Até o momento, debatemos o retorno dos opcionais e o processamento deles depois de serem retornados. Não discutimos outros usos possíveis, devido à maioria dos outros usos dos opcionais serem um tanto suspeitos. Por exemplo, você nunca deve utilizar opcionais como valores de um map. Caso utilize, terá duas maneiras de expressar a lógica da ausência de uma chave no map: ou a chave pode estar ausente do map, ou presente e mapear para um opcional vazio. Isso representa uma complexidade desnecessária com grande potencial para erros e confusão. Em termos mais gerais, **quase nunca se indica o uso de um opcional como chave, valor ou como elemento em uma coleção ou em um array**.

Agora, a pergunta que não quer calar: em alguma situação seria apropriado armazenar um opcional em um campo de instância? Muitas vezes, isso é sinal de "bad smell": sugere que talvez você devesse ter uma subclasse contendo os campos do tipo opcional. Mas algumas vezes isso pode ser justificado. Considere o caso da nossa classe `NutritionFacts` do Item 2. Uma instância `NutritionFacts` contém muitos campos que não são necessários. Não se pode ter uma subclasse para cada combinação possível desses campos. Além disso, os campos têm tipos primitivos, o que torna estranho expressar diretamente a ausência. Uma melhor API para a `NutritionFacts` retornaria um opcional de um getter para cada campo opcional, fazendo sentido armazenar esses opcionais como campos no objeto.

Em síntese, caso você se encontre escrevendo um método que pode nem sempre retornar um valor e você julgue importante que os usuários desse método considerem essa possibilidade sempre que o chamarem, provavelmente você deve retornar um opcional. No entanto, você deve estar ciente que existem consequências reais de desempenho associadas ao retorno de opcionais; para métodos de desempenho crítico, pode ser melhor retornar um `null` ou lançar uma exceção. Por fim, raramente use um opcional em qualquer outra atividade que não seja como um valor de retorno.

Item 56: Escreva comentários de documentação para todos os elementos da API exposta

Se uma API foi feita para ser utilizada, deve ser documentada. Tradicionalmente, a documentação da API era gerada manualmente, e mantê-la em sincronia com o código era uma tarefa nada fácil. O ambiente de programação Java facilita essa tarefa com o utilitário *Javadoc*. O Javadoc gera documentação da API automaticamente a partir do código-fonte através de *comentários da documentação* especialmente formatados, normalmente mais conhecidos como *comentários doc*.

Embora as convenções de comentários doc não sejam oficialmente parte da linguagem, representam uma API que todo programador Java deve saber na prática. Essas convenções são descritas na página web *How to Write Doc Comments*

[Guia do Javadoc]. Apesar de essa página não ser atualizada desde que o Java 4 foi lançado, ainda é um recurso inestimável. Adicionou-se uma importante doc tag no Java 9, {@index}; outra no Java 8, {@implSpec}; e duas no Java 5, {@literal} e {@code}. Essas tags não estão presentes na página web mencionada acima, porém são abordadas nesse Item.

Para documentar devidamente sua API, você deve colocar um comentário doc antes de *cada* classe, interface, construtor, método ou declaração de campo que forem exportados. Se uma classe for serializável, você também deve documentar sua forma serializada (Item 87). Na ausência de um comentário doc, o melhor que o Javadoc pode fazer é reproduzir a declaração como uma única documentação para o elemento da API afetado. Utilizar uma API sem comentários de documentação é frustrante e passível de erro. As classes públicas não devem usar construtores padrões porque não existe um meio de fornecer comentários doc para eles. Para escrever um código fácil de dar manutenção, você também deve escrever comentário doc para a maioria das classes, interfaces, construtores, métodos e campos não exportados, embora esses comentários não precisem ser tão completos como os comentários dos elementos da API exportada.

O comentário doc para um método deve descrever resumidamente o contrato entre o método e seu cliente. Com exceção dos métodos nas classes projetadas para herança (Item 19), o contrato deve informar *o que* o método faz, em vez de *como* faz. O comentário doc deve enumerar todas as *precondições* do método, as coisas que devem ser verdadeiras para que um cliente o invoque, e as pós-condições, que são as coisas que serão verdadeiras depois que a invocação for completada com êxito. Normalmente, as precondições são descritas implicitamente pelas tags @throws para exceções não verificadas; cada exceção não verificada corresponde a uma violação de precondição. Além disso, as precondições podem ser especificadas junto com os parâmetros afetados em suas tags @param.

Além das precondições e das pós-condições, os métodos devem documentar quaisquer *efeitos colaterais*. Um efeito colateral é uma mudança perceptível no estado do sistema que não seja obviamente necessária para se conseguir a pós-condição. Por exemplo, se o método se iniciar com uma thread em background, a documentação deve anotar isso.

Para descrever totalmente o contrato do método, o comentário doc deve ter um tag @param para cada parâmetro, uma tag @return, a não ser que o método tenha um tipo de retorno void e uma tag@throws para cada exceção lançada pelo método, verificada ou não verificada (Item 74). Se o texto na tag @return for idêntico à descrição do método, sua omissão é admissível, dependendo dos padrões de codificação que estiver seguindo.

Por convenção, o texto que segue uma tag `@param` ou uma tag `@return` deve ser uma frase nominal descrevendo o valor representado pelo parâmetro ou pelo valor de retorno. Raramente, usam-se as expressões aritméticas em vez de frases nominais; veja o exemplo da `BigInteger`. O texto que segue uma tag `@throws` deve apresentar uma palavra "se", seguida de uma cláusula que descreve as condições sob as quais a exceção é lançada. Por convenção, a frase ou cláusula que se segue a uma tag `@param`, `@return` ou `@throws` não tem ponto-final. Todas essas convenções são ilustradas no comentário doc a seguir:

```
/**
 * Retorna o elemento na posição especificada nesta lista.
 *
 * <p> Não<i></i>se garante que este método execute o tempo da
 * constante. Em algumas implementações ele pode executar o tempo proporcional
 * para a posição do elemento.
 *
 * @param índice do índice do elemento para retornar; deve ser
 *             não negativo e menor que o tamanho da lista
 * @return o elemento na posição especificada na lista
 * @throws IndexOutOfBoundsException se o índice está fora do range
 *             ({@code index < 0 || index >= this.size()})
 */
E get(int index);
```

Observe o uso das tags HTML nesse comentário doc (`<p>` e `<i>`). O utilitário Javadoc traduz os comentários doc para HTML, e os elementos arbitrários do HTML no comentário doc acabam no documento HTML resultante. Em certas ocasiões, os programadores chegam até a incorporar tabelas HTML em seus comentários doc, embora isso seja raro.

Observe também o uso da tag `{@code}` do Javadoc ao redor do fragmento de código na cláusula `@throws`. Essa tag tem duas finalidades: faz com que o fragmento do código seja renderizado em `fonte de código`, e suprime o processamento da formatação HTML e das tags Javadoc aninhadas no fragmento do código. Essa segunda propriedade é o que nos deixa usar o sinal de menor que (<) no fragmento do código, mesmo ele sendo um metacaractere HTML. Para incluir um exemplo de código com muitas linhas em um comentário doc, utilize a tag `{@code}` do Javadoc aninhada dentro de um a tag `<pre>` do HTML. Em outras palavras, coloque antes do exemplo de código os caracteres `<pre>{@code` e os caracteres `}</pre>` depois dele. Isso preserva as quebras de linha do código e elimina a necessidade de se executar o escape dos metacaracteres HTML, *exceto* do sinal (@), cujo escape deve ser feito se a amostra do código usar anotações.

Por fim, observe o uso das palavras "nesta lista" no comentário do doc. Convencionalmente, a palavra "esta" se refere a um objeto sobre o qual o método é invocado quando ele é usado no comentário doc por um método de instância.

Conforme mencionado no Item 15, quando você projeta uma classe para herança, deve documentar seus *padrões de autoutilização*, para que os programadores saibam a semântica de sobrescrever seus métodos. Esses padrões de autoutilização devem ser documentados usando a tag @implSpec, adicionada no Java 8. Lembre-se de que os comentários doc comuns descrevem o contrato entre um método e seu cliente; os comentários @implSpec, por outro lado, descrevem o contrato entre um método e sua subclasse, permitindo que as subclasses dependam do comportamento da implementação se herdarem o método ou o chamarem por intermédio de super. Veja como isso acontece na prática:

```
/**
 * Retorna true se a collection está vazia.
 *
 * @implSpec
 * Esta implementação retorna {@code this.size() == 0} .
 *
 * @retorna true se a collection está vazia
 */
public boolean isEmpty() { ... }
```

Ainda no Java 9, o utilitário do Javadoc ainda ignora a tag @implSpec a menos que você passe a opção de linha de comando -tag "implSpec:a:Implementation Requirements:". Espero que isso seja corrigido em uma versão posterior.

Não se esqueça de que você dever adotar medidas especiais para gerar a documentação com metacaracteres HTML, como o sinal de menor ques (<), e o sinal de maior que (>), e o sinal de "E comercial" (&). A melhor forma de tratar esses caracteres dentro da documentação é colocá-los dentro da tag {@literal}, que suprime o processamento de formatação HTLM e de tags Javadoc aninhadas. Funciona como a tag {@code}, exceto que ela não renderiza o texto em fonte de código. Por exemplo, veja este fragmento do Javadoc:

```
 * Uma série geométrica converge se {@literal |r| < 1}.
```

Gera a documentação: "Uma série geométrica converte se |r| < 1." A tag {@literal} poderia ter sido colocada em volta apenas o sinal menor que, em vez de ter sido colocada em toda a operação de desigualdade com a mesma documentação resultante, porém o comentário doc seria menos legível no código-fonte. Isso ilustra o princípio geral de que **os comentários doc devem ser legíveis tanto no código-fonte como**

na documentação gerada. Se você não conseguir isso em ambos os casos, a legibilidade da documentação gerada se sobrepõe à do código-fonte.

A primeira "frase" de cada comentário doc (conforme definida a seguir) se torna uma *descrição sumária* do elemento a que se refere o comentário. Por exemplo, a descrição sumária no comentário doc da página 271 é: "Retorna o elemento na posição especificada na lista." A descrição sumária deve funcionar com os próprios recursos para descrever a funcionalidade do elemento que ela resume. Para se evitar confusão, **membros ou construtores em uma classe ou uma interface não devem ter a mesma descrição sumária que outros membros da mesma classe ou interface**. Preste atenção particularmente às sobrecargas, nas quais é frequentemente natural usar a mesma frase inicial (mas inaceitável em comentários doc).

Tome cuidado se a descrição sumária criada tiver um ponto, porque o ponto pode encerrar de forma prematura a descrição. Por exemplo, um comentário doc que começa com a sentença "Um diploma universitário, como Bel., Me. ou Dr." resultará na descrição sumária: "Um diploma universitário como Bel., Me." O problema é que a descrição terminará no primeiro ponto que for seguido por espaço, tab ou uma nova linha (ou na primeira tag de bloco) [Javadoc-ref]. Aqui, o ponto na abreviação "Me." é seguido por um espaço. A melhor solução é colocar o ponto rebelde e qualquer texto relacionado em uma tag {@literal}, desse modo, o ponto não será mais seguido por um espaço no código-fonte:

```
/**
 * Um diploma universitário como Bel., {@literal Me.} ou Dr.
 */
public class Degree { ... }
```

Fica um pouco confuso dizer que a descrição sumária é a primeira *frase* no comentário doc. A convenção determina que raramente ela dever ser completa. Para métodos e construtores, a descrição sumária deve ser uma frase verbal (incluindo quaisquer objetos) que descreva a ação executada pelo método. Por exemplo:

- `ArrayList(int initialCapacity)` — Constrói uma lista vazia com capacidade inicial especificada.

- `Collection.size()` — Retorna o número de elementos em sua coleção.

Conforme mostrado nesses exemplos, use a terceira pessoa do presente do Indicativo ("retorna o número") em vez da segunda pessoa do imperativo ("retorne o número").

Para as classes, interfaces e campos, a descrição sumária deve ser uma frase nominal que descreva a coisa representada por uma instância da classe ou interface, ou pelo próprio campo. Por exemplo:

- `Instant` — Um ponto instantâneo na linha do tempo
- `Math.PI` — O valor `double` mais próximo do que qualquer outro API, a razão da circunferência de um círculo em relação ao seu diâmetro.

No Java 9, adicionou-se um índice client-side ao HTML gerado pelo Javadoc. Este índice, que facilita a tarefa de navegar em conjuntos enormes da documentação de API, tem a forma de uma caixa de pesquisa, no canto superior direito da página. Quando você digita na caixa, recebe um menu suspenso de páginas correspondentes. Elementos da API, tais como classes, métodos e campos, são indexados automaticamente. Às vezes, você precisa indexar termos adicionais que são importantes para a sua API. Introduziu-se a tag {@index} para atender essa finalidade. Indexar um termo que aparece em um comentário doc é tão simples quanto envolvê-lo com essa tag, conforme mostrado neste fragmento:

```
* Este método está de acordo com{@index IEEE 754} padrão.
```

Os genéricos, enums e as anotações exigem um cuidado especial a respeito dos comentários doc. **Ao documentar um tipo ou um método genéricos, tenha certeza de documentar todos os parâmetros de tipo**:

```
/**
 * Um objeto que mapeia chaves para valores. Uma map não pode conter
 * chaves duplicadas; cada chave pode mapear no máximo um valor.
 *
 * (Restante omitido)
 *
 * @param <K> o tipo de chave mantida por esta map
 * @param <V> o tipo de valores mapeados
 */
public interface Map<K, V> { ... }
```

Ao documentar um tipo enum, tenha certeza de documentar todas as constantes, bem como os tipos e quaisquer métodos públicos. Perceba que você pode colocar um comentário doc inteiro em uma linha, caso seja curto:

```
/**
 * Uma seção de instrumentos de uma orquestra sinfônica.
 */
public enum OrchestraSection {
    /** Instrumentos de sopro, como flauta, clarinete e oboé. */
    INSTRUMENTOS DE SOPRO,

    /** Instrumentos de bronze, como trompa e trompete*/
    BRONZE,

    /** Instrumentos de percursão, como timpani e pratos. */
    PERCURSSÃO,

    /** Instrumentos de cordas, como violino e violoncelo. */
    CORDAS;
}
```

Ao documentar um tipo de anotação, tenha certeza de documentar quaisquer membros, bem como o próprio tipo. Documente os membros com frases nominais, como se eles fossem campos. Para a descrição sumária do tipo, use uma frase verbal que informe o que significa quando um elemento de programa tem uma anotação deste tipo:

```
/**
 * Indica que um método anotado é um método de teste que
 * deve lançar uma exceção designada para passar.
 */
@Retention(RetentionPolicy.RUNTIME)
@Target(ElementType.METHOD)
public @interface ExceptionTest {
    /**
     * A exceção que o método de teste anotado deve lançar
     * para passar. (O teste tem permissão de lançar qualquer
     * subtipo do tipo descrito pelo objeto da classe.)
     */
    Class<? extends Throwable> value();
}
```

No nível de pacote, os comentários doc devem ser colocados em um arquivo chamado packageinfo.java. Além desses comentários, o package-info. java deve conter uma declaração de pacote e pode conter anotações nesta declaração. Da mesma forma, se você optar por usar o sistema de módulos (Item 15), os comentários no nível do módulo devem ser colocados no arquivo module-info.java.

Dois aspectos das APIs que muitas vezes são negligenciados na documentação são a thread-safety e a serialibilidade. **Se uma classe ou um método estático é threadsafe ou não, você deve documentar o seu nível de thread-safety**, conforme descrito no Item 82. Se uma classe for serializável, você deve documentar sua forma serializada, conforme descrito no Item 87.

O Javadoc tem a capacidade de "herdar" os comentários do método. Se um elemento da API não tiver um comentário doc, o Javadoc procura o comentário doc aplicável mais específico, dando preferência às interfaces em vez das superclasses. Os detalhes do algoritmo de pesquisa podem ser encontrados no *The Javadoc Reference Guide* [Javadoc-ref]. Você também pode herdar *partes* dos comentários doc dos supertipos usando a tag {@inheritDoc}. Isso significa, dentre outras coisas, que as classes podem reutilizar os comentários doc das interfaces que elas implementam, em vez de copiar esses comentários. Esse recurso tem o potencial de minimizar o fardo de se fazer a manutenção em inúmeros conjuntos de comentários doc quase idênticos, porém ele é complicado de se usar e tem algumas limitações. Os detalhes fogem ao escopo deste livro.

Deve-se fazer uma ressalva em relação aos comentários de documentação. Embora seja necessário fornecer comentários de documentação para todos os elementos da API exportada, nem sempre isso é o bastante. Para APIs complexas compostas de múltiplas classes interrelacionadas, muitas vezes é necessário complementar os comentários de documentação com um documento externo que descreva a arquitetura geral da API. Caso exista esse documento, os comentários de documentação do pacote ou da classe relevantes devem incluir o link para acessá-lo.

O Javadoc verifica automaticamente o cumprimento de muitas recomendações desse Item. No Java 7, a opção de linha de comando -Xdoclint era necessária para obter esse comportamento. No Java 8 e 9, a verificação está habilitada por padrão. Plug-ins de IDE, como os verificadores de estilo vão mais longe na verificação do cumprimento dessas recomendações [Burn01]. Você também pode reduzir a probabilidade de erros nos comentários doc ao passar os arquivos HTML gerados pelo Javadoc em um *verificador de validade de HTML*. Isso detectará muitos usos incorretos de tags HTML. Uma série desses verificadores estão disponíveis para download, e você pode validar HTML na internet usando a serviço de validação de marcação do W3C [W3C-validator]. Ao validar o HTML gerado, lembre-se que, a partir do Java 9, o Javadoc é capaz de gerar HTML5 como também o HTML 4.01, embora ele ainda gere o HTML 4.01 por padrão. Use a opção de linha de comando -html5 caso você queira que o Javadoc gere HTML5.

As convenções descritas nesse Item abrangem somente o básico. Apesar de já ter 15 anos na data da elaboração deste livro, o guia definitivo para escrever os comentários doc ainda é o *How to Write Doc Comments* [guia-Javadoc].

Se aderir às orientações deste Item, a documentação gerada deve fornecer uma descrição clara de sua API. No entanto, a única maneira de se ter certeza **é ler as páginas Web geradas pelo utilitário Javadoc**. Vale a pena fazer isso para cada API que será usada por terceiros. Assim como o teste de um programa resulta inevitavelmente em algumas alterações no código, ler a documentação geralmente resulta em, pelo menos, algumas mudanças nos comentários doc.

Em síntese, os comentários de documentação são o melhor modo, e o mais eficaz, para documentar sua API. Deveria ser obrigatório o uso dele para todos os elementos exportados da API. Adote um estilo consistente que esteja de acordo com o cumprimento das convenções padrão. Lembre-se de que se permite o HTML arbitrário na documentação e que deve-se fazer o escape dos metacaracteres HTML.

CAPÍTULO 9

Programação Geral

Este capítulo é consagrado aos aspectos práticos detalhados da linguagem. Ele aborda variáveis locais, estruturas de controle, bibliotecas, tipos de dados e dois recursos extralinguísticos: a *reflexão* e os *métodos nativos*. Por último, discute a otimização e as convenções de nomenclatura.

Item 57: Minimize o escopo das variáveis locais

Esse Item assemelha-se à natureza do Item 15: "Reduza ao mínimo a acessibilidade das classes e dos seus membros." Ao minimizar o escopo das variáveis locais, você aumenta a legibilidade e a facilidade de manutenção do seu código e reduz as probabilidades de erro.

As linguagens de programação mais antigas, como o C, estipulavam que as variáveis locais deveriam ser declaradas no cabeçalho do bloco, e alguns programadores continuam a fazer isso por causa da força do hábito. É um hábito que vale a pena abandonar. Como um lembrete oportuno, o Java o deixa declarar variáveis em qualquer local em que uma instrução seja permitida (como o C, desde o C99).

A técnica mais poderosa para minimizar o escopo de uma variável local é declará-la onde ela será utilizada pela primeira vez. Se uma variável é declarada antes de ser usada, isso só causa confusão — uma coisa a mais para distrair o leitor que está tentando descobrir o que o programa faz. No momento em que a variável é usada, o leitor pode não se lembrar do tipo da variável ou do seu valor inicial.

Declarar uma variável local prematuramente pode fazer com que seu escopo não apenas inicialize muito cedo, como também finalize muito tarde. O escopo de uma variável local se estende desde o ponto onde é declarada até o fim do

280 JAVA EFETIVO

bloco onde foi declarada. Se uma variável é declarada fora do bloco em que é utilizada, continua visível após o programa sair desse bloco. Se uma variável for usada por acidente, antes ou depois do local de uso pretendido, as consequências podem ser desastrosas.

Praticamente todas as declarações de variáveis locais devem conter um inicializador. Caso ainda não tenha informações suficientes para inicializar a variável de forma criteriosa, você deve adiar a declaração até que as tenha. Uma exceção que foge a essa regra são as instruções try-catch. Se uma variável for inicializada com uma expressão cuja avaliação lance uma exceção verificada, a variável deve ser inicializada dentro do bloco try (a não ser que o método envolvido propague a exceção). Caso o valor seja usado fora do bloco try, então, ela deve ser declarada antes do bloco try, onde não pode ainda ser "inicializada de forma criteriosa". Para um exemplo, consulte a página 283.

Os loops apresentam uma oportunidade especial para minimizar o escopo das variáveis. O loop for, tanto em sua forma tradicional como nas formas for-each, permite que você declare *variáveis do loop*, limitando o escopo delas ao local exato em que são necessárias. (Esse local é composto do corpo do loop e do código em parênteses entre a palavra-chave for e o corpo do loop.) Desse modo, dê preferência aos **loops for em vez de loops while**, supondo que os conteúdos das variáveis do loop não sejam necessários após a finalização do loop.

Por exemplo, esta é a prática corrente preferida para a iteração em uma coleção (Item 58):

```
// Prática corrente preferida para fazer a iteração em uma coleção ou array
for (Element e : c) {
    ... // Faça alguma coisa com o e
}
```

Caso precise acessar o iterador, talvez para chamar seu método remove, a prática corrente recomendada utiliza o loop for em vez do loop for-each:

```
// Prática corrente recomendada quando você precisa do iterador
for (Iterator<Element> i = c.iterator(); i.hasNext(); ) {
    Element e = i.next();
    ... // Faça alguma coisa com o e, e o i
}
```

Para ver o porquê se prefere os loops for ao loop while, analise o fragmento de código a seguir com dois loops while e um bug:

```
Iterator<Element> i = c.iterator();
while (i.hasNext()) {
    doSomething(i.next());
}
...

Iterator<Element> i2 = c2.iterator();
while (i.hasNext()) {                   // BUG!
    doSomethingElse(i2.next());
}
```

O segundo loop apresenta um erro de copiar e colar: inicializa uma variável nova de loop, i2, porém usa a variável antiga, i, que infelizmente ainda está no escopo. O código resultante compila sem erro e executa sem lançar uma exceção, porém faz a coisa errada. Ao invés de fazer a iteração no c2, o segundo loop finaliza imediatamente, dando a falsa impressão que o c2 está vazio. Como o programa comete um erro silencioso, permanece indetectado por muito tempo.

Caso um erro de copiar e colar similar seja cometido junto a quaisquer loops for (o loop for-each ou o tradicional), o código resultante nem sequer compila. A variável do elemento (ou iterador) do primeiro loop não ficaria no escopo do segundo loop. Veja como isso acontece com o tradicional loop for:

```
for (Iterator<Element> i = c.iterator(); i.hasNext(); ) {
    Element e = i.next();
    ... // Faça alguma coisa com o e, e o i
}
...

// Erro de tempo de compilação - não consegue achar o símbolo i
for (Iterator<Element> i2 = c2.iterator(); i.hasNext(); ) {
    Element e2 = i2.next();
    ... // Faça alguma coisa com o e2 e o i2
}
```

Ademais, se você usar um loop for, é menos provável que cometa um erro de copiar e colar porque não há nenhum motivo para usar nomes de variáveis diferentes nos dois loops. Os loops são completamente independentes, desse modo, não há mal nenhum em reutilizar o nome da variável do elemento (ou iterador). Na verdade, muitas vezes é até elegante fazer isso.

O loop for também tem mais uma vantagem que o loop while: ele é mais curto, o que aumenta a legibilidade.

282 *JAVA EFETIVO*

Veja a seguir outra prática de uso do loop que minimiza o escopo das variáveis locais:

```
for (int i = 0, n = expensiveComputation(); i < n; i++) {
    ... // Faça alguma coisa com o i;
}
```

A coisa importante a se observar é que essa prática de uso tem *duas* variáveis do loop, a i e a n, ambas com exatamente o mesmo escopo. A segunda variável, n, é usada para armazenar o limite da primeira, evitando assim o custo de um cálculo redundante em cada iteração. Como regra, você deve adotar essa prática se o teste do loop envolver uma invocação de método que garantidamente retorne o mesmo resultado em cada iteração.

Uma última técnica para minimizar o escopo das variáveis locais é **manter os métodos pequenos e focados**. Se combinar duas atividades no mesmo método, as variáveis locais relevantes para uma atividade podem estar no escopo do código que executa a outra atividade. Para evitar que isso aconteça, basta dividir o método em dois: um para cada atividade.

Item 58: Dê preferência aos loops for-each em vez dos tradicionais loops `for`

Conforme discutido no Item 45, algumas tarefas são melhor realizadas com streams, outras com iteração. Veja a seguir, um tradicional loop `for` que itera sobre uma coleção:

```
// Esse não é o melhor modo de fazer a iteração em um array!
for (int i = 0; i < a.length; i++) {
    ... // Faça alguma coisa com o a[i]
}
```

E, aqui, um tradicional loop `for` que itera sobre um array:

```
// Esse não é o melhor modo de fazer a iteração de uma coleção!
for (Iterator<Element> i = c.iterator(); i.hasNext(); ) {
    Element e = i.next();
    ... // Faça alguma coisa com o e
}
```

Essas práticas correntes são melhores que os loops `while` (Item 57), todavia, não são perfeitas. O iterador e as variáveis de índice são ambos apenas entulho — tudo o que você precisa são os elementos. Além do mais, eles representam possibilidade de erros. O iterator executa três vezes em cada loop e a variável de índice quatro, o que lhe dá muitas chances de usar a variável errada. Se você usar, não se tem nenhuma garantia de que o compilador detecte o problema. Por fim, os dois loops são bem diferentes, chamando atenção desnecessária para o tipo do contêiner e trazendo um (pequeno) incômodo para alterar esse tipo.

O loop for-each (oficialmente conhecido como "expressão for aperfeiçoada") resolve todos esses problemas. Ele começa se livrando da bagunça e das oportunidades de erro ocultando o iterador ou a variável de índice. A prática de uso resultante se aplica igualmente às coleções e aos arrays, facilitando o processo de troca do tipo de implementação de um contêiner para o outro:

```
// Prática de uso recomendada para fazer a iteração nas coleções e nos arrays
for (Element e : elements) {
    ... // Faça alguma coisa com o e
}
```

Ao ver os dois-pontos (:), leia-se como "em/no". Portanto, lê-se o loop acima como "para cada elemento *e* nos *elementos*". Não há nenhuma perda de desempenho ao usar os loops for-each, nem mesmos para arrays: o código que geram é basicamente idêntico ao código que você escreveria à mão.

As vantagens do loop for-each sobre o tradicional loop for são ainda maiores quando se trata de iterações aninhadas. Veja a seguir um erro comum que as pessoas cometem ao fazer uma iteração aninhada:

```
// Você consegue identificar o bug?
enum Suit { CLUB, DIAMOND, HEART, SPADE }
enum Rank { ACE, DEUCE, THREE, FOUR, FIVE, SIX, SEVEN, EIGHT,
            NINE, TEN, JACK, QUEEN, KING }
...
static Collection<Suit> suits = Arrays.asList(Suit.values());
static Collection<Rank> ranks = Arrays.asList(Rank.values());

List<Card> deck = new ArrayList<>();
for (Iterator<Suit> i = suits.iterator(); i.hasNext(); )
    for (Iterator<Rank> j = ranks.iterator(); j.hasNext(); )
        deck.add(new Card(i.next(), j.next()));
```

Não se sinta mal se não conseguiu identificar o bug. A maioria dos programadores experientes já cometeu esse erro uma vez ou outra. O problema é que o método next é chamado muitas vezes no iterador para a coleção externa (suits). Ele deveria ser chamado a partir do loop externo para que fosse chamado uma vez por naipe (suit), em vez disso, ele é chamado a partir do loop interno que é chamado uma vez por carta. Depois de você ficar sem naipes, o loop lança uma NoSuchElementException.

Agora, caso você seja realmente azarado e o tamanho da coleção externa seja um múltiplo da coleção interna — talvez, porque sejam a mesma coleção — o loop finalizará normalmente, mas não fará o que você quer. Por exemplo, considere essa tentativa mal planejada de exibir todos os lançamentos de um par de dados:

```
// Mesmo bug, sintomas diferentes!
enum Face { ONE, TWO, THREE, FOUR, FIVE, SIX }
...
Collection<Face> faces = EnumSet.allOf(Face.class);

for (Iterator<Face> i = faces.iterator(); i.hasNext(); )
    for (Iterator<Face> j = faces.iterator(); j.hasNext(); )
        System.out.println(i.next() + " " + j.next());
```

O programa não lança uma exceção, porém exibe apenas seis "duplas" (de "ONE ONE" para "SIX SIX"), em vez das esperadas 36 combinações.

Para corrigir os bugs nesses exemplos, você deve adicionar uma variável ao escopo do loop interior para conter o elemento externo:

```
// Corrigido, porém feio demais - você pode fazer melhor!
for (Iterator<Suit> i = suits.iterator(); i.hasNext(); ) {
    Suit suit = i.next();
    for (Iterator<Rank> j = ranks.iterator(); j.hasNext(); )
        deck.add(new Card(suit, j.next()));
}
```

Se em vez disso você usar um loop for-each aninhado, o problema simplesmente desaparece. O código resultante é tão sucinto quanto você poderia desejar:

```
// Prática corrente recomendada para fazer uma iteração aninhada nas coleções e nos arrays
for (Suit suit : suits)
    for (Rank rank : ranks)
        deck.add(new Card(suit, rank));
```

Infelizmente, há três situações comuns em que você *não pode* usar o for-each:

- **Filtragem destrutiva**: Caso precise fazer percorrer uma coleção removendo elementos selecionados, então você precisa usar um iterador explícito para que possa chamar seu método remove. Muitas vezes você pode evitar percorrer explicitamente usando o método removeIf da Collection, adicionado no Java 8.

- **Transformação**: Se precisar percorrer uma lista ou um array e substituir alguns, ou todos, os valores de seus elementos, então você precisa do iterador da lista ou do índice do array a fim de substituir o valor de um elemento.

CAPÍTULO 9: PROGRAMAÇÃO GERAL   285

- **Iteração Paralela**: Caso você precise percorrer múltiplas coleções em paralelo, então você precisa de um controle explícito sobre a variável do iterador ou do índice, para que todas as variáveis dos iteradores ou dos índices possam avançar em sintonia (conforme demonstrado não intencionalmente nos exemplos bugados do baralho e do dado anteriormente).

Caso você se encontre em uma dessas situações, utilize o loop for convencional e tenha cautela com as armadilhas mencionadas nesse Item.

O loop for-each não apenas lhe permite iterar sobre coleções e arrays, como também o deixa iterar sobre qualquer objeto que implemente a interface Iterable, composta de um único método. Veja como é essa interface:

```java
public interface Iterable<E> {
    // Retorna a interação sobre os elementos da interable
    Iterator<E> iterator();
}
```

É um pouco complicada a implementação da Iterable, se você tiver que escrever a própria implementação Iterator a partir do zero, porém, caso você esteja escrevendo um tipo que representa um grupo de elementos, você deve seriamente pensar em implementar a Iterable, mesmo que escolha não implementar a Collection. Isso permitirá que seus usuários façam uma iteração sobre seu tipo usando o loop for-each, e eles serão eternamente gratos.

Para concluir, o loop for-each oferece vantagens irresistíveis em relação ao tradicional loop for no quesito clareza, flexibilidade e prevenção de bugs, isso sem nenhuma perda de desempenho. Use os loops for-each em vez dos loops for sempre que puder.

Item 59: Conheça e utilize as bibliotecas

Imagine que você queira gerar números inteiros aleatórios entre zero e um limite superior. Ao serem confrontados com essa tarefa comum, muitos programadores escreveriam um pequeno método, que seria mais ou menos assim:

```java
// Comum, porém cheio de falhas!
static Random rnd = new Random();

static int random(int n) {
    return Math.abs(rnd.nextInt()) % n;
}
```

Esse método pode parecer bom, porém apresenta três falhas. A primeira é que se n for uma potência pequena de dois, a sequência de números aleatórios se repetirá após um período bastante curto. A segunda falha é que se n não for uma potência de 2, alguns números serão, em média, retornados com mais frequência que outros. Se n for grande, esse efeito pode ser bem acentuado. Isso é demonstrado poderosamente pelo programa a seguir, que gera um milhão de números aleatórios em um range cuidadosamente escolhido e, em seguida, exibe quantos desses números caíram na metade inferior do range:

```java
public static void main(String[] args) {
    int n = 2 * (Integer.MAX_VALUE / 3);
    int low = 0;
    for (int i = 0; i < 1000000; i++)
        if (random(n) < n/2)
            low++;
    System.out.println(low);
}
```

Se o método random funcionasse adequadamente, o programa exibiria um número próximo a meio milhão, todavia, se você executá-lo, descobrirá que ele exibe um número próximo a 666,666. Dois terços dos números gerados pelo método random caíram na metade inferior do range!

A terceira falha do método random é que ele pode, em raras ocasiões, falhar desastrosamente, retornando um número fora do range especificado. Isso acontece porque o método tenta mapear o valor retornado pelo rnd.nextInt() para um int não negativo ao chamar o Math.abs. Se nextInt() retornar o Integer. MIN_VALUE, o Math.abs também retornará o Integer.MIN_VALUE, e o operador resto (%) retornará um número negativo, partindo do princípio que n não é uma potência de dois. Isso certamente fará com que o seu programa falhe, e essa falha pode ser difícil de reproduzir.

Para escrever uma versão do método random que corrija essas falhas, você teria que conhecer um bocado sobre geradores de números pseudoaleatórios, teoria dos números, e a aritmética de complemento a dois. Felizmente, você não tem que fazer isso — o método já está feito para você. Ele é chamado de Random. nextInt(int). Você não precisa se preocupar com os detalhes de como ele funciona (embora você possa estudar a documentação ou o código-fonte, caso esteja curioso). Um engenheiro sênior com experiência em algoritmos passou um bom tempo, projetando, implementando e testando esse método e, depois, ele foi apresentado para inúmeros especialistas na área para garantir que estava totalmente correto. Em seguida, a biblioteca foi testada, lançada e usada extensivamente por milhões de programadores por quase duas décadas. Ainda não se encontrou nenhuma falha nesse método, todavia, se uma falha fosse descoberta, seria corrigida na próxima versão. **Ao usar uma biblioteca padrão, você usufrui do conhecimento dos especialistas que a escreveram e da experiência daqueles que a utilizaram antes de você**.

A partir do Java 7, você não deve mais usar `Random`. Para a maioria dos usos, **o gerador de número aleatório de escolha agora é o `ThreadLocalRandom`**. Ele produz números aleatórios de altíssima qualidade e é mais rápido. Na minha máquina, é 3,6 vezes mais rápido que o `Random`. Para pools fork join e streams paralelas, use `SplittableRandom`.

A segunda vantagem de se usar as bibliotecas é que você não tem que desperdiçar seu tempo escrevendo soluções *ad hoc* para problemas que apenas estão ligeiramente relacionados a seu trabalho. Se você é como a maioria dos programadores, prefere gastar seu tempo trabalhando em sua aplicação em vez de na infraestrutura subjacente.

A terceira vantagem de usar as bibliotecas padrões é que o desempenho delas tende a aumentar com o passar do tempo, sem nenhum esforço de sua parte. Como muitas pessoas as utilizam e como elas são usadas em benchmarks para os padrões da indústria, as organizações que fornecem essas bibliotecas têm um incentivo grande para fazer com que elas funcionem mais rápido. Muitas das bibliotecas da plataforma Java foram reescritas ao longo dos anos, às vezes repetidamente, resultando em melhorias de desempenho extraordinárias.

A quarta vantagem de se usar as bibliotecas é que elas tendem a ganhar funcionalidades ao longo do tempo. Caso algo esteja faltando em uma biblioteca, a comunidade de desenvolvedores informará isso, e a funcionalidade que está faltando pode ser adicionada em uma versão futura.

A última vantagem de se utilizar as bibliotecas padrão é que você pode colocar seu código no mainstream. Esse código é mais fácil de ler, de fazer a manutenção e de ser reutilizado por um grande número de desenvolvedores.

Dadas todas essas vantagens, parece perfeitamente lógico usar os recursos das bibliotecas em vez das implementações *ad hoc*, só que muitos programadores não as usam. Por que não? Talvez, eles não saibam da existência dos recursos da biblioteca. **Adicionam-se numerosas funcionalidades às bibliotecas a cada versão, e vale a pena estar a par destas adições**. Toda vez que se lança uma versão nova do Java, publica-se em uma página da Web a descrição de suas funcionalidades novas. Vale a pena ler essas páginas [Java8-feat, Java9-feat]. Para reforçar esse ponto, suponha que você queira escrever um programa para exibir os conteúdos de uma URL específica na linha de comando (o que é mais ou menos que o comando `curl` do Linux faz). Antes do Java 9, esse código era um tanto tedioso, porém no Java 9, adicionou-se o método `transferTo` ao `InputStream`. Veja a seguir um programa completo para executar esta tarefa usando o método novo:

```java
// Imprime os conteúdos da URL com o transferTo, adicionado no Java 9
public static void main(String[] args) throws IOException {
    try (InputStream in = new URL(args[0]).openStream()) {
        in.transferTo(System.out);
    }
}
```

As bibliotecas são grandes demais para se estudar toda a documentação [Java9-api], porém, **todo programador deve estar familiarizado com os conceitos básicos da java.lang, java.util e java.io, e de seus subpacotes**. O conhecimento a respeito de outras bibliotecas pode ser adquirido conforme necessário. Está além do escopo deste livro resumir todos os recursos das bibliotecas, que vêm crescendo ao longo dos anos.

Diversas bibliotecas merecem uma menção especial. O framework collections e a biblioteca de streams (Itens 45–48) devem fazer parte do conjunto básico de ferramentas de todo programador, assim como os utilitários de concorrência na java.util.concurrent. Esse pacote contém tantos utilitários que facilita as tarefas de programação multithread e primitivas de baixo nível que permitem aos especialistas escreverem as próprias abstrações concorrentes de alto nível. As partes de alto nível da java.util.concurrent são abordadas nos Itens 80 e 81.

Às vezes, um recurso de biblioteca pode não atender a suas necessidades. Quanto mais especializadas forem suas necessidades, mais são as probabilidades de que isso aconteça. Ainda que seu primeiro impulso seja usar as bibliotecas, caso você já tenha analisado o que elas podem lhe oferecer em determinada área e, mesmo assim, elas ainda não atenderem a suas necessidade, nesse caso, use uma implementação alternativa. Sempre haverá lacunas nas funcionalidades disponibilizadas por um conjunto finito de bibliotecas. Se você não encontrar o que precisa nas bibliotecas da plataforma Java, sua próxima escolha deve ser procurar bibliotecas de terceiros que sejam de altíssima qualidade, como a biblioteca excelente do Google ou a biblioteca de código-aberto do Guava [Guava]. Se não encontrar a funcionalidade que precisa em nenhuma biblioteca indicada, não terá outra escolha a não ser implementá-la você mesmo.

Em síntese, não reinvente a roda. Se precisar fazer alguma coisa que seja aparentemente comum, as bibliotecas podem-lhe disponibilizar algum recurso que você queira. Caso elas tenham, use-o; caso você não saiba, verifique. De um modo geral, o código da biblioteca provavelmente será melhor que o código que,

CAPÍTULO 9: PROGRAMAÇÃO GERAL   289

porventura, você escreveria e é quase certo que ele melhore com o tempo. Isso não é uma crítica negativa às suas habilidades como programador. A economia de escala determina que um código de biblioteca receba muito mais atenção do que a maioria dos desenvolvedores poderia dar à mesma funcionalidade.

Item 60: Evite o `float` e o `double` caso sejam necessárias respostas exatas

Os tipos `float` e `double` foram projetados principalmente para cálculos científicos e matemáticos. Eles executam *aritmética binária de ponto flutuante*, projetada cuidadosamente para fornecer rapidamente aproximações precisas em um vasto conjunto de grandezas. No entanto, não calculam resultados exatos e não devem ser utilizados onde os resultados exatos são necessários. **Os tipos `float` e `double` são particularmente inadequados para cálculos monetários**, dado que é impossível representar exatamente 0,1 (ou qualquer outra potência negativa de dez) como um `float` ou um `double`.

Por exemplo, imagine que você tenha $1,03 em seu bolso, e gaste 0,42. Quanto dinheiro sobrou? Este é um simples fragmento de programa que tenta responder a essa pergunta:

```
System.out.println(1.03 - 0.42);
```

Infelizmente, ele imprime 0.6100000000000001. Esse não é um caso isolado. Imagine que você tenha um dólar no seu bolso, e você compre nove arruelas por dez centavos cada uma. Quanto sobra?

```
System.out.println(1.00 - 9 * 0.10);
```

De acordo com esse fragmento de programa, restaram $0.09999999999999998.

Talvez você ache que o problema poderia ser resolvido simplesmente arredondando os resultados antes de os exibir, mas infelizmente isso nem sempre funciona. Por exemplo, suponha que você tenha um dólar em seu bolso, e vê uma gôndola com uma fileira de doces deliciosos por 0,10; 0,20; 0,30 e assim por diante, até um dólar. Você compra um doce de cada, começando por aquele que custa 0,10 até perceber que não pode se dar ao luxo de comprar o próximo doce. Quantos doces você comprou, e quanto dinheiro sobrou? Veja aqui um simples programa projetado para resolver esse problema:

```java
// Quebrado - usa o ponto flutuante para cálculo monetário!
public static void main(String[] args) {
    double funds = 1.00;
    int itemsBought = 0;
    for (double price = 0.10; funds >= price; price += 0.10) {
        funds -= price;
        itemsBought++;
    }
    System.out.println(itemsBought + " items bought.");
    System.out.println("Change: $" + funds);
}
```

Se executar o programa, descobrirá que pode comprar três doces, e sobram $0.3999999999999999. Essa resposta está errada. O modo certo de resolver esse problema é **usar a BigDecimal, o int ou um long para cálculos monetários**.

Aqui está uma simples transformação do programa anterior para utilizar o tipo BigDecimal em lugar do double. Observe que se usa o construtor String da BigDecimal em vez do seu construtor double. Isso é necessário para se evitar a introdução de valores imprecisos dentro do cálculo [Bloch05, Puzzle 2]:

```java
public static void main(String[] args) {
    final BigDecimal TEN_CENTS = new BigDecimal(".10");

    int itemsBought = 0;
    BigDecimal funds = new BigDecimal("1.00");
    for (BigDecimal price = TEN_CENTS;
            funds.compareTo(price) >= 0;
            price = price.add(TEN_CENTS)) {
        funds = funds.subtract(price);
        itemsBought++;
    }
    System.out.println(itemsBought + " items bought.");
    System.out.println("Money left over: $" + funds);
}
```

Se você executar o programa reformulado, descobrirá que pode comprar quatro doces, e sobra $0.00 (nada). Essa é a resposta correta.

No entanto, existem duas desvantagens de se usar a BigDecimal: ela é muito menos prática de se usar do que um tipo aritmético primitivo, e também é muito mais lenta. A primeira desvantagem é irrelevante caso você esteja resolvendo um problemas pequeno, mas a segunda pode irritá-lo.

Uma alternativa para o uso da BigDecimal é utilizar o int ou o long, dependendo dos montantes envolvidos, e que para você próprio acompanhe o ponto decimal. Nesse exemplo, a abordagem óbvia é fazer os cálculos em centavos em vez de dólares. Veja a seguir uma simples transformação que adota essa abordagem:

```java
public static void main(String[] args) {
    int itemsBought = 0;
    int funds = 100;
    for (int price = 10; funds >= price; price += 10) {
        funds -= price;
        itemsBought++;
    }
    System.out.println(itemsBought + " items bought.");
    System.out.println("Cash left over: " + funds + " cents");
}
```

Em síntese, não use o `float` ou o `double` para cálculos que exijam uma resposta exata. Utilize a `BigDecimal` caso queira que o sistema rastreie o ponto decimal, e caso você não se importe com a inconveniência de arcar com o custo de não se usar um tipo primitivo. Ao usar a `BigDecimal`, você tem a vantagem complementar de controlar o arredondamento, podendo escolher entre os oito modos de arredondamento sempre que uma operação envolvendo um arredondamento for executada. Isso vem bem a calhar caso você esteja executando estimativas corporativas que legalmente tenham um comportamento de arredondamento obrigatório. Se o desempenho for fundamental, não se preocupe em rastrear o ponto decimal, e para quantidades que não sejam muito grandes use o `int` ou o `long`. Se as quantidades não excederam nove dígitos, você pode usar `int`; se elas não excederem 18 dígitos, você pode usar o `long`. Caso as quantidades excedam dezoito dígitos, use o `BigDecimal`.

Item 61: Dê preferência aos tipos primitivos em vez dos tipos primitivos empacotados

O Java tem um tipo de sistema de duas partes, composto pelos *primitivos*, tais como, o `int`, `double` e o `boolean`, e os *tipos de referência*, como a `String` e a `List`. Todo tipo primitivo tem um tipo de referência correspondente, chamado de *primitivo empacotado*. Os primitivos empacotados correspondentes ao `int`, `double` e `boolean` são `Integer`, `Double` e o `Boolean`.

Conforme mencionado no Item 6, o autoboxing e o autounboxing distorcem as distinções entre os tipos primitivos e os tipos primitivos empacotados, mas

292 *JAVA EFETIVO*

não as apagam. Há diferenças reais entre os dois, e é importante que você esteja ciente sobre qual deles está usando e que escolha entre eles cuidadosamente.

Há três grandes diferenças entre os primitivos e os primitivos empacotados. A primeira, é que os primitivos têm somente os seus valores, ao passo que os primitivos empacotados têm identidades distintas de seus valores. Em outras palavras, duas instâncias primitivas empacotadas podem ter o mesmo valor e identidades diferentes. A segunda, é que os tipos primitivos têm apenas valores completamente funcionais, enquanto cada primitivo empacotado tem um valor não funcional, que é `null`, além de todos os valores correspondentes ao tipo primitivo. E a última, é que os primitivos são mais eficientes em termos de tempo e espaço do que os primitivos empacotados. Todas essas três diferenças podem lhe gerar sérios problemas caso você não seja cuidadoso.

Analise o comparador a seguir, que é projetado para representar uma ordem numérica crescente de valores `Integer`. (Lembre-se de que um método `compare` de um comparador retorna um número negativo, zero, ou positivo, dependendo do seu primeiro argumento ser menor que, igual ou maior que o segundo argumento.) Na prática, você não precisaria escrever esse comparador porque ele implementa o ordenamento natural da `Integer`, mas ele é exemplo interessante:

```
// Comparador quebrado - você consegue identificar a falha?
Comparator<Integer> naturalOrder =
    (i, j) -> (i < j) ? -1 : (i == j ? 0 : 1);
```

Aparentemente, esse comparador deveria funcionar, e ele passará em muitos testes. Por exemplo, ele pode ser utilizado junto à `Collections.sort` para classificar corretamente uma lista com milhões de elementos, independente da lista ter ou não elementos duplicados. Todavia, o comparador está completamente errado. Para se convencer disso, simplesmente exiba o valor de `naturalOrder.compare(new Integer(42), new Integer(42))`. Ambas as instâncias `Integer` representam o mesmo valor (42), portanto, o valor desta expressão deveria ser 0, mas é 1, o que indica que o valor do primeiro `Integer` é maior que o do segundo!

Então, qual é o problema? O primeiro teste na `naturalOrder` funciona bem. A avaliação da expressão `i < j` faz com que as instâncias da `Integer` referenciadas pelo `i` e pelo `j` passem pelo processo de *autounboxing*, que extrai seus valores primitivos. A avaliação prossegue a fim de verificar se o primeiro valor resultante `int` é menor que o segundo. Suponha que não seja. Em seguida, o próximo teste avalia a expressão `i == j`, que executa uma *comparação de identidade* entre as duas referências de objeto. Se i e j referenciam instâncias distintas da Integer que representam o mesmo valor int, esta comparação retornará false, e o comparador retornará incorretamente 1, indicando que o primeiro valor da Integer é maior do que o segundo. **A aplicação do operador == em primitivos empacotados dá quase sempre errado**.

Na prática, se você precisa de um comparador que descreva a ordem natural de um tipo, deveria simplesmente chamar o Comparator.naturalOrder(), e, caso você próprio escreva um comparador, deve usar os métodos de construção de comparador, ou os métodos compare estáticos nos tipos primitivos (Item 14). Dito isso, você poderia corrigir o problema no comparador quebrado adicionando duas variáveis locais para armazenar os valores primitivos int correspondentes aos parâmetros empacotados Integer, e executar todas as comparações nestas variáveis. Isso evita as comparações de identidade errôneas:

```java
Comparator<Integer> naturalOrder = (iBoxed, jBoxed) -> {
    int i = iBoxed, j = jBoxed; // Autounboxing
    return i < j ? -1 : (i == j ? 0 : 1);
};
```

Agora, analise este programinha encantador:

```java
public class Unbelievable {
    static Integer i;

    public static void main(String[] args) {
        if (i == 42)
            System.out.println("Unbelievable");
    }
}
```

Não, ele não exibe Unbelievable — porém o que ele faz é um tanto quanto estranho. Ele lança uma NullPointerException quando avalia a expressão i == 42. O problema é que i é um Integer, e não um int, e como todos os campos de referências de objeto não constantes, seu valor inicial é null. Quando o programa avalia a expressão i == 42, ele está comparando uma Integer com um int. Em quase todos os casos, **quando você mistura os primitivos com os primitivos empacotados em uma operação, o primitivo empacotado passa por autounboxing**. Se uma referência de objeto nula for autounboxed, você recebe uma NullPointerException. Conforme o programa demonstra, isso pode acontecer praticamente em qualquer lugar. Corrigir este problema é tão simples como declarar o i como sendo um int em vez de um Integer.

JAVA EFETIVO

Finalmente, considere o programa da página 27 do Item 6:

```java
// Um programa perigosamente lento! Você consegue identificar a criação do objeto?
public static void main(String[] args) {
    Long sum = 0L;
    for (long i = 0; i < Integer.MAX_VALUE; i++) {
        sum += i;
    }
    System.out.println(sum);
}
```

Esse programa é muito mais lento do que deveria ser, em razão de declarar acidentalmente uma variável local (sum) como sendo um tipo primitivo empacotado Long em vez de um tipo primitivo long. O programa compila sem erros e sem avisos, e a variável é repetidamente empacotada e desempacotada, provocando a diminuição de desempenho observada.

Em todos os três programas discutidos nesse Item, o problema era o mesmo: o programador ignorou a diferença entre os primitivos e os primitivos empacotados, e acabou arcando com as consequências. Nos dois primeiros programas, as consequências foram falhas categóricas; no terceiro, foram problemas graves de desempenho.

Desse modo, quando você deve utilizar os primitivos empacotados? Eles têm vários usos legítimos. O primeiro é ser usado como elementos, chaves e valores nas coleções. Você não pode inserir primitivos nas coleções, portanto, é forçado a utilizar primitivos empacotados. Esse é um caso especial de um mais geral. Você deve usar primitivos empacotados como parâmetros de tipo em tipos e métodos parametrizados (Capítulo 5), porque a linguagem não permite que utilize primitivos. Por exemplo, você não pode declarar uma variável como sendo do tipo ThreadLocal<int>, em vez disso, deve usar ThreadLocal<Integer>. Por fim, deve usar os primitivos empacotados quando fizer invocações de métodos reflexivos (Item 65).

Em resumo, utilize os primitivos em vez dos primitivos empacotados sempre que você tiver a chance. Os tipos primitivos são mais simples e mais rápidos. Se você tem que utilizar os primitivos empacotados, tome cuidado! **O autoboxing reduz a verbosidade, mas não o perigo de se usar os primitivos empacotados.** Ao comparar dois primitivos empacotados com o operador ==, seu programa faz uma comparação de identidade, que certamente *não* é o que você quer. Quando o seu programa realiza cálculos de tipos misturados que envolvem primitivos empacotados e desempacotados, ele executa o procedimento de unboxing, e **quando o seu programa faz o unboxing, ele pode lançar uma NullPointerException.**

CAPÍTULO 9: PROGRAMAÇÃO GERAL   295

Por fim, quando o seu programa empacota valores primitivos, isso pode resultar em criações de objetos dispendiosas e desnecessárias.

Item 62: Evite as strings onde outros tipos forem mais adequados

As strings são projetadas para representar o texto, e fazem um ótimo trabalho. Como as strings são tão comuns e tão bem suportadas pela linguagem, há uma tendência natural de se utilizar as strings para fins diferentes daqueles para os quais foram projetadas. Esse Item discute algumas coisas que você não deve fazer com as strings.

As strings deixam a desejar como substitutas para outros tipos de valor. Quando um bloco de dados entra em um programa a partir de um arquivo, de uma rede, ou a partir da entrada do teclado, geralmente ele está na forma de string. Existe uma tendência natural de deixá-los como estão, mas essa tendência só é justificada se os dados realmente forem de natureza textual. Se forem de natureza numérica, eles devem ser traduzidos dentro do tipo numérico apropriado, tais como `int`, `float` ou `BigInteger`. Se for uma resposta para uma pergunta do tipo sim ou não, eles devem ser traduzidos dentro de um tipo enum adequado ou de um `boolean`. De um modo geral, se houver um tipo de valor apropriado, seja ele primitivo ou uma referência de objeto, você deve usá-lo; se não houver, você deve escrever um. Ainda que esse conselho seja aparentemente óbvio, é violado muitas vezes.

As strings são substitutas precárias para tipos enum. Conforme discutido no Item 34, os enums proporcionam constantes de tipos enumerados melhores que as strings.

As strings são substitutas inferiores para tipos agregados. Se uma entidade tem diversos componentes, normalmente é uma péssima ideia representá-la como uma única string. Por exemplo, aqui temos a linha de um código que vem de um sistema real — os nomes identificadores foram alterados para proteger o culpado:

```
// Uso inadequado da string como tipo agregado
String compoundKey = className + "#" + i.next();
```

Essa abordagem apresenta muitas desvantagens. Se o caractere utilizado para separar os campos ocorrer em um dos campos, isso pode gerar um verdadeiro caos. Para acessar os campos individuais, você tem que analisar a string, coisa lenta, tediosa e suscetível a erros. Você não pode fornecer um método equals, toString ou um compareTo, mas é forçado a aceitar o comportamento que a String fornece. Uma abordagem melhor é simplesmente escrever uma classe para representar o tipo agregado, geralmente uma classe membro estática privada (Item 24).

As strings deixam a desejar como substitutas para recursos. Em certas ocasiões, as strings são utilizadas para conceder acesso a alguma funcionalidade. Por exemplo, considere o design de uma funcionalidade de variável local da thread. Essa funcionalidade fornece variáveis para as quais cada thread tem o seu próprio valor. As bibliotecas Java têm uma funcionalidade de variável local da thread desde a versão 1.2, mas antes disso, os programadores tinham que operar por conta própria. Há muitos anos, quando se depararam com a tarefa de projetar essa funcionalidade, várias pessoas apareceram com o mesmo design, no qual chaves de string fornecidas pelo cliente eram usadas para identificar cada variável local da thread:

```java
// Quebrado - uso inapropriado da string como recurso!
public class ThreadLocal {
    private ThreadLocal() { } // Noninstantiable

    // Define o valor da thread atual para a variável nomeada.
    public static void set(String key, Object value);

    // Retorna o valor da thread atual para a variável nomeada.
    public static Object get(String key);
}
```

O problema com essa abordagem é que chaves de string representam um namespace global compartilhado para variáveis locais das threads. Para que essa abordagem funcione, as chaves string fornecidas pelos clientes têm que ser únicas: se dois clientes independentemente decidirem usar o mesmo nome para a variável local da thread, compartilharão sem querer uma única variável, que geralmente fará com que ambos os clientes falhem. Além do mais, a segurança deixa a desejar. Um cliente malicioso pode intencionalmente usar a mesma chave de string que o outro cliente para conseguir acesso ilícito aos dados desse cliente.

Essa API pode ser corrigida substituindo a string por uma chave impossível de se falsificar (às vezes, chamada de *funcionalidade* [*capability*]):

```
public class ThreadLocal {
    private ThreadLocal() { }  // Não instanciável

    public static class Key {  // (Funcionalidade/recurso)
        Key() { }
    }

    // Gera uma chave única, impossível de falsificar
    public static Key getKey() {
        return new Key();
    }

    public static void set(Key key, Object value);
    public static Object get(Key key);
}
```

Embora isso resolva ambos os problemas através de uma API baseada em string, você pode fazer algo bem melhor. Você não precisa mais realmente dos métodos estáticos. Em vez disso, podem se tornar métodos de instância na chave, e nesse ponto a chave não é mais uma chave para uma variável local da thread: ela *é* uma variável local da thread. A essa altura, a classe de nível superior não está fazendo mais nada, portanto, você pode se livrar dela e renomear a classe aninhada para ThreadLocal:

```
public final class ThreadLocal {
    public ThreadLocal();
    public void set(Object value);
    public Object get();
}
```

Essa API não é typesafe, porque você tem que fazer o cast do valor da Object para o seu tipo real quando recuperá-lo de uma variável local da thread. É impossível fazer com que a API original baseada em String seja typesafe e difícil fazer com que a API baseada em Key seja typesafe, mas é uma questão simples tornar essa API typesafe ao transformarmos a ThreadLocal em uma classe parametrizada (Item 29):

```
public final class ThreadLocal<T> {
    public ThreadLocal();
    public void set(T value);
    public T get();
}
```

Essa é, grosso modo, a API que a java.lang.ThreadLocal fornece. Além de resolver os problemas com a API baseada na string, ela é mais rápida e mais elegante que as APIs baseadas em chaves.

298 *JAVA EFETIVO*

Por último, evite a tendência natural de representar os objetos como strings quando tipos de dados melhores existirem ou puderem ser escritos. Usadas de forma inadequada, as strings são mais pesadas, menos maleáveis, mais lentas e mais propensas a erros do que os outros tipos. As strings são comumente mal usadas para representar tipos primitivos, enums e tipos agregados.

Item 63: Cuidado com o desempenho da concatenação de strings

O operador de concatenação de strings (+) é uma maneira conveniente de se combinar algumas strings em uma. É bom para gerar uma única linha de saída ou construir a representação em string de um objeto pequeno com tamanho fixo, que não seja escalável. **Usar o operador de concatenação de strings repetidas vezes para concatenar *n* strings requer um tempo quadrático em *n*.** Essa é uma consequência infeliz que vem do fato de que as strings são *imutáveis* (Item 17). Quando duas strings são concatenadas, o conteúdo de ambas é copiado.

Por exemplo, analise este método que constrói a representação em string de uma fatura de cobrança, concatenando repetidamente uma linha para cada Item:

```java
// Uso inadequado da concatenação de string - Desempenho precário!
public String statement() {
    String result = "";
    for (int i = 0; i < numItems(); i++)
        result += lineForItem(i);  // Concatenação de string
    return result;
}
```

O método executa de maneira lamentável se o número dos Itens for grande. **Para se alcançar um desempenho aceitável, utilize uma `StringBuilder` em vez de uma `String`** para armazenar a instrução em construção:

```java
public String statement() {
    StringBuilder b = new StringBuilder(numItems() * LINE_WIDTH);
    for (int i = 0; i < numItems(); i++)
        b.append(lineForItem(i));
    return b.toString();
}
```

Desde o Java 6, trabalhou-se muito para fazer com que a concatenação de strings ficasse mais rápida, mas a diferença no desempenho dos dois métodos ainda é enorme: se o numItens retorna uma string de 100 caracteres a lineForItem retorna uma de 80, na minha máquina, o segundo método executa 6,5 vezes mais rápido que o primeiro. Como o primeiro método é quadrático no número de Itens e o segundo é linear, a diferença de desempenho fica bem maior à medida que o número de Itens cresce. Observe que o segundo método pré-aloca uma `StringBuilder`, grande o bastante para acomodar o resultado, dispensando a necessidade de crescimento automático. Mesmo se for desajustado para usar uma `StringBuilder` de tamanho padrão, ainda é 5,5 vezes mais rápido que o primeiro.

A moral da história é simples: **não use o operador de concatenação de string para combinar mais que algumas strings**, a menos que o desempenho seja irrelevante. Em vez disso, utilize o método append da `StringBuilder`. Como alternativa, use um array de caracteres, ou processe as strings, uma de cada vez, em vez de combiná-las.

Item 64: Referencie os objetos através das interfaces deles

O Item 51 diz que você deve usar as interfaces em vez das classes como tipos de parâmetros. Em termos mais gerais, deve dar preferência ao uso das interfaces para referenciar objetos, em vez das classes. **Se existem tipos de interface apropriados, então, os parâmetros, os valores de retorno, as variáveis e os campos devem todos ser declarados usando os tipos de interface**. A única vez que você realmente precisa referenciar a classe de um objeto é quando o estiver criando com um construtor. Para tornar isso concreto, considere o caso da `LinkedHashSet`, uma implementação da interface `Set`. Adquira o costume de digitar isto:

```
// Bom - uso da interface como tipo
Set<Son> sonSet = new LinkedHashSet<>();
```

Não isto:

```
// Ruim - uso da interface como tipo!
LinkedHashSet<Son> sonSet = new LinkedHashSet<>();
```

Se adquirir o costume de usar as interfaces como tipos, seu programa será muito mais flexível. Caso decida que quer trocar de implementação, tudo o que tem que fazer é mudar o nome da classe no construtor (ou usar uma static factory diferente). Por exemplo, a primeira declaração poderia ser alterada para:

```
Set<Son> sonSet = new HashSet<>();
```

300 *JAVA EFETIVO*

E todo o código ao redor dela continuaria a funcionar. O código ao redor desconhece o antigo tipo de implementação, por isso ficaria alheio à mudança.

Há um porém: se a implementação original oferecer alguma funcionalidade especial não exigida pelo contrato geral da interface, e o código depender dessa funcionalidade, então é imprescindível que a implementação nova ofereça a mesma funcionalidade. Por exemplo, se o código vizinho da primeira declaração depender da política de ordenação da `LinkedHashSet`, então seria errado substituir a `LinkedHashSet` pela `HashSet` na declaração, porque a `HashSet` não garante a ordem da iteração.

Então por que você mudaria o tipo de implementação? Porque a segunda implementação oferece um desempenho melhor que a original, ou porque proporciona uma funcionalidade desejada que não tem na implementação original. Por exemplo, imagine que um campo contenha uma instância `HashMap`. Mudar essa instância para uma `EnumMap` fornecerá um desempenho melhor e uma ordem de iteração mais consistente com a ordenação natural das chaves, porém você só pode utilizar uma `EnumMap` se o tipo da chave for um tipo enum.

Mudar a `HashMap` para uma `LinkedHashMap` proporcionará uma ordem de iteração previsível com um desempenho comparável ao da `HashMap`, sem fazer demandas especiais quanto ao tipo da chave.

Você pode até pensar que está tudo bem declarar uma variável usando seu tipo de implementação, porque pode mudar o tipo de declaração e o tipo de implementação ao mesmo tempo, todavia não se tem garantia que essa mudança resultará em um programa que compila. Se o código cliente usou métodos do tipo de implementação original que não estão presentes no substituto ou se o código cliente passou a instância para um método que requer o tipo de implementação original, então o código não compilará mais depois dessa mudança. Declarar a variável com o tipo da interface faz com que você não se engane.

É totalmente adequado referenciar um objeto através de uma classe em vez de uma interface caso não exista uma interface apropriada. Por exemplo, considere as *classes de valor*, como a `String` e a `BigInteger`. Dificilmente são escritas com várias implementações em mente. Geralmente, são finais e, raras às vezes, têm interfaces correspondentes. É perfeitamente adequado usar essas classes de valor como um parâmetro, uma variável, um campo ou um tipo de retorno.

Um segundo caso em que não existe um tipo de interface adequada é o de objetos pertencentes a um framework cujos tipos fundamentais são classes em

CAPÍTULO 9: PROGRAMAÇÃO GERAL   301

vez de interfaces. Se um objeto pertence a esse *framework baseado em classes*, recomenda-se referenciá-lo através da *classe base* relevante, normalmente abstrata, e não por intermédio de sua classe de implementação. Muitas classes java.io, como a OutputStream, encaixam-se nessa categoria.

Um último caso em que não existe um tipo de interface adequado é o das classes que além de implementarem uma interface, também fornecem métodos extras não encontrados na interface — por exemplo, a PriorityQueue tem um método comparator que não está presente na interface Queue. Essa classe deve ser utilizada para referenciar suas instâncias *somente* se o programa depender dos métodos extras, e isso deve ser muito raro.

Esses três casos não têm a intenção de exaurir a questão, mas de meramente transmitir a atmosfera de situações onde seja adequado referenciar um objeto através de sua classe. Na prática, deveria ser claro se um determinado objeto tem uma interface apropriada ou não. Caso tenha, seu programa será mais flexível e elegante se você usar a interface para referenciar o objeto. **Na hipótese de não haver uma interface adequada, apenas use a classe menos específica na hierarquia de classes que disponibilize a funcionalidade exigida**.

Item 65: Dê preferência às interfaces em vez da reflexão

A *funcionalidade da reflexão do core*, a java.lang.reflect, proporciona acesso programático a classes arbitrárias. Dado um objeto Class, você pode obter as instâncias Constructor, Method, e a Field que representam os construtores, os métodos, e os campos da classe representada pela instância Class. Esses objetos fornecem acesso programático aos nomes dos membros da classe, aos tipos dos campos, às assinaturas dos métodos e assim sucessivamente.

Além disso, as instâncias Constructor, Method, e Field permitem que você manipule suas contrapartes subjacentes *reflexivamente*: você pode construir instâncias, invocar métodos e acessar os campos da classe subjacente pela invocação dos métodos nas instâncias Constructor, Method, e Field. Por exemplo, o Method.invoke permite que você invoque qualquer método em qualquer objeto de qualquer classe (sujeito às restrições normais de segurança). A reflexão possibilita que uma classe use a outra, mesmo que a segunda classe não existisse quando a primeira foi compilada. Esse recurso, no entanto, tem um preço:

- **Você perde todas as vantagens da verificação de tipo em tempo de compilação**, incluindo verificação de exceção. Se o programa tentar invocar de modo reflexivo um método inacessível ou que não exista, ele falhará em tempo de execução, a menos que você tenha tomado providências especiais.

- **O código necessário para executar o acesso reflexivo é pesado e verboso.** É um tédio escrevê-lo, e ele é difícil de ler.

- **O desempenho é prejudicado.** A invocação reflexiva do método é muito mais lenta que a invocação normal do método. Mensurar o quanto é mais lenta é difícil, pois existem muitos fatores que a influenciam. Na minha máquina, a invocação de um método sem nenhum parâmetro de entrada e um retorno int foi 11 vezes mais lenta quando feita de modo reflexivo.

Existem algumas aplicações sofisticadas que exigem a reflexão. Os exemplos incluem as ferramentas de análise de código e os frameworks de injeção de dependência. Até mesmo essas ferramentas têm evitado a lentidão da reflexão, à medida que as suas desvantagens se tornam mais óbvias. Se tiver alguma dúvida sobre se sua aplicação precisa de reflexão, é bem provável que não precise.

Você pode usufruir dos benefícios da reflexão arcando com poucos dos seus custos, ao usá-la apenas de forma muito limitada. Para muitos programas que devam utilizar uma classe indisponível no momento da compilação, existe em tempo de compilação uma interface ou superclasse adequada para referenciar a classe (Item 64). Se esse for o caso, você pode **criar instâncias de forma reflexiva e acessá-las normalmente através de sua interface ou superclasse**.

Por exemplo, veja este programa que cria uma instância Set<String> cuja classe é especificada pelo primeiro argumento da linha de comando. O programa insere os argumentos de linha de comando restantes dentro do set e os exibe. Seja qual for o primeiro argumento, o programa exibe os argumentos restantes com as duplicatas eliminadas. A ordem em que são exibidos, no entanto, depende da classe especificada no primeiro argumento. Se especificar a java.util.HashSet, eles são exibidos em uma ordem aparentemente aleatória; se especificar a java.util.TreeSet, em ordem alfabética, porque os elementos em uma TreeSet são ordenados:

```java
// Instanciação reflexiva com acesso à interface
public static void main(String[] args) {
    // Traduz o nome da classe para o nome do objeto
    Class<? extends Set<String>> cl = null;
    try {
        cl = (Class<? extends Set<String>>)  // Cast não verificado!
                Class.forName(args[0]);
    } catch (ClassNotFoundException e) {
        fatalError("Class not found.");
    }

    // Recebe o construtor
    Constructor<? extends Set<String>> cons = null;
    try {
        cons = cl.getDeclaredConstructor();
    } catch (NoSuchMethodException e) {
        fatalError("No parameterless constructor");
    }

    // Instancia a set
    Set<String> s = null;
    try {
        s = cons.newInstance();
    } catch (IllegalAccessException e) {
        fatalError("Constructor not accessible");
    } catch (InstantiationException e) {
        fatalError("Class not instantiable.");
    } catch (InvocationTargetException e) {
        fatalError("Constructor threw " + e.getCause());
    } catch (ClassCastException e) {
        fatalError("Class doesn't implement Set");
    }

    // Aplica a set
    s.addAll(Arrays.asList(args).subList(1, args.length));
    System.out.println(s);
}

private static void fatalError(String msg) {
    System.err.println(msg);
    System.exit(1);
}
```

Embora esse programa seja apenas um exemplo, a técnica que demonstra é bem poderosa. Esse programa exemplo poderia facilmente ser transformado em um testador genérico de set que validasse a implementação especificada da Set manipulando agressivamente uma ou mais instâncias e verificando se elas obedecem ao contrato da Set. Da mesma forma, ele poderia ser convertido em uma ferramenta de análise de desempenho de um set genérico. Na verdade, essa técnica é poderosa o bastante para implementar um *service provider framework* (Item 1) completo. Normalmente, essa técnica é tudo o que você precisa em termos de reflexão.

Esse exemplo demonstra duas desvantagens da reflexão. Primeira, o exemplo pode gerar seis exceções diferentes em tempo de execução, todas as quais seriam erros em tempo de compilação se a instanciação reflexiva não fosse utilizada. (Para se divertir, você pode fazer com que o programa gere cada uma das seis exceções ao passar os argumentos adequados de linha de comando.) A segunda desvantagem é que leva 25 linhas de código entediante para se gerar uma instância da classe a partir do seu nome, ao passo que a invocação de um construtor se encaixa perfeitamente em uma linha. O comprimento do programa poderia ser reduzido ao se capturar uma `ReflectiveOperationException`, uma superclasse de diversas exceções reflexivas, que foi introduzida no Java 7. Ambas as desvantagens estão limitadas à parte do programa que instancia o objeto. Uma vez instanciada, o set é idêntico à qualquer outra instância `Set`. Em um programa real, portanto, uma boa parte do código não é afetada por esse uso limitado da reflexão.

Se você compilar esse programa, receberá uma advertência de cast não verificado. Essa advertência é legítima, na medida em que a `Class<? extends Set<String>>` funcionará, mesmo que a classe nomeada não seja uma implementação `Set`, caso em que o programa lançará uma `ClassCastException` quando instanciar a classe. Para saber mais como suprimir uma advertência, leia o Item 27.

Um uso legítimo da reflexão, apesar de raro, é administrar as dependências de uma classe com relação a outras classes, métodos ou campos que podem estar ausentes em tempo de execução. Isso pode ser de grande ajuda caso você esteja escrevendo um pacote que deve ser executado contra múltiplas versões de algum outro pacote. A técnica é compilar o seu pacote junto ao ambiente mínimo necessário para suportá-lo, quase sempre a versão mais antiga, e acessar qualquer classe ou método mais recente de modo reflexivo. Para que isso funcione, você deve tomar as providências adequadas caso uma classe ou um método que você esteja tentando acessar não exista em tempo de execução. A ação apropriada pode ser o uso de meios alternativos para se alcançar o mesmo objetivo ou operar com uma funcionalidade reduzida.

Em suma, a reflexão é um recurso poderoso necessário para determinadas tarefas sofisticadas de programação de sistemas, porém apresenta muitas desvantagens. Se você estiver escrevendo um programa que tenha que trabalhar com classes desconhecidas em tempo da compilação, você deve, se possível, usar a reflexão apenas para instanciar e acessar os objetos, e acessá-los usando alguma interface ou superclasse conhecida em tempo de compilação.

Item 66: Utilize os métodos nativos com sabedoria

A Interface Nativa do Java (JNI) permite que os programas Java chamem os *métodos nativos*, que são escritos em *linguagens de programação nativas*, tais como, o C ou C++. Historicamente os métodos nativos tiveram três usos principais. Eles disponibilizam acesso às funcionalidades específicas da plataforma como os registros. Eles fornecem acesso às bibliotecas existentes de códigos nativos, incluindo as bibliotecas legadas que oferecem acesso aos dados legados. E por fim, os métodos nativos são usados para escrever nas linguagens nativas as partes de desempenho crítico das aplicações, a fim de melhorar o desempenho.

É legítimo utilizar os métodos nativos para acessar as funcionalidades específicas da plataforma, mas isso, raramente é necessário: à medida que a plataforma Java amadureceu, ela disponibilizou acesso a muitos recursos que somente eram encontrados anteriormente nas plataformas de hospedagem. Por exemplo, a API de processo, adicionada no Java 9, fornece acesso aos processos do SO. Também é legítimo usar os métodos nativos para utilizar as bibliotecas nativas quando não houver bibliotecas equivalentes disponíveis no Java.

Raramente se aconselha usar os métodos nativos com a finalidade de melhorar o desempenho. Nas primeiras versões (antes do Java 3), muitas vezes era necessário, porém as JVMs têm ficado *muito mais* rápidas, desde então. Agora, para a maioria das tarefas, é possível obter um desempenho semelhante no Java. Por exemplo, quando se adicionou a `java.math`, na versão 1.1, a `BigInteger` dependia de uma biblioteca aritmética de multiprecisão escrita em C, até então muito rápida. No Java 3, reimplementou-se a `BigInteger`, e ela foi cuidadosamente ajustada até o ponto em que realizava as execuções mais rápido que a implementação nativa original.

A parte triste dessa história é que a `BigInteger` mudou pouco desde então, com exceção de uma multiplicação mais rápida para números grandes no Java 8. Nesse tempo, o trabalho nas bibliotecas nativas continuava a se desenvolver a todo vapor, especialmente na biblioteca aritmética de multiprecisão arbitrária do GNU (GMP). Os programadores Java que necessitem de aritmética de multiprecisão realmente de alto desempenho, agora têm razão para usar o GMP através dos métodos nativos [Blum14].

O uso dos métodos nativos tem consequências *graves*. Como as linguagens nativas não são *seguras* (Item 50), as aplicações que usam os métodos nativos não estão imunes a erros de corrupção de memória. Em virtude de as linguagens nativas serem mais dependentes da plataforma de hospedagem do que o Java, os programas que utilizam os métodos nativos são menos portáveis. Eles também são bem difíceis de depurar. Se você não for cuidadoso, os métodos nativos podem *diminuir* o desempenho porque o garbage collector não pode automatizar, nem mesmo rastrear o uso da memória nativa (Item 8), e existe um custo a se pagar para entrar e sair de um código nativo. E, por fim, os métodos nativos precisam de um "glue code" que é difícil de ler e tedioso de escrever.

Em síntese, pense duas vezes antes de usar os métodos nativos. Raramente, você precisa usá-los para melhorar o desempenho. Caso precise utilizar os métodos nativos para acessar recursos de baixo nível ou bibliotecas nativas, use um código nativo pequeno e teste-o exaustivamente. Um único bug no código nativo pode corromper sua aplicação inteira.

Item 67: Seja criterioso ao otimizar

Há três máximas associadas à otimização que todo mundo deve conhecer:

> São cometidos mais pecados computacionais em nome da eficiência (sem necessariamente atingi-la) do que por qualquer outra razão — incluindo a estupidez cega.
>
> — William A. Wulf [Wulf72]

> Devemos *esquecer* os ganhos pequenos de eficiência, digamos que uns 97% do tempo: otimização prematura é a raiz de todo o mal.
>
> — Donald E. Knuth [Knuth74]

> Seguimos duas regras em matéria de otimização:
>
> Regra 1. Não faça.
>
> Regra 2 (somente para especialistas). Não faça ainda — isto é, não até você ter uma solução perfeitamente clara e não otimizada.
>
> — M. A. Jackson [Jackson75]

Todas essas máximas são duas décadas mais antigas do que a linguagem de programação Java. Elas revelam uma verdade profunda a respeito da otimização: gera mais prejuízo do que benefício, especialmente se você fizer a otimização antes da hora. No processo, você pode criar programas que não são corretos, nem mais rápidos e tampouco podem ser corrigidos com facilidade.

Não sacrifique os pilares sólidos da arquitetura por causa do desempenho. **Procure se esforçar para escrever bons programas em vez de programas rápidos**. Se um bom programa não é rápido o bastante, a arquitetura dele permitirá que seja otimizado. Bons programas incorporam o *princípio de ocultação da informação*: sempre que possível, localizam as opções do design dentro dos componentes individuais, de modo que as opções individuais possam ser alteradas sem que afetem o restante do sistema (Item 15).

Isso *não* significa que você tenha que ignorar os problemas de desempenho até que seu programa esteja completo. Problemas de implementação podem ser corrigidos por uma otimização posterior; porém, falhas arquitetônicas generalizadas que restrinjam o desempenho podem ser impossíveis de se corrigir sem reescrever o sistema. Alterar uma faceta fundamental do seu design após esse ocorrido resulta em um sistema mal estruturado, difícil de manter e evoluir. Logo, você deve pensar no desempenho durante o processo de design.

Empenhe-se para evitar decisões sobre design que limitem o desempenho. Os componentes de um design que são mais difíceis de mudar depois são aqueles que especificam as interações entre componentes e com o mundo exterior. Destacam-se entre esses componentes de design as APIs, os protocolos wire-level, e os formatos de dados persistentes. Esses componentes de projeto não são só difíceis de mudar após a escrita do programa, como também podem gerar limitações significativas para o desempenho que o sistema pode alcançar.

Analise as consequências de desempenho de suas decisões sobre o design da API. Tornar mutável um tipo público pode exigir um monte de cópias defensivas desnecessárias (Item 50). Da mesma forma, usar a herança em uma classe pública em que a composição teria sido apropriada associa a classe para sempre a sua superclasse, o que pode limitar artificialmente o desempenho da subclasse (Item 18). A título de exemplo, utilizar um tipo de implementação em vez de uma interface em uma API o vincula a uma implementação específica, mesmo que implementações mais rápidas possam ser escritas no futuro (Item 64).

Os impactos do design da API no desempenho são bem reais. Considere o método `getSize` na classe `java.awt.Component`. A escolha de que esse método de desempenho crítico deveria retornar uma instância da `Dimension`, acoplada com a decisão de que as instâncias `Dimension` são mutáveis, obriga qualquer implementação desse método a alocar uma instância `Dimension` em cada invocação. Mesmo que a alocação de objetos pequenos não seja dispendiosa em uma

VM moderna, alocar milhões de objetos desnecessários prejudica, e muito, o desempenho.

Existiam muitas alternativas para o design da API. Idealmente, a `Dimension` deveria ter sido imutável (Item 17); como alternativa, a `getSize` poderia ter sido substituída por dois métodos que retornassem os componentes primitivos individuais de um objeto da `Dimension`. Na verdade, adicionaram-se dois métodos assim à `Component` no Java 2 por questões de desempenho. No entanto, códigos clientes preexistentes ainda usam o método `getSize` e continuam arcando com as consequências de desempenho das escolhas de design da API original.

Felizmente, em geral um bom design da API é consistente com um bom desempenho. **É uma péssima ideia deformar uma API para atingir um bom desempenho**. O problema de desempenho que o levou a deformar a API pode desaparecer em uma versão posterior da plataforma ou em outro software subjacente; todavia, você terá que conviver com a API deformada e com as dores de cabeça de suporte para sempre.

Uma vez que projetou cuidadosamente seu programa e produziu uma implementação clara, concisa e bem estruturada, *pode ser a hora* de considerar a otimização, supondo que você ainda não esteja satisfeito com o desempenho do programa.

Lembre que as duas regras de otimização de Jackson foram "não faça" e "(somente para especialistas) não faça ainda". Ele poderia ter adicionado mais uma: **avaliar o desempenho antes e depois de cada tentativa de otimização**. Você pode se surpreender com o que encontra. Muitas vezes, as tentativas de otimização não apresentam efeito mensurável sobre o desempenho; às vezes, elas até o pioram. O principal motivo é que é difícil adivinhar em que seu programa gasta o tempo. A parte do programa que você acha que é lenta pode não ser a culpada, caso em que você estaria perdendo seu tempo tentando otimizar. O senso comum diz que os programas gastam 90% do tempo deles em 10% do código.

As ferramentas de profiling podem ajudá-lo a decidir onde concentrar seus esforços para a otimização. Essas ferramentas fornecem informações em tempo de execução, como, por exemplo, quanto tempo cada método consome e quantas vezes é invocado. Além de focar seus esforços de ajuste, isso o alerta para a necessidade de mudanças algorítmicas. Se um algoritmo quadrático (ou pior) se esconder dentro de seu programa, nenhum ajuste resolverá o problema. Você deve substituir o algoritmo por um que seja mais eficiente. Quanto mais código tiver no sistema, mais importante é o uso de um profiler. É como procurar uma agulha em um palheiro: quanto maior o palheiro, mais útil é ter um detector de metais.

CAPÍTULO 9: PROGRAMAÇÃO GERAL   309

Outra ferramenta que merece menção especial é o jmh, que não é um profiler, e sim um *framework de microbenchmarking* que proporciona uma visibilidade incomparável do desempenho detalhado do código Java [JMH].

A necessidade de se medirem os efeitos das tentativas de otimização é ainda maior no Java do que em linguagens mais tradicionais, como o C e o C++, em razão de o Java ter um *modelo de desempenho* mais fraco: o custo relativo das diversas operações primitivas é bem menos definido. O "vão de abstração" (*"abstraction gap"*) entre o que o programador escreve e o que a CPU executa é maior, tornando ainda mais difícil prever de forma confiável as consequências de desempenho vindas das otimizações. Existem muitos mitos a respeito do desempenho que gravitam em torno do que acaba se transformando em meias verdades e em mentiras absurdas.

O modelo de desempenho do Java não é apenas mal definido, como também varia de implementação para implementação, de versão para versão, e também de processador para processador. Se você estiver executando seu programa em implementações múltiplas ou em várias plataformas de hardware, é importante que avalie os efeitos de sua otimização em cada uma delas. Por vezes, você pode ser obrigado a fazer trade-offs com relação ao desempenho nas diferentes implementações ou plataformas de hardware.

Nas quase duas décadas desde que esse Item foi escrito pela primeira vez, todos os componentes da pilha de software Java cresceram em complexidade. Dos processadores até as VMs, as bibliotecas e a variedade de hardware na qual o Java é executado, todos vêm aumentando imensamente. Tudo isso junto faz com que o desempenho dos programas Java seja ainda menos previsível agora do que era em 2001, com um crescimento proporcional da necessidade de se mensurá-lo.

Para concluir, não se esforce para escrever programas rápidos — empenhe-se em escrever programas bons; a rapidez virá com o tempo. Todavia, pense a respeito do desempenho enquanto estiver projetando os sistemas, principalmente enquanto estiver projetando as APIs, os protocolos wire-level e os formatos de dados persistentes. Quando terminar de construir o sistema, avalie o desempenho dele. Caso seja rápido o bastante, está pronto. Caso não seja, localize a fonte do problema com o auxílio de um profiler e trabalhe na otimização das partes relevantes do sistema. O primeiro passo é examinar sua escolha de algoritmos: nenhuma quantidade de otimização de baixo nível pode compensar uma escolha ruim de algoritmo. Repita esse processo conforme necessário, medindo o desempenho após cada alteração, até que esteja satisfeito.

Item 68: Adote as convenções de nomenclatura geralmente aceitas

A plataforma Java apresenta um conjunto de convenções de nomenclatura bem consolidado, muitas das quais são abordadas no *The Java Language Specification* [JLS, 6.1]. De modo geral, as convenções de nomenclatura se encaixam em duas categorias: tipográfica e gramatical.

Existe apenas um punhado de convenções tipográficas de nomenclatura que abrangem os pacotes, as classes, as interfaces, os métodos, os campos e as variáveis de tipo. Raramente você deve infringi-las, e nunca sem uma boa razão. Se uma API violar essas convenções, pode ser difícil de usá-la. Se uma implementação as infringir, pode ser difícil de fazer a manutenção dela. Em ambos os casos, as violações têm o potencial de confundir e irritar os outros programadores que trabalham com o código e podem causar suposições falsas que dão origem a erros. As convenções estão resumidas neste Item.

Os nomes dos pacotes e dos módulos devem estar de forma hierárquica com os componentes separados por pontos. Os componentes devem consistir de caracteres alfabéticos em letras minúsculas e, raramente, números. O nome de qualquer pacote que será utilizado fora de sua organização deve começar com o domínio de internet de sua organização com os componentes na ordem inversa, como, por exemplo, `edu.cmu`, `com.google`, `org.eff`. As bibliotecas padrões e os pacotes opcionais, cujos nomes começam com `java` e `javax`, são exceções a essa regra. Os usuários não devem criar pacotes ou módulos cujos nomes comecem com `java` ou `javax`. As normas detalhadas para converter nomes de domínio da internet em prefixos de nomes de pacotes podem ser encontradas no JLS [JLS, 6.1].

O resto do nome de um pacote deve ser formado por um ou mais componentes que o descrevam. Os componentes devem ser curtos, geralmente com até oito caracteres. Incentiva-se as abreviações pertinentes, por exemplo, `util` em vez de `utilities`. Aceitam-se os acrônimos, por exemplo, `awt`. Os componentes geralmente devem ser formados por uma única palavra ou abreviação.

Muitos pacotes têm nomes com apenas um componente, além do nome de domínio da internet. Os componentes adicionais são adequados para recursos grandes cujo tamanho exija que eles sejam divididos em uma hierarquia informal. Por exemplo, o pacote `javax.util` apresenta uma hierarquia de pacotes sofisticada com nomes como `java.util.concurrent.atomic`. Esses pacotes são conhecidos como *subpacotes*, embora quase não se tenha suporte linguístico para hierarquia de pacotes.

Os nomes das interfaces e das classes, incluindo dos tipos enum e anotação, devem ser compostos de uma ou mais palavras, com a primeira letra de cada palavra em maiúscula, como por exemplo, `List` ou `FutureTask`. Devem-se evitar as abreviações, a salvo para as siglas e certas abreviações comuns como `max` e `min`. Existem alguns desentendimentos a respeito de se as siglas devem ser maiúsculas ou ter apenas sua primeira letra maiúscula. Enquanto alguns programadores ainda usam letras maiúsculas, é possível argumentar a favor do uso da primeira letra em maiúsculo: mesmo se houver a repetição de siglas, você ainda consegue discernir quando uma palavra começa e termina. Qual nome de classe você gostaria de ver `HTTPURL` ou `HttpUrl`?

Os nomes de métodos e campos seguem as mesmas convenções tipográficas como os nomes de classe e de interface, exceto que a primeira letra de um método ou nome de campo deve ser minúscula, por exemplo, `remove` ou `ensureCapacity`. Se um acrônimo ocorrer como a primeira palavra do nome de um método ou campo, deve ser minúsculo.

A única exceção à regra anterior diz respeito a "campos de constantes", cujos nomes devem consistir de uma ou mais palavras maiúsculas separadas pelo caractere sublinhado, por exemplo `VALUES` ou `NEGATIVE_INFINITY`. Um campo de constante é um campo final estático cujo valor é imutável. Se um campo final estático tiver um tipo primitivo ou um tipo de referência imutável (Item 17), então é um campo constante. Por exemplo, as constantes de enum são campos de constantes. Se um campo final estático tiver um tipo de referência mutável, ainda pode ser um campo de constante se o objeto referenciado for imutável. Observe que os campos de constantes são os *únicos* em que se recomenda o uso do sublinhado.

Os nomes das variáveis locais têm convenções de nomenclatura tipográficas semelhantes aos nomes dos membros, com a exceção que se permite abreviações, caracteres individuais e sequências curtas de caracteres cujo significado dependa do contexto em que ocorreram, como, por exemplo, `i`, `denom`, `houseNum`. Parâmetros de entrada são um tipo especial de variável local. Devem ser nomeados mais cuidadosamente do que as variáveis locais normais, pois seus nomes são parte integrante da documentação do método.

Os nomes dos parâmetros de tipo normalmente são compostos de uma única letra. As mais comuns são uma destas cinco: `T` para um tipo arbitrário, `E` para o tipo de elemento de uma coleção, `K` e `V` para tipos de chave e valor de um mapa e `X` para uma exceção. O tipo de retorno de uma função é geralmente `R`. Uma sequência arbitrária de tipos pode ser `T, U, V` ou `T1, T2, T3`.

Para uma referência rápida, a tabela a seguir mostra exemplos de convenções tipográficas.

Tipo de identificador	Exemplos
Pacote ou módulo	org.junit.jupiter.api, com.google.common.collect
Classe ou Interface	Stream, FutureTask, LinkedHashMap, HttpClient
Método ou Campo	remove, groupingBy, getCrc
Campo de constante	MIN_VALUE, NEGATIVE_INFINITY
Variável Local	i, denom, houseNum
Parâmetro de Tipo	T, E, K, V, X, R, U, V, T1, T2

As convenções de nomenclatura gramatical são mais flexíveis e controversas que as convenções tipográficas. Não há convenções de nomenclatura gramatical para os pacotes. As classes instanciáveis, incluindo tipos enum, são geralmente nomeadas com um substantivo singular ou frase nominal, tais como Thread, PriorityQueue ou ChessPiece. As classes utilitárias não instanciáveis (Item 4) são geralmente nomeadas com um substantivo plural, como Collectors ou Collections. As interfaces são nomeadas como as classes, por exemplo, Collection ou Comparator, ou com um adjetivo terminado em able ou ible, por exemplo, Runnable, Iterable ou Accessible. Como os tipos de anotações têm muitos usos, nenhuma regra predomina. Substantivos, verbos, adjetivos e preposições são comuns, por exemplo, BindingAnnotation, Inject, ImplementedBy ou Singleton.

Os métodos que executam alguma ação são em geral nomeados com um verbo uma sentença nominal (incluindo o objeto), por exemplo, append ou drawImage. Os métodos que retornam um valor boolean normalmente têm nomes que começam com a palavra is ou, menos comum, has, seguido por um substantivo, uma frase nominal ou qualquer palavra ou frase que funcione como um adjetivo, por exemplo, isDigit, isProbablePrime, isEmpty, isEnabled ou hasSiblings.

Os métodos que retornam uma função ou atributo não boolean do objeto sobre o qual foram invocados são normalmente nomeados por um substantivo, frase nominal ou uma frase verbal que comece com o verbo get, por exemplo, size, hashCode ou getTime. Algumas pessoas afirmam que somente a terceira forma (que começa com get) é aceitável, porém não há base para essa alegação. As duas primeiras formas geralmente deixam o código mais legível, por exemplo:

```
if (car.speed() > 2 * SPEED_LIMIT)
    generateAudibleAlert("Watch out for cops!");
```

A forma que começa com get tem suas raízes nas especificações em grande parte já obsoletas do *Java Beans*, que formou a base de uma arquitetura de componentes reutilizáveis anterior. Existem ferramentas modernas que continuam a depender da convenção de nomenclatura do Beans, e você deve se sentir à vontade para usá-la em qualquer código que seja utilizado em conjunto com essas ferramentas. Há também um importante precedente para seguir essa convenção de nomenclatura se uma classe apresentar tanto um setter como um getter no mesmo atributo. Desse modo, os dois métodos são comumente nomeados de get*Attribute* e set*Attribute*.

Alguns nomes de métodos merecem uma menção especial. Os métodos de instância que convertem um tipo de um objeto, retornando um objeto independente de um tipo diferente, são normalmente chamados de to*Type*, por exemplo, toString ou toArray. Os métodos que retornam uma *view* (Item 6) cujo tipo difere daquele do objeto receptor são frequentemente chamados de as*Type*, por exemplo, asList. Os métodos que retornam um primitivo com o mesmo valor que o objeto no qual são invocados são geralmente chamados de *type*Value, por exemplo, intValue. Os nomes comuns para static factories incluem from, of, valueOf, instance, getInstance, newInstance, get*Type*, e new*Type* (Item 1, página 10).

As convenções gramaticais para os nomes de campos são menos bem consolidadas e menos importantes do que para nomes de classe, interface e método, porque as APIs bem projetadas apresentam poucos campos expostos. Os campos de tipo boolean são geralmente chamados como métodos getters boolean e têm a inicial is omitida, por exemplo, initialized, composite. Os campos de outros tipos são geralmente nomeados com substantivos ou frases nominais, como height, digits, ou bodyStyle. As convenções gramaticais para variáveis locais são semelhantes às dos campos, porém ainda mais fracas.

Em síntese, assimile as convenções de nomenclatura padrão, aprenda a usá-las e faça disso um hábito. As convenções tipográficas são simples e em grande parte não apresentam ambiguidades; as convenções gramaticais são mais complexas e mais maleáveis. Citando as palavras do *The Java Language Specification* [JLS, 6.1]: "Não se deve seguir cegamente estas convenções caso o uso convecional de longa data determine que seja de outra forma." Tenha bom senso.

CAPÍTULO **10**

Exceções

QUANDO usadas da melhor forma possível, as exceções melhoram a legibilidade, a confiabilidade e a capacidade de manutenção de um programa. Quando usadas de forma inadequada, têm o efeito oposto. Este capítulo apresenta as orientações para utilizar as exceções efetivamente.

Item 69: Utilize as exceções somente em circunstâncias excepcionais

Um dia, se você for azarado, pode esbarrar em um pedaço de código como este:

```
// Abuso horrendo das exceções. Nunca faça isso!
try {
    int i = 0;
    while(true)
        range[i++].climb();
} catch (ArrayIndexOutOfBoundsException e) {
}
```

Afinal, o que esse código faz? Não é que fique óbvio só com uma inspeção, e isso já é motivo o bastante para não usá-lo (Item 67). Acaba que ele é uma prática errônea e horrenda para se fazer um loop sobre os elementos de um array. O loop infinito termina lançando, capturando e ignorando uma ArrayIndexOutOfBoundsException quando ele tenta acessar o primeiro elemento do array fora dos limites do array. Supostamente era para ser equivalente à prática padrão para se realizar um loop sobre um array, imediatamente reconhecível por qualquer programador Java:

```
for (Mountain m : range)
    m.climb();
```

Então por que alguém usaria um loop baseado em uma exceção em vez de tentar usar um que funcione? É uma tentativa desorientada de melhorar o desempenho com base no raciocínio falho de que a VM verifica os limites de todos os acessos ao array. O teste normal de finalização de loop — oculto pelo compilador, porém ainda presente no loop for-each — é redundante e deve ser evitado. Há três coisas erradas com esse raciocínio:

- Como as exceções são projetadas para circunstâncias excepcionais, os implementadores da JVM têm pouco incentivo para fazer com que sejam tão rápidas quanto os testes explícitos.

- Colocar o código dentro de um bloco `try-catch` inibe determinadas otimizações que de outra maneira as implementações do JVM poderiam executar.

- A prática padrão para se fazer o loop sobre um array não resulta necessariamente em verificações redundantes. Muitas implementações da JVM acabam por otimizá-la.

Na verdade, essa prática corrente baseada em exceção é mais lenta do que a padrão. Na minha máquina, essa exceção é cerca de duas vezes mais lenta do que a prática padrão para arrays de 100 elementos.

O loop baseado em exceção não apenas ofusca a finalidade do código e reduz seu desempenho, como também não se tem a garantia de que funcione. Caso o loop tenha um bug, o uso das exceções para o controle do fluxo o mascara, e complica sobremaneira o processo de depuração. Suponha que o cálculo no corpo do loop invoque um método que faça o acesso fora dos limites em um array não relacionado. Se uma prática de loop sensata fosse usada, o bug geraria uma exceção não detectada, resultando na finalização imediata da thread com o rastreamento completo da pilha. Agora, se esse mal planejado loop baseado em exceção fosse usado, a exceção relacionada ao bug seria capturada e mal interpretada como se fosse uma finalização normal do loop.

A moral dessa história é simples: **as exceções são, como o nome sugere, para ser usadas apenas em circunstâncias excepcionais; nunca se deve usá-las para controle de fluxo normal**. De forma mais geral, utilize as práticas padrões, fáceis e reconhecidas em vez de técnicas supostamente engenhosas que alegam oferecer um melhor desempenho. Mesmo que a vantagem de desempenho seja real, pode não continuar assim em face das constantes melhorias na implementação da plataforma. Os bugs sutis e as dores de cabeça de manutenção que vêm das técnicas excessivamente engenhosas, no entanto, com certeza continuarão a existir.

Esse princípio também tem consequências para o design da API. **Uma API bem projetada não deve forçar seus clientes a usar as exceções para o controle de fluxo comum**. Uma classe com um método "dependente do estado" que pode ser invocado apenas sob determinadas circunstâncias imprevisíveis deve geralmente ter um método separado de "teste de estado" indicando se é apropriado invocar o método dependendo do estado. Por exemplo, a interface `Iterator` tem o método dependente de estado `next` e o método de teste de estado correspondente `hasNext`. Isso permite a prática padrão para iterações em uma coleção com um tradicional loop `for` (bem como com o loop for-each, em que o método `hasNext` é usado internamente):

```
for (Iterator<Foo> i = collection.iterator(); i.hasNext(); ) {
    Foo foo = i.next();
    ...
}
```

Caso o `Iterator` não tenha o método `hasNext`, os clientes serão obrigados a fazer isto:

```
// Não use esse código medonho para fazer a iteração na coleção!
try {
    Iterator<Foo> i = collection.iterator();
    while(true) {
        Foo foo = i.next();
        ...
    }
} catch (NoSuchElementException e) {
}
```

Após o exemplo da iteração em array do começo desse Item, isso deve parecer bem familiar. Além de ser prolixo e enganoso, o loop baseado em exceção provavelmente terá um desempenho ruim e pode mascarar bugs em partes não relacionadas do sistema.

Uma alternativa para fornecer um método de teste de estado separado é fazer com que o método dependente do estado retorne um opcional vazio (Item 55) ou um valor destacado, como `null`, caso não consiga executar o cálculo desejado.

Veja aqui algumas diretrizes para ajudá-lo a escolher entre um método de teste de estado e um valor de retorno opcional ou destacado. Se um objeto deve ser acessado paralelamente, sem sincronização externa, ou se está sujeito a transições de estado induzidas externamente, você deve usar um valor de retorno opcional ou destacado, pois o estado do objeto pode mudar no intervalo entre a invocação de um método de teste de estado e seu método dependente do estado.

Os problemas de desempenho podem determinar que um valor de retorno opcional ou destacado seja usado se um método de teste de estado separado duplicar o trabalho do método dependente do estado. Tudo o mais sendo igual, um método de teste de estado é levemente mais preferível do que um valor de retorno destacado. Ele proporciona uma leitura um pouco melhor, e seu uso incorreto pode ser mais fácil de detectar: na hipótese de você se esquecer de chamar um método de teste de estado, o método dependente do estado lançará uma exceção, fazendo com que o bug fique evidente; se você se esquecer de verificar um valor de retorno destacado, o bug pode ser discreto. Isso não é um problema para valores de retorno opcionais.

Em resumo, as exceções são projetadas para circunstâncias excepcionais. Não use para o controle de fluxo e não escreva APIs que forcem os outros a fazerem isso.

Item 70: Utilize as exceções verificadas para condições recuperáveis e exceções de runtime para erros de programação

O Java disponibiliza três tipos de throwables: *exceções verificadas*, *exceções de runtime (tempo de execução)* e *erros*. Há um pouco de confusão entre os programadores sobre quando é apropriado usar cada tipo throwable. Embora a decisão nem sempre seja clara, existem algumas regras gerais que proporcionam orientações sólidas.

A regra fundamental da decisão de se usar uma exceção verificada ou não verificada é esta: **utilize as exceções verificadas para as condições das quais o chamador possa razoavelmente se recuperar**. Ao lançar uma exceção verificada, você força o chamador a lidar com a cláusula catch ou a propagar para o exterior. Portanto, cada exceção verificada que é declarada como passível de ser lançada por um método se torna uma forte indicação para o usuário da API de que a condição associada é um possível resultado de se invocar o método

Ao confrontar o usuário com uma exceção verificada, o projetista da API apresenta uma ordem para se recuperar da condição. O usuário pode desconsiderar essa ordem capturando a exceção e ignorando-a, mas isso geralmente é uma má ideia (Item 77).

Há dois tipos de throwables não verificados: as exceções em tempo de execução e os erros. Elas apresentam comportamento idêntico: ambas são throwables que não precisam, e geralmente não devem, ser capturadas. Se um programa lançar uma exceção não verificada ou um erro, normalmente o caso é que a recuperação é impossível, e continuar com a execução seria mais prejudicial do que benéfico. Se um programa não capturar esse tipo de throwable, isso fará com que a thread atual seja interrompida com uma mensagem de erro apropriada.

Utilize as exceções de runtime para indicar erros de programação. A grande maioria das exceções de runtime indica *violações de precondição*. Uma violação de precondição é simplesmente uma falha do cliente de uma API em aderir ao contrato estabelecido pela especificação da API. Por exemplo, o contrato para acesso ao array especifica que o índice do array deve estar entre zero, e o comprimento do array menos que um, inclusive. A `ArrayIndexOutOfBoundsException` indica que essa precondição foi violada.

Um problema com essa recomendação é que nem sempre fica claro se você está lidando com uma condição recuperável ou com um erro de programação. Por exemplo, considere o caso de um esgotamento de recurso, que pode ter sido ocasionado por um erro de programação, como a alocação de um array excessivamente grande ou por uma falta concreta de recursos. Se o esgotamento de recursos for causado por uma escassez temporária ou por uma demanda temporariamente elevada, a condição pode ser recuperável. É uma questão de julgamento por parte do designer da API se uma determinada instância de esgotamento de recursos provavelmente permitirá a recuperação. Caso você julgue que uma condição possa permitir a recuperação, use uma exceção verificada; se não, use uma exceção de runtime. Se não estiver claro se a recuperação é possível, provavelmente será melhor usar uma exceção não verificada, pelas razões discutidas no Item 71.

Embora a especificação da linguagem Java não afirme, existe um costume enraizado de que os erros são reservados para uso da JVM a fim de indicar deficiências de recursos, falhas de invariantes ou outras condições que impossibilitam a execução. Dada a aceitação quase universal desse costume, é melhor não implementar nenhuma subclasse nova da `Error`. Assim sendo, **todas as throwables não verificadas que você implementar devem ser subclasses da `RuntimeException`** (direta ou indiretamente). Não apenas você não deve definir subclasses da `Error`, mas, com exceção da `AssertionError`, também não as deve lançar.

É possível definir uma throwable que não seja uma subclasse da `Exception`, da `RuntimeException` ou da `Error`. O JLS não trata dessas throwables diretamente, todavia especifica implicitamente que se comportem como exceções verificadas comuns (que são as subclasses da `Exception`, mas não da `RuntimeException`). À vista disso, quando você deve utilizar essa criatura? Em resumo, nunca. Eles não

320 *JAVA EFETIVO*

apresentam vantagens em relação às exceções comuns e serviriam apenas para confundir o usuário de sua API.

Arquitetos de API frequentemente esquecem que as exceções são objetos completos nos quais métodos arbitrários podem ser definidos. O principal uso desses métodos é fornecer ao código que captura a exceção informações adicionais acerca da condição que provocou a exceção. Na ausência de tais métodos, sabe-se que os programadores analisam a representação em string de uma exceção para extrair as informações adicionais. Essa é uma prática extremamente ruim (Item 12). As classes throwable raramente especificam os detalhes de suas representações em string, portanto, as representações em string podem diferir tanto de implementação para implementação, como de versão para versão. Logo, o código que analisa a representação de string de uma exceção provavelmente não é nada portável, além de ser vulnerável.

Como as exceções verificadas geralmente indicam condições recuperáveis, é de suma importância que forneçam métodos que disponibilizem informações para ajudar o chamador a recuperar-se da condição excepcional. Por exemplo, suponha que uma exceção verificada seja lançada quando uma tentativa de se fazer uma compra com um cartão presente falhe devido ao saldo insuficiente. A exceção deve fornecer um método getter para consultar o valor do *deficit*. Isso permitirá que o chamador mostre o valor para o comprador. Consulte o Item 75 para saber mais sobre esse tópico.

Em síntese, lance as exceções verificadas para condições recuperáveis e exceções não verificadas para erros de programação. Em caso de dúvida, lance exceções não verificadas. Não defina quaisquer throwables que não sejam exceções verificadas ou exceções runtime. Forneça métodos para suas exceções verificadas para auxiliar na recuperação.

Item 71: Evite o uso desnecessário das exceções verificadas

Muitos programadores Java não gostam das exceções verificadas; todavia, quando usadas corretamente, melhoram as APIs e os programas. Ao contrário dos códigos de retorno e das exceções não verificadas, elas *forçam* os programadores a lidar com os problemas, aumentando a confiabilidade. Dito isso, o uso excessivo das exceções verificadas nas APIs faz com que fiquem menos agradáveis de se utilizar. Se um método lança exceções verificadas, o código que o invoca deve tratar delas em um ou mais blocos `catch` ou declarar que as lança permitindo que se propaguem para o exterior. De qualquer forma, isso sobrecarrega o usuário da

API. Esse fardo aumentou no Java 8, pois os métodos que lançam exceções verificadas não podem ser usados diretamente nas streams (Itens 45 a 48).

Tal fardo pode ser justificado se a circunstância excepcional não puder ser evitada pelo uso adequado da API *e* o programador que usa a API puder tomar medidas úteis uma vez que se depare com a exceção. A menos que ambas as condições sejam atendidas, uma exceção não verificada é o apropriado. Para tirar a prova dos nove, pergunte-se como o programador lidará com a exceção. Isso é o melhor que pode ser feito?

```
} catch (TheCheckedException e) {
    throw new AssertionError(); // Não ajuda em nada!
}
```

Ou isso?

```
} catch (TheCheckedException e) {
    e.printStackTrace();        // Ora, ora, perdemos essa.
    System.exit(1);
}
```

Se o programador não puder fazer melhor, uma exceção não verificada é o que se deve usar.

A sobrecarga adicional do programador causada por uma exceção verificada é substancialmente maior caso essa seja a *única* exceção verificada lançada por um método. Se houver outras, o método já deve aparecer em um bloco `try`, e essa exceção vai exigir, no máximo, outro bloco `catch`. Se um método lança uma única exceção verificada, ela será a única razão pela qual o método deve aparecer em um bloco `try` e não pode ser usada diretamente nas streams. Nessas circunstâncias, vale a pena se perguntar se existe uma maneira de evitar a exceção verificada.

A maneira mais fácil de eliminar uma exceção verificada é retornar um *opcional* de tipo de resultado desejado (Item 55). Em vez de lançar uma exceção verificada, o método simplesmente retorna um opcional vazio. A desvantagem dessa técnica é que o método não pode retornar nenhuma informação adicional detalhada de sua incapacidade de realizar o cálculo desejado. As exceções, por outro lado, têm tipos descritivos e podem exportar métodos para fornecer informações adicionais (Item 70).

Você também pode transformar uma exceção verificada em uma exceção não verificada, dividindo o método que lança a exceção em dois métodos, sendo que o primeiro retorna um `boolean` indicando se a exceção seria lançada. Essa refatoração da API transforma a sequência de chamadas disto:

```
// Invocação com exceção verificada
try {
    obj.action(args);
} catch (TheCheckedException e) {
    ... // Lida com a condição da exceção
}
```

Nisto:

```
// Invocação com método de teste de estado e exceção não verificada
if (obj.actionPermitted(args)) {
    obj.action(args);
} else {
    ... // Lida com condição excepcional
}
```

Essa refatoração nem sempre é adequada, mas, quando é, torna uma API mais agradável de usar. Enquanto a última sequência de chamadas não é mais bonita que a anterior, a API refatorada é mais maleável. Caso o programador saiba que a chamada funcionará, ou esteja satisfeito em permitir que a thread finalize em hipótese de falha, a refatoração também permite esta sequência trivial de chamada:

```
obj.action(args);
```

Se suspeitar que a sequência trivial de chamada será a regra, a refatoração da API pode ser apropriada. A API resultante é basicamente a API do método de teste de estado do Item 69 e aplicam-se as mesmas ressalvas: se um objeto é acessado concorrentemente sem sincronização externa ou está sujeito a transições de estado induzidas externamente, essa refatoração é inadequada porque o estado do objeto pode mudar entre as chamadas para actionPermitted e para action. Se um método separado actionPermitted duplicar o trabalho do método action, a refatoração pode ser excluída por questões de desempenho.

Em resumo, quando usadas com moderação, as exceções verificadas aumentam a confiabilidade dos programas; quando usadas em excesso, fazem com que as APIs sejam difíceis de utilizar. Se os chamadores não puderem se recuperar das falhas, lance exceções não verificadas. Caso seja possível a recuperação e você queira *forçar* os chamadores a lidar com as condições excepcionais, pense primeiro na possibilidade de retornar um opcional. No caso de falha, se isso disponibilizar informações insuficientes, você deve lançar uma exceção verificada.

Item 72: Priorize o uso das exceções padrões

Uma característica que diferencia os programadores especialistas dos menos experientes é que os especialistas se empenham e geralmente conquistam um alto grau de reutilização de código. As exceções não são exceções à regra de que a reutilização do código é uma coisa boa. As bibliotecas Java disponibilizam um conjunto de exceções que abrangem a maioria das necessidades de lançamentos de exceção da maioria das APIs.

A reutilização das exceções padrão apresenta várias vantagens. A principal delas é que fazem com que seja mais fácil de usar e aprender sua API em virtude de ela coincidir com as convenções estabelecidas com as quais os programadores já estão familiarizados. A segunda é que os programas que usam sua API ficam mais fáceis de ler porque não estão cheios de exceções desconhecidas. Por último, mas não menos importante, poucas classes de exceção apresentam um consumo menor de volume de memória e menos tempo gasto carregando as classes.

Normalmente, o tipo de exceção mais reutilizada é a `IllegalArgumentException` (Item 49). Em geral, lança-se essa exceção quando o chamador passa um argumento cujo valor é inadequado. Por exemplo, essa seria a exceção a se lançar na hipótese de o chamador passar um número negativo para um parâmetro que represente o número de vezes que alguma ação deveria ser repetida.

Outra exceção normalmente reutilizada é a `IllegalStateException`. Geralmente, lança-se essa exceção se a invocação não for permitida devido ao estado do objeto receptor. Por exemplo, essa seria a exceção a se lançar caso o chamador tentasse usar algum objeto antes de ele ter sido inicializado corretamente.

É possível argumentar que toda a invocação errônea de um método se resume a um argumento ou estado irregular, todavia, outras exceções são tradicionalmente utilizadas para determinados tipos de argumentos e estados irregulares. Se um chamador passar `null` para algum parâmetro, para o qual o valor null seja proibido, a convenção determina que se deve lançar uma `NullPointerException` em vez da `IllegalArgumentException`. Da mesma forma, se um chamador passa um valor fora do range em um parâmetro que represente um índice dentro de uma sequência, deve-se lançar a `IndexOutOfBoundsException` em vez da `IllegalArgumentException`.

Outra exceção reutilizável é a `ConcurrentModificationException`. Deve-se lançá-la caso um objeto projetado para o uso por uma única thread (ou com sincronização externa) detecte que ele está sendo modificado concorrentemente. Essa exceção é, na melhor das hipóteses, uma dica, porque é impossível detectar com segurança uma modificação concorrente.

Uma última exceção padrão a se abordar é a `UnsupportedOperationException`. Lança-se essa exceção caso um objeto não dê suporte à operação tentada. Seu uso é raro em razão de a maioria dos objetos suportar todos os seus métodos. Essa exceção é usada por classes que falhem em implementar uma ou mais *operações opcionais* definidas por uma interface que elas implementam. Por exemplo, uma implementação da `List` que faça apenas anexações lançaria essa exceção se alguém tentasse excluir um elemento da lista.

Não reutilize `Exception`, `RuntimeException`, `Throwable` ou `Error` diretamente. Trate essas classes como se fossem abstratas. Você não pode testar de forma confiável essas exceções porque são superclasses de outras exceções que um método pode lançar.

A tabela a seguir resume as exceções reutilizadas com mais frequência:

Exceção	Ocasião para Uso
`IllegalArgumentException`	Um valor não nulo de parâmetro é inadequado
`IllegalStateException`	O estado do objeto é inadequado para a invocação do método
`NullPointerException`	O valor do parâmetro é nulo quando proibido
`IndexOutOfBoundsException`	O valor do parâmetro do índice está fora do range
`ConcurrentModificationException`	A modificação concorrente de um objeto foi detectada quando ela é proibida
`UnsupportedOperationException`	O objeto não suporta o método

Embora essas sejam, de longe, as exceções reutilizadas com mais frequência, outras podem ser reutilizadas quando as circunstâncias as justifiquem. Por exemplo, seria apropriado reutilizar a `ArithmeticException` e a `NumberFormatException` se você estivesse implementando objetos aritméticos, como números complexos ou racionais. Caso uma exceção se adeque a suas necessidades, vá em frente e use-a, mas somente se as condições nas quais você a lançaria forem consistentes com a documentação da exceção: a reutilização deve ser baseada na semântica documentada, não apenas no nome. Ademais, sinta-se à vontade para criar uma subclasse de uma exceção padrão caso queira adicionar mais detalhes (Item 75); todavia, lembre-se de que as exceções são serializáveis (Capítulo 12). Isso por si já é motivo suficiente para você não escrever a própria classe de exceção sem ter uma boa razão para isso.

Escolher qual exceção reutilizar pode ser complicado porque as "ocasiões de uso" na tabela acima não parecem ser reciprocamente exclusivas. Considere o caso de um objeto que representa um baralho de cartas, e suponha que houvesse um método para distribuir uma mão de cartas que recebesse como argumento o tamanho da mão de cartas. Se o chamador passasse um valor maior que o número de cartas restantes no baralho, isso poderia ser interpretado como uma `IllegalArgumentException` (o valor do parâmetro `handSize` é muito alto) ou como uma `IllegalStateException` (o baralho tem poucas cartas). Nessas circunstâncias, a regra é **lançar a `IllegalStateException` se nenhum argumento tivesse funcionado, caso contrário lançar uma `IllegalArgumentException`**.

Item 73: Lance exceções adequadas para a abstração

É perturbador quando um método lança uma exceção que não tem ligação aparente com a tarefa que executa. Isso geralmente acontece quando um método propaga uma exceção gerada por uma abstração de uma camada inferior. Além de ser perturbador, polui a API da camada superior com detalhes da implementação. Se a implementação da camada inferior for alterada em uma versão posterior, as exceções lançadas também serão alteradas, possivelmente quebrando os programas dos clientes existentes.

Para evitar esse problema, **as camadas superiores devem capturar exceções de nível inferior e, em seu lugar, lançar exceções que podem ser explicadas em termos da abstração de nível superir**. Essa prática corrente é conhecida como *tradução de exceção*:

```
// Tradução da exceção
try {
    ... // Use a abstração lower-level para lançar nossa exceção
} catch (LowerLevelException e) {
    throw new HigherLevelException(...);
}
```

Veja este exemplo de tradução de exceção tirado da classe `AbstractSequentialList`, que é uma *implementação esquelética* (Item 20) da interface `List`. Neste exemplo, a tradução da exceção é determinada pela especificação do método `get` na interface `List<E>`:

JAVA EFETIVO

```java
/**
 * Retorna o elemento na posição especificada nesta lista.
 * @throws IndexOutOfBoundsException se o índice está fora do range.
 *         ({@code index < 0 || index >= size()}).
 */
public E get(int index) {
    ListIterator<E> i = listIterator(index);
    try {
        return i.next();
    } catch (NoSuchElementException e) {
        throw new IndexOutOfBoundsException("Index: " + index);
    }
}
```

Uma forma especial de tradução da exceção designada de *encadeamento de exceção* é chamada nos casos em que a exceção de nível inferior pode ser útil para alguém depurar o problema que causou a exceção de nível superior. A exceção de nível inferior (*a exceção causal*) é passada para a exceção de nível superior, que fornece um método de acesso (método getCause da Throwable) para recuperar a exceção de nível inferior:

```java
// Encadeamento de exceção
try {
    ... // Usa a abstração lower-level para atender a nossa ordem
} catch (LowerLevelException cause) {
    throw new HigherLevelException(cause);
}
```

O construtor da exceção de nível superior passa a exceção causal para um construtor de superclasse *ciente do encadeamento*, para que, no final das contas, ele seja passado em uns dos construtores cientes do encadeamento da Throwable, como o Throwable(Throwable):

```java
// Exceção com encadeamento ciente do construtor
class HigherLevelException extends Exception {
    HigherLevelException(Throwable cause) {
        super(cause);
    }
}
```

A maioria das exceções padrão tem construtores cientes do encadeamento. Para exceções que não têm, você pode definir a exceção causal usando o método initCause da Throwable. O encadeamento de exceções permite acessar não apenas a exceção causal programaticamente (com o getCause), mas também integra o rastreamento de pilha da exceção causal no da exceção de nível superior.

Embora a tradução da exceção seja superior à propagação descuidada de exceções das camadas inferiores, não deve ser usada em excesso. Sempre que possível, a melhor maneira de lidar com as exceções das camadas inferiores é evitá-las, garantindo que os métodos de nível mais baixo funcionem. Às vezes, você pode fazer isso ao verificar a validade dos parâmetros do método de nível superior antes de passá-los para as camadas inferiores.

Se for impossível evitar as exceções das camadas inferiores, a segunda melhor coisa é fazer com que a camada superior trabalhe silenciosamente para contornar essas exceções, isolando o chamador do método de nível superior dos problemas de nível inferior. Nessas circunstâncias, pode ser apropriado logar a exceção usando algum recurso de log apropriado, como o `java.util.logging`. Isso permite que os programadores investiguem o problema, enquanto o isolam do código cliente e dos usuários.

Em resumo, se não for possível evitar ou lidar com as exceções de camadas mais baixas, use a tradução de exceção, a menos que o método de nível inferior garanta que todas as suas exceções sejam adequadas para o nível superior. O encadeamento proporciona o melhor dos dois mundos: permite lançar uma exceção apropriada de nível superior, enquanto captura a exceção causal subjacente para a análise de falhas (Item 75).

Item 74: Documente todas as exceções lançadas por cada método

Uma descrição das exceções lançadas por um método é uma parte importante da documentação necessária para se usá-lo corretamente. Portanto, é de suma importância que você reserve um tempo para documentar cuidadosamente todas as exceções lançadas por cada método (Item 56).

Sempre declare as exceções verificadas individualmente e documente rigorosamente as condições sob as quais cada uma é lançada usando a tag do Javadoc `@throws`. Não pegue o atalho de se declarar que um método lança alguma superclasse das inúmeras classes da exceção que ele pode lançar. Um exemplo extremo, não declare que um método público lança uma `Exception` ou, pior, lança uma `Throwable`. Além de negar qualquer orientação ao usuário do método a respeito das exceções que ele é capaz de lançar, essa declaração dificulta muitíssimo o uso do método, porque efetivamente mascara qualquer outra exceção que possa ser lançada no mesmo contexto. Uma exceção a essa orientação é o método `main`, que pode ser declarado com segurança como lançando uma `Exception` em virtude de ser chamado somente pela VM.

Ainda que a linguagem não exija que os programadores declarem as exceções não verificadas que um método é capaz de lançar, aconselha-se a documentá-las com tanto cuidado quanto as exceções verificadas. As exceções não verificadas geralmente representam erros de programação (Item 70), e fazer com que os programadores estejam familiarizados com todos os erros que podem cometer os ajuda a evitar esses erros. Uma lista bem documentada de exceções não verificadas que um método pode lançar descreve de maneira eficaz as *precondições* para a execução bem-sucedida do método. É fundamental que a documentação de cada método público descreva suas precondições (Item 56), e documentar as suas exceções não verificadas é a melhor maneira de atender a esse requisito.

É particularmente importante que os métodos nas interfaces documentem as exceções não verificadas que podem lançar. Essa documentação constitui parte do contrato geral da interface e permite um comportamento comum entre as inúmeras implementações da interface.

Utilize a tag `@throws` do Javadoc para documentar cada exceção que um método pode lançar, mas *não* use a palavra-chave `throws` em exceções não verificadas. É importante que os programadores que usam sua API estejam cientes de quais exceções são verificadas e quais não são, pois as responsabilidades dos programadores diferem nesses dois casos. A documentação gerada pela tag `@throws` do Javadoc sem uma cláusula de lançamento correspondente na declaração do método apresenta uma forte indicação visual para o programador de que é uma exceção não verificada.

Deve-se observar que documentar todas as exceções não verificadas que cada método pode lançar é um ideal nem sempre possível de se alcançar no mundo real. Quando uma classe passa por uma revisão, não se viola a compatibilidade de origem ou a compatibilidade binária caso um método exportado seja alterado para lançar exceções adicionais não verificadas. Imagine que uma classe invoque um método de outra, escrita de forma independente. Os autores da primeira classe podem cuidadosamente documentar todas as exceções não verificadas que cada método lança, mas se a segunda classe for reelaborada para lançar exceções adicionais não verificadas, é bem provável que a primeira (que não passou por uma revisão) propague as exceções novas não verificadas, mesmo que ele não as documente.

Se uma exceção é lançada por muitos métodos de uma classe pelo mesmo motivo, você pode documentar a exceção no comentário de documentação da classe em vez de documentá-lo individualmente para cada método. Um exemplo comum é `NullPointerException`. Não faz mal o comentário de documentação de uma classe afirmar: "Todos os métodos desta classe lançam uma `NullPointerException` se uma referência de objeto null for passada em qualquer parâmetro", ou alguma coisa nesse sentido.

CAPÍTULO 10: EXCEÇÕES 329

Para concluir, documente todas as exceções que podem ser lançadas por cada método que você escreve. Isso vale para exceções não verificadas, bem como para as verificadas, e para os métodos abstratos e concretos. Essa documentação deve assumir a forma das tags @throws nos comentários de documentação. Declare cada exceção verificada individualmente em uma cláusula throws do método, mas não declare as exceções não verificadas nessa cláusula. Se você não documentar as exceções que seus métodos podem lançar, será difícil ou impossível para outras pessoas fazerem uso efetivo de suas classes e interfaces.

Item 75: Inclua as informações a respeito das capturas de falhas nos detalhes da mensagem

Quando um programa falha devido a uma exceção não capturada, o sistema exibe automaticamente o rastreamento de pilha da exceção. O rastreamento da pilha contém a *representação em string da exceção*, resultado da invocação de seu método toString. Normalmente, é composta pelo nome da classe da exceção seguido da *mensagem detalhada*. Frequentemente, essa é a única informação que os programadores ou engenheiros de confiabilidade (site reliability engineers) terão ao investigar uma falha de software. Se a falha não for facilmente reproduzível, pode ser difícil ou impossível de se obterem mais informações. Portanto, é extremamente importante que o método toString da exceção retorne o máximo de informação possível sobre a causa da falha. Em outras palavras, a mensagem detalhada de uma exceção deve *capturar a falha* para análise posterior.

Para capturar uma falha, a mensagem detalhada de uma exceção deve conter os valores de todos os parâmetros e campos que contribuíram para a exceção. Por exemplo, a mensagem detalhada de uma IndexOutOfBoundsException deve conter o limite inferior, o superior e o valor do índice que não conseguiu ficar entre os limites. Essa informação nos diz muito a respeito da falha. Qualquer um ou todos os três valores podem estar errados. O índice pode ser um a menos que o limite inferior ou igual ao limite superior (um "erro fencepost"), ou pode ser um valor maluco, muito baixo ou muito alto. O limite inferior poderia ser maior que o superior (uma falha gravíssima da invariante interna). Cada uma dessas situações aponta para um problema diferente, e ajuda muito no diagnóstico se você souber que tipo de erro procura.

Deve-se fazer uma ressalva no que diz respeito às informações sensíveis de segurança. Como os rastreamentos de pilha podem ser vistos por muitas pessoas no processo de diagnosticar e corrigir problemas de software, **não inclua senhas, chaves de criptografia e afins nas mensagens detalhadas**.

330 *JAVA EFETIVO*

Apesar de ser essencial a inclusão de todos os dados pertinentes na mensagem detalhada de uma exceção, geralmente a inclusão de muitas palavras não é importante. A finalidade do rastreamento de pilha é ser analisado em conjunto com a documentação e, se necessário, com o código-fonte. Ele geralmente contém o arquivo e os números de linha exatos a partir dos quais a exceção foi lançada, bem como os arquivos e os números de linha de todas as outras chamadas de método na pilha. Descrições longas da falha são supérfluas; podem-se obter as informações lendo a documentação e o código-fonte.

Não se deve confundir a mensagem detalhada de uma exceção com uma mensagem de erro no nível do usuário, que deve ser inteligível para os usuários finais. Ao contrário de uma mensagem de erro no nível do usuário, a mensagem detalhada tem como objetivo auxiliar os programadores ou os engenheiros de confiabilidade a analisar uma falha. Assim sendo, o conteúdo da informação é muito mais importante que a legibilidade. Mensagens de erro no nível do usuário são com frequência *localizadas*, ao passo que as mensagens detalhadas da exceção raramente o são.

Um meio de se garantir que as exceções apresentem as informações adequadas de captura de falha em suas mensagens detalhadas é exigir essas informações em seus construtores, em vez de uma mensagem detalhada em string. A mensagem detalhada pode então ser gerada automaticamente para incluir as informações. Por exemplo, em vez de um construtor String, uma IndexOutOfBoundsException teria um construtor parecido com este:

```
/**
 * Constrói uma IndexOutOfBoundsException.
 *
 * @param lowerBound o valor do índice permitido mais baixo
 * @param upperBound o valor mais alto do índice permitido mais um
 * @param index      o valor real do índice
 */
public IndexOutOfBoundsException(int lowerBound, int upperBound,
                                 int index) {
    // Gera uma mensagem detalhada que captura a falha
    super(String.format(
            "Lower bound: %d, Upper bound: %d, Index: %d",
            lowerBound, upperBound, index));

    // Salva a informação da falha para o acesso programático
    this.lowerBound = lowerBound;
    this.upperBound = upperBound;
    this.index = index;
}
```

A partir do Java 9, a IndexOutOfBoundsException finalmente adquiriu um construtor que recebe um parâmetro index de valor int; todavia, infelizmente,

CAPÍTULO 10: EXCEÇÕES **331**

ele omite os parâmetros `lowerBound` e `upperBound`. De modo geral, as bibliotecas Java não fazem uso extensivo dessa prática corrente, mas é altamente recomendada. Isso facilita que o programador que lança a exceção capture a falha. Na verdade, torna-se difícil para o programador não capturá-la! Com efeito, essa prática centraliza o código para gerar uma mensagem detalhada de alta qualidade na classe de exceção, em vez de exigir que cada usuário da classe gere a mensagem detalhada de forma redundante.

Conforme sugerido no Item 70, pode ser apropriado que uma exceção forneça métodos de acesso para suas informações de captura de falha (`lowerBound`, `upperBound` e `index` no exemplo acima). É mais importante fornecer esses métodos de acesso em exceções verificadas do que nas não verificadas, porque as informações de captura de falha podem ser de grande ajuda na recuperação da falha. É raro (embora não seja impossível) que um programador queira acesso programático aos detalhes de uma exceção não verificada. Mesmo para exceções não verificadas, no entanto, parece aconselhável fornecer esses getters no geral (Item 12, página 60).

Item 76: Empenhe-se para obter a atomicidade de falha

Depois que um objeto lança uma exceção, geralmente é desejável que o objeto ainda apresente-se em um estado utilizável e bem definido, mesmo se a falha ocorreu no meio da realização de uma operação. Isso se aplica especialmente às exceções verificadas, das quais se espera que o chamador se recupere. **De modo geral, uma invocação de método com falha deve deixar o objeto no estado em que estava antes da invocação.** Considera-se um método com essa propriedade uma *falha atômica*.

Há várias maneiras de se conseguir esse efeito. A mais simples é projetar objetos imutáveis (Item 17). Se um objeto é imutável, a atomicidade da falha é gratuita. Na hipótese de uma operação falhar, ela pode impedir que um objeto novo seja criado, porém nunca deixará um objeto existente em um estado inconsistente, pois cada objeto é criado com o estado consistente, e ele não pode ser alterado depois disso.

Para os métodos que operam em objetos mutáveis, a forma mais comum de se obter a atomicidade de falha é verificar os parâmetros quanto à validade, antes de executar a operação (Item 49). Isso faz com que a maioria das exceções seja lançada antes do início da modificação do objeto. Por exemplo, analise o método `Stack.pop` do Item 7:

```
public Object pop() {
    if (size == 0)
        throw new EmptyStackException();
    Object result = elements[--size];
    elements[size] = null; // Elimina a referência obsoleta
    return result;
}
```

Se a verificação de tamanho inicial fosse eliminada, o método ainda lançaria uma exceção quando tentasse tirar um elemento de uma pilha vazia. No entanto, deixaria o campo de tamanho em um estado inconsistente (negativo), fazendo com que quaisquer invocações de métodos futuras no objeto falhassem. Além disso, a `ArrayIndexOutOfBoundsException` lançada pelo método pop seria inadequada para a abstração (Item 73).

Uma abordagem estreitamente relacionada para obter a atomicidade de falha é ordenar o cálculo de modo que qualquer parte passível de falha falhe antes de qualquer parte que altere o objeto. Essa abordagem é uma extensão natural da anterior, quando não se pode verificar os argumentos sem executar uma parte do cálculo. Por exemplo, considere o caso da `TreeMap`, cujos elementos são classificados de acordo com alguns detalhes. Para adicionar um elemento a uma `TreeMap`, ele deve ser de um tipo que possa ser comparado usando a ordenação da `TreeMap`. Tentar acrescentar um elemento incorretamente tipado, naturalmente provocará uma `ClassCastException` como consequência da procura do elemento na árvore, antes de a árvore ser modificada de alguma forma.

Uma terceira abordagem para obter a atomicidade de falha é executar a operação em uma cópia temporária do objeto e substituir o conteúdo do objeto pela cópia temporária quando a operação for concluída. Essa abordagem acontece naturalmente quando o cálculo pode ser executado de maneira mais rápida uma vez que os dados tenham sido armazenados em uma estrutura de dados temporária. Por exemplo, algumas funções de classificação copiam sua lista de entrada em um array antes da ordenação, a fim de reduzir o custo de acessar os elementos em um loop interno de classificação. Tudo isso é feito por causa do desempenho, mas, como um benefício complementar, essa operação assegura que não se mexa na lista de entrada caso a classificação falhe.

A última, e bem incomum, abordagem para se conseguir a atomicidade de falha é escrever um *código de recuperação* que intercepte uma falha ocorrida no meio de uma operação e faça com que o objeto reverta seu estado ao que estava antes de a operação começar. Essa abordagem é utilizada principalmente em estruturas de dados duráveis (baseadas em disco).

Embora geralmente se recomende a atomicidade de falha, nem sempre a conseguimos alcançar. Por exemplo, se dois segmentos tentarem modificar o mesmo objeto simultaneamente, sem a devida sincronização, o objeto poderá ficar em estado inconsistente. Portanto, seria errado supor que um objeto ainda fosse utilizável depois de uma `ConcurrentModificationException`. Os erros são irrecuperáveis, então você não precisa nem tentar preservar a atomicidade de falha ao lançar uma AssertionError.

Mesmo quando se é possível conseguir a atomicidade de falha, nem sempre é conveniente. Para algumas operações, ela aumentaria significativamente o custo ou a complexidade. Dito isso, muitas vezes é descomplicado e fácil obter a atomicidade de falha quando você está ciente do problema.

Em suma, via de regra, qualquer exceção gerada que faça parte da especificação de um método deve deixar o objeto no mesmo estado em que estava antes da invocação do método. Quando essa regra é violada, a documentação da API deve indicar claramente em que estado o objeto será deixado. Infelizmente, muita da documentação existente das APIs não atende a esse ideal.

Item 77: Não ignore as exceções

Ainda que esse conselho pareça óbvio, é violado com frequência o bastante para que seja repetido. Quando os arquitetos de uma API declaram um método para lançar uma exceção, estão tentando lhe dizer algo. Não ignore isso! É bem fácil ignorar exceções cercando uma invocação de um método com uma instrução `try` cujo bloco `catch` esteja vazio:

```
// Bloco catch vazio ignora a exceção - Bem suspeito!
try {
    ...
} catch (SomeException e) {
}
```

Um bloco catch vazio vai contra o propósito das exceções, que é forçá-lo a lidar com condições excepcionais. Ignorar uma exceção é parecido com ignorar um alarme de incêndio — e desligá-lo para que ninguém mais tenha a chance de ver se há um incêndio real. Você pode se safar, ou os resultados podem ser desastrosos. Sempre que vir um bloco `catch` vazio, um alarme deve soar em sua cabeça.

Existem situações em que é apropriado ignorar uma exceção. Por exemplo, pode ser apropriado ao fechar uma `FileInputStream`. Você não alterou o estado do arquivo, portanto, não há necessidade de executar nenhuma ação de recuperação, e você já leu as informações necessárias do arquivo, consequentemente, não há motivo para interromper a operação em andamento. Seja sensato e registre a exceção para que você possa investigar o assunto caso essas exceções ocorram com frequência. **Se optar por ignorar uma exceção, o bloco catch deve ter um comentário explicando por que é adequado fazer isso, e a variável deve ter o nome ignored**:

```
Future<Integer> f = exec.submit(planarMap::chromaticNumber);
int numColors = 4; // Padrão;garantido o bastante para qualquer map
try {
    numColors = f.get(1L, TimeUnit.SECONDS);
} catch (TimeoutException | ExecutionException ignoradà {
    // Use padrão: a coloração mínima é recomendada, não necessária
}
```

O conselho nesse Item vale tanto para exceções verificadas quanto não verificadas. Se uma exceção representa uma condição excepcional previsível ou um erro de programação, ignorá-la com um bloco `catch` vazio resultará em um programa que prosseguirá silenciosamente na presença de um erro. Ele pode então falhar arbitrariamente em um futuro próximo, e ainda em um local do código que não tenha relação aparente com a origem do problema. O tratamento adequado de uma exceção pode evitar inteiramente essa falha. Deixar que uma exceção simplesmente se propague para o exterior pode pelo menos fazer com que seu programa falhe de imediato, preservando as informações para auxiliar na depuração da falha.

CAPÍTULO 11

Concorrência

$\mathbf{A}$S threads permitem que inúmeras atividades ocorram simultaneamente. A programação concorrente é mais difícil do que a programação em uma única thread, pois muitas coisas podem dar errado, e pode ser difícil de reproduzir as falhas. Você não pode evitar a concorrência. Ela é inerente à plataforma e um requisito para se conseguir um bom desempenho dos processadores multicore, que agora estão por toda parte. Este capítulo apresenta conselhos para ajudá-lo a escrever programas concorrentes claros, corretos e bem documentados.

Item 78: Sincronize o acesso aos dados mutáveis compartilhados

A palavra-chave synchronized garante que apenas uma única thread execute um método ou um bloco naquele dado momento. Muitos programadores acham que a sincronização é somente um meio de *exclusão mútua*, para impedir que um objeto seja visto por uma thread em um estado inconsistente, enquanto está sendo modificado por outra. Nesse ponto de vista, um objeto é criado em um estado consistente (Item 17) e bloqueado pelos métodos que o acessam. Por sua vez, esses objetos observam o estado e, opcionalmente, provocam uma *transição de estado*, transformando o objeto de um estado consistente para outro. O uso adequado da sincronização garante que nenhum método observará o objeto em um estado inconsistente.

Esse ponto de vista está correto, porém isso é apenas metade da história. Sem a sincronização, as alterações de uma thread podem não ficar visíveis para as outras threads. A sincronização não impede apenas que as threads observem um objeto em um estado inconsistente, mas também garante que cada thread que entra em um método ou em um bloco sincronizado veja os impactos de todas as modificações anteriores que foram protegidas pelo mesmo bloqueio.

A especificação da linguagem garante que a leitura ou escrita de uma variável será *atômica*, a menos que a variável seja do tipo long ou double [JLS, 17.4,

17.7]. Em outras palavras, é garantido que a leitura de uma variável diferente de long ou double retornará um valor que foi armazenado nessa variável por alguma thread, mesmo se muitas threads modificarem a variável concorrentemente sem sincronização.

Você pode ter ouvido que, para melhorar o desempenho, deve deixar de fazer a sincronização ao ler ou gravar dados atômicos. Um conselho errado e perigosíssimo. Embora a especificação da linguagem garanta que uma thread não verá um valor arbitrário ao ler um campo, não garante que um valor escrito por uma thread será visível por outra. **A sincronização é necessária para comunicação confiável entre as threads, bem como para a exclusão mútua**. Essa situação se deve a uma parte da especificação da linguagem conhecida como *modelo de memória*, que especifica quando e como as alterações feitas por uma thread se tornam visíveis para as outras [JLS, 17.4; Goetz06, 16].

As consequências de não sincronizar o acesso aos dados mutáveis compartilhados podem ser terríveis, mesmo se os dados forem atomicamente legíveis e graváveis. Considere a tarefa de parar uma thread a partir de outra. As bibliotecas fornecem o método Thread.stop, mas ele foi descontinuado há muito tempo em virtude de ser inerentemente *inseguro* — seu uso pode provocar a corrupção dos dados. **Não use o Thread.stop**. O modo recomendado de parar uma thread a partir de outra é fazer com que a primeira thread leia um campo boolean que é inicialmente false, porém pode ser definido como true pela segunda thread a fim de indicar que a primeira thread deve parar sozinha. Como ler e escrever um campo boolean é uma operação atômica, alguns programadores deixam a sincronização de lado ao acessarem o campo:

```java
// Quebrado! - Quanto tempo você teria que esperar até este programa executar?
public class StopThread {
    private static boolean stopRequested;

    public static void main(String[] args)
            throws InterruptedException {
        Thread backgroundThread = new Thread(() -> {
            int i = 0;
            while (!stopRequested)
                i++;
        });
        backgroundThread.start();

        TimeUnit.SECONDS.sleep(1);
        stopRequested = true;
    }
}
```

Espera-se que esse programa leve cerca de um segundo para executar, após isso a thread principal define o stopRequested como true, fazendo com que o loop da thread em background finalize. Na minha máquina, no entanto, o programa *nunca* finaliza: o loop da thread em background dura para sempre!

O problema é que, na ausência da sincronização, não há garantia de quando, se alguma vez, a thread em background verá a mudança feita no `stopRequested` pela thread principal. Na falta de sincronização, é perfeitamente aceitável que a máquina virtual transforme este código:

```
while (!stopRequested)
    i++;
```

Neste código:

```
if (!stopRequested)
    while (true)
        i++;
```

Essa otimização é conhecida como *hoisting*, é justamente o que a VM do OpenJDK Server faz. O resultado é uma *falha liveness*: o programa não consegue progredir. Uma maneira de corrigir o problema é sincronizar o acesso ao campo `stopRequested`. Este programa leva cerca de um segundo para finalizar, conforme o esperado:

```
// Finalização da thread em colaboração com a sincronização adequada
public class StopThread {
    private static boolean stopRequested;

    private static synchronized void requestStop() {
        stopRequested = true;
    }

    private static synchronized boolean stopRequested() {
        return stopRequested;
    }

    public static void main(String[] args)
            throws InterruptedException {
        Thread backgroundThread = new Thread(() -> {
            int i = 0;
            while (!stopRequested())
                i++;
        });
        backgroundThread.start();

        TimeUnit.SECONDS.sleep(1);
        requestStop();
    }
}
```

Observe que tanto o método de escrita (requestStop) como o método de leitura (stopRequested) estão sincronizados. *Não* é suficiente sincronizar apenas o método de escrita! **Não se garante que a sincronização funcione, a menos que as operações de leitura e escrita estejam sincronizadas**. Às vezes, um programa que sincroniza apenas as gravações (ou leituras) *parece* trabalhar em algumas máquinas, mas, nesse caso, as aparências enganam.

As ações dos métodos sincronizados na StopThread seriam atômicas mesmo sem a sincronização. Ou seja, a sincronização nesses métodos é usada *exclusivamente* por seus efeitos de comunicação, não para a exclusão mútua. Embora o custo da sincronização em cada iteração do loop seja pequeno, há uma alternativa correta menos verbosa cujo desempenho provavelmente será melhor. O bloqueio na segunda versão da StopThread pode ser omitido caso a stopRequested seja declarada como volátil. Ainda que o modificador volatile não execute nenhuma exclusão mútua, garante que qualquer thread que leia o campo verá o valor escrito mais recente:

```java
// Finalização cooperativa da thread com o campo volatile
public class StopThread {
    private static volatile boolean stopRequested;

    public static void main(String[] args)
            throws InterruptedException {
        Thread backgroundThread = new Thread(() -> {
            int i = 0;
            while (!stopRequested)
                i++;
        });
        backgroundThread.start();

        TimeUnit.SECONDS.sleep(1);
        stopRequested = true;
    }
}
```

Você deve tomar cuidado ao usar o volatile. Analise o método a seguir, que supostamente geraria números de série:

```java
// Quebrado - Exige sincronização!
private static volatile int nextSerialNumber = 0;

public static int generateSerialNumber() {
    return nextSerialNumber++;
}
```

O objetivo do método é garantir que toda invocação retorne um valor único (desde que não haja mais de 2^{32} invocações). O estado do método é composto de um único campo atomicamente acessível, nextSerialNumber, e todos os valores possíveis

CAPÍTULO 11: CONCORRÊNCIA   339

desse campo são permitidos. À vista disso, nenhuma sincronização é necessária para proteger as invariantes dele. Ainda assim, o método não funcionará corretamente sem a sincronização.

O problema é que o operador de incremento (++) não é atômico. Ele executa duas operações no campo do nextSerialNumber: primeiro lê o valor e, em seguida, escreve um valor novo, igual ao antigo mais um. Se um segundo segmento ler o campo entre o tempo em que uma thread lê o valor antigo e grava um novo, a segunda thread verá o mesmo valor da primeira e retornará o mesmo número de série. Isso é uma *falha de segurança*: o programa calcula os resultados errados.

Uma maneira de corrigir o generateSerialNumber é adicionar o modificador synchronized à sua declaração. Isso assegura que as múltiplas invocações não sejam intercaladas e que cada invocação do método veja os efeitos de todas as invocações anteriores. Depois de fazer isso, você pode e deve remover o modificador volatile da nextSerialNumber. Para fazer a prova de fogo do método, use um long em vez de um int, ou lance uma exceção caso a nextSerialNumber esteja prestes a se reiniciar.

Melhor ainda, siga o conselho do Item 59 e utilize a classe AtomicLong, que faz parte do java.util.concurrent.atomic. Esse pacote fornece primitivos para programação em variáveis únicas que seja thread-safe e sem bloqueios (lock-free). Embora o volatile forneça apenas os efeitos de comunicação da sincronização, esse pacote também providencia a atomicidade. Exatamente o que queremos para o generateSerialNumber, e é bem provável que tenha um desempenho superior ao da versão sincronizada:

```
// Sincronização sem bloqueio com o java.util.concurrent.atomic
private static final AtomicLong nextSerialNum = new AtomicLong();

public static long generateSerialNumber() {
    return nextSerialNum.getAndIncrement();
}
```

A melhor maneira de evitar os problemas discutidos nesse Item é não compartilhar dados mutáveis. Compartilhe dados imutáveis (Item 17) ou não compartilhe nada. Em outras palavras, **confine os dados mutáveis em uma única thread**. Se adotar essa política, é importante documentá-la para que seja mantida à medida que seu programa evoluir. Também é fundamental compreender profundamente os frameworks e as bibliotecas que você está usando, pois introduzem threads desconhecidas.

Aceita-se que uma thread modifique um objeto de dados por algum tempo e, em seguida, o compartilhe com outras threads, sincronizando apenas o ato de compartilhar a referência do objeto. Outras threads podem então ler o objeto sem uma sincronização adicional, desde que ele não seja modificado novamente. Esses objetos são conhecidos como *efetivamente imutáveis* [Goetz06, 3.5.4]. A transferência dessa referência de objeto de uma thread para outra se chama *publicação segura* [Goetz06, 3.5.3]. Há muitas maneiras de publicar com segurança uma referência de objeto: você pode a armazenar em um campo estático como parte da inicialização da classe; pode armazená-la em um campo volátil, em um campo final ou em um campo acessado com o bloqueio normal; ou pode colocá--la em uma coleção concorrente (Item 81).

Em resumo, **quando muitas threads compartilham dados mutáveis, cada thread que lê ou escreve os dados deve executar a sincronização**. Na ausência da sincronização, não se garante que as alterações de uma thread ficarão visíveis à outra thread. As consequências por não conseguir sincronizar os dados mutáveis compartilhados são falhas de liveness e de segurança. Essas falhas figuram entre as mais difíceis de depurar. Elas podem ser intermitentes e dependentes da sincronização, e o comportamento do programa pode variar drasticamente de uma VM à outra. Se precisa somente da comunicação entre as threads, e não da exclusão mútua, o modificador `volatile` é uma forma admissível de sincronização, mas pode ser complicado o usar corretamente.

Item 79: Evite a sincronização excessiva

O Item 78 chama atenção para os perigos da sincronização insuficiente. Esse Item aborda o problema oposto. Dependendo da situação, a sincronização excessiva pode provocar a redução do desempenho, conflito ou mesmo comportamento não determinístico.

Para evitar falhas de liveness e de segurança, nunca ceda o controle ao cliente dentro de um método ou bloco sincronizado. Em outras palavras, dentro de uma região sincronizada, não invoque um método projetado para ser sobrescrito, ou um fornecido por um cliente na forma de objeto de função (Item 24). Do ponto de vista da classe com a região sincronizada, esses métodos são *desconhecidos*. A classe não sabe o que o método faz e não tem controle sobre ele. Dependendo do que um método desconhecido faz, chamá-lo em uma região sincronizada causa exceções, bloqueios ou corrupção de dados.

Para tornar isso concreto, considere a classe a seguir, que implementa um wrapper de set *observável*. Ele permite que os clientes assinem para receber notificações quando elementos forem adicionados ao conjunto. Isso é o padrão *Observer* [Gamma95].

Para efeitos de brevidade, a classe não fornece notificações quando os elementos são removidos do conjunto, mas seria uma questão simples as fornecer. Essa classe é implementada em cima da ForwardingSet reutilizável do Item 18 (página 97):

```java
// Quebrado - invoca um método desconhecido para a sincronização do bloco!
public class ObservableSet<E> extends ForwardingSet<E> {
    public ObservableSet(Set<E> set) { super(set); }

    private final List<SetObserver<E>> observers
            = new ArrayList<>();

    public void addObserver(SetObserver<E> observer) {
        synchronized(observers) {
            observers.add(observer);
        }
    }

    public boolean removeObserver(SetObserver<E> observer) {
        synchronized(observers) {
            return observers.remove(observer);
        }
    }

    private void notifyElementAdded(E element) {
        synchronized(observers) {
            for (SetObserver<E> observer : observers)
                observer.added(this, element);
        }
    }
    @Override public boolean add(E element) {
        boolean added = super.add(element);
        if (added)
            notifyElementAdded(element);
        return added;
    }

    @Override public boolean addAll(Collection<? extends E> c) {
        boolean result = false;
        for (E element : c)
            result |= add(element);  // Chama a notifyElementAdded
        return result;
    }
}
```

Os observadores assinam as notificações invocando o método addObserver e cancelam a assinatura invocando o método removeObserver. Em ambos os casos, uma instância dessa interface de *callback* é passada para o método:

```java
@FunctionalInterface public interface SetObserver<E> {
    // Invocada quando um elemento é adicionado ao set observável
    void added(ObservableSet<E> set, E element);
}
```

Essa interface é estruturalmente idêntica à BiConsumer<ObservableSet<E>, E>. Optamos por definir uma interface funcional personalizada porque os nomes da

342 *JAVA EFETIVO*

interface e do método tornam o código mais legível e porque a interface poderia evoluir para incorporar vários callbacks. Dito isto, poder-se-ia também elaborar um bom argumento para usar a `BiConsumer` (Item 44).

Em uma inspeção superficial, a `ObservableSet` parece funcionar bem. Por exemplo, o programa a seguir exibe os números de 0 a 99:

```java
public static void main(String[] args) {
    ObservableSet<Integer> set =
            new ObservableSet<>(new HashSet<>());

    set.addObserver((s, e) -> System.out.println(e));

    for (int i = 0; i < 100; i++)
        set.add(i);
}
```

Agora, vamos tentar algo um pouco mais sofisticado. Suponha que substituamos a chamada `addObserver` por uma que passe um observador que imprima o valor do `Integer` adicionado ao set e remova a si mesmo se o valor for 23:

```java
set.addObserver(new SetObserver<>() {
    public void added(ObservableSet<Integer> s, Integer e) {
        System.out.println(e);
        if (e == 23)
            s.removeObserver(this);
    }
});
```

Observe que essa chamada usa uma instância de classe anônima no lugar do lambda usado na chamada anterior. Isso acontece porque o objeto de função precisa passar a si próprio para o `s.removeObserver`, e os lambdas não podem acessar a si mesmos (Item 42).

Espera-se que o programa exiba os números de 0 a 23, e depois disso o observador cancelaria a assinatura e o programa finalizaria silenciosamente. Na verdade, ele exibe esses números e depois lança uma `ConcurrentModificationException`. O problema é que a `notifyElementAdded` está no processo de realizar a iteração na lista `observers` quando ele invoca o método `added` do observador. O método `added` chama o método `removeObserver` do set observável, que, por sua vez, chama o método `observers.remove`. Agora, temos um problema. Estamos tentando remover um elemento de uma lista no meio da iteração, o que não é permitido. A iteração no método `notifyElementAdded` está em um bloco sincronizado para evitar a alteração concorrente, mas ela não impede que a própria thread de iteração faça um callback para o set observável e modifique sua lista `observers`.

Agora, vamos tentar algo estranho: vamos escrever um observador que tente cancelar a inscrição, mas, ao invés de chamar o `removeObserver` diretamente, ele recorre aos serviços de outra therad para agir. Esse observador usa um *serviço executor* (Item 80):

```
//Observador que usa uma thread em background sem necessidade
set.addObserver(new SetObserver<>() {
    public void added(ObservableSet<Integer> s, Integer e) {
        System.out.println(e);
        if (e == 23) {
            ExecutorService exec =
                Executors.newSingleThreadExecutor();
            try {
                exec.submit(() -> s.removeObserver(this)).get();
            } catch (ExecutionException | InterruptedException ex) {
                throw new AssertionError(ex);
            } finally {
                exec.shutdown();
            }
        }
    }
});
```

Aliás, observe que esse programa captura dois tipos de exceção diferentes em uma cláusula catch. Essa funcionalidade, informalmente conhecida como *multi-catch*, foi adicionada no Java 7. Isso potencializa a clareza e reduz o tamanho dos programas que se comportam da mesma maneira em resposta a vários tipos de exceção.

Ao executar esse programa, não recebemos uma exceção; recebemos um deadlock. A thread em background chama o `s.removeObserver`, que tenta bloquear a `observers`, porém ela não consegue a bloquear, porque a thread principal já o fez. Durante todo esse tempo, a thread principal está aguardando que a thread em blackground conclua a remoção do observador, o que explica o deadlock.

Esse exemplo é inventado porque não se tem motivo para o observador usar uma thread em blackground para cancelar a si mesmo, mas o problema é real. Invocar métodos desconhecidos de regiões sincronizadas causou muitos deadlocks em sistemas reais, como nos kits de ferramentas GUI

Em ambos os exemplos anteriores (o da exceção e o do deadlock), tivemos sorte. O recurso que foi protegido pela região sincronizada (`observers`) estava em um estado consistente quando o método desconhecido (`added`) foi invocado. Suponha que você invocasse um método desconhecido dentro uma região sincronizada, enquanto a invariante protegida pela região sincronizada estivesse temporariamente inválida. Como os bloqueios na linguagem de programação Java são *reentrantes*, essas chamadas não sofrerão deadlock. Parecido com o primeiro exemplo, que resultou em uma exceção, a thread que fez a chamada já tem o bloqueio, portanto a thread terá sucesso quando tentar readquirir o bloqueio, mesmo que outra operação conceitualmente não relacionada esteja em andamento nos dados protegidos pelo bloqueio. As consequências dessa falha são catastróficas. No fundo, os bloqueios não conseguiram desempenhar seu trabalho. Os bloqueios reentrantes simplificam a construção de programas multithread orientados a objetos, mas podem transformar falhas de liveness em falhas de segurança.

Felizmente, não é muito difícil corrigir esse tipo de problema ao deslocar as invocações de métodos desconhecidos para fora dos blocos sincronizados. Para o método `notifyElementAdded`, isso envolve tirar um "snapshot" da lista `observers`, que pode então ser seguramente percorrida sem um bloqueio. Com essa alteração, os dois exemplos anteriores são executados sem exceção ou deadlock:

```java
// Método estranho deslocado para fora do bloco sincronizado - abre a chamada
private void notifyElementAdded(E element) {
    List<SetObserver<E>> snapshot = null;
    synchronized(observers) {
        snapshot = new ArrayList<>(observers);
    }
    for (SetObserver<E> observer : snapshot)
        observer.added(this, element);
}
```

Na verdade, existe uma maneira melhor de deslocar as invocações de métodos estranhos para fora do bloco sincronizado. As bibliotecas fornecem uma coleção concorrente (Item 81), conhecida como `CopyOnWriteArrayList`, feita sob medida para essa finalidade. Essa implementação da `List` é uma variante da `ArrayList`, em que todas as operações de modificação são implementadas fazendo uma cópia nova de todo o array subjacente. Como o array interno nunca é alterado, a iteração não exige o bloqueio e é muito rápida. Para a maioria dos usos, o desempenho da `CopyOnWriteArrayList` seria abominável, mas ela é perfeita para listas de observadores, que raramente são modificadas e são percorridas muitas vezes.

Os métodos add e addAll da `ObservableSet` não precisam ser alterados se a lista for modificada para usar a `CopyOnWriteArrayList`. Veja a seguir como é o resto da classe. Observe que de qualquer maneira não há uma sincronização explícita:

```java
// Set da thread safe observável com a CopyOnWriteArrayList
private final List<SetObserver<E>> observers =
        new CopyOnWriteArrayList<>();

public void addObserver(SetObserver<E> observer) {
    observers.add(observer);
}

public boolean removeObserver(SetObserver<E> observer) {
    return observers.remove(observer);
}

private void notifyElementAdded(E element) {
    for (SetObserver<E> observer : observers)
        observer.added(this, element);
}
```

Um método desconhecido invocado fora de uma região sincronizada é conhecido como *chamada aberta* [Goetz06, 10.1.4]. Além de evitar falhas, as chamadas abertas podem melhorar muito a concorrência. Um método desconhecido pode rodar por um período arbitrariamente longo. Se for invocado a partir de uma região sincronizada, outras threads teriam o acesso negado ao recurso protegido desnecessariamente.

Via de regra, você deve fazer o mínimo de trabalho possível dentro das regiões sincronizadas. Obtenha o bloqueio, examine os dados compartilhados, transforme-os conforme necessário e libere o bloqueio. Se precisar realizar alguma atividade demorada, encontre uma maneira de deslocá-la para fora da região sincronizada sem violar as recomendações do Item 78.

A primeira parte deste Item tratou de correção. Agora, vamos abordar rapidamente o desempenho. Embora o custo da sincronização tenha caído desde as primeiras versões do Java, é mais importante do que nunca não abusar da sincronização. Em um mundo de múltiplos núcleos, o prejuízo real da sincronização excessiva não é o tempo gasto na CPU para obter bloqueios; é a *contenção*: são as oportunidades perdidas de paralelismo e os atrasos impostos pela necessidade de garantir que cada núcleo tenha uma view consistente da memória. Outro custo oculto do abuso da sincronização é que ela limita a capacidade da VM de otimizar a execução do código.

Se você está escrevendo uma classe mutável, tem duas opções: você pode omitir toda a sincronização e permitir que o cliente sincronize externamente se o uso concorrente for necessário, ou pode sincronizar internamente, fazendo com que a classe se torne *thread-safe* (Item 82). Você deve escolher a última opção somente se conseguir uma concorrência bem maior com a sincronização interna do que seria possível fazendo com que o cliente bloqueasse o objeto inteiro externamente. As coleções no java.util (com a exceção do obsoleto Vector e da Hashtable) adotam a primeira abordagem, enquanto as do java. util.concurrent aderem à segunda (Item 81).

Nos primórdios do Java, muitas classes violavam essas diretrizes. Por exemplo, as instâncias StringBuffer são quase sempre usadas por uma única thread, ainda assim elas realizam sincronização interna. É por essa razão que a StringBuffer foi destronada pela StringBuilder, que é apenas uma StringBuffer não sincronizada. Da mesma forma, isso também foi uma boa parte do motivo pelo qual o gerador de números pseudo-aleatórios thread-safe no java.util.Random foi substituído pela implementação não sincronizada no java.util.concurrent.ThreadLocalRandom. Em caso de dúvida, *não* sincronize sua classe, mas documente que ela não é thread-safe.

Caso sincronize sua classe internamente, você pode usar várias técnicas para alcançar uma concorrência de alto desempenho, como divisão de bloqueio (lock splitting), distribuição de bloqueios (lock striping) e controle de concorrência sem bloqueio (nonblocking concurrency control). Essas técnicas fogem do escopo deste livro, mas são discutidas em outros lugares [Goetz06, Herlihy08].

Se um método modifica um campo estático e existe alguma possibilidade de que o método seja chamado a partir de múltiplas threads, você *deve* sincronizar o acesso ao campo internamente (a menos que a classe tolere comportamento não determinístico). É impossível para um cliente multithread executar a sincronização externa nesse método, pois clientes não relacionados podem invocar o método sem sincronização. O campo é basicamente uma variável global, mesmo que seja privado, porque pode ser lido e modificado por clientes não relacionados. O campo nextSerialNumber usado pelo método generateSerialNumber no Item 78 exemplifica essa situação.

Em suma, para evitar o deadlock e a corrupção de dados, nunca chame um método desconhecido de dentro de uma região sincronizada. De modo geral, trabalhe o mínimo possível nas regiões sincronizadas. Ao projetar uma classe mutável, pense se ela deve fazer a própria sincronização. Em uma era de múltiplos núcleos, é mais importante do que nunca não abusar da sincronização. Sincronize sua classe internamente somente se houver uma boa razão para fazê-lo e seja claro ao documentar sua decisão (Item 82).

Item 80: Dê preferência aos executores, às tarefas e às streams em vez das threads

A primeira edição deste livro apresentava um código para uma simples *fila de trabalho* [Bloch01, Item 49]. Essa classe permitia que os clientes enfileirassem serviços para processamento assíncrono por uma thread em background. Quando a fila de trabalho não fosse mais necessária, o cliente poderia invocar um método para solicitar à thread em background que se encerrasse normalmente após concluir qualquer serviço que já estivesse na fila. A implementação era pouco mais que um exemplo simples, mas, mesmo assim, exigia uma página inteira de código delicado e sutil, do tipo suscetível a falhas de segurança e falhas de liveness caso você não o entendesse completamente. Felizmente, não há mais motivos para escrever esse tipo de código.

Antes de a segunda edição deste livro sair, o java.util.concurrent foi adicionado ao Java. Esse pacote contém um *Executor Framework,* uma funcionalidade flexível de execução de tarefas baseada em interface. Criar uma fila de trabalho que seja melhor em todos os aspectos do que a da primeira edição deste livro exige somente uma linha de código:

```
ExecutorService exec = Executors.newSingleThreadExecutor();
```

Veja como submeter uma runnable para a execução:

```
exec.execute(runnable);
```

E, aqui, veja como informar ao executor para finalizar graciosamente (caso você faça isso, talvez sua VM não se encerre):

```
exec.shutdown();
```

Você pode fazer *muito* mais coisas com um serviço executor. Por exemplo, pode esperar que uma determinada tarefa seja concluída (com o método get, conforme mostrado no Item 79, página 340), você pode esperar que alguma ou todas as tarefas de uma coleção sejam concluídas (usando os métodos invokeAny ou invokeAll), você pode esperar a finalização do serviço executor (usando o método awaitTermination), você pode recuperar os resultados das tarefas um após outro, à medida que são concluídas (usando uma ExecutorCompletionService), você pode agendar tarefas para executarem em um horário específico ou periodicamente (usando uma ScheduledThreadPoolExecutor), e assim por diante.

Se quiser que mais de uma thread processe as solicitações da fila, simplesmente chame uma static factory diferente que crie um tipo diferente de serviço executor chamado *pool de threads*. Você pode criar um pool de threads com um número fixo ou variável de threads. A classe `java.util.concurrent.Executors` contém static factories que fornecem a maioria dos executores de que precisará. Se, no entanto, você quiser algo fora do comum, pode usar a classe `ThreadPoolExecutor` diretamente. Essa classe permite configurar quase todos os aspectos da operação de um pool de threads.

Escolher o serviço executor para uma aplicação específica pode ser complicado. Para um programa pequeno ou um servidor com carga leve, o `Executors.newCachedThreadPool` geralmente é uma boa escolha, porque não exige configuração e geralmente "faz a coisa certa". Todavia, uma pool de threads em cache não é uma boa escolha para um servidor de produção muito carregado! No pool de threads em cache, as tarefas enviadas não são enfileiradas, mas imediatamente transferidas a uma thread para execução. Caso nenhuma thread esteja disponível, uma nova será criada. Se um servidor estiver tão carregado que todas as suas CPUs estejam totalmente utilizadas e mais tarefas chegarem, mais threads serão criadas, o que só piorará as coisas. Portanto, em um servidor de produção muito carregado, é melhor usar o `Executors.newFixedThreadPool`, que lhe dá um pool com um número fixo de threads, ou utilizar diretamente a classe `ThreadPoolExecutor`, para controle máximo.

Você não deve apenas evitar escrever as próprias filas de trabalho, como também deve evitar trabalhar diretamente com as threads. Quando trabalha diretamente com threads, uma `Thread` funciona como unidade de trabalho e como mecanismo para executá-la. No framework executor, a unidade de trabalho e o mecanismo de execução são separados. A abstração chave é a unidade de trabalho, a *tarefa*. Existem dois tipos de tarefas: a `Runnable` e sua prima próxima, a `Callable` (que é como a `Runnable`, exceto que ela retorna um valor e pode lançar exceções arbitrárias). O mecanismo geral para executar tarefas é o *serviço executor*. Se pensar em termos de tarefas e permitir que um serviço executor execute-as para você, terá a flexibilidade de selecionar uma política de execução apropriada para atender às suas necessidades e alterar a política, caso suas necessidades mudem. Em essência, o Executor Framework faz pela execução o que o Collections Framework fez para agregação.

No Java 7, estendeu-se o Executor Framework para oferecer suporte às tarefas fork-join, que são executadas por um tipo especial de serviço executor conhecido como pool fork-join. Uma tarefa fork-join, representada por uma instância `ForkJoinPool`, pode ser dividida em subtarefas menores, e as threads que compõem o `ForkJoinPool` não apenas processam essas tarefas, como "roubam" as tarefas umas das outras para garantir que todas as threads permaneçam ocupadas, resultando em uma utilização maior da CPU, uma maior taxa de transferência e uma menor latência. Escrever e ajustar tarefas fork-join é complicado. As streams paralelas (Item 48) são escritas em cima de pools fork-join e permitem que você usufrua de seus benefícios de desempenho com pouco esforço, supondo que elas sejam apropriadas para a tarefa em questão.

Um tratamento completo do Executor Framework foge ao escopo deste livro, mas o leitor interessado pode ler o *Java Concurrency in Practice* [Goetz06].

Item 81: Prefira os utilitários de concorrência ao `wait` e ao `notify`

A primeira edição deste livro dedicou um Item ao uso correto do `wait` e do `notify` [Bloch01, Item 50]. Seu conselho ainda é válido, sendo resumido no final deste Item, todavia é muito menos importante do que era antes. Essa situação deve-se ao fato de se ter menos motivos para utilizar o `wait` e o `notify`. Desde o Java 5, a plataforma vem disponibilizando utilitários de concorrência de alto nível, que fazem tipos de coisas que você outrora tinha que codificar manualmente em cima do `wait` e do `notify`. **Dada a dificuldade de usar o `wait` e o `notify` corretamente, você deve usar os utilitários de concorrência de nível superior**.

Os utilitários de nível superior no `java.util.concurrent` dividem-se em três categorias: o Executor Framework, que foi abordado brevemente no Item 80; as coleções concorrentes; e os sincronizadores. Neste Item, as coleções concorrentes e os sincronizadores são abordados de forma breve.

As coleções concorrentes são implementações concorrentes de alto desempenho de interfaces da coleções padrão, como a `List`, a `Queue`, e a `Map`. Para viabilizar alta concorrência, essas implementações gerenciam a própria sincronização internamente (Item 79). Por essa razão, **é impossível excluir a atividade concorrente de uma coleção concorrente; o bloqueio só retardará o programa**.

Como você não pode excluir as atividades concorrentes em coleções concorrentes, também não é possível compor atomicamente invocações de método dentro delas. Portanto, as interfaces de coleções concorrentes foram repaginadas com *operações de modificação dependentes do estado*, que combinam vários primitivos em uma única operação atômica. Essas operações provaram ser suficientemente úteis em coleções concorrentes que foram adicionadas às interfaces das coleções correspondentes no Java 8, utilizando os métodos padrão (Item 21).

Por exemplo, o método `putIfAbsent(key, value)` da `Map` insere um mapeamento para uma chave se já não houver um, e retorna `null` caso o mapeamento seja inserido ou o valor que já estava associado à chave. Isso facilita a implementação de maps thread-safe de forma canônica. Esse método simula o comportamento da `String.intern`:

```
// Canonização concorrente da map em cima da ConcurretMap - não é o ideal
private static final ConcurrentMap<String, String> map =
        new ConcurrentHashMap<>();

public static String intern(String s) {
    String previousValue = map.putIfAbsent(s, s);
    return previousValue == null ? s : previousValue;
}
```

Na verdade, você pode fazer ainda melhor. A `ConcurrentHashMap` é otimizada para operações de recuperação, como o `get`. Portanto, vale a pena invocar o `get` inicialmente e chamar o `putIfAbsent` caso o `get` indique que seja necessário:

```
// Canonização concorrente em cima da ConcurrentMap - mais rápido!
public static String intern(String s) {
    String result = map.get(s);
    if (result == null) {
        result = map.putIfAbsent(s, s);
        if (result == null)
            result = s;
    }
    return result;
}
```

Além de oferecer uma excelente concorrência, a `ConcurrentHashMap` também é bem rápida. Na minha máquina, o método `intern` acima é cerca de seis vezes mais rápido do que o `String.intern` (mas tenha em mente que o `String.intern` deve empregar alguma estratégia para evitar vazamentos de memória em uma aplicação de grande duração). As coleções concorrentes fazem com que grande parte das coleções sincronizadas fiquem obsoletas. Por exemplo, **use a ConcurrentHashMap em vez da Collections.synchronizedMap**. Substituir os maps sincronizados por maps concorrentes pode aumentar e muito o desempenho das aplicações concorrentes.

Algumas das interfaces de coleção foram estendidas com *operações de bloqueio*, que aguardam (ou *bloqueiam*) até que possam ser executadas com sucesso. Por exemplo, a `BlockingQueue` estende a `Queue` e adiciona vários métodos, incluindo o `take`, que remove e retorna o elemento do início da fila, esperando, caso a fila esteja vazia. Isso permite que filas de bloqueio sejam usadas *para as filas de trabalho* (também conhecido como *filas produtor-consumidor*), nas quais uma ou mais *threads produtoras* enfileiram Itens de trabalho e das quais uma ou mais *threads consumidoras* retiram e processam os Itens à medida em que eles se tornam disponíveis. Como seria de esperar, a maioria das implementações da `ExecutorService`, incluindo a `ThreadPoolExecutor`, usam uma `BlockingQueue` (Item 80).

Os *sincronizadores* são objetos que permitem que as threads esperem umas pelas outras, permitindo que elas coordenem suas atividades. Os sincronizadores mais usados são o `CountDownLatch` e o `Semaphore`. Os menos usados são o `CyclicBarrier` e o `Exchanger`. O sincronizador mais poderoso é o `Phaser`.

Travas de contagem regressiva (countdown latches) são barreiras de uso único que permitem que uma ou mais threads esperem que uma ou mais outras threads façam algo. O único construtor para `CountDownLatch` recebe um `int` que é o número de vezes que o método `countDown` deve ser invocado na trava (latch) antes que todas as threads em espera possam continuar.

É bem fácil construir coisas que possam ajudar em cima desse primitivo simples. Por exemplo, imagine que você queira criar um framework simples para cronometrar a execução concorrente de uma ação. Esse framework é composto por um único método que recebe um executor para executar a ação, um nível de concorrência que representa o número de ações a serem executadas concorrentemente, e uma runnable representando a ação. Todas as threads de trabalho estão prontas para executar a ação antes que a thread do temporizador inicie o relógio. Quando a última thread de trabalho está pronta para executar a ação, a thread do temporizador "dispara o sinal partida", permitindo que as threads de trabalho executem a ação. Logo que a última thread de trabalho termina de executar a ação, a thread do temporizador para o relógio. Implementar esse processo diretamente em cima do `wait` e do `notify` seria, no mínimo, confuso, porém fazer isso em cima do `CountDownLatch` é bem simples:

```java
// Framework simples para cronometrar a execução concorrente
public static long time(Executor executor, int concurrency,
            Runnable action) throws InterruptedException {
    CountDownLatch ready = new CountDownLatch(concurrency);
    CountDownLatch start = new CountDownLatch(1);
    CountDownLatch done  = new CountDownLatch(concurrency);

    for (int i = 0; i < concurrency; i++) {
        executor.execute(() -> {
            ready.countDown(); // Informa ao temporizador que estamos prontos
            try {
                start.await(); // Espera até que os pares estejam prontos
                action.run();
            } catch (InterruptedException e) {
                Thread.currentThread().interrupt();
            } finally {
                done.countDown();  // Informa ao temporizador que terminamos
            }
        });
    }

    ready.await();      // Aguarda até todas as threads de trabalho ficarem prontas
    long startNanos = System.nanoTime();
    start.countDown(); // Contagem regressiva!
    done.await();       // Aguarda até que todas as threads terminem
    return System.nanoTime() - startNanos;
}
```

Observe que o método utiliza três travas de contagem regressiva. A primeira, ready, é usada pelas threads de trabalho para informar à thread do temporizador quando elas estão prontas. As threads de trabalho, em seguida, aguardam a segunda trava, start. Quando a última thread de trabalho invoca o ready.countDown, a thread do temporizador registra o horário de início e invoca o start.countDown, permitindo que todas as threads de trabalho continuem. Em seguida, a thread do temporizador espera a terceira trava, done, até que a última das threads de trabalho finalizam a execução e chame o done.countDown. Assim que isso acontece, a thread do temporizador acorda e registra o horário do fim.

Deve-se observar ainda mais alguns detalhes. O executor passado para método time deve permitir a criação de, pelo menos, o mesmo número de threads que o nível de concorrência fornecido, ou o teste nunca será concluído. Isso é conhecido como *deadlock de inanição da thread* [Goetz06, 8.1.1]. Se uma thread de trabalho captura uma InterruptedException, ela reafirma a interrupção usando a prática de uso corrente Thread.currentThread().interrupt() e retorna do seu método run. Isso permite que o executor trate a interrupção como achar melhor. Observe que o System.nanoTime é usado para cronometrar a atividade. **Para cronometrar intervalos, use sempre o System.nanoTime em vez do System. currentTimeMillis.** O System.nanoTime é mais meticuloso e preciso, e não é afetado por ajustes no relógio de tempo real do sistema. Por fim, observe que o código nesse exemplo não produzirá intervalos de tempo precisos, a menos que action trabalhe um pouco mais, digamos um segundo ou mais. Realizar um microbenchmarking meticuloso é sabidamente difícil e é melhor feito com a ajuda de um framework especializado como o jmh [JMH].

Este Item não chega nem perto do que você pode fazer com os utilitários de concorrência. Por exemplo, as três travas de contagem regressiva no exemplo anterior podem ser substituídas por uma instância única de CyclicBarrier ou Phase. O código resultante seria um pouco mais conciso, mas talvez mais difícil de entender.

Enquanto você deve sempre usar os utilitários de concorrência em vez do wait e do notify, talvez tenha que manter o código legado que usa o wait e o notify. O método wait é utilizado para fazer com que uma thread aguarde por alguma condição. Ele deve ser invocado dentro de uma região sincronizada que bloqueia o objeto no qual ele é chamado. Veja a seguir a prática corrente padrão para usar o método wait:

```
// Prática corrente padrão para usar o método wait
synchronized (obj) {
    while (<condition does not hold>)
        obj.wait(); // (Libera o bloqueio, e exige a wakeup)
    ... // Ação de desempenho adequada para a condição
}
```

Sempre use a prática corrente do loop wait para invocar o método wait; nunca o invoque fora do loop. O loop serve para testar a condição antes e depois da espera.

Testar a condição antes da espera e ignorar o wait se a condição já for válida é necessário para garantir a liveness. Caso a condição já seja válida e o método notify (ou o notifyAll) já tenha sido invocado antes da espera da thread, não se tem a garantia de que a thread sequer será despertada da espera.

É de suma importância testar a condição antes da espera e aguardar novamente, caso a condição não seja válida, para garantir a segurança. Se uma thread prosseguir com a ação quando a condição não for válida, ela pode destruir a invariante protegida pelo bloqueio. Há inúmeras razões pelas quais uma thread pode ser ativada quando uma condição não é válida.

- Outra thread pode ter obtido o bloqueio e ter alterado o estado protegido entre o tempo em que a thread invocou o notify e o momento que a thread em espera acordou.

- Outra thread pode ter invocado o notify por acidente ou maliciosamente quando a condição não era válida. As classes se expõem a esse tipo de mau comportamento ao esperar por objetos publicamente acessíveis. Qualquer wait em um método sincronizado de um objeto publicamente acessível está sujeito a esse problema.

- A thread de notificação pode ser exageradamente "generosa" ao acordar as threads em espera. Por exemplo, a thread de notificação pode invocar o notifyAll mesmo que somente algumas threads em espera tenham a condição atendida.

- A thread em espera pode (raramente) ser despertada na falta de uma notificação. Isso é conhecido como o *Spurius Wakeup* [POSIX, 11.4.3.6.1; Java9-api].

Um problema relacionado a isso é se devemos usar o notify ou o notifyAll para despertar as threads em espera. (Lembre-se de que o notify desperta uma única thread em espera, supondo que exista, e o notifyAll, todas as threads em espera.) Às vezes, você ouve que é para usar *sempre* o notifyAll. Esse é um conselho sensato e conservador. Ele sempre terá bons resultados, pois garante que você desperte as threads que precisam ser despertadas. Você pode ativar algumas outras threads também, mas isso não influenciará a precisão de seu programa. Essas threads verificarão a condição que estão esperando e, caso seja falsa, continuarão aguardando.

Como uma otimização, você pode decidir por invocar o notify em vez do notifyAll caso todas as threads no conjunto de espera estejam aguardando pela mesma condição e apenas uma thread por vez possa usufruir da condição se tornando verdadeira.

Mesmo que essas precondições sejam atendidas, pode haver razões para usar notifyAll em vez do notify. Assim como inserir a invocação do wait em um loop protege contra as notificações acidentais ou maliciosas em um objeto publicamente acessível, utilizar o notifyAll em lugar do notify protege contra esperas acidentais ou mal-intencionadas por uma thread não relacionada. Caso contrário, essas esperas poderiam "engolir" uma notificação crítica, fazendo com que o destinatário desejado esperasse indefinidamente.

Em suma, usar o wait e o notify diretamente é como programar em uma "linguagem assembly concorrente", em comparação à linguagem de alto nível disponibilizada pela java.util.concurrent. **Rara às vezes, ou nunca, existe um motivo para usar o wait ou o notify em um código novo**. Se você manter código que usa o wait e o notify, faça questão de que ele sempre invoque loop while usando a prática comum. O método notifyAll deve geralmente ser usado em vez do notify. Se o notify for usado, deve-se tomar muito cuidado para garantir a liveness.

CAPÍTULO 11: CONCORRÊNCIA   355

Item 82: Documente a thread safety

A maneira como uma classe se comporta quando seus métodos são usados concorrentemente é uma parte importante do contrato dela com seus clientes. Se você não documentar esse aspecto do comportamento de uma classe, seus usuários serão obrigados a fazer suposições. Caso essas suposições estejam erradas, o programa resultante poderá realizar uma sincronização deficiente (Item 78) ou excessiva (Item 79). Ambos os casos provocam erros graves.

Você pode já ter ouvido que se consegue dizer se um método é thread-safe ao procurar pelo modificador synchronized em sua documentação. Isso está errado por diversas razões. Em uma operação normal, o Javadoc não inclui o modificador synchronized em sua saída por um bom motivo. **A presença do modificador synchronized em uma declaração de método é um detalhe de implementação, não parte de sua API**. Isso não indica de forma confiável que um método é thread-safe.

Além disso, a afirmação de que a presença do modificador synchronized é suficiente para documentar a thread safety parte do equívoco de que a thread safety é uma propriedade to tipo tudo ou nada. Na verdade, existem vários níveis de thread safety. **Para possibilitar o uso concorrente seguro, uma classe deve documentar com clareza o nível de thread safety que suporta**. A lista a seguir resume os níveis de thread safety. Não é completa, mas aborda os casos mais comuns:

- **Imutável**: As instâncias dessa classe se parecem com constantes. Nenhuma sincronização externa é necessária. Os exemplos incluem: String, Long e BigInteger (Item 17).

- **Incondicionalmente thread-safe**: As instâncias dessa classe são mutáveis, mas a classe possui sincronização interna suficiente para que suas instâncias sejam usadas concorrentemente sem a necessidade de qualquer sincronização externa. Os exemplos incluem: a AtomicLong e a ConcurrentHashMap.

- **Condicionalmente thread-safe**: Como as incondicionalmente thread-safe, exceto que alguns métodos exigem uma sincronização externa para o uso concorrente seguro. Exemplos incluem as coleções devolvidas pelas classes wrappers da Collections.synchronized, cujos iteradores exigem sincronização externa.

- **Sem thread-safe**: As instâncias dessa classe são mutáveis. Para utilizá--las concorrentemente, os clientes precisam envolver cada invocação do método (ou sequência de invocação) com uma sincronização externa da escolha do clientes. Os exemplos incluem as implementações de coleções para fins gerais, como a `ArrayList` e a `HashMap`.

- **Hostil à thread**: Essa classe não é segura para uso concorrente, mesmo que toda invocação de método seja envolvida por uma sincronização externa. A hostilidade à thread geralmente resulta da modificação de dados estáticos sem sincronização. Ninguém escreve uma classe hostil à threads de propósito; essas classes normalmente resultam da falha em considerar a concorrência. Quando uma classe ou método é considerado hostil à threads, ele geralmente é corrigido ou descontinuado. O método `generateSerialNumber` do Item 78 seria hostil a threads na ausência da sincronização interna, conforme discutido na página 338.

Essas categorias (com exceção da hostil à thread) correspondem mais ou menos *às anotações de thread safety* do *Java Concurrency in Practice*, que são `Immutable`, `ThreadSafe` e `NotThreadSafe` [Goetz06, Appendix A]. As categorias condicionalmente e incondicionalmente thread-safe da taxonomia descritas anteriormente são ambas tratadas na anotação `ThreadSafe`.

Documentar uma classe condicionalmente thread-safe requer cuidado. Você deve indicar quais sequências de invocação exigem sincronização externa e qual bloqueio (ou, em casos raros, bloqueios) deve ser utilizado para executar essas sequências. Normalmente, é o bloqueio na própria instância, mas há exceções. Por exemplo, a documentação para a `Collections.synchronizedMap` diz isso:

É imperativo que o usuário sincronize manualmente no map retornado ao fazer a iteração em qualquer uma de suas views de coleção:

```
Map<K, V> m = Collections.synchronizedMap(new HashMap<>());
Set<K> s = m.keySet();  // Não precisa estar no bloco sincronizado
    ...
synchronized(m) {  // Sincronização no m, não no s!
    for (K key : s)
        key.f();
}
```

O não cumprimento desse conselho provoca o comportamento não determinístico.

Em geral, a descrição da thread safety de uma classe fica no comentário doc da classe, mas os métodos com propriedades de thread safety especiais devem descrever essas propriedades nos próprios comentários de documentação. Não é necessário documentar a imutabilidade dos tipos enum. A menos que seja óbvio pelo tipo de retorno, as static factories devem documentar a thread safety do objeto retornado, conforme demonstrado pela Collections.synchronizedMap (acima).

Quando uma classe se compromete a usar um bloqueio publicamente acessível, ela permite que os clientes executem uma sequência de invocações de método atomicamente, todavia, essa flexibilidade vem com um preço. Ela é incompatível com o controle de concorrência interna de alto desempenho, do tipo usado por coleções concorrentes, como a ConcurrentHashMap. Além do mais, um cliente pode organizar um ataque de negação de serviço mantendo o bloqueio acessível publicamente por um período prolongado. Isso pode ser feito acidentalmente ou de propósito.

Para evitar esse ataque de negação de serviço, você pode usar um *objeto de bloqueio privado* em vez de usar métodos sincronizados (o que implica um bloqueio publicamente acessível):

```
// Prática corrente do objeto de bloqueio privado - impede o ataque DoS
private final Object lock = new Object();

public void foo() {
    synchronized(lock) {
        ...
    }
}
```

Como o objeto de bloqueio privado é inacessível fora da classe, é impossível que os clientes interfiram na sincronização do objeto. Na verdade, estamos aplicando o conselho do Item 15 encapsulando o objeto de bloqueio no objeto que ele sincroniza.

Observe que o campo lock é declarado como final. Isso impede que você altere inadvertidamente seu conteúdo, o que poderia provocar um acesso não sincronizado catastrófico (Item 78). Estamos seguindo o conselho do Item 17, restringindo a mutabilidade do campo lock. **Os campos de bloqueio devem sempre ser declarados como final**. Isso é verdade quer você use um bloqueio de monitoramento comum (conforme mostrado acima) quer um bloqueio do pacote java.util.concurrent.locks.

A prática de uso do objeto de bloqueio privado pode ser utilizada somente em classes *incondicionalmente* thread-safe. As classes condicionalmente thread-safe não podem usar essa prática, pois devem documentar quais bloqueios seus clientes devem usar ao executar certas sequências de invocação de métodos.

358 *JAVA EFETIVO*

A prática de uso do objeto de bloqueio privado é particularmente adequada para as classes projetadas para herança (Item 19). Se essa classe fosse usar suas instâncias para o bloqueio, uma subclasse poderia fácil e involuntariamente interferir com a operação da classe base, ou vice-versa. Utilizando o mesmo bloqueio para finalidades diferentes, a subclasse e a classe base podem acabar "se esbarrando uma na outra". Esse não é apenas um problema teórico; aconteceu com a classe `Thread` [Bloch05, Puzzle 77].

Em síntese, toda classe deve documentar claramente suas propriedades de thread safety com uma descrição de texto redigida com muito cuidado ou com uma anotação de thread safety. O modificador `synchronized` não faz parte dessa documentação. Classes condicionalmente thread-safe devem documentar quais sequências de invocação de método exigem uma sincronização externa e quais bloqueios devem ser adquiridos ao executar essas sequências. Caso você escreva uma classe incondicionalmente thred-safe, considere o uso de um objeto de bloqueio privado em vez de métodos sincronizados. Isso protege você contra a interferência de sincronização por clientes e subclasses, e oferece-lhe mais flexibilidade para adotar uma abordagem sofisticada de controle de concorrência em uma versão futura.

Item 83: Utilize a inicialização preguiçosa com parcimônia

A *inicialização preguiçosa* é o ato de atrasar a inicialização de um campo até que seu valor seja necessário. Se o valor nunca for necessário, o campo nunca será inicializado. Essa técnica se aplica aos campos estáticos e aos de instância. Enquanto a inicialização preguiçosa é basicamente uma otimização, também pode ser usada para romper as circularidades prejudiciais na inicialização de classes e instâncias [Bloch05, Puzzle 51].

Como é o caso da maioria das otimizações, o melhor conselho para a inicialização preguiçosa é "não faça a menos que precise" (Item 67). A inicialização preguiçosa é uma faca de dois gumes. Por um lado, minimiza o custo de inicializar uma classe ou criar uma instância, ao passo que potencializa o custo de acessar o campo inicializado preguiçosamente. Dependendo da fração desses campos que vai eventualmente exigir inicialização, quão dispendiosa é essa inicialização e com que frequência cada um deles será acessado depois de inicializado, a inicialização preguiçosa (como muitas "otimizações") realmente prejudica o desempenho.

Dito isto, a inicialização preguiçosa tem seus usos. Se um campo é acessado em uma fração das instâncias de uma classe e *é* dispendioso inicializar o campo, então a inicialização preguiçosa pode valer a pena. A única maneira de saber com certeza é mensurar o desempenho da classe com e sem inicialização preguiçosa.

Na presença de muitas threads, a inicialização preguiçosa é complicada. Se duas ou mais threads compartilham um campo inicializado preguiçosamente, é crítico que alguma forma de sincronização seja empregada, ou podem ocorrer bugs gravíssimos (Item 78). Todas as técnicas de inicialização discutidas nesse Item são thread-safe.

Na maioria das circunstâncias, a inicialização normal é preferível à inicialização preguiçosa. Veja uma típica declaração para um campo de instância normalmente inicializado. Observe o uso do modificador `final` (Item 17):

```
// Inicialização normal de um campo de instância
private final FieldType field = computeFieldValue();
```

Caso você use a inicialização preguiçosa para romper uma circularidade de inicialização, use um getter sincronizado, pois é a alternativa mais simples e clara:

```
// Inicialização preguiçosa do campo da instância - getter sincronizado
private FieldType field;

private synchronized FieldType getField() {
    if (field == null)
        field = computeFieldValue();
    return field;
}
```

Ambas as práticas correntes (*a inicialização normal* e a *inicialização preguiçosa com getter sincronizado*) ficam inalteradas quando aplicadas aos campos estáticos, exceto que você adiciona o modificador `static` às declarações do campo e do getter.

Se precisar usar a inicialização preguiçosa para o desempenho em um campo estático, apele para *prática de uso da classe portadora de inicialização preguiçosa*. Essa prática tira partido da garantia de que uma classe não será inicializada até que seja usada [JLS, 12.4.1]. Veja como ela é:

```
// Prática da classe portadora de inicialização preguiçosa para campos estáticos
private static class FieldHolder {
    static final FieldType field = computeFieldValue();
}

private static FieldType getField() { return FieldHolder.field; }
```

Quando o `getField` é invocado pela primeira vez, lê o `FieldHolder.field` pela primeira vez, provocando a inicialização da classe `FieldHolder`. A beleza dessa prática de uso é que o método `getField` não é sincronizado e executa apenas um acesso ao campo, de modo que a inicialização preguiçosa praticamente não acrescenta nada ao custo de acesso. Uma típica VM sincronizará o acesso ao campo somente para inicializar a classe. Depois que a classe for inicializada, a VM altera o código para que o acesso posterior ao campo não envolva nenhum teste ou sincronização.

Caso você precise utilizar a inicialização preguiçosa para desempenho em um campo de instância, use a *prática de uso verificação dupla*. Essa prática evita o custo do bloqueio ao acessar o campo após a inicialização (Item 79). A lógica dela é verificar o valor do campo duas vezes (daí o nome *verificação dupla*): uma vez sem o bloqueio e, em seguida, se o campo parecer não inicializado, uma segunda vez com o bloqueio. Apenas se a segunda verificação indicar que o campo não está inicializado, a chamada inicializa o campo. Como não há bloqueio uma vez que o campo esteja inicializado, é *de suma importância* que se declare o campo como `volatile` (Item 78). Veja a prática a seguir:

```
// Prática de uso double-check para a inicialização preguiçosa nos campos da instância
private volatile FieldType field;

private FieldType getField() {
    FieldType result = field;
    if (result == null) { // Primeira verificação (sem bloqueio)
        synchronized(this) {
            if (field == null) // Segunda verificação (com bloqueio)
                field = result = computeFieldValue();
        }
    }
    return result;
}
```

Aparentemente esse código é um pouco confuso. Em particular, a necessidade da variável local (`result`) pode não estar clara. O que essa variável faz é garantir que o `field` seja lido somente uma vez no caso comum em que ele já está inicializado. Embora não seja estritamente necessário, isso melhora o desempenho e é mais elegante de acordo com os padrões aplicados à programação concorrente de baixo nível. Na minha máquina, o método acima é cerca de 1,4 vez mais rápido que a versão sem uma variável local.

Ainda que você também possa aplicar a prática de verificação dupla aos campos estáticos, não há razão para o fazer: a prática de uso corrente da classe portadora é a melhor escolha.

Vale a pena mencionar duas variantes da prática de uso da verificação dupla corrente. Em certas ocasiões, você pode precisar inicializar preguiçosamente um campo de instância que possa tolerar a inicialização repetida. Caso encontre-se nessa situação, você pode lançar mão de uma variante da prática de verificação dupla que dispensa a segunda verificação. Não é surpresa que ela seja conhecida como *prática de uso da verificação única*. Veja como ela é. Observe que o field ainda é declarado como volatile:

```
// Prática de uso single-check - pode provocar inicialização repetida!
private volatile FieldType field;

private FieldType getField() {
    FieldType result = field;
    if (result == null)
        field = result = computeFieldValue();
    return result;
}
```

Todas as técnicas de inicialização discutidas neste Item se aplicam tanto aos campos primitivos como aos campos de referência de objetos. Quando se aplicam as práticas de uso de verificação dupla ou de verificação única a um campo primitivo numérico, verifica-se o valor do campo em relação a 0 (o valor padrão para variáveis numéricas primitivas) em vez de null.

Caso você não se importe se *cada* thread recalcular o valor de um campo, e se o tipo do campo é um primitivo diferente de long ou double, então você pode optar por remover o modificador volatile da declaração do campo na prática de uso de verificação única. Essa variante é conhecida como *prática ousada de uso verificação única*. Ela acelera o acesso ao campo em algumas arquiteturas, ao custo de inicializações adicionais (até o limite de uma por thread que acesse o campo). Essa é definitivamente uma técnica exótica, não se usa no dia a dia.

Em suma, você deve inicializar a maioria dos campos de modo normal, não preguiçosamente. Se precisar inicializar um campo preguiçosamente a fim de alcançar suas metas de desempenho ou para romper uma circularidade de inicialização perigosa, use a técnica de inicialização preguiçosa adequada. Por exemplo, para os campos, use a prática de uso de verificação dupla; para campos estáticos, utilize a prática da classe portadora da inicialização preguiçosa. Para os campos que podem tolerar a inicialização repetida, você também pode pensar na possibilidade de aplicar a prática de uso de verificação única.

Item 84: Não dependa do agendador de threads

Quando muitas threads são executáveis, o agendador de threads determina quais devem ser executadas e por quanto tempo. Qualquer sistema operacional normal

362 JAVA EFETIVO

tentará fazer essa determinação de forma imparcial, mas a política pode variar. À vista disso, programas bem escritos não devem depender dos detalhes dessa política. **Qualquer programa que dependa do agendador de threads para correção ou desempenho provavelmente não será portável**.

A melhor maneira de escrever um programa robusto, responsivo e portável é garantir que o número médio de threads *executáveis* não seja significativamente maior do que o número dos processadores. Isso deixa pouca escolha para o agendador de threads: ele simplesmente executa as threads executáveis até que elas não sejam mais executáveis. O comportamento do programa não varia muito, mesmo sob políticas de agendamento de thread drasticamente diferentes. Observe que o número de threads executáveis não é o mesmo que o número total de threads, que pode ser muito maior. As threads que estão em espera não são executáveis.

A principal técnica para manter baixo o número de threads executáveis é fazer com que cada thread faça algum trabalho útil e então espere por mais trabalho. **Se as threads estiverem realizando algum trabalho útil, elas não devem ser executadas**. Em termos de Framework Executor (Item 80), isso significa dimensionar apropriadamente os pools de threads [Goetz06, 8.2] e manter as tarefas pequenas, mas *não tão* pequenas, ou a sobrecarga de envio prejudicará o desempenho.

As threads não devem ficar em modo de *espera-ativa*, verificando repetidamente um objeto compartilhado, aguardando que seu estado seja alterado. Além de fazer com que o programa fique vulnerável e à mercê dos caprichos do agendador de threads, o modo espera-ativa aumenta bastante a carga no processador, reduzindo a capacidade de trabalho que as outras podem realizar. Veja a seguir um exemplo extremo do que *não* se fazer, com a reimplementação perversa do CountDownLatch:

```java
// Implementação horrenda da CountLatch - o modo espera/ativa não para!
public class SlowCountDownLatch {
    private int count;

    public SlowCountDownLatch(int count) {
        if (count < 0)
            throw new IllegalArgumentException(count + " < 0");
        this.count = count;
    }

    public void await() {
        while (true) {
            synchronized(this) {
                if (count == 0)
                    return;
            }
        }
    }
```

```
public synchronized void countDown() {
    if (count != 0)
        count--;
}
}
```

Na minha máquina, o `SlowCountDownLatch` é cerca de dez vezes mais lento que o `CountDownLatch` do Java, quando 1.000 threads aguardam em um trava. Embora esse exemplo pareça um pouco exagerado, não é incomum ver sistemas com uma ou mais threads que são desnecessariamente executáveis. Provavelmente o desempenho e a portabilidade irão sofrer.

Quando você se deparar com um programa que mal funciona porque algumas threads não obtêm tempo de CPU suficiente em relação às outras, **resista à tentação de "corrigir" o programa inserindo chamadas para `Thread.yield`**. Você pode até conseguir fazer com que o programa funcione de certo modo, mas ele não será portável. As mesmas invocações `yield` que melhoram o desempenho em uma implementação da JVM podem piorar em uma segunda e não ter efeito algum em uma terceira. **A `Thread.yield` não tem semântica testável.** Uma estratégia melhor é reestruturar a aplicação para reduzir o número de threads executáveis concorrentemente.

Uma técnica relacionada, em que se aplicam advertências semelhantes, é ajustar as prioridades das threads. **As prioridades das threads estão entre os recursos menos portáveis do Java**. Não é insensato ajustar a capacidade de resposta de um aplicação alterando algumas prioridades da thread, porém isso raramente é necessário e não é nada portável. É insensato tentar resolver um problema sério de liveness ajustando as prioridades de thread. O problema provavelmente voltará até que você encontre e corrija a causa subjacente.

Em síntese, não dependa do agendador de threads para a correção de seu programa. O programa resultante não será robusto nem portátil. Conforme já mencionado, não confie no `Thread.yield` ou nas prioridades da thread. Essas funcionalidades servem apenas para auxiliar o agendador. As prioridades da thread podem ser usadas com parcimônia para melhorar a qualidade do serviço de um programa já em funcionamento, mas nunca devem ser utilizadas para "corrigir" um programa que mal funciona.

CAPÍTULO 12

Serialização

ESTE capítulo aborda a *serialização de objetos*, o framework Java para codificar objetos como streams de bytes (*serialização*) e os reconstruir a partir de suas codificações (*desserialização*). Uma vez que um objeto tenha sido serializado, sua codificação pode ser enviada de uma VM para outra, ou armazenada em disco para desserialização posterior. O foco deste capítulo recai sobre os perigos da serialização e como minimizá-los.

Item 85: Prefira alternativas à serialização Java

Quando a serialização foi introduzida no Java, em 1997, era conhecida por ser um pouco arriscada. A abordagem foi testada em uma linguagem de pesquisa (Modula-3), mas nunca em uma linguagem de produção. Embora a promessa de objetos distribuídos que exigiam pouco esforço por parte do programador fosse atraente, o preço eram construtores invisíveis e uma certa confusão entre API e implementação, com potenciais problemas de correção, desempenho, segurança e manutenção. Os defensores acreditavam que os benefícios superavam os riscos, mas a história mostrou o contrário.

Os problemas de segurança descritos nas edições anteriores deste livro acabaram sendo tão sérios quanto alguns temiam. As vulnerabilidades discutidas no início dos anos 2000 foram transformadas em pesquisas sérias ao longo da década seguinte, incluindo um famoso ataque de ransomware à Agência Municipal Ferroviária Metropolitana de São Francisco (SFMTA Muni) que desligou todo o sistema de cobrança de tarifas por dois dias, em novembro de 2016 [Gallagher16].

O problema crucial com a serialização é que sua *superfície de ataque* é muito grande para protegê-la, e, mais, ela vem aumentando com o tempo: os grafos dos objetos são desserializados invocando o método readObject em uma `ObjectInputStream`. Esse método é praticamente um construtor mágico que pode ser usado para instanciar objetos de quase qualquer tipo no caminho da classe, desde que o tipo implemente a interface `Serializable`. No processo de desserialização de uma stream de bytes, esse método executa código de qualquer um desses tipos, de modo que o código de *todos* esses tipos se torna parte da superfície do ataque.

A superfície de ataque inclui as classes nas bibliotecas da plataforma Java, nas de terceiros, como a Apache Commons Collections, e na própria aplicação. Mesmo que você adote todas as melhores práticas relevantes e consiga escrever classes serializáveis que sejam imunes aos ataques, sua aplicação ainda fica vulnerável, conforme atesta Robert Seacord, gerente técnico do CERT, Centro de Estudos, Resposta e Tratamento de Incidentes de Segurança:

> A desserialização do Java é um perigo evidente e presente, pois é amplamente utilizada diretamente por aplicações e indiretamente por subsistemas Java, como o RMI (Remote Method Invocation), a JMX (Java Management Extension) e o JMS (Java Messaging System). A desserialização de streams não confiáveis ocasiona a execução remota do código (RCE), a negação de serviço (DoS) e uma série de outros exploits. As aplicações são vulneráveis a esses ataques mesmo que não tenham feito nada de errado [Seacord17].

Os hackers e os pesquisadores de segurança estudam os tipos serializáveis nas bibliotecas Java e nas de terceiros comumente utilizadas, procurando por métodos invocados durante a desserialização que realizem atividades potencialmente perigosas. Esses métodos são conhecidos como *gadgets*. Diversos gadgets podem ser utilizados em conjunto para formar uma *cadeia de gadgets*. De tempos em tempos, descobre-se uma cadeia de gadgets bastante poderosa para permitir que um invasor execute código nativo arbitrário no hardware subjacente, dado que tenha oportunidade de enviar para desserialização uma stream de bytes cuidadosamente elaborada. Isso é exatamente o que aconteceu no ataque da SFMTA Muni. Esse ataque não foi isolado. Houve outros, e haverá mais.

Sem apelar a nenhum gadgets, você pode facilmente preparar um ataque de negação de serviço, provocando a desserialização de uma stream curta que exija muito tempo para desserializar. Essas streams são conhecidas como *bombas de desserialização* [Svoboda16]. Veja a seguir um exemplo do Wouter Coekaerts que usa apenas hash sets e uma string [Coekaerts15]:

```java
// Bomba de desserialização - a desserialização desta stream dura eternamente
static byte[] bomb() {
    Set<Object> root = new HashSet<>();
    Set<Object> s1 = root;
    Set<Object> s2 = new HashSet<>();
    for (int i = 0; i < 100; i++) {
        Set<Object> t1 = new HashSet<>();
        Set<Object> t2 = new HashSet<>();
        t1.add("foo"); // Deixa t1 igual a 2
        s1.add(t1);  s1.add(t2);
        s2.add(t1);  s2.add(t2);
        s1 = t1;
        s2 = t2;
    }
    return serialize(root); // Método omitido por questões de brevidade
}
```

O grafo do objeto é composto por 201 instâncias `HashSet`, cada uma com até três referências de objetos. A stream inteira tem uma extensão de 5.744 bytes, porém o sol iria apagar antes que você conseguisse a desserializar. O problema é que para desserializar uma instância `HashSet` você precisa calcular os códigos de hash dos seus elementos. Os 2 elementos do hash set raiz são eles próprios hash sets com 2 elementos hash set, cada um com 2 elementos hash set, e assim sucessivamente até 100 níveis abaixo. Portanto, desserializar o set faz com que o método `hashCode` seja invocado mais de 2^{100} vezes. Além do fato da desserialização durar eternamente, o desserializador não tem indicação de que alguma coisa esteja errada. Poucos objetos são produzidos, e a profundidade da pilha é delimitada.

À vista disso, como você pode se defender contra esses problemas? Você fica sujeito ao ataque sempre que desserializa uma stream de bytes em que não confia. **A melhor maneira de se evitarem os exploits de serialização é nunca realizar a desserialização em nada**. Parafraseando as frases do computador chamado Joshua, do filme *Jogos de Guerra*, de 1983: "O único jeito de vencer é não jogar." **Não há motivos para usar serialização Java em qualquer sistema novo que você escreva**. Há outros mecanismos para tradução entre objetos e sequências de bytes que evitam muitos dos perigos da serialização Java, oferecendo inúmeras vantagens, como suporte a várias plataformas, alto desempenho, um ecossistema enorme de ferramentas e uma comunidade vasta de especialistas. Neste livro, chamamos esses mecanismos de *representações de dados estruturados entre plataformas*. Enquanto outras pessoas, às vezes, referem-se a eles como sistemas de serialização, aqui se evita esse uso para não causar confusão com a serialização Java.

O que essas representações têm em comum é que são *bem mais* simples que a serialização Java. Elas não suportam a serialização e a desserialização automáticas de grafos arbitrários de objetos. Em vez disso, suportam objetos de dados estruturados simples, compostos por uma coleção de pares atributo-valor. Apenas alguns tipos de dados primitivos e de array são suportados. Essa simples abstração acaba por ser suficiente para a construção de sistemas distribuídos extremamente poderosos e simples o bastante para evitar os problemas sérios que assolam a serialização Java desde sua criação.

As principais representações de dados estruturados entre plataformas são o JSON [JSON] e o Protocol Buffers, também conhecido como protobuf [Protobuf]. O JSON foi projetado por Douglas Crockford para a comunicação entre navegador e servidor, e os buffers de protocolo foram projetados pelo Google para armazenar e trocar dados estruturados entre seus servidores. Embora essas representações às vezes sejam consideradas *neutras em relação à linguagem*, originalmente desenvolveu-se o JSON para o JavaScript, e o protobuf para a C++; ambas as representações conservam os vestígios de suas origens.

As diferenças mais significativas entre o JSON e o protobuf são que o JSON é baseado em texto e legível por pessoas, ao passo que o protobuf é binário e substancialmente mais eficiente; o JSON é exclusivamente uma representação de dados, enquanto o protobuf disponibiliza *esquemas* (tipos) para documentar e forçar o uso apropriado. Ainda que o protobuf seja mais eficiente do que o JSON, o JSON é extremamente eficaz para uma representação baseada em texto. E, embora o protobuf seja uma representação binária, fornece uma representação de texto alternativa para uso onde seja necessária a legibilidade por pessoas (pbtxt).

Caso você não possa evitar a serialização Java completamente, talvez porque esteja trabalhando no contexto de um sistema legado que a exija, a melhor alternativa é nunca desserializar dados não confiáveis. Sobretudo, você nunca deve aceitar o tráfego RMI vindo de fontes não confiáveis. As diretrizes oficiais de codificação segura Java afirmam que "a desserialização de dados não confiáveis é inerentemente perigosa e deve ser evitada". Essa frase está em letras maiúsculas, em negrito e itálico, com a fonte vermelha, sendo o único texto em todo o documento que recebe esse tratamento [Java-secure].

Na hipótese de você não conseguir evitar a serialização, e caso não tenha certeza a respeito da segurança dos dados que está desserializando, use a filtragem de desserialização de objetos, adicionada no Java 9 e backported (portada retroativamente) para versões anteriores (`java.io.ObjectInputFilter`). Essa funcionalidade permite que você especifique um filtro que é aplicado às streams de dados antes de elas serem desserializadas. Ele opera na granularidade da classe, permitindo que você aceite ou rejeite determinadas classes. A aceitação de classes por padrão e a rejeição de uma lista daquelas potencialmente perigosas é conhecida como *lista negra*; rejeitar as classes por padrão e aceitar uma lista daquelas que são supostamente seguras é conhecido como *lista branca*. **Dê preferência à lista branca em vez da negra**, pois a lista negra só o protege contra ameaças conhecidas. Uma ferramenta chamada Serial Whitelist Application Trainer (SWAT) pode ser usada para elaborar automaticamente uma lista branca para sua aplicação [Schneider16]. O recurso da filtragem também o protegerá contra o uso excessivo da memória e contra grafos de objetos excessivamente profundos, mas não o protegerá contra as bombas de serialização, conforme mostrado anteriormente.

Infelizmente, a serialização ainda domina o ecossistema Java. Se você está fazendo a manutenção de um sistema baseado em serialização Java, considere seriamente a migração para uma representação de dados estruturados entre plataformas, mesmo que isso exija um grande esforço. Em termos realistas, você ainda pode ter que escrever ou manter uma classe serializável. Requer muito cuidado escrever uma classe serializável que seja correta, segura e eficiente. A parte restante deste capítulo oferece conselhos sobre quando e como fazer isso.

Para concluir, a serialização é perigosa e deve ser evitada. Caso você esteja desenvolvendo um sistema a partir do zero, use uma representação de dados estruturados entre plataformas, como o JSON ou o protobuf. Não desserialize dados não confiáveis. Se tiver que fazer isso, use a filtragem de desserialização de objetos, mas esteja ciente de que não isso não garante nem impede todos os ataques. Evite escrever classes serializáveis. Caso tenha que escrevê-las, tenha muito cuidado.

Item 86: Tenha cautela ao implementar a `Serializable`

Permitir que as instâncias de uma classe sejam serializadas é tão simples como adicionar as palavras `implements Serializable` a sua declaração. Devido isso ser tão fácil de fazer, houve um equívoco comum de que a serialização requeria pouco esforço por parte do programador. A verdade é de longe mais complexa. Embora o custo imediato para fazer com que uma classe seja serializável seja insignificante, os custos em longo prazo são geralmente substanciais.

O maior custo da implementação da `Serializable` é que ela diminui a flexibilidade de alterar a implementação de uma classe uma vez que seja liberada. Quando uma classe implementa a `Serializable`, sua codificação de stream de bytes (ou *forma serializada*) torna-se parte de sua API exportada. Uma vez que distribua amplamente uma classe, geralmente você é obrigado a suportar a forma serializada para todo o sempre e, consequentemente, você também é obrigado a suportar todas as outras partes da API exportada. Caso não se esforce para projetar uma *forma serializada customizada*, e simplesmente aceite a forma padrão, a forma serializada será sempre vinculada à representação interna original da classe. Ou seja, se você aceitar a forma serializada padrão, os campos de instância privados e pacotes-privados da classe se tornam parte de sua API exportada e a prática de minimizar o acesso aos campos (Item 15) acaba perdendo sua eficácia como ferramenta para ocultar as informações.

Se você aceitar a forma serializada padrão e, posteriormente, alterar a representação interna de uma classe, provocará uma alteração incompatível na forma serializada. Os clientes que tentarem serializar uma instância usando uma versão antiga da classe e a desserializar utilizando uma nova (ou vice-versa) experimentarão falhas no programa. É possível alterar a representação interna enquanto se mantém a forma serializada original (usando o `ObjectOutputStream.putFields` e o `ObjectInputStream.readFields`), porém pode ser bem difícil, e isso deixa defeitos visíveis no código-fonte. Caso decida fazer com que uma classe seja serializável, projete com cuidado uma forma serializada de alta qualidade com a qual esteja disposto a conviver em longo prazo (Itens 87, 90). O fato de projetá-la aumentará o custo inicial de desenvolvimento, mas vale a pena o esforço. Mesmo uma forma serializada bem desenvolvida restringe a evolução de uma classe; a mal desenvolvida pode ser incapacitante.

Um exemplo simples das restrições impostas à evolução das classes pelos problemas da serialização está relacionado aos *identificadores únicos de stream*, mais comumente conhecidos como *série de versão UIDs*. Toda classe serializável tem um número de identificação exclusivo associado a ela. Se você não especificar esse número declarando um campo final estático `long` chamado `serialVersionUID`, o sistema o gera de forma automática no momento da execução aplicando uma função hash criptográfica (SHA-1) à estrutura da classe. Esse valor é afetado pelos nomes da classe, pelas interfaces implementadas e pela maioria de seus membros, incluindo os sintéticos gerados pelo compilador. Caso você altere qualquer uma dessas coisas, por exemplo, adicionando um método de conveniência, a série de versão UID muda. Se não conseguir declarar uma série de versão UID, a compatibilidade será quebrada, resultando em uma `InvalidClassException` em tempo de execução.

O segundo custo de implementação da `Serializable` é que ela aumenta a probabilidade de bugs e brechas de segurança (Item 85). Normalmente, os objetos são criados com os construtores; a serialização é um *mecanismo extralinguístico* para criar objetos. Mesmo se você aceitar o comportamento padrão ou o sobrescrever, a desserialização é um "construtor oculto" com todos os mesmos problemas que outros construtores. Como não há um construtor explícito associado à desserialização, é fácil esquecer que você deve assegurar que ela garanta todas as invariantes estabelecidas pelos construtores e que não permita que um invasor obtenha acesso aos internos do objeto em construção. Depender do mecanismo de desserialização padrão facilmente faz com que os objetos estejam sujeitos à corrupção das invariantes e ao acesso ilegal (Item 88).

O terceiro custo da implementação da `Serializable` é que ela potencializa a carga de testes associada à liberação da versão nova de uma classe. Quando uma classe serializável é reformulada, é importante verificar se é possível serializar uma instância na versão nova e desserializá-la em versões anteriores e vice-versa. A quantidade de testes necessários é, portanto, proporcional ao produto do número de classes serializáveis com o número de versões, que pode ser grande. Você deve garantir que o processo de serialização-desserialização seja bem-sucedido e tenha como resultado uma réplica fiel do original. Reduz-se a necessidade de testes caso uma forma serializada customizada seja cuidadosamente projetada ao se escrever a classe pela primeira vez (Itens 87, 90).

Implementar uma `Serializable` não é uma decisão fácil de se tomar. É essencial se a classe for parte de um framework que dependa da serialização Java para transmissão ou persistência de objetos. Ademais, isso facilita muito o uso de uma classe como um componente em outra classe que deva implementar a `Serializable`. Existem, no entanto, muitos custos associados à implementação da `Serializable`. Cada vez que você projetar uma classe, avalie os custos contra os benefícios. Historicamente, as classes de valor como a `BigInteger` e a `Instant` implementam a `Serializable`, as da coleção, também. As classes que representam entidades ativas, como pools de threads, raramente devem implementar a `Serializable`.

As Classes projetadas para herança (Item 19) raramente devem implementar a `Serializable`, e as interfaces dificilmente devem estendê-la. Violar essa regra coloca um fardo substancial em qualquer pessoa que estenda a classe ou implemente a interface. Há ocasiões em que é apropriado violar a regra. Por exemplo, se uma classe ou interface existe principalmente para ser parte de um framework que exija que todos os participantes implementem a `Serializable`, então faz sentido a classe ou interface implementar ou estender a `Serializable`.

As classes projetadas para herança que implementam a `Serializable` são a `Throwable` e a `Component`. A `Throwable` implementa a `Serializable`, assim o RMI pode enviar exceções do servidor para o cliente. A `Component` implementa a `Serializable`, desse modo, os GUIs podem ser enviados, salvos e restaurados, mas mesmo no apogeu do Swing e do AWT, utilizou-se bem pouco essa funcionalidade na prática.

Caso você implemente uma classe com campos de instância que sejam serializáveis e extensíveis, esteja ciente de que isso envolve uma série de riscos. Se houver invariantes nos valores dos campos de instância, é fundamental evitar que as subclasses sobrescrevam o método finalize, o que a classe pode fazer, sobrescrevendo o finalize e declarando-o como final. Caso contrário, a classe ficará suscetível aos *ataques finalizadores* (Item 8). Por fim, se a classe tiver invariantes que seriam violadas caso seus campos de instância fossem inicializados com seus valores padrão (zero para os tipos inteiros, false para boolean, e null para tipos de referência de objeto), você deve adicionar esse método readObjectNoData:

```
// readObjectNoData para as classes serializáveis e extensíveis com estado
private void readObjectNoData() throws InvalidObjectException {
    throw new InvalidObjectException("Stream data required");
}
```

Esse método foi adicionado no Java 4 para atender a um caso extremo envolvendo a adição de uma superclasse serializável a uma classe serializável existente [Serialization, 3.5].

Existe uma ressalva em relação à decisão de *não* se implementar a Serializable. Caso uma classe projetada para herança não seja serializável, pode exigir um esforço extra para se escrever uma subclasse serializável. A desserialização normal de tal classe requereria que a superclasse tivesse um construtor sem parâmetros acessível [Serialização, 1.10]. Se você não fornecer esse construtor, as subclasses são forçadas a usar o padrão proxy de serialização (Item 90).

As classes internas (Item 24) não devem implementar a Serializable. Elas usam *campos sintéticos* gerados pelo compilador para armazenar as referências das *instâncias envolventes* e para armazenar valores de variáveis locais dos escopos envolventes. Como esses campos correspondem à definição da classe, não é especificado, assim como os nomes das classes anônimas e locais também não são. Portanto, a forma serializada padrão de uma classe interna é mal definida. Uma *classe membro estática* pode, no entanto, implementar a Serializable.

Em suma, a facilidade de implementação da Serializable é ilusória. A menos que uma classe seja usada apenas em um ambiente protegido, em que as versões nunca terão que interoperar e os servidores nunca serão expostos a dados não confiáveis, implementar a Serializable é um compromisso sério, que deve ser feito com muito cuidado. É necessário ainda ter mais cautela se uma classe permitir a herança.

CAPÍTULO 12: SERIALIZAÇÃO   373

Item 87: Pense na possibilidade de usar uma forma serializada customizada

Quando você está escrevendo uma classe sob a pressão do tempo, geralmente é apropriado concentrar seus esforços em projetar a melhor API. Às vezes, isso significa liberar uma implementação "descartável" que você sabe que substituirá em uma versão futura. Normalmente, isso não é um problema, todavia se a classe implementar a `Serializable` e utilizar a forma serializada padrão, você nunca poderá fugir completamente da implementação descartável. Ela irá ditar a forma serializada para sempre. Esse não é apenas um problema teórico. Isso aconteceu com muitas classes nas bibliotecas Java, incluindo a `BigInteger`.

Não aceite a forma serializada padrão sem, primeiro, considerar se é apropriada ou não. Aceitar a forma serializada padrão deve ser uma decisão consciente de que essa codificação é aceitável do ponto de vista da flexibilidade, do desempenho e da correção. De um modo geral, você deve aceitar a forma serializada padrão somente se ela for em grande parte idêntica à codificação que você escolheria caso estivesse projetando uma forma serializada customizada.

A forma serializada padrão de um objeto é uma codificação razoavelmente eficiente da representação *física* do objeto grafo enraizado no objeto. Em outras palavras, descreve os dados contidos no objeto e em todos os objetos acessíveis a partir deste objeto. Ela também descreve a topologia pela qual todos esses objetos estão interligados. A forma serializada ideal de um objeto contém apenas os dados *lógicos* representados pelo objeto e é independente da representação física.

Provavelmente, a forma serializada padrão será adequada se a representação física de um objeto for idêntica ao seu conteúdo lógico. Por exemplo, a forma serializada padrão seria aceitável para a classe a seguir, que representa de modo simples o nome de uma pessoa:

```java
// Boa candidata para a forma serializada padrão
public class Name implements Serializable {
    /**
     * Último nome. Deve ser não nulo.
     * @serial
     */
    private final String lastName;

    /**
     * Primeiro nome. Deve ser não nulo.
     * @serial
     */
    private final String firstName;
```

```
/**
 * Nome do meio, ou nulo se não houver.
 * @serial
 */
private final String middleName;

... // Restante omitido
}
```

Em termos de lógica, um nome é composto por três strings que representam um sobrenome, um primeiro nome e um nome do meio. Os campos de instância em Name espelham exatamente esse conteúdo.

Mesmo que você decida que a forma serializada padrão é apropriada, deve fornecer um método readObject para garantir as invariantes e a segurança. No caso da Name, o método readObject deve garantir que os campos lastName e firstName não sejam nulls. Essa questão é amplamente discutida nos Itens 88 e 90.

Observe que existem comentários de documentação nos campos lastName, firstName, e middleName, mesmo eles sendo privados. Isso ocorre porque esses campos privados definem uma API pública, que é a forma serializada da classe, e esta API pública deve ser documentada. A presença da tag @serial informa ao Javadoc para colocar essa documentação em uma página especial que documenta as formas serializadas.

Perto da extremidade oposta do espectro com relação à Name, analise a classe a seguir, que representa uma lista de strings (ignorando por um momento que provavelmente seria melhor você utilizar uma das implementações padrão da List):

```
// Péssima candidata para a forma serializada padrão
public final class StringList implements Serializable {
    private int size = 0;
    private Entry head = null;

    private static class Entry implements Serializable {
        String data;
        Entry  next;
        Entry  previous;
    }

    ... // Restante omitido
}
```

Em termos lógicos, essa classe representa uma sequência de strings. Fisicamente, representa a sequência como uma lista duplamente vinculada. Se você aceitar a forma serializada padrão, ela refletirá minuciosamente todas as entradas na lista vinculada e todos os links entre as entradas, em ambas as direções.

Usar a forma serializada padrão quando a representação física de um objeto difere substancialmente de seu conteúdo de dados lógicos apresenta quatro desvantagens:

- **Ela permanentemente liga a API exportada à representação interna atual**. No exemplo anterior, a classe privada `StringList.Entry` passa a ser parte da API pública. Se a representação for alterada em uma versão posterior, a classe `StringList` ainda precisará aceitar a representação da lista vinculada na entrada e gerá-la na saída. A classe nunca se livrará de todo o código que lide com as entradas da lista vinculada, mesmo que não as utilize mais.

- **Ela pode consumir bastante espaço**. No exemplo anterior, a forma serializada representa desnecessariamente cada entrada na lista vinculada e todos os links. Essas entradas e links são meros detalhes de implementação, não vale a pena incluí-los na forma serializada. Como a forma serializada é excessivamente grande, gravá-la no disco ou enviá-la através da rede será muitíssimo lento.

- **Ela pode consumir muito tempo**. A lógica da serialização não tem conhecimento da topologia do grafo do objeto, portanto, ela deve percorrer o grafo. No exemplo anterior, seria o suficiente seguir as referências `next`.

- **Ela pode provocar overflow de pilha.** O procedimento de serialização padrão executa uma travessia recursiva do grafo do objeto, que pode causar o overflow de pilha mesmo em grafos de objetos de tamanho moderado. Serializar uma instância `StringList` com 1.000 a 1.800 elementos gera um `StackOverflowError` na minha máquina. Surpreendentemente, o tamanho mínimo da lista na qual a serialização provoca um overflow de pilha varia de execução para execução (na minha máquina). O tamanho mínimo da lista que exibe esse problema pode depender da implementação da plataforma e das flags de linha de comando; algumas implementações podem não ter esse problema.

Uma forma serializada aceitável para a `StringList` é simplesmente o número de strings na lista, seguido pelas próprias strings. Isso constitui o dado lógico representado por uma `StringList`, destituído dos detalhes de sua representação física. Veja a seguir uma versão reformulada da `StringList` com os métodos `writeObject` e `readObject` que implementam essa forma serializada. Vale lembrar que o modificador `transient` indica que um campo da instância deve ser omitido da forma serializada padrão de uma classe:

376 JAVA EFETIVO

```java
// StringList com uma forma serializada customizada aceitável
public final class StringList implements Serializable {
    private transient int size   = 0;
    private transient Entry head = null;

    // Não usa mais a Serializable!
    private static class Entry {
        String data;
        Entry  next;
        Entry  previous;
    }

    // Acrescenta uma string especificada à lista
    public final void add(String s) { ... }

    /**
     * Serializa esta {@code StringList} instância.
     *
     * @serialData O tamanho da klista (o número de strings que
     * ela contém) é emitido ({@code int}),seguido por todos os
     * seus elementos (cada um {@code String}), na sequência
     * adequada.
     */
    private void writeObject(ObjectOutputStream s)
            throws IOException {
        s.defaultWriteObject();
        s.writeInt(size);

        // Grava todos os elementos na ordem apropriada.
        for (Entry e = head; e != null; e = e.next)
            s.writeObject(e.data);
    }

    private void readObject(ObjectInputStream s)
            throws IOException, ClassNotFoundException {
        s.defaultReadObject();
        int numElements = s.readInt();

        // Lê todos os elementos e insere-os na lista
        para (int i = 0; i < numElements; i++)
            add((String) s.readObject());
    }

    ... // Restante omitido
}
```

A primeira coisa que o writeObject faz é invocar o defaultWriteObject,
e a primeira coisa que o readObject faz é invocar o defaultReadObject,
mesmo que todos os campos da StringList sejam transientes. Provavelmente,
você já ouviu dizer que se todos os campos de instância de uma classe forem

transientes, você pode abrir mão da invocação do defaultWriteObject e do defaultReadObject, porém a especificação da serialização exige que você os invoque assim mesmo. A presença dessas chamadas faz com que seja possível adicionar campos de instância não transientes em uma versão posterior, ao mesmo tempo em que preserva a compatibilidade retroativa e futura. Caso uma instância seja serializada em uma versão posterior e desserializada em uma versão anterior, os campos adicionados serão ignorados. Se a versão anterior do método readObject não conseguisse invocar o defaultReadObject, a desserialização falharia com uma StreamCorruptedException.

Observe que há um comentário de documentação no método writeObject, mesmo ele sendo privado. Isso é similar ao comentário de documentação nos campos privados na classe Name. Esse método privado define uma API pública, que é a forma serializada, e essa API pública deve ser documentada. Como a tag @serial para os campos, a tag @serialData para os métodos informa ao utilitário Javadoc para colocar essa documentação na página das formas serializadas.

Para dar uma sensação de escala à discussão anterior sobre o desempenho, se o comprimento médio de uma string for de dez caracteres, a forma serializada da versão reformulada da StringList ocupa cerca da metade do espaço que a forma serializada da original. Na minha máquina, serializar a versão reformulada da StringList foi duas vezes mais rápido que serializar a versão original, com uma lista de dez caracteres. Por fim, não há problema de overflow de pilha na forma reformulada e, portanto, nenhum limite superior máximo para a serialização da StringList.

Ainda que a forma serializada padrão fosse ruim para a StringList, existem classes em que seria muito pior. Para a StringList, a forma serializada padrão é inflexível e deixa a desejar em termos de execução, porém ela é correta no sentido de serializar e desserializar uma instância da StringList que produza uma cópia fiel do objeto original com todas as suas invariantes intactas. Esse não é o caso de objetos cujas invariantes estejam vinculadas aos detalhes específicos da implementação.

Por exemplo, considere o caso de uma tabela hash. A representação física é uma sequência de buckets hash contendo as entradas chave-valor. O bucket de permanência de uma entrada é uma função do código hash de sua chave, que, em geral, não se garante que seja a mesma de implementação para implementação. Na verdade, não se garante que ela seja a mesma nem de execução para execução. Portanto, aceitar a forma serializada padrão para uma tabela hash ocasionaria um bug grave. Serializar e desserializar a tabela hash produziria um objeto cujas invariantes estariam seriamente corrompidas.

378   *JAVA EFETIVO*

Independentemente de você aceitar a forma serializada padrão ou não, cada campo de instância que não tem um label `transient` será serializado quando o método `defaultWriteObject` for invocado. Assim sendo, todo campo de instância que pode ser declarado como transiente, deve ser declarado. Isso inclui os campos derivados, cujos valores podem ser calculados a partir de campos de dados primários, como um valor hash em cache. Também inclui aqueles cujos valores estejam vinculados a uma execução particular da JVM, como um campo `long` que representa um ponteiro para uma estrutura nativa de dados. **Antes de decidir tornar um campo não transiente, convença-se de que o valor dele faz parte do estado lógico do objeto**. Caso utilize uma forma serializada customizada, boa parte ou todos os campos de instância devem ter um label `transient`, como no exemplo da `StringList` anteriormente.

Na hipótese de você utilizar uma forma serializada padrão e caso tenha inserido um label `transient` em um ou mais campos, lembre-se de que esses campos serão inicializados com seus *valores padrões* quando uma instância for desserializada: `null` para campos de referência de objeto, zero para campos primitivos numéricos e `false` para campos boolean [JLS, 4.12.5].Se esses valores forem inaceitáveis para qualquer campo transiente, você deve fornecer um método `readObject` que invoque o método `defaultReadObject` e, em seguida, restaure os campos transientes com valores aceitáveis (Item 88). Como alternativa, esses campos podem ser inicializados preguiçosamente na primeira vez que forem usados (Item 83).

Independentemente de você usar ou não a forma serializada, **deve impor qualquer sincronização na serialização de objetos que você imporia em qualquer outro método que lesse o estado inteiro do objeto**. Assim, por exemplo, se tiver um objeto thread-safe (Item 82) que alcança sua thread safety ao sincronizar cada método, e você optar por usar a forma serializada padrão, use o método `writeObject` a seguir:

```java
// writeObject para sincronizar classe com forma serializada padrão
private synchronized void writeObject(ObjectOutputStream s)
        throws IOException {
    s.defaultWriteObject();
}
```

Caso você insira a sincronização no método `writeObject`, deve garantir que ele adote as mesmas restrições de ordenação de bloqueios de outras atividades, ou você corre o risco de um deadlock na ordenação dos recursos [Goetz06, 10.1.5].

Seja lá qual for a forma serializada que escolher, declare um serial version UID explícito em cada classe serializável que você escrever. Isso elimina o serial version UID como uma fonte potencial de incompatibilidade (Item 86). Há também uma pequena vantagem de desempenho. Se nenhum serial version UID for disponibilizado, realiza-se um cálculo dispendioso para gerar um no momento de execução.

Declarar um serial version UID é simples. Apenas adicione esta linha à sua classe:

```
private static final long serialVersionUID = randomLongValue;
```

Se você escrever uma classe nova, o valor que escolher para o *randomLongValue* não importa. Você pode gerar o valor executando o utilitário `serialver` na classe, mas não tem problemas em simplesmente escolher um número do nada. Não se exige que os serial version UIDs sejam únicos. Caso você modifique uma classe existente que não tenha um serial version UID, e quiser que a versão nova aceite instâncias serializadas existentes, você deve usar o valor que foi gerado automaticamente para a versão antiga. Você pode obter esse número executando o utilitário `serialver` na versão antiga da classe — aquela que apresenta as instâncias serializadas.

Se quiser criar uma versão nova de uma classe que seja *incompatível* com as versões existentes, basta alterar o valor na declaração do serial version UID. Isso fará com que as tentativas de desserializar as instâncias serializadas das versões anteriores lancem uma `InvalidClassException`. **Não altere o serial version UID, a menos que você queira quebrar a compatibilidade com todas as instâncias serializadas existentes de uma classe**.

Em suma, se você decidiu que uma classe deve ser serializável (Item 86), pense muito a respeito de como a forma serializada deve ser. Use a forma padrão serializada *somente* se ela for uma descrição aceitável do estado lógico do objeto; caso contrário, projete uma forma serializada customizada que descreva adequadamente o objeto. Você deve dispor de tanto tempo para projetar a forma serializada de uma classe quanto gastaria para projetar um método exportado (Item 51). Assim como você não pode eliminar os métodos exportados de versões futuras, você não pode eliminar os campos de uma forma serializada; eles devem ser preservados para todo o sempre a fim de garantirem a compatibilidade da serialização. Escolher a forma serializada incorreta pode impactar permanentemente e de modo negativo a complexidade e o desempenho de uma classe.

380 *JAVA EFETIVO*

Item 88: Escreva métodos `readObject` defensivamente

O Item 50 tem uma classe de range de dados imutáveis com campos mutáveis privados `Date`. A classe fez todo o possível para preservar suas invariantes e sua imutabilidade através da cópia defensiva dos objetos da `Date` em seu construtor e em seus getters. Aqui está a classe:

```java
// Classe imutável que usa a cópia defensiva
public final class Period {
    private final Date start;
    private final Date end;

    /**
     * @param  inicia o começo de um período
     * @param  termina o final de um período; não de proceder com a inicialização
     * @throws IllegalArgumentException se o começo é depois do término
     * @throws NullPointerException se o inicia ou se o término for null
     */
    public Period(Date start, Date end) {
        this.start = new Date(start.getTime());
        this.end   = new Date(end.getTime());
        if (this.start.compareTo(this.end) > 0)
            throw new IllegalArgumentException(
                        start + " after " + end);
    }

    public Date start () { return new Date(start.getTime()); }

    public Date end () { return new Date(end.getTime()); }

    public String toString() { return start + " - " + end; }

    ... // Restante omitido
}
```

Imagine que você decida que quer que essa classe seja serializável. Como a representação física de um objeto `Period` reflete exatamente seu conteúdo de dados lógicos, não é irracional usar a forma serializada padrão (Item 87). Portanto, aparentemente tudo o que você precisa fazer para tornar a classe serializável é adicionar as palavras `implements Serializable` à declaração da classe. Se fez isso, no entanto, a classe não pode mais garantir as suas invariantes críticas.

O problema é que o método `readObject` é na prática outro construtor público, e exige todos os mesmos cuidados que qualquer outro construtor. Assim como um construtor deve verificar a validade dos seus argumentos (Item 49) e fazer cópias defensivas dos parâmetros, quando apropriado (Item 50), assim também ocorre com o método `readObject`. Se um método `readObject` não fizer nenhuma dessas coisas, é uma questão de tempo até que um invasor viole as invariantes da classe.

De modo geral, o readObject é um construtor que recebe uma stream de bytes como único parâmetro. No uso normal, a stream de bytes é gerada serializando uma instância normalmente construída. O problema surge quando o readObject recebe uma stream de bytes artificialmente construída para gerar um objeto que viole as invariantes da sua classe. Essa stream de bytes pode ser usada para criar um *objeto impossível*, que não poderia ser criado usando um construtor normal.

Suponha que simplesmente adicionemos um implements Serializable à declaração de classe para a Period. Esse programa feio geraria uma instância Period cujo fim começa antes de seu início. Os casts nos valores byte cujo bit de ordem mais alta está configurado é uma consequência da falta de literais byte do Java combinado com a decisão infeliz de fazer com que tipo byte tivesse sinal:

```java
public class BogusPeriod {
    // A stream byte não poderia ter vindo de uma instância real do Period!
    private static final byte[] serializedForm = {
        (byte)0xac, (byte)0xed, 0x00, 0x05, 0x73, 0x72, 0x00, 0x06,
        0x50, 0x65, 0x72, 0x69, 0x6f, 0x64, 0x40, 0x7e, (byte)0xf8,
        0x2b, 0x4f, 0x46, (byte)0xc0, (byte)0xf4, 0x02, 0x00, 0x02,
        0x4c, 0x00, 0x03, 0x65, 0x6e, 0x64, 0x74, 0x00, 0x10, 0x4c,
        0x6a, 0x61, 0x76, 0x61, 0x2f, 0x75, 0x74, 0x69, 0x6c, 0x2f,
        0x44, 0x61, 0x74, 0x65, 0x3b, 0x4c, 0x00, 0x05, 0x73, 0x74,
        0x61, 0x72, 0x74, 0x71, 0x00, 0x7e, 0x00, 0x01, 0x78, 0x70,
        0x73, 0x72, 0x00, 0x0e, 0x6a, 0x61, 0x76, 0x61, 0x2e, 0x75,
        0x74, 0x69, 0x6c, 0x2e, 0x44, 0x61, 0x74, 0x65, 0x68, 0x6a,
        (byte)0x81, 0x01, 0x4b, 0x59, 0x74, 0x19, 0x03, 0x00, 0x00,
        0x78, 0x70, 0x77, 0x08, 0x00, 0x00, 0x00, 0x66, (byte)0xdf,
        0x6e, 0x1e, 0x00, 0x78, 0x73, 0x71, 0x00, 0x7e, 0x00, 0x03,
        0x77, 0x08, 0x00, 0x00, 0x00, (byte)0xd5, 0x17, 0x69, 0x22,
        0x00, 0x78
    };

    public static void main(String[] args) {
        Period p = (Period) deserialize(serializedForm);
        System.out.println(p);
    }

    // Retorna o objeto com uma forma serializada especificada
    estática Object deserialize(byte[] sf} {
        try {
            return new ObjectInputStream(
                new ByteArrayInputStream(sf)).readObject();
        } catch (IOException | ClassNotFoundException e) {
            throw new IllegalArgumentException(e);
        }
    }
}
```

382 *JAVA EFETIVO*

O literal de array byte usado para inicializar o serializedForm foi gerado pela serialização de uma instância da Period e pela edição manual da stream de bytes resultante. Os detalhes da stream não são importantes para o exemplo; mas, se tiver curiosidade, o formato da serialização da stream de byte é descrito no *Java Object Serialization Specification* [Serialization, 6]. Caso execute esse programa, ele exibe Fri Jan 01 12:00:00 PST 1999 Sun Jan 01 12:00:00 PST 1984. Bastou declarar a Period como serializável que pudemos criar um objeto que viole suas invariantes de classe.

Para corrigir esse problema, forneça um método readObject para a Period que chame o defaultReadObject e, depois, verifique a validade do objeto desserializado. Se a verificação de validade falhar, o método readObject lança uma InvalidObjectException, impedindo que a desserialização seja completada:

```java
// Método readObject com verificação de validação - insuficiente!
private void readObject(ObjectInputStream s)
        throws IOException, ClassNotFoundException {
    s.defaultReadObject();

    // Check that our invariants are satisfied
    if (start.compareTo(end) > 0)
        throw new InvalidObjectException(start +" after "+ end);
}
```

Embora isso evite que um invasor crie uma instância inválida da Period, há um problema ainda mais sutil que ronda à espreita. É possível criar uma instância mutável da Period, fabricando uma stream de bytes que começa com uma instância válida da Period e, em seguida, anexa referências adicionais aos campos privados internos Date. O invasor lê a instância Period a partir do ObjectInputStream e, depois, lê as "referências dos objetos trapaceiros" que foram anexadas à stream. Essas referências dão ao invasor acesso aos objetos referenciados pelos campos privados Date dentro do objeto do Period. Ao fazer a mutação dessas instâncias da Date, o invasor pode alterar a instância da Period. A classe a seguir demonstra esse ataque:

```java
public class MutablePeriod {
    // Instância do period
    public final Period period;

    // campo de início do period, o qual não devemos ter acesso
    public final Date start;

    // final do period, o qual não devemos ter acesso
    public final Date end;
```

```java
    public MutablePeriod() {
        try {
            ByteArrayOutputStream bos =
                new ByteArrayOutputStream();
            ObjectOutputStream out =
                new ObjectOutputStream(bos);

            // Serializa a instância válida do Period
            out.writeObject(new Period(new Date(), new Date()));

            /*
             * Adiciona o trapaceiro às "referências anteriores do objeto" para o interno
             * Campos Date no Period. Para mais detalhes, consulte o "Java
             * Object Serialization Specification," Section 6.4.
             */
            byte[] ref = { 0x71, 0, 0x7e, 0, 5 }; // Ref #5
            bos.write(ref); // Inicia o campo
            ref[4] = 4;      // Ref # 4
            bos.write(ref); // Finaliza o campo

            // Desserializa o Period e "rouba" as referencias do Date
            ObjectInputStream in = new ObjectInputStream(
                new ByteArrayInputStream(bos.toByteArray()));
            period = (Period) in.readObject();
            start  = (Date)   in.readObject();
            end    = (Date)   in.readObject();
        } catch (IOException | ClassNotFoundException e) {
            throw new AssertionError(e);
        }
    }
}
```

Para ver o ataque em curso, execute o programa a seguir:

```java
public static void main(String[] args) {
    MutablePeriod mp = new MutablePeriod();
    Period p = mp.period;
    Date pEnd = mp.end;

    // Vamos retroceder o relógio
    pEnd.setYear(78);
    System.out.println(p);

    // De volta aos anos 60!
    pEnd.setYear(69);
    System.out.println(p);
}
```

Na minha máquina, a execução desse programa traz o seguinte resultado:

```
Wed Nov 22 00:21:29 PST 2017 - Wed Nov 22 00:21:29 PST 1978
Wed Nov 22 00:21:29 PST 2017 - Sat Nov 22 00:21:29 PST 1969
```

Embora a instância da Period seja criada com suas invariantes intactas, é possível modificar seus componentes internos à vontade. Uma vez na posse de uma instância imutável Period, um invasor provoca grandes danos passando a instância para uma classe que depende da imutabilidade da Period para sua segurança.

Isso não é tão exagerado: existem classes que dependem da imutabilidade da String para sua segurança.

A fonte do problema é que método readObject do Period não faz cópias defensivas o bastante. **Quando um objeto é desserializado, é de suma importância copiar defensivamente qualquer campo que tenha uma referência de objeto que um cliente não deva ter.** Portanto, toda classe imutável serializável com componentes mutáveis privados deve copiar defensivamente esses componentes em seu método readObject. O método readObject a seguir basta para garantir as invariantes do Period e preservar a sua imutabilidade:

```java
// Método readObject com cópia defensiva e verificação de validade
private void readObject(ObjectInputStream s)
        throws IOException, ClassNotFoundException {
    s.defaultReadObject();

    // Copia defensivamente nossos componentes mutáveis
    start = new Date(start.getTime());
    end   = new Date(end.getTime());

    // Verifica se a nossas invariantes foram atendidas
    if (start.compareTo(end) > 0)
        throw new InvalidObjectException(start +" after "+ end);
}
```

Observe que a cópia defensiva é realizada antes da verificação de validade e que não usamos o método clone da Date para executar a cópia defensiva. Ambos os detalhes são necessários para proteger a Period contra ataques (Item 50). Perceba também que não se pode fazer a cópia defensiva para os campos finais. Para usar o método readObject, devemos transformar o start e o end em campos não finais. Isso é um tanto desagradável, mas dos males, o menor. Com o método novo readObject no lugar e o modificador final removido dos campos start e end, a classe MutablePeriod é inviabilizada. O programa de ataque acima agora gera este resultado:

```
Wed Nov 22 00:23:41 PST 2017 - Wed Nov 22 00:23:41 PST 2017
Wed Nov 22 00:23:41 PST 2017 - Wed Nov 22 00:23:41 PST 2017
```

Agora, a prova de fogo para decidir se o método padrão readObject é aceitável para uma classe: você se sentiria à vontade para adicionar um construtor público que tomasse como parâmetros os valores para cada campo não temporário no objeto e armazenasse os valores nos campos sem validação nenhuma? Se a resposta for não, você deve fornecer um método readObject, e deve executar toda a verificação de validade e a cópia defensiva necessária para um construtor.

Alternativamente, você pode utilizar o *padrão de proxy de serialização* (Item 90). Recomenda-se muitíssimo esse padrão, pois minimiza os esforços da desserialização segura.

Há outra semelhança entre os métodos `readObject` e os construtores que se aplica a classes não finais serializáveis. Como um construtor, o método `readObject` não deve invocar direta ou indiretamente um método que possa ser sobrescrito (Item 19). Caso esta regra seja violada, e o método em questão seja sobrescrito, o método que fez a sobrescrição será executado antes que o estado da subclasse tenha sido desserializado. Provavelmente isso resultará em uma falha do programa [Bloch05, Puzzle 91].

Para concluir, sempre que você escrever um método `readObject`, adote a mentalidade de que está escrevendo um construtor público que deve produzir uma instância válida, independentemente da stream de bytes fornecida. Não suponha que a stream de bytes represente realmente uma instância serializada. Enquanto os exemplos neste Item se referem a uma classe que usa a forma serializada padrão, todos os problemas que foram levantados se aplicam igualmente às classes com formas serializadas customizadas. Veja a seguir, de modo bem resumido, as diretrizes para escrever um método `readObject`:

- Para as classes com campos de referência de objeto que devem permanecer privados, copie defensivamente cada objeto em tais campos. Os componentes mutáveis das classes imutáveis se enquadram nessa categoria.

- Verifique quaisquer invariantes e lance uma `InvalidObjectException` se uma verificação falhar. As verificações devem vir a seguir de qualquer cópia defensiva.

- Se um grafo inteiro de objetos deve ser validado após a desserialização, use a interface `ObjectInputValidation` (não abordada neste livro).

- Não invoque direta ou indiretamente nenhum método passível de ser sobrescrito.

Item 89: Dê preferência aos tipos enum em vez do `readResolve` para controle de instância

O Item 3 descreve o padrão *Singleton* e demonstra o exemplo a seguir de uma classe singleton. Essa classe restringe o acesso a seu construtor para garantir que apenas uma única instância seja criada:

```
public class Elvis {
    public static final Elvis INSTANCE = new Elvis();
    private Elvis() { ... }

    public void leaveTheBuilding() { ... }
}
```

Conforme observado no Item 3, esta classe não seria mais um singleton se as palavras `implements Serializable` fossem adicionadas a sua declaração. Não importa se a classe utiliza uma forma serializada padrão ou uma forma serializada customizada (Item 87), nem importa se a classe fornece um método explícito `readObject` (Item 88). Qualquer método `readObject`, seja ele explícito ou padrão, retorna uma instância recém-criada, que não será a mesma instância que foi criada no tempo de inicialização da classe.

O recurso `readResolve` permite que você substitua outra instância pela que foi criada pelo `readObject` [Serialization, 3.7]. Caso a classe de um objeto que está sendo desserializado defina um método `readResolve` com a declaração adequada, esse método é invocado no objeto recém-criado após a desserialização. A referência de objeto retornada por este método é retornada no lugar do objeto recém-criado. Na maior parte dos usos desse recurso, nenhuma referência ao objeto recém-criado é retida, desse modo, ela se torna imediatamente habilitada para o garbage collection.

Se a classe `Elvis` implementar a `Serializable`, o método `readResolve` a seguir basta para garantir a propriedade singleton:

```
// readResolve para o controle de instância - você pode fazer melhor!
private Object readResolve() {
    // Retorna o único Elvis verdadeiro e
    // deixa que o garbage collector.
    return INSTANCE;
}
```

Esse método ignora o objeto deserializado, retornando uma instância `Elvis` distinta, que foi criada quando a classe foi inicializada. Portanto, a forma serializada de uma instância `Elvis` não precisa conter dados reais; devem-se declarar todos os campos de instância como transientes. Na verdade, **se você depender do `readResolve` para o controle de instância, todos os campos de instância com tipos de referência de objeto *têm que* ser declarados como transient**. Caso contrário, é possível que um invasor determinado obtenha uma referência ao objeto desserializado antes do método `readResolve` ser executado, usando uma técnica que é um pouco semelhante à do ataque `MutablePeriod` do Item 88.

CAPÍTULO 12: SERIALIZAÇÃO **387**

O ataque é um pouco complicado, mas a ideia básica é simples. Caso um singleton tenha um campo de referência de objeto não transiente, o conteúdo deste campo será desserializado antes que o método `readResolve` do singleton seja executado. Isso permite que uma stream cuidadosamente elaborada "roube" uma referência ao singleton originalmente desserializado no momento em que o conteúdo do campo de referência de objeto for desserializada.

Veja a seguir como isso funciona detalhadamente. Primeiro, escreva uma classe "ladra" que tenha um método `readResolve` e um campo de instância que se refere ao singleton serializado em que a ladra "se esconde". Na stream de serialização, substitua o campo não transiente do singleton por uma instância da classe ladra. Agora você tem uma circularidade: o singleton tem a classe ladra, e ela referencia o singleton.

Como o singleton contém a classe ladra, o método `readResolve` da ladra é executado primeiro quando o singleton é desserializado. Como resultado, quando o método `readResolve` da ladra é executado, o campo de instância ainda referencia o singleton parcialmente desserializado (e ainda não resolvido).

O método `readResolve` da classe ladra copia a referência de seu campo de instância para um campo estático para que a referência possa ser acessada após a execução do método `readResolve`. Então, o método retorna um valor do tipo correto para o campo no qual ele está se escondendo. Se ele não fizesse isso, a VM lançaria uma `ClassCastException` quando o sistema de serialização tentasse armazenar a referência da classe ladra neste campo.

Para tornar isso concreto, analise o singleton quebrado a seguir:

```java
// Singleton quebrado - tem um campo de referência para o objeto não temporário
public class Elvis implements Serializable {
    public static final Elvis INSTANCE = new Elvis();
    private Elvis() { }

    private String[] favoriteSongs =
        { "Hound Dog", "Heartbreak Hotel" };
    public void printFavorites() {
        System.out.println(Arrays.toString(favoriteSongs));
    }

    private Object readResolve() {
        return INSTANCE;
    }
}
```

388   *JAVA EFETIVO*

E aqui está a classe "ladra" construída de acordo com a descrição anterior:

```java
public class ElvisStealer implements Serializable {
    static Elvis impersonator;
    private Elvis payload;

    private Object readResolve() {
        // Salva a referência da instância Elvis "pendente"
        impersonator = payload;

        // Retorna o objeto do tipo correto para o campo favoriteSongs
        return new String[] { "A Fool Such as I" };
    }
    private static final long serialVersionUID = 0;
}
```

Por fim, aqui temos um programa feio que desserializa uma stream codificada à mão para produzir duas instâncias diferentes do singleton defeituoso. O método de desserialização é omitido neste programa porque é idêntico ao da página 381:

```java
public class ElvisImpersonator {
    // Stream byte não poderia ter vindo de uma instância real de Elvis!
    private static final byte[] serializedForm = {
        (byte)0xac, (byte)0xed, 0x00, 0x05, 0x73, 0x72, 0x00, 0x05,
        0x45, 0x6c, 0x76, 0x69, 0x73, (byte)0x84, (byte)0xe6,
        (byte)0x93, 0x33, (byte)0xc3, (byte)0xf4, (byte)0x8b,
        0x32, 0x02, 0x00, 0x01, 0x4c, 0x00, 0x0d, 0x66, 0x61, 0x76,
        0x6f, 0x72, 0x69, 0x74, 0x65, 0x53, 0x6f, 0x6e, 0x67, 0x73,
        0x74, 0x00, 0x12, 0x4c, 0x6a, 0x61, 0x76, 0x61, 0x2f, 0x6c,
        0x61, 0x6e, 0x67, 0x2f, 0x4f, 0x62, 0x6a, 0x65, 0x63, 0x74,
        0x3b, 0x78, 0x70, 0x73, 0x72, 0x00, 0x0c, 0x45, 0x6c, 0x76,
        0x69, 0x73, 0x53, 0x74, 0x65, 0x61, 0x6c, 0x65, 0x72, 0x00,
        0x00, 0x00, 0x00, 0x00, 0x00, 0x00, 0x02, 0x00, 0x01,
        0x4c, 0x00, 0x07, 0x70, 0x61, 0x79, 0x6c, 0x6f, 0x61, 0x64,
        0x74, 0x00, 0x07, 0x4c, 0x45, 0x6c, 0x76, 0x69, 0x73, 0x3b,
        0x78, 0x70, 0x71, 0x00, 0x7e, 0x00, 0x02
    };

    public static void main(String[] args) {
        // Inicializa o ElvisStealer.impersonator e retorna
        // o Elvis real (que é o Elvis.INSTANCE)
        Elvis elvis = (Elvis) deserialize(serializedForm);
        Elvis impersonator = ElvisStealer.impersonator;

        elvis.printFavorites();
        impersonator.printFavorites();
    }
}
```

A execução desse programa produz o seguinte resultado, provando conclusivamente que é possível criar duas instâncias Elvis diferentes (com diferentes gostos musicais):

```
[Hound Dog, Heartbreak Hotel]
[A Fool Such as I]
```

Você poderia corrigir o problema declarando o campo favoriteSongs como transient, mas é melhor você corrigi-lo tornando o Elvis um tipo enum de elemento único (Item 3). Conforme demonstrado pelo ataque ElvisStealer, usar um método readResolve para evitar que uma instância desserializada "temporária" seja acessada por um invasor é frágil e requer muito cuidado.

Caso escreva sua classe serializável controlada por instância como um enum, o Java garante que não haja instâncias além das constantes declaradas, a menos que um invasor abuse de um método privilegiado, como o AccessibleObject. setAccessible. Qualquer invasor que faça isso já possui privilégios suficientes para executar um código nativo arbitrário, e, aí, tudo é possível. Veja como o nosso Elvis fica como um enum:

```
// Enum singleton - abordagem recomendada
public enum Elvis {
    INSTANCE;
    private String[] favoriteSongs =
        { "Hound Dog", "Heartbreak Hotel" };
    public void printFavorites() {
        System.out.println(Arrays.toString(favoriteSongs));
    }
}
```

O uso do readResolve para o controle de instância não é obsoleto. Se tiver que escrever uma classe serializável controlada por instância, cujas instâncias não sejam conhecidas em tempo de compilação, você não poderá representar a classe como um tipo enum.

A acessibilidade do readResolve é significativa. Se você colocar um método readResolve em uma classe final, ele deve ser privado. Caso coloque um método readResolve em uma classe não final, considere cuidadosamente sua acessibilidade. Se ele for privado, não será aplicável a nenhuma subclasse. Se for pacote-privado, ele se aplicará somente às subclasses do mesmo pacote. Caso ele seja público ou protegido, será aplicado a todas as subclasses que não o sobrescrevem. Se um método readResolve for protegido ou público e uma subclasse não o sobrescrever, desserializar uma instância da subclasse produzirá uma instância da superclasse, o que provavelmente causará uma ClassCastException.

Em síntese, use os tipos enum para impor as invariantes de controle da instância sempre que possível. Caso isso não seja possível e você precise de uma

390 *JAVA EFETIVO*

classe que seja serializável e controlada por instância, deve fornecer um método `readResolve` e garantir que todos os campos de instância da classe sejam primitivos ou transientes.

Item 90: Pense em usar proxies de serialização em vez de instâncias serializadas

Conforme mencionado nos Itens 85 e 86 e discutido ao longo deste capítulo, a decisão de implementar a `Serializable` potencializa a probabilidade de erros e problemas de segurança, pois permite que instâncias sejam criadas usando um mecanismo extralinguístico em vez dos construtores comuns. Há, no entanto, uma técnica que reduz muito esses riscos. Esta técnica é conhecida como a *padrão de proxy de serialização*.

O padrão de proxy de serialização é razoavelmente simples. Primeiro, projete uma classe aninhada estática privada que represente de forma concisa o estado lógico de uma instância da classe envolvente. Essa classe aninhada é conhecida como *proxy de serialização* da classe envolvente. Ela deve ter um único construtor, cujo tipo de parâmetro é a classe envolvente. Esse construtor apenas copia os dados do seu argumento: não precisa fazer nenhuma verificação de consistência ou cópia defensiva. Por design, a forma serializada padrão do proxy de serialização é a forma serializada perfeita da classe de envolvente. Tanto a classe envolvente como seu proxy de serialização devem ser declarados para implementar a `Serializable`.

Por exemplo, considere a classe imutável `Period` escrita no Item 50 e tornada serializável no Item 88. Observe o proxy de serialização para essa classe. A `Period` é tão simples que seu proxy de serialização tem exatamente os mesmos campos que a classe:

```java
// Serilização proxy para a classe Period
private static class SerializationProxy implements Serializable {
    private final Date start;
    private final Date end;

    SerializationProxy(Period p) {
        this.start = p.start;
        this.end = p.end;
    }

    private static final long serialVersionUID =
        234098243823485285L; // Qualquer número fará isso   (Item 87)
}
```

Em seguida, adicione o método `writeReplace` a seguir na classe envolvente. Este método pode ser copiado na íntegra em qualquer classe com um proxy de serialização:

```
// Método writeReplace para o padrão de serialização proxy
private Object writeReplace() {
    return new SerializationProxy(this);
}
```

A presença desse método na classe envolvente faz com que o sistema de serialização emita uma instância `SerializationProxy` em vez de uma da classe envolvente. Em outras palavras, o método `writeReplace` traduz uma instância da classe envolvente para seu proxy de serialização, antes da serialização.

Com esse método `writeReplace` no lugar, o sistema de serialização nunca gerará uma instância serializada da classe envolvente, mas um invasor pode fabricar uma em uma tentativa de violar as invariantes da classe. Para frustrar esse ataque, basta adicionar esse método `readObject` à classe envolvente:

```
// Método readObject para o padrão de serialização proxy
private void readObject(ObjectInputStream stream)
        throws InvalidObjectException {
    throw new InvalidObjectException("Proxy required");
}
```

Finalmente, forneça um método `readResolve` à classe `SerializationProxy` que retorna uma instância logicamente equivalente da classe envolvente. A presença desse método faz com que o sistema de serialização traduza o proxy de serialização de volta em uma instância da classe envolvente, após a desserialização.

Esse método `readResolve` cria uma instância da classe envolvente usando apenas sua API pública, e é aí que reside a beleza do padrão. Ele elimina em grande parte o caráter extralinguístico da serialização, pois a instância desserializada é criada utilizando os mesmos construtores, static factories e métodos como qualquer outra instância. Isso o deixa livre para assegurar separadamente que as instâncias desserializadas obedeçam às invariantes da classe. Se as static factories ou os construtores da classe garantirem essas invariantes e seus métodos de instância as manterem, você assegurou que as invariantes serão mantidas pela serialização também.

Analise este método `readResolve` para a `Period.SerializationProxy`:

```
// Método readResolve para a Period.SerializationProxy
private Object readResolve() {
    return new Period(start, end);  // Usa um construtor público
}
```

392   *JAVA EFETIVO*

Tal como a abordagem da cópia defensiva (página 380), a abordagem do proxy de serialização impede o ataque fictício da stream de bytes (página 385) e o ataque de roubo de campo interno (página 387). Ao contrário das duas abordagens anteriores, esta permite que os campos da Period sejam finais, o que é necessário para que a classe Period seja verdadeiramente imutável (Item 17). E, ao contrário das duas abordagens anteriores, esta não envolve muito raciocínio. Você não precisa descobrir quais campos podem ser comprometidos pelos ataques ardilosos de desserialização, nem tem que executar explicitamente a verificação de validade como parte da desserialização.

Existe outra maneira pela qual o padrão de proxy serialização é mais poderoso do que a cópia defensiva no readObject. O padrão de proxy de serialização permite que a instância desserializada tenha uma classe diferente da instância originalmente serializada. Você pode até achar que isso não tem serventia na prática, mas tem.

Considere o caso da EnumSet (Item 36). Essa classe não tem construtores públicos, somente static factories. Do ponto de vista do cliente, elas retornam instâncias EnumSet, porém na atual implementação do OpenJDK, elas retornam uma das duas subclasses, dependendo do tamanho do tipo enum subjacente. Se o tipo enum subjacente tiver sessenta e quatro elementos ou menos, as static factories retornam uma RegularEnumSet; caso contrário, elas retornam uma JumboEnumSet.

Agora, considere o que acontece se você serializar um conjunto de enum cujo tipo enum tenha sessenta elementos e, em seguida, adicionar mais cinco elementos ao tipo enum e então desserializar o conjunto de enum. Ele era uma instância RegularEnumSet quando foi serializado, mas uma vez que ele seja desserializado, é melhor que seja uma instância JumboEnumSet. Na verdade, é exatamente o que acontece, pois a EnumSet usa o padrão de proxy de serialização. Caso seja curioso, veja a seguir o proxy de serialização da EnumSet. Ele é realmente muito simples:

```java
// Serialização proxy da EnumSet
private static class SerializationProxy <E extends Enum<E>>
        implements Serializable {
    // O tipo de elemento deste conjunto enum.
    private final Class<E> elementType;

    // Os elementos contidos neste conjunto enum.
    private final Enum<?>[] elements;

    SerializationProxy(EnumSet<E> set) {
        elementType = set.elementType;
        elements = set.toArray(new Enum<?>[0]);
    }
```

```
    SerializationProxy(EnumSet<E> set) {
        elementType = set.elementType;
        elements = set.toArray(new Enum<?>[0]);
    }

    private Object readResolve() {
        EnumSet<E> result = EnumSet.noneOf(elementType);
        for (Enum<?> e : elements)
            result.add((E)e);
        return result;
    }

    private static final long serialVersionUID =
        362491234563181265L;
}
```

O padrão de proxy de serializaçãoy apresenta duas limitações. Não é compatível com classes que sejam extensíveis pelos usuários (Item 19). Além disso, não é compatível com algumas classes cujos grafos de objetos tenham circularidades: se tentar invocar um método em um objeto desses de dentro do proxy de serialização do método `readResolve`, você receberá uma `ClassCastException` porque você ainda não tem o objeto, apenas seu proxy de serialização.

Finalmente, a estabilidade e a segurança adicionais do padrão de proxy de serialização não são gratuitas. Na minha máquina, é 14% mais dispendioso para serializar e desserializar as instâncias da `Period` com proxies de serialização do que com cópias defensivas.

Em resumo, considere o padrão de proxy de serialização sempre que tiver que escrever um método `readObject` ou `writeObject` em uma classe que não seja extensível pelos seus clientes. Esse padrão é talvez a maneira mais fácil de serializar de forma robusta objetos com invariantes não triviais.

APÊNDICE

Itens Correspondentes aos Itens da Segunda Edição

Número do Item da Segunda Edição	Número do item da Terceira Edição, título
1	1. Considere os métodos static factory em vez dos construtores
2	2. Cogite o uso de um builder quando se deparar com muitos parâmetros no construtor
3	3. Implemente a propriedade de um singleton com um construtor privado ou um tipo enum
4	4. Implemente a não instanciação através de construtores privados
5	6. Evite a criação de objetos desnecessários
6	7. Elimine referências obsoletas de objetos
7	8. Evite o uso dos finalizadores e dos cleaners
8	10. Obedeça ao contrato geral ao sobrescrever o `equals`
9	11. Sobrescreva sempre o método `hashCode` ao sobrescrever o método `equals`
10	12. Sobrescreva sempre o `toString`
11	13. Sobrescreva o `clone` de modo sensato
12	14. Pense na possibilidade de implementar a `Comparable`
13	15. Reduza ao mínimo a acessibilidade das classes e de seus membros
14	16. Use, em classes públicas, os métodos getters, e não os campos públicos

Número do Item da Segunda Edição	Número do item da Terceira Edição, título
15	17. Reduza a mutabilidade das classes ao mínimo
16	18. Prefira composição à herança
17	19. Projete e documente as classes para a herança ou a iniba
18	20. Prefira as interfaces ao invés das classes abstratas
19	22. Use as interfaces somente para definir tipos
20	23. Dê preferência às hierarquias de classe em vez das classes tagged
21	42. Prefira os lambdas às classes anônimas
22	24. Prefira as classes membro estáticas às não estáticas
23	26. Não use tipos brutos
24	27. Elimine as advertências não verificadas
25	28. Prefira as listas aos arrays
26	29. Priorize os tipos genéricos
27	30. Priorize os métodos genéricos
28	31. Use os wildcards limitados para aumentar a flexibilidade da API
29	33. Pense na possibilidade de usar contêineres heterogêneos typesafe
30	34. Use enums em vez de constantes int
31	35. Use os campos de instância em vez dos valores ordinais
32	36. Use a classe `EnumSet` em vez dos campos de bits
33	37. Use `EnumMap` em vez da indexação ordinal
34	38. Emule enums extensíveis por meio de interfaces
35	39. Prefira as anotações aos padrões de nomenclatura
36	40. Use a anotação `Override` com frequência
37	41. Use as interfaces marcadoras para definir tipos
38	49. Verifique a validade dos parâmetros
39	50. Faça cópias defensivas quando necessário

Número do Item da Segunda Edição	Número do item da Terceira Edição, título
40	51. Projete as assinaturas de método com cuidado
41	52. Utilize a sobrecarga com critério
42	53. Use os varargs com sabedoria
43	54. Retorne coleções ou arrays vazios, em vez de nulos
44	56. Escreva comentários de documentação para todos os elementos da API exposta
45	57. Minimize o escopo das variáveis locais
46	58. Dê preferência aos loops for-each em vez dos tradicionais loops `for`
47	59. Conheça e utilize as bibliotecas
48	60. Evite o `float` e o `double` caso sejam necessárias respostas exatas
49	61. Dê preferência aos tipos primitivos em vez dos tipos primitivos empacotados
50	62. Evite as strings onde outros tipos forem mais adequados
51	63. Cuidado com o desempenho da concatenação de strings
52	64. Referencie os objetos através das interfaces deles
53	65. Dê preferência às interfaces em vez da reflexão
54	66. Utilize os métodos nativos com sabedoria
55	67. Seja criterioso ao otimizar
56	68. Adote as convenções de nomenclatura geralmente aceitas
57	69. Utilize as exceções somente em circunstâncias excepcionais
58	70. Utilize as exceções verificadas para condições recuperáveis e exceções de runtime para erros de programação
59	71. Evite o uso desnecessário das exceções verificadas
60	72. Priorize o uso das exceções padrões
61	73. Lance exceções adequadas para a abstração

Número do Item da Segunda Edição	Número do item da Terceira Edição, título
62	74. Documente todas as exceções lançadas por cada método
63	75. Inclua as informações a respeito das capturas de falhas nos detalhes da mensagem
64	76. Empenhe-se para obter a atomicidade de falha
65	77. Não ignore as exceções
66	78. Sincronize o acesso aos dados mutáveis compartilhados
67	79. Evite a sincronização excessiva
68	80. Dê preferência aos executores, às tarefas e às streams em vez das threads
69	81. Prefira os utilitários de concorrência ao `wait` e ao `notify`
70	82. Documente a thread safety
71	83. Utilize a inicialização preguiçosa com parcimônia
72	84. Não dependa do agendador de threads
73	(Retirado)
74	85. Prefira alternativas à serialização Java 86. Tenha cautela ao implementar a `Serializable`
75	85. Prefira alternativas à serialização Java 87. Pense na possibilidade de usar uma forma serializada customizada
76	85. Prefira alternativas à serialização Java 88. Escreva métodos `readObject` defensivamente
77	85. Prefira alternativas à serialização Java 89. Dê preferência aos tipos enum em vez do `readResolve` para controle de instância
78	85. Prefira alternativas à serialização Java 90. Pense em usar proxies de serialização em vez de instâncias serializadas

Referências

[Asserts] *Programming with Assertions*. 2002. Sun Microsystems. http://docs.oracle.com/javase/8/docs/technotes/guides/language/assert.html (conteúdo em inglês).

[Beck04] Beck, Kent. 2004. *JUnit Pocket Guide*. Sebastopol, CA: O'Reilly Media, Inc. ISBN: 0596007434 (conteúdo em inglês).

[Bloch01] Bloch, Joshua. 2001. *Effective Java Programming Language Guide*. Boston: Addison-Wesley. ISBN: 0201310058 (conteúdo em inglês).

[Bloch05] Bloch, Joshua, and Neal Gafter. 2005. *Java Puzzlers: Traps, Pitfalls, and Corner Cases*. Boston: Addison-Wesley.ISBN: 032133678X (conteúdo em inglês).

[Blum14] Blum, Scott. 2014. "Faster RSA in Java with GMP." *The Square Corner* (blog). 14 de fevereiro de 2014. https://medium.com/square-corner-blog/faster-rsa-in-java-with-gmp-8b13c51c6ec4 (conteúdo em inglês).

[Bracha04] Bracha, Gilad. 2004. "Lesson: Generics" online supplement to *The Java Tutorial: A Short Course on the Basics,* 6th ed. Upper Saddle River, NJ: Addison-Wesley, 2014. https://docs.oracle.com/javase/tutorial/extra/generics/ (conteúdo em inglês).

[Burn01] Burn, Oliver. 2001–2017. *Checkstyle*. http://checkstyle.sourceforge.net (conteúdo em inglês).

[Coekaerts15] Coekaerts, Wouter (@WouterCoekaerts). 2015. "Billion-laughs- style DoS for Java serialization https://gist.github.com/coekie/ a27cc406fc9f3dc7a70d … WONTFIX", Twitter, Novembro 9, 2015, 9:46 a.m. https://twitter.com/woutercoekaerts/status/663774695381078016 (conteúdo em inglês).

[CompSci17]	Brief of Computer Scientists as Amici Curiae for the United States Court of Appeals for the Federal Circuit, Case No. 17–1118, Oracle America, Inc. v. Google, Inc. in Support of Defendant-Appellee. (2017) (conteúdo em inglês).
[Dagger]	*Dagger.* 2013. Square, Inc. http://square.github.io/dagger/ (conteúdo em inglês).
[Gallagher16]	Gallagher, Sean. 2016. "Muni system hacker hit others by scanning-for year-old Java vulnerability." *Ars Technica*, 29 de novembro de 2016.https://arstechnica.com/information-technology/2016/11/san-francisco-transit-ransomware-attacker-likely-used-year-old--java-exploit/ (conteúdo em inglês).
[Gamma95]	Gamma, Erich, Richard Helm, Ralph Johnson, and John Vlissi-des.1995. *Design Patterns: Elements of Reusable Object-Oriented Software.* Reading, MA: Addison-Wesley. ISBN: 0201633612 (conteúdo em inglês).
[Goetz06]	Goetz, Brian. 2006. *Java Concurrency in Practice.* With Tim Peierls, Joshua Bloch, Joseph Bowbeer, David Holmes, and Doug Lea. Boston: Addison-Wesley. ISBN: 0321349601 (conteúdo em inglês).
[Gosling97]	Gosling, James. 1997. "The Feel of Java." *Computer* 30 no. 6 (junho de 1997): 53–57. http://dx.doi.org/10.1109/2.587548 (conteúdo em inglês).
[Guava]	*Guava.* 2017. Google Inc. https://github.com/google/guava [Guice] *Guice.* 2006. Google Inc. https://github.com/google/guice (conteúdo em inglês).
[Herlihy12]	Herlihy, Maurice, and Nir Shavit. 2012. *The Art of Multiproces-sor Programming, Revised Reprint.* Waltham, MA: Morgan Kau-fmann Publishers. ISBN: 0123973376 (conteúdo em inglês).
[Jackson75]	Jackson, M. A. 1975. *Principles of Program Design.* London: Aca-demic Press. ISBN: 0123790506 (conteúdo em inglês).
[Java-secure]	*Secure Coding Guidelines for Java SE.* 2017. Oracle. http:// www. oracle.com/technetwork/java/seccodeguide-139067.html (conteúdo em inglês).

[Java8-feat]	*What's New in JDK 8.* 2014. Oracle. http://www.oracle.com/technetwork/java/javase/8-whats-new-2157071.html (conteúdo em inglês).
[Java9-feat]	*Java Platform, Standard Edition What's New in Oracle JDK 9.* 2017. Oracle. https://docs.oracle.com/javase/9/whatsnew/toc.htm (conteúdo em inglês).
[Java9-api]	*Java Platform, Standard Edition & Java Development Kit Version 9 API Specification.* 2017. Oracle. https://docs.oracle.com/javase/9/docs/api/overview-summary.html (conteúdo em inglês).
[Javadoc-guide]	*How to Write Doc Comments for the Javadoc Tool.* 2000–2004. Sun Microsystems. http://www.oracle.com/technetwork/java/javase/documentation/index-137868.html (conteúdo em inglês).
[Javadoc-ref]	*Javadoc Reference Guide.* 2014–2017. Oracle. https://docs.oracle.com/javase/9/javadoc/javadoc.htm (conteúdo em inglês).
[JLS]	Gosling, James, Bill Joy, Guy Steele, and Gilad Bracha. 2014. *The Java Language Specification, Java SE 8 Edition.* Boston: Addison-Wesley. ISBN: 013390069X (conteúdo em inglês).
[JMH]	*Code Tools:* . 2014. Oracle. http://openjdk.java.net/projects/code-tools/jmh/ (conteúdo em inglês).
[JSON]	*Introducing JSON.* 2013. Ecma International. https://www.json.org (conteúdo em inglês).
[Kahan91]	Kahan, William, and J. W. Thomas. 1991. *Augmenting aProgramming Language with Complex Arithmetic.*UCB/CSD-91-667, University of California, Berkeley (conteúdo em inglês).
[Knuth74]	Knuth, Donald. 1974. Structured Programming with `go to`Statements. In *Computing Surveys* 6: 261–301 (conteúdo em inglês).
[Lea14]	Lea, Doug. 2014. *When to use parallel streams.* http://gee.cs.oswego.edu/dl/html/StreamParallelGuidance.html (conteúdo em inglês).

[Lieberman86]	Lieberman, Henry. 1986. Using Prototypical Objects to Implement Shared Behavior in Object-Oriented Systems. In *Proceedings of the First ACM Conference on Object-Oriented Programming Systems, Languages, and Applications*, pages 214–223, Portland, setembro de 1986. ACM Press (conteúdo em inglês).
[Liskov87]	Liskov, B. 1988. Data Abstraction and Hierarchy. In *Addendum to the Proceedings of OOPSLA '87* and *SIGPLAN Notices,* Vol. 23, No. 5: 17–34, maio de 1988 (conteúdo em inglês).
[Naftalin07]	Naftalin, Maurice, and Philip Wadler. 2007. *Java Generics and Collections.* Sebastopol, CA: O'Reilly Media, Inc.ISBN: 0596527756 (conteúdo em inglês).
[Parnas72]	Parnas, D. L. 1972. On the Criteria to Be Used in Decomposing Systems into Modules. In *Communications of the ACM* 15: 1053–1058 (conteúdo em inglês).
[POSIX]	9945-1:1996 (ISO/IEC) [IEEE/ANSI Std. 1003.1 1995 Edition] Information Technology—Portable Operating System Interface (POSIX)—Part 1: System Application: Program Interface (API) C Language] (ANSI), IEEE Standards Press, ISBN: 1559375736 (conteúdo em inglês).
[Protobuf]	*Protocol Buffers.* 2017. Google Inc. https://developers.google.com/protocol-buffers (conteúdo em inglês).
[Schneider16]	Schneider, Christian. 2016. SWAT (Serial Whitelist Application Trainer). https://github.com/cschneider4711/SWAT/ (conteúdo em inglês).
[Seacord17]	Seacord, Robert. 2017. *Combating Java Deserialization Vulnerabilities with Look-Ahead Object Input Streams (LAOIS).* San Francisco: NCC Group Whitepaper. https://www.nccgroup.trust/globalassets/our-research/us/ whitepapers/2017/june/ncc_group_combating_java_deserialization_vulnerabilities_with_look-ahead_object_input_streams1.pdf (conteúdo em inglês).
[Serialization]	*Java Object Serialization Specification.* Março de 2005. Sun Microsystems. http://docs.oracle.com/javase/9/docs/specs/serialization/index.html (conteúdo em inglês).

[Sestoft16]	Sestoft, Peter. 2016. *Java Precisely*, 3rd ed. Cambridge, MA: The MIT Press. ISBN: 0262529076 (conteúdo em inglês).
[Shipilëv16]	Aleksey Shipilëv. 2016. *Arrays of Wisdom of the Ancients*.https://shipilev.net/blog/2016/arrays-wisdom-ancients/ (conteúdo em inglês).
[Smith62]	Smith, Robert. 1962. Algorithm 116 Complex Division.In *Communications of the ACM* 5, no. 8 (Agosto de 1962): 435 (conteúdo em inglês).
[Snyder86]	Snyder, Alan. 1986. "Encapsulation and Inheritance in Object-Oriented Programming Languages." In *Object-Oriented Programming Systems, Languages, and Applications Conference Proceedings*, 38–45. New York, NY: ACM Press (conteúdo em inglês).
[Spring]	*Spring Framework*. Pivotal Software, Inc. 2017. https://projects.spring.io/spring-framework/ (conteúdo em inglês).
[Stroustrup]	Stroustrup, Bjarne. [ca. 2000]. "Is Java the language you would have designed if you didn't have to be compatible with C?" *Bjarne Stroustrup's FAQ*. Updated 1º de outubro de 2017. http://www.stroustrup.com/bs_faq.html#Java (conteúdo em inglês).
[Stroustrup95]	Stroustrup, Bjarne. 1995. "Why C++ is not just an object-oriented programming language." In *Addendum to the proceedings of the 10th annual conference on Object-oriented programming systems, languages, and applications*, edited by Steven Craig Bilow and Patricia S. Bilow New York, NY: ACM. http://dx.doi.org/10.1145/260094.260207 (conteúdo em inglês).
[Svoboda16]	Svoboda, David. 2016. *Exploiting Java Serialization for Fun and Profit*. Software Engineering Institute, Carnegie Mellon University. https://resources.sei.cmu.edu/library/asset-view.cfm?assetid=484347 (conteúdo em inglês).
[Thomas94]	Thomas, Jim, and Jerome T. Coonen. 1994. "Issues Regarding Imaginary Types for C and C++." In *The Journal of C Language Translation* 5, no. 3 (março de 1994): 134–138 (conteúdo em inglês).

[ThreadStop]	*Why Are T a . , T a . , T a . -and R . F a O E Deprecated?* 1999. Sun Microsystems. https://docs.oracle.com/javase/8/docs/technotes/guides/concurrency/threadPrimitiveDeprecation.html (conteúdo em inglês).
[Viega01]	Viega, John, and Gary McGraw. 2001. *Building Secure Software: How to Avoid Security Problems the Right Way.* Boston: Addison-Wesley. ISBN: 020172152X (conteúdo em inglês).
[W3C-validator]	*W3C Markup Validation Service.* 2007. World Wide Web Consortium. http://validator.w3.org/ (conteúdo em inglês).
[Wulf72] (Conteúdo em inglês)	Wulf, W. A Case Against the GOTO. 1972. In *Proceedings of the 25th ACM National Conference* 2: 791–797. New York, NY: ACM Press (conteúdo em inglês).

Índice

Símbolos

_ nos literais numéricos 116
@Override 199–201

A

acessibilidade 80
adaptador 26, 109
advertências não verificadas 131–133
ambientes modernos de desenvolvimento integrado (IDEs) xiv
anotações 191–204
  marcadoras 192
  multivaloradas 196
  repetíveis 198
antipadrões 2
Apache Commons 113
  Collections 366
API 79–124
  elementos da 4
  exportada 4, 82–124
  fluente 14
argumento de tipo explícito 151
arrays 134
assertions 243
assinatura 4
ataque
  de negação de serviço 357
  de ransomware 365
  finalizador 33, 372
  por reflexão 20

atomicidade de falha 331
autoboxing 26, 58, 255, 291
autounboxing 291
autoutilização 95, 100
AutoValue 54

B

backported 368
biblioteca 285–314
  biblioteca de código-aberto do Guava 288
  de streams 288
  framework collections 288
  nativa 305
  padrão
    vantagens de usar 287
bigrama 199
boilerplate 65
bombas de desserialização 366
buffer 245

C

cálculo binário do ponto flutuante 289
callback frameworks 98
campos de bits 179–181, 261
case
  do switch 119
  sensitive 44
cast 50
chamada aberta 345

classe 79–124
  abstrata 106
  aninhada 119
    anônimas 119
    classes locais 119
    de membros estáticos 119
    de membros não estáticos 119
  anônima 109, 205
  base 301
  complementar não instanciável 7
  controladora de instância 6
  de encaminhamento 97
  de equivalência 43
  de implementação esquelética 108
  de membro estático privado 296
  de valor 42, 300
  imutável 6
  interna 119
  tagged 117
  utilitária 20, 22
    estática 21
  wrapper 98, 249
cleaners 31
código
  de operação 187
  de recuperação 332
coleção concorrente 340, 344, 349
coletor 185, 225
  downstream 228–229
Collections Framework 96
comparabilidade mútua 146
compatibilidade de migração 127
componente 2–4
  de valor 45–78
composição 9, 96
concatenação de string 298
concorrência
  utilitários de 349
consistência 49
constantes
  int 167
  variáveis 175

construto
  método padrão 112
construtor
  de conversão 71
  de cópia 70, 89
  padrão 20
  privado 20
  público 5
contêiner 134
  heterogêneo typesafe 160, 161
contrato geral 41
controle de acesso 80
convenções de nomenclatura 279, 310
cópia defensiva 27, 87, 246–247
corrupção de dados 346
curto-circuito 238

D

deadlock 343, 346
declaração
  de exportação 83
  de módulo 83
deep copy 69
delegação 98
derivação de subclasse 4
design patterns do factory method Java
  5
desserialização 365–366
destrutores 31
documentação da API 269
double 289

E

efeitos colaterais 107, 270
efetivamente imutáveis 340
EmumMap 183
encadeamento de exceção 326–334
  exceção causal 326
encaminhamento 96
  métodos de 97

ÍNDICE 407

encapsulamento 79, 84, 94, 101
EnumMap 181, 183
enums extensíveis 186
erasure 127, 134, 144
estratégia abstrata 205
exceção 315–334
  de runtime 318
  reutilizada 324
  verificada 65, 318, 320
exclusão mútua 340
executor framework 347, 349, 362
explosão combinatória 108
exponenciação modular 91
expressividade 127
extensibilidade 186

F

fábrica
  de conversão 71
  de cópia 71
fabricação
  de coletores 230
  de singleton genérico 144
  estática 89, 122, 255
  genérica de singleton 19
  telescoping 185
falha
  de atomicidade 241, 244
  de liveness 340
ferramentas
  de análise de código 302
  de profiling 308
fila de trabalho 347
fila produtor-consumidor 351
filtragem
  de desserialização de objetos 368
  destrutiva 284
finalizadores 31
float 289
for-each
  situações comuns em que você não

    pode usar o 284
fork in join 236, 348
framework
  baseado em classe 301
  baseado em interface 7
  de injeção de dependência 302
  de microbenchmarking 309
função
  booleana 112
  classificadora 228
  de callback 31
  extratora de chave 76
  merge 226

G

gadgets 366
  cadeia de 366
garbage
  collection 25, 28, 33, 89, 386
  collector 28, 31, 121, 306
getter 85, 93
  público 170
Guava 58

H

hashCode 54
heap profiler 31
herança 9, 94, 101
  da interface 94
  de implementação 94
  múltipla simulada 110
hoisting 337

I

IDE 54, 83, 210
identificadores únicos de stream 370
  série de versão UIDs 370
igualdade lógica 42
implementação
  de métodos específicos para cons-
    tantes 173

esquelética 109, 110, 325
  simples 111
  padrão 112
importação estática 116
imutabilidade 88, 91, 93
indexação ordinal 181
inferência de tipo 206
inicialização
  normal 359
  preguiçosa 26, 92, 358
inicializador 280
inicializar preguiçosamente 58
injeção
  de dependência 22
    no framework 23
injetores de dependência 9
instanceof 50
interface 4
  collection 51
  combinada 63
  comparable 154
  comparator 154
  constante 115
  funcional 205
  genérica 125
  marcadora 201
    restrita 202
iteração
  aninhada 283
  paralela 285

J

janela de vunerabilidade 247
Java
  collections framework 7
  tipo de sistema
    de referência 291
    primitivos 291
Javadoc 269
java.io 1
java.lang e java.util 1
java.sql.Timestamp 49

java.util 1
java.util.concurrent 1
java.util.Date 49
java.util.function 1
JDBC 8–9
JDK 84
JSON 368
JVM 27

L

lambda 36, 112, 122, 205
  expressão 206
ligação de tipo 162
limite de tipo recursivo 146
linguagem
  de programação 279
  de programação nativas 305
  neutra 368
liveness 236
locking 113
loop for-each 281–283, 316
  vantagens do 283
loops for 280, 282
loops while 280

M

merge 185
meta-anotação 196
método
  auxiliar 106, 153
  concreto 173
  de agregação 9
  de construção de comparador 76, 207
  de conversão de tipo 9
  de fabricação estática 24, 109, 144
  de fabricação estático público 9
  de verificação de nulidade 243
  equals 41, 54
  genérico 129, 147, 206
  merge 209
  nativo 279, 305
  override 103

padrão 108
random 286
reflexivo 294
varargs 259
microbenchmarking framework 309
mixin 107
modelo de memória 87, 336
módulo 83
multi-catch 343
mutabilidade 86

N

NaNs 93
não nulidade 50
não reificados 135
notify 349

O

object 41
objetos de função 122, 205
ocultação de informação 79
opcional 321
 sendo criterioso 264
opcodes 187
OpenJDK 44
operações
 de bloqueio 351
 de modificação dependentes do estado 350
 opcionais 324
ordenação natural 72–78
ordenamento lexicográfico 77
overflow 69
override 200

P

pacote-privado 4
padrão
 bridge 9
 builder 13, 15, 17, 251
 de autoutilização 272

de classe wrapper 105
decorator 98
de nomenclatura 190
de serialização proxy 385
enum int 167, 171
estratégico 205
factory method 23
flyweigh 6
JavaBeans 12–13
observável 340
serialização proxy 372
telescoping constructor 11–13, 17
Template Method 108
parâmetro
 de tipos 125
 do tipo limitado 143
 real 125
 varargs 157
pares nativos 34
pipelines de stream 211
poluição do heap 141, 155, 158
pool
 de objetos 27
 de thread 348
 fork in join 348
prática de uso
 da classe portadora de inicialização
  preguiçosa 359
 verificação dupla 360
predicado 112
 de função booleana 96
primitivo 291–314
 empacotado 291
  quando utilizar 294
princípio
 de ocultação 307
 de substituição de Liskov 48, 81, 147
 do Get e Put 150
privado 81
processador de anotação 192
programação
 com uma única thread 335
 concorrente 236, 335

410 *JAVA EFETIVO*

protocol buffers 368
proxy de serialização 390
publicação segura 340

Q

qualificador this 120

R

recursivamente 51
recursividade infinita 47
recurso
  de fechamento 37
  de reflexão 193
  de reflexão core 261
reduções mutáveis 238
reentrantes 344
  bloqueios 344
referência
  de método inexata 257
  fracas 31
  limitada 211
  obsoleta 29
  para método 205, 209
reflexão 63, 279, 304
reflexividade 43, 74
relação de equivalência 42–43
representação
  das exceções das strings 329
  de dados estruturados entre platafor-
    mas 367, 369

S

Serializable 369, 371
serialização 92
  de objeto 365
  proxy 390
Serial Whitelist Application Trainer
    (SWAT) 369
série de versão UID 379
service provider framework 8, 303
serviço executor 343

setter 85, 93
simetria 43, 74
sincronização 335
  excessiva 340
sincronizadores 349
singleton 6, 18, 169
sistema de módulo 4, 83, 275
sobrecarga 77, 253, 321
spliterator 237
stream 216, 265
  bytes
    forma serializada 369
    forma serializada customizada 370
  pipeline 216, 220, 224
strings 295
subtipagem 128

T

Template Method 211
teste
  de estado 317
  runner 195
thread-safe 345
throwables 318
tipo
  agregado 296
  bruto 125, 126, 206
  de anotação 167
  de anotação contido 196
  de função 205
  de referência 291
  de referência para método 211
  de retorno covariante 17, 65
  de self simulado 15, 147
  de token ilimitado 164
  de wildcard ilimitado 129
  de wildcard limitado 23, 129
  enum 42, 167
  enumerado 167
  enum extensível 190
  genérico 15, 125, 138, 147, 206
    parâmetro do tipo recursivo 15

por referência 3
target 151
TOCTOU 247
token de tipo 160
limitado 183, 189, 194
tradução da exceção 244, 325, 327
transformação 284
transitividade 45, 74
try-catch 65
try-finally 31, 37, 40
try-with-resources 31, 36–37, 40
type-safe 133

U

unboxing 58
utilitários de concorrência 288

V

varargs 136, 154
métodos 154

variáveis
contínuas 168
do loop 280–282
i 282
n 282
vazamento
de abstração 154
de memória 28
verificador de validade do HTML 276
views 26
violações de pré-condição 319
volume de memória 89

W

wait 349
wildcard limitado 147, 189
wrapper 113

ROTAPLAN
GRÁFICA E EDITORA LTDA
Rua Álvaro Seixas, 165
Engenho Novo - Rio de Janeiro
Tels.: (21) 2201-2089 / 8898
E-mail: rotaplanrio@gmail.com